Die weiße Jägerin von Afrika

W0395249

MIX
Papier aus verantwortungsvollen Quellen
Paper from responsible sources
FSC® C105338
FSC
www.fsc.org

Rolf Ackermann

Die weiße Jägerin von Afrika

Romanbiografie über die legendäre Margarete Trappe auf ihrer Farm Momella am Kilimandscharo

Bibliografische Information der Deutschen Bibliothek:
Die Deutsche Bibliothek verzeichnet diese Publikation in der Deutschen Nationalbibliothek; detaillierte Daten sind im Internet über <http://dnb.ddb.de> abrufbar.

© 2016 Belletris-Verlag, Frankfurt am Main

Überarbeitete Neuausgabe 2016

Dieses Buch erschien bereits 2006 bei Knaur Taschenbuch unter dem Titel „Die weiße Jägerin“. Copyright © der Originalausgabe 2005 Droemersche Verlagsanstalt Th. Knaur Nachf. GmbH & Co. KG, München

Belletris-Verlag
Tamara Pirschalawa
Oswaltstraße 7
60439 Frankfurt
www.belletris-verlag.de

Lektorat, Satz und Umschlaggestaltung: Tamara Pirschalawa
Titelbild: Rudolf Hellgrewe – Brockhaus Kleines Konversations-Lexikon (5. Auflage 1911), Quelle: www.zeno.org – Zenodot Verlagsgesellschaft mbH

Printed in Germany

ISBN: 978-3-940808-18-9

Nachdruck, Verbreitung und Vervielfältigung nur mit ausdrücklicher und schriftlicher Genehmigung des Autors.

1. Kapitel

»Wenn Elefanten kämpfen,
leidet das Gras unter ihnen ...«

Julius Nyerere
(ehem. tansanischer Staatspräsident)

Die letzten Sonnenstrahlen ließen den *Oldoinyo le Engai* in erhabener Schönheit erstrahlen und kolorierten Ostafrikas Steppen in den Pastellfarben Caspar David Friedrichs. Das Land war weit und schön und wunderbar friedlich. Kleine Bäche schlängelten sich, matt glänzenden Nattern mit blauen Rückenstreifen gleich, durch die Weiten; Berge mit magischen Namen umringten die Ebenen; wie ein von mächtiger Hand geformter Naturaltar ragte der vom Volk der Massai als »Berg Gottes« verehrte Vulkan *Oldoinyo le Engai* in den Abendhimmel. Am Horizont türmten sich monströse Kumuluswolken wie Berge aus Licht und Schatten zu einem herannahenden Gewitter auf. Unten am Fluss verharrten Hunderttausende Zebras, Gnus und Antilopen in erwartungsvoller Anspannung.

Als wolle *Engai*, der Gott der Massai, auf die makellose Schönheit seines Werkes hinweisen, ließ er einen weiß glühenden Kugelblitz über das Land hin zu *seinem* Berg rollen. Der trockene Knall des ihn begleitenden Donners hallte an den Hängen des Vulkans wider. Alle Tiere erstarrten in Ehrfurcht. Die Kinder unter der inmitten der Massai-Steppe stehenden Schirmakazie rückten zusammen und starrten mit angsterfüllten Augen auf den alten Mann, der ihnen gegenüber mit dem Rücken zum Baum saß.
»Das sind die Zeichen *Engais*, unseres Gottes«, sprach Masiani ole Chieni. Der Alte mit dem kahl geschorenen Schädel blickte Ansehen heischend in die Runde der auf dem Boden sitzenden Kinder, die sich nicht trauten, dem alten Mann in die Augen zu schauen. Denn

ihr *Laibon*, der meistgeachtete Älteste, hatte schon seit Geburt nur ein Auge, dessen starrer Blick nicht nur Kinder ängstigte.
»Einst, so haben es uns die Urahnen unseres Volkes unseren Großvätern und Vätern schon erzählt, hatte *Engai* drei Söhne. Jeden von ihnen bedachte er mit einem Geschenk: Der erste Sohn erhielt einen Speer, um seinen Lebensunterhalt als Jäger zu bestreiten, der zweite eine Hacke, um das Land zu bearbeiten, und der dritte einen Stock zum Hüten des Viehs. Dieser dritte Sohn, *Natero Kop* genannt, gilt als der Urvater der Massai, die seit jener Zeit stolze Besitzer großer Viehherden sind. Und ...«

Die beschauliche Zusammenkunft unter dem Baum wurde plötzlich unterbrochen von einem Schrei aus der nahe gelegenen *Manyatta*. Es war ein Schrei, der den Tod in sich trug: schmerzerfüllt, nur kurz und doch grausam.
Die Kinder starrten hinüber zu den Hütten der nächstliegenden Manyatta. Sie wussten, dass Nasira, die jüngste Frau des Kriegers Mojo ole Chieni, ein Kind erwartete. Hastig sprangen die Kinder auf und rannten los.
Masiani ole Chieni atmete tief durch. Er war der Älteste des Stammes und somit ihr *Laibon*, geistiger Führer, Wahrsager, Ritualexperte und Heilkundiger. Trotz des Schreis verharrte er regungslos unter der Akazie. Nasira, die Frau, die soeben geschrien hatte, war seine Schwiegertochter, Ehefrau seines Sohnes Mojo. Und doch blieb der Alte sitzen, schenkte der hörbaren Aufregung keinerlei Aufmerksamkeit. Mit seinem einzigen Auge fixierte er stattdessen einen fernen Punkt am Himmel, wo sich Wolken unheilvoll zu einem Unwetter zusammenzogen. Sein Auge glänzte eigentümlich.
»Es ist *Olasera ingumok*, der Farbenreiche, der dort in der Ferne zu mir spricht«, murmelte der Greis, verbeugte sich ehrfurchtsvoll vor dem, was er dort am Firmament in einer sonderbaren Wolken- und Farbkonstellation zu sehen glaubte, und sprach in die Ferne: »*Engai tajapaki tooinaipuko inono* – Gott, nimm mich unter deine Obhut!«
Dann ging er zu den Hütten. Mojo, sein Sohn, kam ihm auf halbem Wege entgegen.

»Vater, Nasira, die schönste und ehrfurchtsvollste meiner Frauen, hat mir einen Sohn geboren, bevor sie den friedlichen Weg zu *Engai* beschritt.«
»Ich weiß, mein Sohn. Ich weiß! Der Farbenreiche hat zu mir gesprochen. Er zeigte sich soeben am Himmel in einem dahingehauchten Zartrosa, gleich dem eines jungen Flamingos, und ließ einen Weißkopfadler aus dem Himmel herniedersausen, um uns eine Nachricht zu überbringen. Geh, Mojo, und rufe die Ältesten zusammen. Auch du, der nach mir als *Laibon* die Menschen unseres Stammes mit Weisheit und Rat begleiten wird, komme zu uns. Wir müssen uns beraten. Denn *Engai* hat uns Zeichen gesandt, die wir mit unserem Verstand, der so klein ist wie der einer Ameise, nicht verstehen und daher deuten müssen.«

Eine halbe Stunde später trafen sich die ältesten Männer des Massai-Stammes auf einem Hügel nahe dem Fluss. Der Mond versteckte sich ängstlich hinter einer furchterregend großen Regenwolke über dem Berg *Oldoinyo le Engai*. Windböen zerrten an den Umhängen der versammelten Männer.
»Dieser Sturm trägt das Böse in seinem Bauch«, orakelte einer der Ältesten und resümierte: »Der Wind ist in Aufruhr, die Wolken des Himmels verzerren sich zu Fratzen und die Tiere unten am Fluss in den Ebenen blöken und brüllen so laut und ängstlich, wie sie es zu tun pflegen, bevor sie sich sammeln, um auf die Große Wanderung zu den saftigen Weiden im Norden des Landes zu gehen. Aber es ist noch nicht die Zeit gekommen, dass sie davonziehen. Und daher weiß ich, dass Großes, vielleicht Gutes, vielleicht auch Unheilvolles geschehen wird. Lasst uns eine *Engidong* durchführen, auf dass uns unsere Ahnen die Erleuchtung geben, *Engai* richtig zu deuten.«
Die Männer rollten eine trockene Kuhhaut auf dem Boden aus und kramten aus Ledertäschchen von der Zeit glatt geschliffene Flusssteine hervor. Der *Laibon* Masiani ole Chieni murmelte mystische Worte vor sich hin, als er die Steine wieder und wieder über die Kuhhaut rollte, sie zählte, ihre Farbnuancen interpretierte und sie schließlich nach mehr als einer Stunde in einer ihm bedeutungsvoll

erscheinenden Konstellation liegen ließ, um seine Prophezeiung zu machen: »Der heutige Tod von Nasira, der Frau meines Sohnes Mojo, und das aus ihrem Tode zu Leben erwachte Kind werden einen neuen *Laibon* für den Stamm der Matapato-Massai hervorbringen.«
»So soll es sein«, kommentierten die Männer die Worte des Alten einstimmig.
»Doch ich sehe auch einen grauenerregenden weißen Schatten über das Land und über das Volk der Massai huschen, mit Augen aus Glas und mit seidigem, dunklem Haar. Der Schatten wird diesen unseren neugeborenen *Laibon* auf immer und ewig begleiten, so wie der Tag der Nacht für immer folgt, und in einer Sprache zu ihm sprechen, deren Worte mir fremd klingen!«
»So soll es sein!«, murmelten die Männer erneut.
»Aber die Angst wohnt fortan in meinem alten Herzen! Denn ich sehe auch eine riesige, eiserne Schlange, deren schwarze Zunge Feuer und Rauch speit. Sie wird Schmerz, Not und Unfrieden über die Ebenen, Hügel und Berge, über das Rinder züchtende Volk der Massai bringen.«
Wieder grummelten die Männer am Feuer ihr »So soll es sein«. Die Prophezeiung ihres *Laibon* erfüllte sie mit Angst. Sie wussten nicht, was diese Prophezeiung bedeutete, aber sie spürten, dass es nichts Gutes für die Zukunft ihres Volkes heraufbeschwor. Auf einmal zerfurchten Blitze die Nacht. Donnergrollen rollte zwischen den Hügeln und Bergen hin und her und erfüllte die Ebenen mit ohrenbetäubendem Lärm. Und dann, ausgelöst durch eine mächtige Windböe, geschah es: Überall auf den Grasebenen unten am Fluss erhoben sich die dort seit Tagen lagernden Tiere. Hunderttausende Weißbartgnus, Zebras und Antilopen blökten ihre Furcht vor dieser Nacht, vor dem tosenden Gewitter und den Blitzstakkatos über das Land. Die Erde begann zu beben, Staubwolken verhüllten die Sterne, und Afrika erzitterte, als die riesigen Herden plötzlich losrasten.
»Die große Wanderung der Tiere hat begonnen«, schrie einer der Massai-Ältesten in den Sturm. Masiani ole Chieni, ihr *Laibon*, blieb neben einem Felsen stehen und starrte in die Dunkelheit. Er konnte nichts erkennen, alles nur hören. Aber er ahnte, was sich unten im

Tal abspielte. »Nein«, schrie er in den Wind. »Sie wandern nicht. Sie fliehen! Sie verlassen dieses Land, weil sie spüren, dass Unheilvolles geschehen wird …«

2. Kapitel

»Wer Allah verleugnet, obwohl er früher an ihn geglaubt hat, es sei denn gezwungen, indes das Herz noch fest im Glauben ist, wer also freiwillig sich zum Unglauben bekennt, den trifft der Zorn Allahs und seiner wartet peinvolle Strafe ..., weil Allah ungläubige Menschen nicht leitet ...«

(Koran, Sure 16, 106/108)

Die zierliche Frau mit den durch bunte Glasperlen kunstvoll zu Zöpfen geflochtenen Haaren saß gegen Mitternacht vor dem Schreibtisch und blickte auf den vor ihr liegenden Brief. Es war stickig in der engen Vierzimmerwohnung in der Potsdamer Straße nahe dem Botanischen Garten von Berlin.

Unerträgliche Sommerhitze lag seit Wochen über der Stadt. Selbst in der Nacht kühlte die Wohnung kaum ab. An der Wand neben dem Schreibtisch hingen zwei Stahlstiche mit Silberrahmen. Das größere Bild zeigte einen gütig wirkenden arabischen Mann im weißen Kaftan mit einem goldverzierten Krummdolch in der Hand. Auf dem anderen Bild war ein von Palmen gesäumter Palast mit mehreren Segelschiffen zu sehen, die in dem Hafen, der sich vor dem Palast befand, ankerten.

Die Frau am Schreibtisch war kaum älter als vierzig. Und doch zeigte das sanfte, durch feine Grübchen akzentuierte Gesicht mit den arabischen Zügen bereits Falten des Grams. Tränen rannen ihr über die Wangen. Sie zupfte ein Tüchlein aus dem Ärmel ihres Kleides und tupfte sich die Tränen ab. Dann atmete sie mehrmals tief durch. Dieser Brief an den deutschen Kaiser würde über ihre Zukunft entscheiden. Es würde ihr letzter Versuch sein, das scheinbar unabwendbare Schicksal zu beeinflussen. Würde es ihr gelingen? Oder würde Kaiser Wilhelm I. ihr Ansinnen, ihre Bitte als unverfroren und dreist oder gar als arrogant empfinden? Nein, nichts von dem, was sie vom deutschen Kaiser erhoffte, war unverfroren. Alles, was sie erbat, war Recht. Deutsches Recht. Sie las den Brief nochmals:

Berlin, am 14. Juni 1884

An Seine Majestät, Kaiser Wilhelm I.

– per Kurier –

Wie Eurer hochwohlgeborenen Majestät zwischenzeitlich sicherlich zur Kenntnis gelangt sein wird, wandte ich mich Anfang dieses Monats mit meinem Anliegen ehrfurchtsvoll an Seine Exzellenz, den Deutschen Reichskanzler, Fürst Otto von Bismarck-Schönhausen. Die von mir untertänigst vorgebrachte Bitte um eine Audienz und um Unterstützung der Ansprüche, die ich als eine deutsche Untertanin gegen den Sultan von Sansibar erhebe, wurden von Seiner Exzellenz, dem Reichskanzler, leider abschlägig beschieden.
Inständig und von Hoffnung auf Gerechtigkeit getragen erlaube ich mir hiermit dennoch, Eure Majestät als Kaiser und Oberbefehlshaber der Armee des Deutschen Reiches zu bitten, meinem Falle nochmals eine wohlwollende Würdigung zuteil kommen zu lassen.

Eure Exzellenz mögen mir in der Ihnen zu eigenen Güte zunächst gestatten, den eher juristischen, erbrechtlichen Aspekten meiner nachfolgenden Ausführungen einige wenige sehr persönliche Zeilen voran zu schicken. Denn so wie der Tag nicht ohne die Nacht, das Gute nicht ohne das Böse und die Leidenschaft nicht ohne den Schmerz existieren können und zu erklären sind, so ist mein Leidensweg nicht ohne das Wissen um die Macht der Liebe zu verstehen.
Liebe, so hat mich die wunderbare und doch leidvolle Erfahrung gelehrt, ist kein Ideal, sie ist eine Sehnsucht. Und ebenjene Sehnsucht war es, die mich an der Hand meines Geliebten aus meiner fernen Heimat hier nach Deutschland führte und zu einer untertänigen Bürgerin des Deutschen Reiches und zu einer bekennenden Christin werden ließ.

Liebe ist aber auch Rausch, Verzückung und bedeutet oftmals Aufhebung, die Ignoranz gesellschaftlicher Reglements. Eine solche Liebe hat mich und meinen verstorbenen Ehemann und gütigen Vater unserer Kinder, Gott sei seiner sanften Seele gnädig, angehalten das zu tun, was die Fügung uns vorgab tun zu müssen. Und Gott möge mein Zeuge sein, dass unser Tun aus grenzenloser Reinheit und Unschuld erwuchs. Diese Liebe konnte jedoch nur zu gänzlicher Erfüllung gelangen, indem ich meinem früheren Glauben als Mohammedanerin abschwor und eine ehrfurchtsvolle Christin wurde, um meinem verehrten Ehemann und unseren ebenfalls im christlichen Glauben erzogenen Kindern eine würdige Ehefrau und Mutter sein zu können.

Und so empfinde ich das Joch der Strafe und Ungerechtigkeit, das nunmehr auf mir und meinen Kindern lastet, als demütigend und in seiner Grausamkeit unerträglich. Gottes Strafe, die mir und unseren Kindern bereits den geliebten Ehemann und Vater entriss, wird nunmehr zu einem schier nimmer endenden Martyrium durch die Weigerung des Sultans von Sansibar, mir meine von Rechtens zustehenden Erbansprüche zu gewähren, womit das Leid meiner Seele durch die Angst vor der Armut in unerträgliche Sphären geführt wird.

Und doch lebt in mir ein Hauch von Hoffnung, dass mir mit Hilfe Eurer Majestät noch Gerechtigkeit zuteil wird und meine Erbforderungen durchgesetzt werden können. Und sei es nur, um eine ungetrübte, glückliche Zukunft meiner Kinder zu sichern.

Dem beigefügten Verzeichnis meiner verstorbenen Geschwister (und deren Vermögen), die ich von Rechts wegen zu beerben habe, mögen Eure Exzellenz entnehmen, dass eine Summe von 400 000 bis 500 000 Reichsmark keineswegs zu hoch gegriffen ist.

In dieser meiner Hilflosigkeit und Verzweiflung erflehe ich gnädigst die Unterstützung Eurer Majestät. Denn in meiner früheren Heimat Sansibar wird nur jenes Recht für mächtig gehalten, das durch stattliche Kriegsschiffe repräsentiert wird. Und da meine bisherigen Versuche, meine legitimen Forderungen an meinen Halbbruder, Sayyid Barghash ibn Sa'id, Herrscher und Sultan von Oman und Sansibar, Gerechtigkeit widerfahren zu lassen, kläglich misslungen sind, möchte ich Eure Exzellenz in aller Erfurcht ersuchen, mir und meinen drei Kindern bei meiner nächsten Reise nach Ostafrika allergnädigst den Schutz durch ein deutsches Kriegsschiff zu gewähren, um meine Ansprüche gegen den Sultan von Sansibar mit Nachdruck geltend machen zu können.

Getragen von der Hoffnung einer Mutter, die Zukunft ihrer Kinder zu sichern, und im festen Glauben an die Gerechtigkeit und Großherzigkeit Eurer Exzellenz, dem Deutschen Kaiser, verbleibe ich in demutsvoller Erwartung Ihrer hochgeschätzten Antwort,

Ihre treue Untertanin,

Sayyida Salima bint Sa'id bin Ahmad Al Bu-Sa'id
Prinzessin Salme von Oman und Sansibar,
Mutter von Antonie, Rudolph-Said und Rosalie,
verwitwete Emily Ruete.

*

Die Männer an der Eingangstür waren nervös. Der deutsche Reichskanzler Fürst Otto von Bismarck erwartete sie zu einer Audienz. Er hatte am Vormittag eine leidenschaftliche Rede über das Engagement des Deutschen Reiches in Afrika im Reichstag gehalten. Die Rede, die die fünf Männer von der Tribüne aus verfolgt hatten, hatte für Aufregung und Tumulte im Saal gesorgt.
Otto von Bismarck stand in Gedanken versunken vor einer überdimensional großen Afrikakarte. Beim Eintreten der kleinen Delegation wandte er sich um und ging auf einen kleinwüchsigen, schlanken Mann mit Nickelbrille zu. »Herr Dr. Peters, ich freue mich, Sie wieder einmal zu sehen. Wie geht es Ihnen? Was machen Ihre ehrgeizigen Afrikapläne?«
»Meine Hochachtung, Eure Exzellenz! Ihre Rede hat mich begeistert!«, leitete der schmalbrüstige Mann in dem schwarzen Gehrock seine Begrüßung ein. »Ich möchte mich inständigst bedanken, dass

Eure Exzellenz uns heute diese Audienz eingeräumt haben! Was Afrika betrifft, verläuft derzeit alles nach Plan, Herr Reichskanzler. Wir haben die Gründung der Gesellschaft für Kolonisation initiiert und hoffen, spätestens im Oktober dieses Jahres im Handelsregister in Berlin eingetragen zu werden. Nach dem derzeitigen Stand der Dinge werden wir wohl spätestens im Oktober zu einer Expedition nach Ostafrika aufbrechen. Darf ich Eurer Exzellenz aber zunächst einige meiner Partner und Mitstreiter vorstellen? Kammerherr und Rittergutsbesitzer Graf Joachim von Pfeil und Klein-Ellguth kennen Sie ja sicherlich.«

Der Reichskanzler lächelte jovial. »Selbstverständlich ist mir Graf von Pfeil bestens bekannt! Ich habe vor einigen Jahren mit großem Interesse seine aufschlussreichen Schilderungen aus Südafrika gelesen«, entgegnete er und schaute den stattlichen Mann mit der auffallend hohen Stirn respektvoll an.

»Der Herr zu meiner Linken ist Dr. Karl Jühlke, seines Zeichens Jurist. Eine besondere Ehre ist es mir, Ihnen Herrn Kommerzialrat Dr. Becker vorzustellen, dessen Ihnen sicherlich bekannte Privatbank sich bereit erklärt hat, unsere Unternehmungen in Ostafrika zu finanzieren. Und dies hier ist ein, wie Eure Exzellenz bemerkt haben werden, zwar noch sehr junger, jedoch ungewöhnlich begabter Mann: Dr. Alfred Zehe aus Schlesien. Seine Familie besitzt nahe Sagan ein Landgut. Der junge Mann ist ein exzellenter Geograf und wird mit seinen Kenntnissen fraglos maßgeblich zum Gelingen unserer Expeditionen beitragen.«

Fürst Bismarck schüttelte den fünf Männern die Hand. Vor dem jungen Geografen Alfred Zehe verharrte er kurz und blickte dem groß gewachsenen Mann in die Augen, als er sagte: »Wie Sie ja aus meiner Rede vor dem Reichstag entnehmen konnten, lieber Dr. Peters, sind die Chancen für Männer wie Sie nunmehr recht gut. Wir brauchen mutige deutsche Unternehmer, die eigenständig und risikobereit in Übersee Handelsniederlassungen gründen. Ostafrika ist für das Deutsche Reich ein nicht nur wirtschaftlich äußerst interessantes Ziel. Ich will ganz offen sein: Das Einzige, was mich an Afrika interessiert, meine Herren, sind die Engländer und Franzosen!

Die Engländer sind auf dem besten Wege, von Sansibar aus den gesamten ostafrikanischen Handel, aber auch den Seeweg nach Indien und Arabien zu kontrollieren. Die maritime Vorherrschaft der Briten nimmt erschreckende Dimensionen an. Und wenn wir es schon nicht schaffen, der Übermacht der britischen Seestreitkräfte etwas entgegenzusetzen, dann müssen wir uns eben andere Wege einfallen lassen, damit auch das Deutsche Reich ein Stück von dem Kuchen Afrika abbekommt.« Abrupt drehte sich der Reichskanzler von der Afrikakarte weg und blickte Dr. Carl Peters an, der die Karte mit glänzenden Augen anstarrte. »Meine Herren, um jeglichen Missverständnissen vorzubeugen: Was immer Sie in Sansibar und auf dem ostafrikanischen Festland auch vorhaben, Sie tun es als Privatmänner, als deutsche Handelstreibende. Sie handeln eigenverantwortlich! Ich weiß, dass der Landerwerb in Ostafrika sehr leicht ist. Für ein paar Flinten und Glasperlen besorgt man sich ein Papier mit einigen Negerkreuzen darunter. Aber tragen Sie bei allem, was Sie dort tun, Sorge dafür, dass das derzeit recht gute Verhältnis, das wir zu dem Sultan von Sansibar und auch zu den Engländern und den Franzosen haben, nicht nachhaltig gestört wird. Wer sich mit dem Sultan anlegt, legt sich auch mit den Engländern und Franzosen an!«
Reichskanzler Fürst Otto von Bismarck zog demonstrativ seine Taschenuhr aus der Weste. Es war kurz vor Mittag.
»Und nun, meine Herren, bitte ich um Verständnis dafür, dass ich unser Gespräch beenden muss. Ich habe noch einige wichtige Termine, die, um ehrlich zu sein, zu meinem Leidwesen auch wieder mit Afrika zu tun haben werden. Es ist schon eigentümlich. Irgendwie dreht sich momentan die Welt scheinbar nur noch um Afrika …«

Nach dreistündiger Zugfahrt stieg der junge Geograf Alfred Zehe am frühen Nachmittag im niederschlesischen Hansdorf in einen Zug Richtung Sagan um. Er war sehr aufgewühlt. Zunehmend wich seine Euphorie, die er nach der Privataudienz im Reichstag bei Reichskanzler Fürst Otto von Bismarck empfunden hatte, einem beklemmenden Gefühl. Als am Horizont die Hauptstadt des gleichnamigen Fürstentums mit den markanten Silhouetten der spätgotischen katholischen Stadtpfarrkirche auftauchte, registrierte er, wie seine Handflächen feucht wurden. Angst, ja, er hatte Angst – vor seinem Vater! Auf dem Nebengleis vor dem Backsteingebäude des Bahnhofs von Sagan stand zufälligerweise eine Lokomotive der Linie Richtung Glogau, mit der er in nur wenigen Fahrminuten direkt zu dem an seinem väterlichen Rittergut gelegenen Bahnhof von Buchwald hätte gelangen können. Aber er entschied sich, zunächst in Sagan auszusteigen. »Zum Gasthof Walfisch«, murrte er einen Kutscher an und stieg in eine der wartenden Droschken. Nach wenigen Minuten bog der Einspänner nahe der in der späten Nachmittagssonne sattrot leuchtenden Kaserne des 5. Feldartillerie-Regiments von Podbielski in die Bahnhofstraße ein. Statt direkt zum Lokal zu gehen, schlenderte er hinunter zu den Ufern der Bober. Auf einer Bank unterhalb der Kaiser-Wilhelm-Brücke ließ er sich nieder. Er fühlte sich elend, hatte Kopfschmerzen. Am Flussufer gingen mehrere junge Paare spazieren. Verwundert starrten sie den jungen Mann mit dem schwarzen Gehrock und dem Zylinder an, wie er mit seinen hochglanzpolierten Schuhen die Umrisse Afrikas in den Sand kratzte.

*

Zur gleichen Zeit betrat Reichskanzler Fürst Otto von Bismarck erneut jenen Raum in der ersten Etage des Reichstagsgebäudes, in dem er am frühen Nachmittag Dr. Carl Peters empfangen hatte. Er wurde von zwei Herren in Offiziersuniformen der Marine erwartet. Beide Männer standen vor der Afrikakarte. Als der Reichskanzler sich ihnen näherte, wandten sie sich um.
»Vizeadmiral von Caprivi, ich freue mich, dass Sie so schnell auf meine Bitte um ein persönliches Gespräch reagiert haben.«
Der etwa fünfzigjährige Mann mit dem buschigen weißen Schnurrbart salutierte lässig vor Fürst von Bismarck und klemmte seine Schirmmütze unter den Arm.
»Herr Reichskanzler, darf ich Ihnen Kapitän zur See Herbig, einer unserer fähigsten Offiziere für heikle militärische Missionen, vorstellen? Kapitän Herbig ist seit geraumer Zeit als Offizier für die mi-

litärische Spionageabteilung der Admiralität tätig und hat bereits Erfahrungen in Deutsch-Südwestafrika sammeln können. Er ist der richtige Mann für Ihr Anliegen.«

Fürst Bismarck reichte dem Mann in der weißen Marineuniform die Hand. Im Unterbewusstsein registrierte er den festen Händedruck und den selbstbewussten Blick des Offiziers. Langsam schlenderte er zu der Afrikakarte an der Wand.

»Meine Herren, ich hatte heute Mittag eine kurze Unterredung mit Herrn Dr. Carl Peters und einigen seiner Geschäftspartner. Um ganz offen zu sprechen: Dieser Peters ist ein gefährlicher Narr! Dennoch denke ich, dass uns dieser Peters und seine Geschäftspartner mit ihren größenwahnsinnigen Ideen in naher Zukunft sehr hilfreich sein können. Und zwar ohne dass sie es wissen. Aber ich will Ihnen nicht zuvorkommen, Admiral. Ich hatte Sie gebeten, mir über diesen Dr. Peters aussagekräftige Informationen zu besorgen. Denn bislang weiß ich eigentlich nur, dass er offensichtlich ganz Afrika dem Deutschen Reich einverleiben will. Wer ist das eigentlich genau, dieser Peters? Ist er schlichtweg größenwahnsinnig?«

»Sie sollten, wenn ich das so direkt sagen darf, Herr Reichskanzler, größenwahnsinnige Menschen nicht unterschätzen. Insbesondere dann nicht, wenn es denen gelingt, andere, sagen wir mindestens ebenso größenwahnsinnige Männer für ihre Ideen zu begeistern! Herr Herbig hat sich kundig gemacht und auch unsere Geheimpolizei bemüht, um herauszufinden, was dieser Peters eigentlich will. Bitte, Herr Kapitän Herbig «

Konzentriert hörte Bismarck den präzisen Ausführungen Herbigs zu. Dr. Peters schien schon sehr lange von der Idee deutscher Kolonien in Afrika begeistert zu sein. Sein leidenschaftliches Engagement führte schließlich zur Gründung der »Deutschen Gesellschaft für Kolonisation«, von der er Bismarck während der Audienz berichtet hatte.

Nach fünfzehn Minuten schloss Kapitän Herbig seine Akte und blickte Fürst Bismarck erwartungsvoll an.

»Exzellent, hervorragend – Ihr Dossier, Kapitän Herbig!«, murmelte Fürst Bismarck. »Wirklich erstklassige Arbeit! Und ich denke, wir

sollten, getreu der Erkenntnis, dass Wissen Macht bedeutet, unser Wissen sehr sorgfältig nutzen!«
Bismarck drehte sich um und schritt auf die beiden Offiziere zu. Nachdenklich strich er mit der linken Hand seinen Oberlippenbart glatt. Abrupt blieb er an dem großen Tisch stehen und deutete auf die zweite Akte, die der Geheimdienstoffizier mitgebracht hatte.
»Ist das Ihr Dossier über die Prinzessin, diese, wie heißt sie noch mal?«
»Prinzessin Salme von Oman und Sansibar beziehungsweise Emily Ruete«, kam der Geheimdienstmann seinem Reichskanzler zu Hilfe.
»Diese Frau, diese mysteriöse Prinzessin, hat eine bewundernswerte Zivilcourage, meine Herren. Erst schreibt sie mir einen herzergreifenden Brief. Und kaum hat sie meine Antwort, dass ich leider keine Möglichkeit sehe, ihr zu helfen, da bittet sie Seine Majestät, den Deutschen Kaiser, höchstpersönlich um Hilfe! Nicht, dass sie um Rechtsbeistand nachfragt, oder um finanzielle Unterstützung. Nein, sie schickt einen Boten zum Kaiser und bittet um ein Kriegsschiff! Ein Schlachtschiff will sie! Unglaublich ist das! Eine arabisch-afrikanische Prinzessin bittet Seine Majestät, den Deutschen Kaiser, um ein Kriegsschiff, damit sie ihrem Bruder, dem Sultan von Sansibar, Angst einjagen kann, auf dass dieser ihr ein Vermögen auszahlt!«
Der Reichskanzler schritt erneut auf die Afrikakarte zu, tippte mit dem Zeigefinger auf eine dem ostafrikanischen Festland vorgelagerte Insel und sagte leise: »Sansibar, meine Herren! Seit einigen Wochen dreht sich hier im Hause plötzlich alles um Sansibar. Die Engländer wollen daraus am liebsten ein Protektorat machen; die Franzosen buhlen um die Gunst des Sultans von Sansibar. Und dieser Dr. Carl Peters mit seiner Kolonialgesellschaft will den Sultan dazu kriegen, dass er ihnen einen Teil seiner Ländereien auf dem afrikanischen Festland verkauft. Zu allem Überfluss jetzt auch noch diese Prinzessin, die behauptet, ihr gehöre ein Teil von Sansibar. Das ist doch schlichtweg absurd, was sich da abspielt – oder, Kapitän Herbig?«
»Um es auf den Punkt zu bringen, Eure Exzellenz: Das englische Außenministerium wie auch das englische Kriegsministerium sind

nach eingehendem Studium des Falles der besagten Prinzessin zu dem Schluss gekommen, dass die Ansprüche der Prinzessin Salme von Oman und Sansibar gegen den Sultan von Sansibar rechtlich kaum haltbar sind.«

Fürst Bismarck schaute den Geheimdienstoffizier fragend an. »Und, wie sehen Sie die rechtliche Situation?«

»Nun ja, Herr Reichskanzler. Grundsätzlich trifft es wohl zu, dass die Prinzessin nicht gerade unerhebliche Erbansprüche auf Sansibar hat. Sie ist immerhin die leibliche Tochter des Sultans von Oman und Sansibar. Faktisch ist es aber so, dass sich die Prinzessin mit der überstürzten Flucht von Sansibar und mit dem Übertritt vom Islam zum Christentum außerhalb des Rechtes ihrer einstigen Heimat gestellt hat, was, juristisch gesehen, bedeutet, dass sie höchstens ein Wohlwollen des Sultans erwarten kann. Fordern kann sie aber nichts! Es sei denn …«

»Es sei denn was?« Bismarcks Frage klang gereizt.

»Nun ja, Vizeadmiral von Caprivi hat da so eine Idee, die ich, um ehrlich zu sein, für genial halte!«

Der Reichskanzler blickte nervös zwischen den beiden Offizieren hin und her.

»Was ist das für eine Idee, Admiral von Caprivi?«, fragte er. Der Admiral hüstelte dezent und fingerte einige Dokumente aus dem Dossierordner.

»Nach islamischem Recht, also jenem Recht, das auf Sansibar gilt, hat eine Frau keinerlei Machtanspruch, der sich aus der Erbfolge ergibt. Aber: Die Prinzessin hat einen volljährigen Sohn namens Rudolph-Said. Der Vater dieses Rudolph ist deutscher Staatsbürger, der Sohn somit ebenfalls ein deutscher Staatsbürger – und zudem ein Offizier des Deutschen Reiches, denn er hat die Militärakademie in Bensberg bei Köln absolviert! Seine Mutter, also die Prinzessin, ist die Schwester des Sultans.«

Bismarck unterbrach den Vizeadmiral: »Das meinen Sie doch nicht ernst, Admiral? Was Sie da im Schilde führen, mein verehrter Caprivi, wäre ein Coup d'État, ein Staatsstreich! Und zwar der verrückteste, den es jemals gegeben hat!« Der Reichskanzler begann, unruhig im Zimmer auf und ab zu laufen. »Ich rekapituliere: Sie wollen diesen deutschen Sohn unserer Prinzessin, diesen deutschen Offizier mit sansibarischem Blut, zum Sultan machen und sie zur Sultansmutter – und damit quasi eine deutsch-sansibarische Dynastie gründen? Ist das richtig?«

»Ja, Eure Exzellenz, das würde ich in Erwägung ziehen!«

»Admiral, in aller Ehre. Aber das ist Wahnsinn! Das gibt Krieg! Und zwar mit den Engländern und den Franzosen gleichzeitig! Völlig abwegig, diese Idee!«

Der Reichskanzler schwieg lange, schüttelte leicht den Kopf, sah beide Männer an und sprach dann so leise, als habe er Angst, ein Fremder könne hören, was er sagt: »Nein, das geht so nicht, meine Herren. So nicht! Aber ich habe da eine vage Idee, wie es gehen könnte …«

Nach mehr als einer Stunde heftiger Diskussionen signalisierte der Reichskanzler, dass er zu einer Entscheidung gelangt sei. »Sie, lieber Caprivi, teilen mir bitte mit, wann ein deutsches Kriegsschiff für eine Fahrt mit dieser Prinzessin nach Sansibar verfügbar ist – und wie viele zusätzliche Kriegsschiffe wir zur Begleitung zur Verfügung hätten. Und Sie, Kapitän Herbig, machen sich bitte reisefertig. Sie sind mit sofortiger Wirkung von Ihrem Dienst beurlaubt. Ihre Reise nach Sansibar und Ostafrika ist ein Staatsgeheimnis! Sie reisen offiziell als Privatperson. In spätestens drei Monaten, Kapitän, möchte ich von Ihnen einen detaillierten Bericht über die Verteidigungsbereitschaft des Sultans von Sansibar haben. Ich möchte wissen, wie diese Insel befestigt ist, will bis ins letzte Detail erfahren, wie die zum Sultanat gehörenden Städte auf dem afrikanischen Festland militärisch gerüstet sind. Und ich will sehr genau wissen, wie viele Streitkräfte und Schiffe die Engländer und Franzosen im ostafrikanischen Raum in aller Schnelle verfügbar hätten. Und nun, meine Herren, entschuldigen Sie mich bitte. Ich muss noch ein wenig nachdenken.«

*

Zur gleichen Zeit fuhr Alfred Zehe in einer Droschke die wenigen Kilometer von Sagan zum Rittergut Petersdorf. Er war ein wenig betrunken. Im »Walfisch« hatte er einige Freunde getroffen und mit ihnen gezecht. Die Sonne stand tief am Horizont über den Hügeln und Birkenwäldern der Bober Auen. Doch die romantische Stimmung dieses Juniabends konnte nicht darüber hinwegtäuschen, dass die Weizenähren sehr klein waren und nur wenig Körner trugen. Der extrem trockene Sommer drohte die gesamte Ernte zu zerstören. Das Erntejahr 1884, das war für den jungen Rittergutssohn bereits absehbar, würde wieder sehr schlecht werden.
Hinter dem kleinen Dorf Deutsch-Machen, wenige Kilometer außerhalb Sagans, schlängelte sich die Straße durch Eichenhaine und weite Wiesen die flachen Hügel hinauf. Aus dem Garten des Gasthauses »Prinz von Eugen« nahe der Straße unweit des heimischen Rittergutes klang das Lachen fröhlicher Menschen zu ihm in die Kutsche. Otto Gringmuth, der Gasthausbesitzer, winkte ihm zu. »Guten Abend, gnädiger Herr! Wie war es in Berlin? Ich möchte Sie nicht beunruhigen. Aber ich glaube, Ihrer werten Frau Mutter geht es nicht gut. Vor zwei Stunden ist der Arzt im gestreckten Galopp hier vorbeigekommen ...«
Mit dem ersten Blick auf den hölzernen Kirchturm der Augustinuskirche zu Petersdorf verlangsamte der Kutscher die Fahrt und bog hinter einem Wald nach rechts ab. Unter mächtigen Kastanien und Eichen verborgen lag knapp hundert Meter von der Straße entfernt das Rittergut Petersdorf. Das Anwesen bestand aus dem rechts von der Zufahrt gelegenen weißen Haupthaus mit dem klassizistischen Portal, dem gegenüberliegenden Wohngebäude des Verwalters und den in Richtung der Auen gebauten Speichern, Pferde- und Viehställen, denen sich in einiger Entfernung die Unterkünfte des Gesindes anschlossen. Die Kutsche hielt vor dem zweistöckigen Haupthaus. Drei Hunde kamen schwanzwedelnd angetrottet und begrüßten den jungen Gutsherrn. Erst im letzten Moment bemerkte Alfred Zehe seinen Vater, der unter den Bäumen vor dem Brunnen im Zwielicht des Abends saß und eine Pfeife rauchte.
»Guten Abend«, grüßte er und ging auf seinen Vater zu.

»Du kommst spät! Der Zug ist schon vor vier Stunden hier vorbeigefahren!« Mehr sagte Karl Zehe nicht. Der hagere Mann mit dem schütteren Haar starrte durch das Hofportal hindurch auf die hinter dem Gutshof bis zum Horizont reichenden Felder und Auen.
»Ich musste dringend noch etwas in Sagan erledigen«, log Alfred Zehe. Er hatte den Eindruck, dass sein Vater sehr nachdenklich zu sein schien.
»Deiner Mutter geht es nicht gut«, murmelte Karl Zehe und stocherte mit einem Holzspan in der Pfeifenglut. »Der Doktor ist seit Stunden bei ihr. Aber er kann nicht viel gegen ihre Schmerzen tun. Eine Geburt ist in ihrem Alter voller Risiken.«
»Aber es ist noch viel zu früh für eine Niederkunft«, antwortete Alfred Zehe und setzte sich neben seinem Vater auf die steinerne Brunneneinfriedung.
»Ja, eigentlich sollte das Kind erst in sieben Wochen kommen. Gott wird es richten. Aber erzähl mir jetzt von Berlin.« Die Worte des Vaters klangen fast wie ein Befehl.
»Ich habe dort Dr. Peters getroffen, Vater.«
»Peters? Wer ist das?«
»Du hast ihn mir im März im Konservativen Klub in Berlin selbst vorgestellt, Vater, bei diesem Vortrag über Kolonien in Afrika.«
»Ach so, der Mann, der neuerdings überall in den Zeitungen zitiert wird und große Reden über Kolonien schwingt! Jetzt erinnere ich mich. Was hast du mit ihm zu tun?«
»Ich habe vor zwei Monaten mit Dr. Peters Kontakt aufgenommen, weil ich gelesen hatte, dass er junge Geografen als wissenschaftliche Begleiter für seine Expeditionen in Afrika sucht.«
»Du willst weg von hier, weg vom Rittergut Petersdorf, weg aus deiner schlesischen Heimat?« Karl Zehe sprach sehr ruhig.
»Ja, Vater! Versteh es nicht falsch …«, wollte Alfred Zehe seinem Vater seine Beweggründe für diese Entscheidung erklären. Aber der Vater unterbrach ihn.
»Es soll sehr schön sein in Afrika! Man muss dort hervorragend jagen können! Und es muss unendlich viel fruchtbares Land dort geben. Doch, ja, Afrika ist eine gute Entscheidung! Du bist ein sehr

kluger junger Mann. Es war eine der besten Entscheidungen meines Lebens, dich studieren zu lassen. Ich weiß zwar nicht, was du da unten in Afrika vorhast. Aber es ist gut, dass du weggehst. Mit Gottes Segen, mein Sohn, geh! Überall ist mehr Zukunft für einen jungen Mann wie dich als hier in diesem Land, auf diesem Hof. Hier stirbt alles. Heute Mittag kam der Pachtzinseintreiber des Herzogs von Sagan vorbei und hat mir eine Frist gesetzt. Diese Adelsherren sind Blutsauger. Sie scheren sich einen Teufel darum, ob die Ernte gut oder schlecht ist. Wenn du den Pachtzins nicht zahlen kannst, nehmen sie dir deine letzten Ersparnisse weg. Nein, mein Sohn, auf diesem Rittergut, das schon von meinem Urgroßvater bewirtschaftet wurde, gibt es keine Zukunft mehr für dich und deine beiden Schwestern Frieda und Tine.«
Karl Zehe atmete mehrmals durch. Plötzlich legte er den Arm um seinen Sohn, schwieg für wenige Minuten und stand dann abrupt auf.
»Außerdem weiß ich sehr wohl, dass du nie ein guter Gutsherr sein wirst. Du liebst die Natur, liebst ferne Länder. Du bist sehr feinfühlig, liebst die Freiheit. Zum Verwalten eines Gutes aber muss man ein Herr sein: streng, unnachgiebig und hart. Auch zu sich selbst! All das bist du nicht und wirst es wohl auch nie sein. Und das ist vielleicht auch gut so!«
Der Gutsherr schritt nachdenklich um den Brunnen herum.
»Sag mir morgen, wann du gehst, und sag mir, wie ich dir helfen kann. Irgendwann komme ich vielleicht auch nach Afrika. Und dann gehen wir dort gemeinsam auf Jagd …«
Auf einmal durchdrang ein gellender Schrei die Stille. Panisch blickten die beiden Männer hinauf zu dem Fenster in der zweiten Etage des Haupthauses, dorthin, wo sich die in den Wehen liegende Mutter befand. Gleichzeitig hetzten sie auf das Haus zu. »Martha!«, brüllte Rittergutsbesitzer Karl Zehe. »Martha …!«

3. Kapitel

Alfred Zehe hatte sich noch nie so glücklich und zufrieden gefühlt wie an diesem Novembertag. Sein Leben hatte in den letzten Monaten eine solch wundersame Wende genommen, dass er es noch immer nicht fassen konnte, manchmal sogar das Gefühl hatte, er bewege sich in einem Märchen aus Tausendundeiner Nacht.
Der dreiundzwanzigjährige Mann saß an Deck einer kleinen Dhau, die unter einem kakifarbenen Lateinersegel aus dem Hafen von Sansibar hinaus auf den Indischen Ozean glitt. Am Ruder des Schiffes stand ein kräftiger Araber mit weitem Gewand und kahl rasiertem Schädel. Das Segel wurde von einem schwarzen Afrikaner mit Lendentuch und beeindruckenden Armmuskeln gerafft.
Auf offener See gewann das Boot schnell an Fahrt und glitt an dem Leuchtturm der Koralleninsel Chumbe vorbei. Bald waren der auf einem Hügel stehende Sultanspalast und die arabische Festung nur noch als Silhouetten erkennbar. Er hielt einen Brief seines Vaters in der Hand, der vor wenigen Stunden mit einem Postdampfer aus Deutschland in Sansibar angekommen war. Der erste Brief überhaupt, den er seit Verlassen seiner Heimat vor drei Monaten bekam! Es war ein eigentümliches, aber vor allem sehr schönes Gefühl, Tausende von Kilometern von Gut Petersdorf in Schlesien entfernt, inmitten des Indischen Ozeans, von den Lieben zu Hause zu lesen. Mit Freudentränen in den Augen blätterte er in dem Brief mit der markanten Handschrift seines Vaters und las die vorletzte Seite nochmals durch:

... Deine Mutter hat sich von der letztendlich doch sehr anstrengenden Geburt Deiner neugeborenen Schwester Margarete mittlerweile wieder gut erholt. Leider ist der Oktober in diesem Jahr sehr kühl und regnerisch, so dass Mutter mit dem Kinderwagen nur selten raus in den Garten kann. Dieses Jahr 1884 hat uns schon wundersame Wetterkapriolen beschert. Erst diese nimmer endende Hitze, die

uns wieder einmal eine schlechte Ernte bescherte. Und nun ein völlig verregneter Herbst. So muss das Kindermädchen die kleine Margarete im Hause hüten, was, das kann ich Dir sagen, ein sehr anstrengendes Unterfangen ist. Der kleine Wurm ist nämlich voller Elan! Margarete schreit rund um die Uhr und macht eigentlich nur Pause, wenn sie gestillt wird. Anfänglich dachten wir, sie sei krank und habe Schmerzen. Aber der Arzt meinte nur, es sei eben ein sehr putziges, kerngesundes und voller Lebenskraft steckendes Kind.
Ja, lieber Alfred, wenngleich ich ein wenig traurig bin, dass der liebe Herrgott uns schon wieder ein Mädchen geschenkt hat (Du hast jetzt gleich drei Schwestern, lieber Alfred!), so bin ich auf die kleine, so laut und kräftig schreiende Margarete doch auch stolz. Sie bekommt langsam wunderbar dunkle Haare! Und ich denke, sie wird einmal sehr hübsch werden. Hauptsache, sie ist gesund ...

Der junge Geograf griff nach einem Glas Portwein und schloss verträumt die Augen. Sanft wie die Dhau in den Wellen des Indischen Ozeans glitten seine Gedanken zu den Geschehnissen der letzten Monate zurück. Da war die völlig überraschende Bereitschaft seines Vaters gewesen, ihn bei seinen Afrikaplänen zu unterstützen. Vor seiner Abreise hatte er ihm sogar Geld gegeben, damit er sich eine gute Tropenausrüstung und neue Jagdgewehre kaufen konnte. Mutter hatte am 3. August nach vielen Schmerzen eine gesunde Tochter zur Welt gebracht. Wenngleich sein Vater über die letztendlich doch komplikationslose Geburt sehr glücklich gewesen war, so hatte er keinen Hehl daraus gemacht, dass ihm ein Sohn, ein spätgeborener, lieber gewesen wäre. Denn nun hatte er drei Töchter: Tine, Frieda und die kleine Margarete.

Alfred Zehe griff nach einem Notizblock. Der leichte Monsunwind ließ das Segel flattern und wehte durch sein Haar. Diese ewig wehenden Winde auf Sansibar empfand er als sehr angenehm. *Kuzi* und *Khazkazi* nannten die Eingeborenen diese Luftströmungen, die abwechselnd von Nordwest oder Südwest wehen und seit Jahrhunderten die Segelschiffe zwischen Indien, Arabien und der ostafrikani-

schen Küste hin und her treiben und damit maßgeblich zum Reichtum Sansibars beitrugen.
»Ninataka Bira na chakula«, rief er dem jungen Afrikaner am Segel zu, worauf dieser ihm ein Bier und das vorbereitete Picknick brachte. Er war stolz, schon nach so kurzer Zeit in der Lage zu sein, sich ein wenig in Kisuaheli zu verständigen. *»Asante«,* bedankte er sich, biss genüsslich in eine der köstlichen Mangofrüchte und begann einen Brief an seine Eltern in Petersdorf zu schreiben.

Sansibar, am 5. November 1884

Lieber Vater, liebe Mutter!

Ich kann mir gut vorstellen, welch große Aufregung im Reichspostamt in Sagan herrschen wird, wenn sie diesen Brief aus Afrika mit all den wunderschönen, exotischen Briefmarken sehen! Wenn ich demnächst diese Insel verlassen werde, um auf dem afrikanischen Festland auf Expedition zu gehen, werdet Ihr wohl lange nichts von mir hören. Solltet Ihr mir zurückschreiben wollen, bedenkt bitte, dass Eure Briefe sehr lange brauchen, bis sie mich erreichen. In wirklich sehr dringenden Fällen könnt Ihr ein Telegramm an das deutsche Konsulat in Sansibar zu Händen Herrn Reichskonsul Gerhard Rohlfs schicken. Die Gattin von Herrn Rohlfs war übrigens auch auf dem Schiff hierher. Die Schiffsreise von Genua durch das Mittelmeer nach Ägypten war wunderschön.

In Alexandria stieg noch ein Mann zu, der uns seither sehr beschäftigt. Es ist ein Kapitän außer Dienst, der vor einigen Wochen unehrenhaft aus der deutschen Marine entlassen wurde. Warum, das weiß ich nicht. Aber es hat irgendwie damit zu tun, dass er vor kurzer Zeit in Deutsch-Südwestafrika war. Jetzt ist er im Auftrag von deutschen Bankiers nach Ostafrika unterwegs, um sich dort nach lukrativen Handelsmöglichkeiten umzuschauen, was unseren Dr. Peters natürlich sehr interessiert. Dieser Kapitän a. D., er heißt Jürgen Herbig, ist ein sehr mürrischer Mensch, den ich nicht sonder-

lich mag, weil er sich sehr arrogant aufführt und viele Vorurteile gegen die Engländer und Franzosen hat.
Die Zugfahrt nach Suez war zwar sehr bequem, weil der Zug direkt am Hafen abfährt, so dass es kein Problem war, unser Gepäck umladen zu lassen. Aber die Waggons, ich sage es Euch, waren wirklich schauderhaft! Wir saßen zu acht in einem Coupé – und das mit dem vielen Handgepäck! Als wir in Suez ankamen, wurden wir bereits vom dortigen deutschen Konsul erwartet. Das hatte Herr Rohlfs wegen seiner Gattin arrangiert. Übrigens eine sehr patente Frau! Sie reist ja auf unserem Schiff alleine nach Sansibar. Ihr Mann, so erzählte sie, weilt derzeit noch auf einem Schiff der deutschen Marine im südlichen Afrika. Er wird dann aber wohl auch kurz nach unserer geplanten Ankunft nach Sansibar kommen. Und so hatten wir dort überhaupt keine Probleme beim Verladen der Kisten an Bord des Dampfbootes der britischen P.a.O.-Linie.

Dieser Ozeandampfer war wirklich sehr komfortabel! Ich hatte eine sehr gemütliche Kabine für mich alleine und konnte die Fahrt bis nach Aden wirklich genießen. Das Leben an Bord hat mich maßlos beeindruckt. Den ganzen Tag über geschehen auf einem solchen Schiff interessante Dinge und man trifft weit gereiste Leute. Ihr müsst wissen, dass schon morgens um sechs Uhr ein Steward Tee ans Bett bringt. Dann hat man viel Zeit und Ruhe, um den Tagesanfang zu genießen. Um acht Uhr gibt es dann Frühstück, was bei den Engländern ein richtiges gesellschaftliches Ereignis ist, bei dem ein komplettes warmes Mahl serviert wird.
Bis zum Mittagessen hat man dann ein wenig Zeit, um die prächtige Kulisse an den Ufern des Roten Meeres zu genießen und ein wenig zu lesen. Zum Lunch gab es zwar nur kaltes Essen, mit vielen Salaten und Früchten. Aber es war sehr schmackhaft und tat meinem von der langen Reise doch arg strapazierten Magen sehr gut. Nach dem sehr geruhsamen Nachmittag, der von Tea Time um vier Uhr unterbrochen wurde, kam dann die eigentliche Hauptmahlzeit, das Dinner. In den ersten Tagen kam ich mir dabei sehr deplatziert vor. Denn ich war es absolut nicht gewohnt und hatte auch nicht erwar-

tet, dass man sich zum Abendessen kleidet, als wolle man in die Oper nach Berlin gehen. Die wenigen Damen an Bord müssen wohl riesige Kisten mit Kleidern mitgeführt haben. Denn ich habe sie zum Frühstück, Lunch, zum Tee und zum Dinner stets in einer anderen Garderobe gesehen. Die englischen Männer sind da nicht besser. Sie laufen schon morgens in eigentümlichen, bunt karierten, hellen Anzügen umher. Irgendwie sehen sie darin wie elegante Clowns aus! Und abends erscheinen dann alle in vollem Hofstaat.

Nach zwei Tagen auf See wurde es zunehmend heißer. Vorbei am Sinai erreichten wir dann das berüchtigte Aden. Dort ist es so unglaublich heiß, dass die Damen sich allesamt weigerten, von Bord zu gehen, weil sie sich ängstigten, einen Hitzschlag zu bekommen. Ich habe es aber trotzdem getan. Zuerst war ich richtig erschrocken über den unbeschreiblichen Menschenwirrwarr am Hafen und in der Stadt, wo Tausende halb nackte Neger und in flatternde Gewänder gehüllte Araber hektisch umherlaufen. Bei der zweistündigen Droschkenfahrt durch Aden konnten wir auch das faszinierende Wasserreservoir begutachten. Das Wasser wird in riesigen Behältern aufgefangen und dann in Röhren durch die Stadt geleitet. Die Stadt selbst liegt nicht am Meer, sondern in einem Bergkessel, in dem es so unvorstellbar heiß war, dass ich jetzt verstehe, warum Aden auch »die Hölle« genannt wird.
Richtig aufgeregt wurde ich, als wir dann nach einer Woche vorbei an Lamu nach Mombasa kamen. Afrika! Glaubt mir, ich konnte Afrika schon fühlen und riechen, lange bevor wir Mombasa am Horizont auftauchen sahen. Hier am Äquator herrscht eine extrem hohe Luftfeuchtigkeit bei großer Hitze. Die Luft ist erfüllt von faszinierenden Gerüchen, so wie in einem Treibhaus. Selbst wenn man sich nicht bewegt, schwitzt man. Begleitet von Delphinen und wunderschönen blauen »Fliegenden Fischen«, die riesige Sprünge aus dem Wasser heraus machen und dabei wie urzeitliche Riesenvögel mit prächtigen Schwingen aussehen und weite Strecken über das Wasser fliegen, kamen wir schließlich in Sansibar an. Die Stadt Sansibar, die einen recht anheimelnden und großstädtischen Eindruck

macht, zählt zirka achtzigtausend Einwohner, von denen fünftausend Inder und fünftausend Araber sind. Die übrige Bevölkerung besteht aus den Suahelis und aus Mischlingen. Unser erster Spaziergang durch die Stadt ließ uns glauben, wir befänden uns in einem Märchen aus dem Orient.

Die Händler in den finsteren Verschlägen, die Frauen und Kinder, die im Hintergrund hockten, waren alle Inder, und dazwischen wimmelte es von schwarzen und helleren Gestalten, allesamt in das lange, weiße Hemd der Suahelis gehüllt. Die braunen Mädchen, die uns in Scharen begegneten, haben ihr Haar trotz seiner Kürze in wunderlicher Art in kleine Zöpfchen geflochten.

Die Stadt ist auf einem flachen Vorsprung der Insel gelegen, dessen äußerste sandige Spitze Ras Shangani heißt. Auf der Nordseite überragt der Sultanspalast das Häuserwirrwarr: ein viereckiges Gebäude, von Säulenhallen umgeben, kehrt er die Front dem Teil der Reede zu, welcher den Handelsschiffen als Ankerplatz dient. Auf dem Dach des Palastes erhebt sich ein hoher Turm, und eine weit sichtbare Uhr verkündet arabische Zeit. Rechts schließen sich die Nebengebäude, darunter der Harem an. Vor dem Palast erstreckt sich ein freier Platz bis ans Meer, wo an einem hohen Mast tagsüber die rote Sultansflagge weht. Abends um sechs Uhr wird sie langsam und feierlich unter den Klängen einer Goanerkapelle eingeholt, ein Kanonenschuss ertönt und der ganze Palast erstrahlt, wenn der Sultan anwesend ist, bis elf Uhr im hellen elektrischen Licht. Ebenso lange brennt die Lampe auf einem links vom Platz stehenden, mehr als dreißig Meter hohen Gittergerüst, von dem am Tage durch Flaggensignale die Ankunft der Schiffe gemeldet wird. Weilt der Sultan in Sansibar, so spielt des Abends seine Militärkapelle vor dem Palast.

Jeden Tag geschehen aufregende Dinge. Ich lerne immer wieder interessante Menschen aus aller Herren Länder kennen. Sehr hilfreich ist uns die Bekanntschaft des deutschen Konsuls, Herr Rohlfs. Irgendwie habe ich aber das Gefühl, dass der Konsul Herrn Dr. Peters und die anderen Herren der Deutschen Gesellschaft für Kolonisation nicht sonderlich mag. Dr. Peters ist ein sehr nationalistisch denkender Mann, der, so glaube ich mittlerweile, alles bereit ist zu tun, um sein Ziel zu erreichen. Ich meine wirklich alles! Über die Wahl seiner Mittel zu urteilen steht mir jedoch nicht zu.

Da hier auf der Insel großer Mangel an Häusern mit europäischem Standard herrscht, wohnen wir zurzeit alle in einem Hotel mit dem vielversprechenden Namen Grand Hôtel de l'Afrique Centrale. Es ist nicht schlecht. Und das Essen ist gut. Trotz all dieser aufregenden Geschehnisse hier habe ich heute ein wenig Heimweh nach Petersdorf. Ich denke viel an Euch und frage mich, wie meine kleine Schwester Margarete jetzt wohl aussieht.
Apropos Essen! Morgen sind wir alle beim Sultan von Sansibar zu einem Fest eingeladen. Davon werde ich Euch dann später berichten. Bis dahin verbleibe ich in Gedanken an Euch und an meine drei Schwestern. Der kleinen Margarete sende ich ein ganz liebes Küsschen!

Euer Euch liebender Alfred

*

Im Gegensatz zu seiner Frau Lonny mochte Gerhard Rohlfs Festlichkeiten wie diesen Empfang beim Sultan anlässlich seiner Ankunft als erster deutscher Konsul in Sansibar überhaupt nicht.
»Dieser Dr. Peters ist mir sehr unsympathisch, Lonny! Er hat einen derart abfälligen Ton im Umgang mit den Einheimischen an sich, dass ich schon manchmal kurz davor war, ihn zu maßregeln. Er ist ein Herrenmensch. Einer der übelsten Sorte! Und was ich von diesem Kapitän Herbig halten soll, weiß ich schon gar nicht.«
»Ach, Gerhard«, suchte seine Frau ihn zu beschwichtigen, »du nimmst alles viel zu ernst. Das sind Geschäftsleute. Die suchen hier in Afrika ihr Glück. Außerdem sind da auch einige wirklich nette Männer dabei. Der junge Graf von Pfeil ist stets sehr charmant und galant. Und dieser Geograf aus Schlesien ist nun wirklich ein netter, höflicher junger Mann.«

»Die beiden meine ich auch nicht. Aber um diesen Peters herum scharren sich suspekte Gestalten. Sie werden uns noch viel Ärger bereiten, Lonny, glaube es mir!«
»Aber es wäre ein Affront dem Sultan gegenüber, wenn du auch nur einen von den hier anwesenden Deutschen nicht einladen würdest, Gerhard. Das kannst du nicht machen!«
Dessen war sich Konsul Gerhard Rohlfs bewusst. Aber er ahnte auch, dass er mit seiner Einschätzung richtiglag. In einer langen Wagenkolonne – die Droschken hatte allesamt der Sultan zur Verfügung gestellt – fuhr die »deutsche Armada«, wie Dr. Carl Peters den Konvoi sofort titulierte und damit nicht nur beim deutschen Konsul Befremden auslöste, durch die Stadt. Nach eineinhalbstündiger Fahrt erreichte der Droschkenkonvoi Chuini, den Landsitz von Sultan Sayyid Barghash ibn Sa'id, dessen achtspännige Kutsche bereits in der Auffahrt stand. Vor und hinter der Droschke mit den edlen arabischen Rappen warteten jeweils ein Dutzend berittene Leibwachen in roten Uniformen. Neben dem Eingang des Haupthauses wehte die schlichte, grellrote Flagge des Sultanats Sansibar, daneben die Flagge des Deutschen Kaiserreichs. Lakaien des Herrschers über Sansibar führten die deutschen Gäste direkt in einen mit Spiegeln und Kronleuchtern im Übermaß dekorierten Saal. Lonny Rohlfs war sehr beeindruckt.
»Schau dir das an, Gerhard! Feinstes französisches Porzellan, diese unzähligen Gold- und Silberschalen! Er muss reich sein, dieser Sultan ...«
»Reich?«, flüsterte Gerhard Rohlfs. »Nein, er ist der Hüter eines unvorstellbaren Schatzes, dessen wahrer Wert mit Zahlen nicht annähernd erfasst werden kann!«
Die Festlichkeiten avancierten zu einem nimmer endenden Mittagsmahl. Berge von Gänsebraten, Enten, Gänseleberpasteten, Hühnern, Rinderfilet und Ochsenzungen mit Bohnen sowie Gemüse und Gebäck ließen die meisten der deutschen Gäste stöhnen. Einige der Gäste zogen sich schließlich in die Bäder des Sultanspalastes zurück, um sich dort in den kühlen Marmorräumen vom anstrengenden Essen zu erholen. Auf der Dachterrasse, von der man einen herrli-

chen Blick über den Indischen Ozean hatte, versammelte sich inzwischen eine kleinere Gruppe Männer. Darunter der amerikanische Konsul Cheney, der belgische Konsul van der Elst, Englands Generalkonsul Sir John Kirk und, in weißer Uniform, Gerhard Rohlfs, der zu seinem Leidwesen registrierte, dass sowohl Dr. Peters als auch der wie immer missmutig dreinschauende Kapitän Herbig auf den Damastkissen des Balkons Platz genommen hatten.

Neben dem Kapitän saß Alfred Zehe, der sich lebhaft mit Anthimos unterhielt, dem zwanzigjährigen Sohn des griechischen Geschäftsmannes Koundouriotis, der bislang in Paris gearbeitet hatte und nach Sansibar gekommen war, um von hier aus weiter nach Bombay zu reisen. Alfred Zehe hatte die griechische Familie auf einem Empfang des französischen Konsuls auf Sansibar kennengelernt und sich sofort mit dem nahezu gleichaltrigen Anthimos gut verstanden.

Wenige Augenblicke später kam Sultan Barghash und nahm, eskortiert von zwei Wächtern, auf einem Sessel Platz. Der korpulente Mann mit dem verschmitzten Blick und den untrüglichen Anzeichen einer fortschreitenden Elefantiasis trug unter dem schwarzen, mit Goldlitzen besetzten Kaftan ein weißes Gewand. Die weite Kleidung kaschierte seinen dicken Bauch. Sein Turban saß ihm schief auf dem Kopf. Am kleinen Finger der rechten Hand prangte ein goldener Ring mit einem haselnussgroßen Diamanten.

Konsul Gerhard Rohlfs erhob sich. Zum Erstaunen aller Anwesenden begann er seine Ansprache in fließendem Arabisch: »Eure Exzellenz! Im Namen des Deutschen Kaisers, Wilhelm dem Ersten, und seines Reichskanzlers, Fürst Otto von Bismarck, aber auch im Namen aller hier anwesenden deutschen Untertanen Seiner Majestät, des Deutschen Kaisers, darf ich mich für die Ehre, die uns Deutschen als Gästen des Sultans von Sansibar mit diesem vortrefflich gelungenen Fest zuteilwird, bedanken …«

Sultan Barghash machte keinen Hehl aus seiner Überraschung, dass der Deutsche mit den runden Brillengläsern so gut Arabisch sprach. Wohlwollend lächelte er dem ein wenig kränklich aussehenden Mann aus Deutschland zu. Die Informationen über diesen Rohlfs, die ihm die Engländer auf diplomatischem Wege schon vor einigen

Wochen hatten zukommen lassen, ließen keine Zweifel daran, dass dieser deutsche Konsul ein kluger, weit gereister Mann mit exzellenten Afrikakenntnissen war. Der Sohn eines Arztes hatte sich als Forschungsreisender, Archäologe und Schriftsteller in Europa einen Namen gemacht. Ein Diplomat aber war der Deutsche nicht.
Warum der Deutsche Kaiser einen solch diplomatisch unerfahrenen Mann nach Sansibar schickte, war sowohl ihm als auch den Engländern schleierhaft. Das Sultanat Sansibar, dessen war sich Sultan Barghash seit Langem bewusst, galt bei den Europäern aufgrund seiner exzellenten Lage im Indischen Ozean und vor der Küste Ostafrikas als das ideale Sprungbrett zum Inneren des afrikanischen Kontinents.
»Alle wollen sie Sansibar«, hatte sein Vater ihm noch zu Lebzeiten zu bedenken gegeben und ihm geraten, stets die Freundschaft zu allen europäischen Mächten zu suchen, nicht nur zu den Engländern. »Die Engländer musst du mit Vorsicht genießen«, erinnerte sich Sultan Barghash der Worte seines verstorbenen Vaters, »sie lächeln dich an, helfen dir den eigenen Feind zu bekämpfen – und unterstützen dann heimlich den zweiten Feind in deinem Rücken.« So hatte es ihn sein Vater gelehrt. Und mit diesem Wissen war es ihm, als dritter Sultan dieser Insel, gelungen, seine Macht zu festigen.
Das überraschende Auftauchen dieses deutschen Konsuls beunruhigte ihn jedoch sehr. Und die Engländer ebenso. Das Deutsche Reich hatte bislang so gut wie kein Interesse an Sansibar gezeigt. Außer dieser unleidigen Geschichte mit seiner Schwester, Prinzessin Salme, die diese verrückten Erbansprüche stellte, hatte es bis dahin keine Probleme mit den Deutschen gegeben. In den letzten Monaten aber brachte plötzlich nahezu jedes Schiff Deutsche nach Sansibar. Zumeist Abenteurer, Elfenbeinjäger und Kaufleute. Und nun, auffallend kurzfristig und vom Deutschen Reichskanzler persönlich avisiert, war dieser deutsche Konsul Rohlfs da! Nein, dachte Sultan Barghash und hörte im Unterbewusstsein noch die abschließenden Worte von Gerhard Rohlfs, nein, das ist kein Zufall!

*

An puren Zufall hatte Dr. Carl Peters, Präsident der Deutschen Gesellschaft für Kolonisation, geglaubt, als Kapitän a. D. Jürgen Herbig wenige Wochen zuvor in Alexandria an Bord des Schiffes nach Sansibar gekommen war. Der Offizier, das hatte Peters nach wenigen Tagen auf See in Erfahrung gebracht, war im Auftrag eines Konsortiums deutscher Bankiers und Investoren nach Afrika unterwegs, um nach Handelsmöglichkeiten Ausschau zu halten. Kaum war ihm das bekannt, ging ihm der Exkapitän nicht mehr aus dem Kopf. Denn um die Finanzen der Deutschen Gesellschaft für Kolonisation war es alles andere als gut bestellt.
An puren Zufall glaubte Peters noch immer, als er den angeblich unehrenhaft aus der deutschen Marine entlassenen Kapitän zwei Tage nach dem Empfang beim Sultan gegen Mittag erneut traf. Dieses Mal im Foyer des Grand Hôtel de l'Afrique Centrale, in dem er und alle anderen Expeditionsteilnehmer untergebracht waren.
»Guten Morgen, Kapitän«, begrüßte Dr. Peters seinen in einen eleganten weißen Anzug gekleideten Landsmann, »Ihr Anzug lässt darauf schließen, dass Sie Bedeutsames vorhaben!«
»Nein, verehrter Dr. Peters, ich habe nichts vor, ich habe es schon hinter mir!«, antwortete Kapitän Herbig. »Ich hatte eine Audienz beim Sultan. Leider keine sehr erfreuliche!«
»Hatte der geldgierige Araber heute schlechte Laune?«, fragte Carl Peters lachend.
Jürgen Herbig tat sehr verstimmt. »Dieser dümmliche Märchenprinz ist kaum mehr als ein Vasall Londons, ein Lakai der Franzosen«, antwortete er schroff. »Er versagt mir jegliche Genehmigungen und Referenzschreiben für eine Expedition ins Landesinnere Afrikas. Die Küstenstädte darf ich besuchen, mehr aber auch nicht.«
»Dahinter stecken die Engländer«, erwiderte Dr. Carl Peters und sah endlich seine Chance gekommen. »Warum setzen wir uns nicht einfach auf die Hotelterrasse, trinken etwas und nehmen das Mittagessen gemeinsam ein, Herr Kapitän?«
»Einverstanden«, antwortete Jürgen Herbig und triumphierte innerlich, dass er diesen Peters gleich beim ersten Versuch hatte ködern können.

Die beiden Männer gingen in den Garten des Hotels und nahmen an einem Tisch mit Blick über das Meer Platz. Zielstrebig nahm Dr. Peters das Gespräch wieder auf.
»Sie, lieber Kapitän, haben die Genehmigung des Sultans, die Küstenstädte zu bereisen. Ich wiederum habe alle erforderlichen Referenzschreiben, um ins Landesinnere aufzubrechen – und zwar entlang der beiden Karawanenrouten bis hin zum Kilimandscharo! Was also spricht dagegen, wenn wir unsere Interessen abstimmen?«
Carl Peters starrte den ehemaligen Marineoffizier erwartungsvoll an. Jürgen Herbig wusste, was er zu sagen hatte. Der Präsident dieser Kolonisierungsgesellschaft, das war ihm bekannt, brauchte dringend Geld. Vermeintlich widerwillig antwortete er: »Ich argwöhne, lieber Dr. Peters, ich habe keine andere Wahl. Machen Sie mir doch mal einen Vorschlag, wie Sie sich das in der Praxis vorstellen könnten! Über eines sollten Sie sich jedoch bewusst sein: Meine Auftraggeber verfügen über nicht unerhebliche finanzielle Mittel. Sie würden sich nie mit einigen wenigen Unternehmensanteilen Ihrer Kommanditgesellschaft zufriedengeben. Die wollen Macht!«
»Das ist nun wirklich kein Problem, Herr Kapitän! Sehen Sie, wir befinden uns erst in den Anfängen unserer lukrativen unternehmerischen Aktivitäten in Afrika. Partner sind mir jederzeit willkommen. Ob nun Kapitalgeber, also stille Teilhaber, oder auch aktive Mitstreiter. Denn …«
Jürgen Herbig unterbrach sein Gegenüber.
»Ich gehe davon aus, dass meine Auftraggeber ausschließlich Interesse an einer stillen Teilhaberschaft haben. Da gilt es, gewisse politische Rücksichtnahmen walten zu lassen, verstehen Sie, Dr. Peters? Diese Männer befinden sich in exponierten Positionen, die private Interessen an Handelsniederlassungen in Übersee politisch für nicht opportun erscheinen lassen.«
»Natürlich verstehe ich, Kapitän, natürlich«, glaubte Dr. Carl Peters seinen Gesprächspartner beschwichtigen zu müssen. »Gehen Sie davon aus, dass ich schweigen kann!«
Nach einer Stunde verabschiedeten sich beide Männer. In dem Moment, da Kapitän a. D. Jürgen Herbig, Marineoffizier mit Sonderauf-

trag des Deutschen Reichskanzlers, das Hotel verließ, konnte er aus dem Augenwinkel heraus sehen, wie der schmächtige Dr. Carl Peters geradezu triumphierend grinste.

Der Präsident der Deutschen Gesellschaft für Kolonisation, Carl Peters, war tatsächlich sehr zufrieden mit dem Verlauf dieses Gesprächs. Er konnte nun im Bewusstsein leben, nicht nur über zusätzliches Kapital von hunderttausend Reichsmark zu verfügen, sondern auch über neue, erstklassige politische Kontakte bis hinauf zu Regierungsmitgliedern des Deutschen Reiches. Damit, so sah es Dr. Carl Peters an diesem heißen Novembertag des Jahres 1884, damit wird mein Traum von Kolonien in Afrika wahr …

*

Wie schnell solche Träume zu Albträumen avancieren können, ahnte Alfred Zehe bereits am 10. November, dem ersten Tag ihrer Afrika-Expedition. Begleitet von sechsunddreißig Trägern, sechs persönlichen Dienern und zwei Dolmetschern hatte er zusammen mit Dr. Peters, Graf von Pfeil und Dr. Jühlke von Sansibar aus auf das afrikanische Festland übergesetzt. Die Landung mit den drei Dhaus bei dem kleinen Küstenort Sadani wäre beinahe zu einer Katastrophe ausgeartet. Die Segelschiffe waren durch die Expeditionsausrüstung völlig überladen und konnten in den flachen Küstengewässern nahe der Mündung des Flusses Wami nicht bis zum Ufer gelangen. Notgedrungen musste etwa einen Kilometer vom Strand entfernt Anker geworfen werden. Die Träger weigerten sich, die mehr als hundert Kisten durch das Wasser an Land zu tragen. Sie wussten, dass es im Indischen Ozean Haifische gab. Erst als Carl Peters sein Gewehr nahm, einen der Träger an den Bug einer Dhau stellte, ihm die Mündung der Waffe auf die Brust setzte und drohte, ihn zu erschießen, wenn die Ladung nicht bis zum Abend an Land sei, schleppten die Afrikaner die Expeditionsausrüstung durch das tiefe Wasser an den Strand. Das war vor drei Wochen gewesen. So euphorisch Alfred Zehe noch am ersten Abend vor seinem Zelt am Lagerfeuer unter den Palmen am Strand gewesen war, so sehr ihn die romantische Stimmung unter freiem Himmel am Indischen Ozean fasziniert hatte, so sehr wich seine Begeisterung mit jedem weiteren Tag. Die brütende Hitze bei Tag und in der Nacht machte allen zu schaffen. Schon wenige Kilometer von der Küste entfernt ließen die bis dahin erfrischenden Winde nach. Selbst die Träger litten unter der extrem hohen Luftfeuchtigkeit und den Myriaden von Moskitos, die sie in den Nächten quälten. Schließlich erreichten sie unter großen Strapazen bei dem Ort Kilossa das Mukondwa-Tal, wo der gleichnamige Fluss in den Fluss Mkata einmündet. Das südöstlich verlaufende Tal, so hatten sie auf Sansibar erfahren, galt als die Eingangspforte zum Usagara-Hochland. Folgte man dem Fluss, erreichte man die alte Karawanenstraße nach Tabora, über die noch immer Sklaven aus dem Inneren Afrikas an die Küste und von dort weiter nach Arabien und Persien verschleppt wurden.

Nach knapp einer Woche Fußmarsch erreichten sie schließlich die Dörfer Useguha, Ukami und Unguu. In den Verhandlungen mit den dortigen Häuptlingen begann Dr. Carl Peters, seinen wahren Charakter zu zeigen. Und was an diesem 19. November geschehen war und mit der erstmaligen Hissung der deutschen Flagge über einem ostafrikanischen Dorf geendet hatte, zeichnete sich nun, drei Wochen später, erneut ab.
An diesem Abend saß Alfred Zehe in seinem Zelt nahe einem Dorf in den Usagara-Bergen, knapp fünfzig Kilometer vom Indischen Ozean und mehr als achttausend Kilometer von seinem Heimatort Petersdorf entfernt. Dr. Peters und die anderen schliefen bereits. Nur die Petroleumlampe im Zelt spendete dem deutschen Gutsherrensohn Licht beim Schreiben des zweiten Briefes an seine Eltern in Petersdorf:

Lieber Vater, verehrte Mutter!

Grauenhaftes ist heute passiert! Wir sind jetzt in den Usagara-Bergen, im Landesinneren Afrikas. Der hiesige Sultan hat uns zwei sehr junge Frauen aus dem Dorf, eigentlich noch Mädchen, zum Geschenk gemacht. Plötzlich hörte ich Dr. Peters laut und wütend brüllen. Er hat eins der Mädchen halb nackt aus seinem Zelt gezerrt. Unter einem Baum vor dem Lager hat er drei leere Bierkästen gestapelt und mit einem Gewehr in der Hand das Mädchen gezwungen, auf die Bierkästen zu steigen. Dann hat er dem Mädchen, das Todesängste litt, eine Schlinge um den Hals gelegt und das andere Ende über einen Ast geworfen und das Seil angespannt und sie angebrüllt: »Stoß die Kisten um, komm, du schwarze Hure, stoß die Kisten um!« Als sich das junge Ding weigerte und weinte und schrie, ging er zu ihr hin und hat ihr ins Gesicht gebrüllt: »Wenn ich hier erst mal über Recht und Ordnung zu befinden habe, werden solch widerspenstige Hurennegermädchen wie du ganz einfach aufgehängt!«

Das Mädchen ist danach weinend wieder zusammen mit Dr. Peters in sein Zelt gegangen – und ich habe mich geschämt!

Ich möchte am liebsten weg von diesen Männern. Sie brauchen überhaupt keinen Geografen. Das Land interessiert sie nicht. Sie betrügen die Menschen um ihr Land. Ja, das ist es, was sie wollen. Land stehlen! So habe ich mir meine Arbeit in Afrika nicht vorgestellt. Dabei ist Ostafrika so wunderschön. Es ist ein Paradies auf Erden, mit sehr viel Platz zu leben und grenzenloser Freiheit. Ich liebe dieses unberührte, weite, herrliche Afrika und werde versuchen, hier mein Glück zu finden – alleine! Macht Euch bitte keine Sorgen. Ich werde meinen Weg schon machen. Wie ich das bewerkstelligen soll, weiß ich allerdings noch nicht.

Euer Sohn Alfred

Am Nachmittag des darauf folgenden Tages graute Alfred Zehe vor dem, was nun wieder kommen würde. Während er hinter den anderen durch das ärmliche Dorf marschierte, die Gewehre demonstrativ in der Armbeuge, ertappte er sich bei dem Gedanken, dass er wegwollte, zurück nach Sansibar, zurück nach Deutschland – egal wohin, aber weg von diesem Dr. Peters und seinen rücksichtslosen Ge-

schäftspartnern! Er hasste diese Männer, ihre Brutalität und Gier, ihr menschenverachtendes Handeln! Als Angestellter der Kolonialgesellschaft war er aber macht- und hilflos. Und so saß er denn auch an diesem Tag im Jahre 1884 mit versteinerter Miene unter einem riesigen Baobab-Baum in den Usagara-Bergen und verfolgte angewidert das, was Dr. Peters nach den mühsamen Verhandlungen mit dem Sultan des Dorfes am Vormittag triumphierend die »Übernahme und Zivilisation eines Negerreiches« tituliert hatte und dem nun die Übernahmezeremonie folgen würde.
Sultan Muinin Sagara, ein warmherzig lächelnder Mann mittleren Alters mit ebenmäßigem Antlitz und von einer schlichten, jedoch würdevollen Aura umgeben, Herrscher über dreiundzwanzigtausend Menschen in den Tälern und Hochebenen der Usagara-Berge, saß, in einen farbenprächtigen Umhang gekleidet, auf einem geschnitzten Ebenholzsessel. Sein Sohn stand hinter ihm, Dr. Peters zu seiner Rechten, Graf von Pfeil und Dr. Jühlke links neben ihm.
»Sag dem Sultan, dass es in unserem Land Sitte sei, dass Verträge zwischen zwei mächtigen Herrschern mit einem besonderen Getränk abgeschlossen werden«, herrschte Carl Peters den sansibarischen Dolmetscher Ramassan an, griff nach einer Flasche Rum, nahm einen kleinen Schluck und reichte sie dem Sultan. Der afrikanische Herrscher nickte dem Dolmetscher zu, setzte die Flasche an den Mund und nahm einen kräftigen Schluck. Der hochprozentige Alkohol trieb ihm Tränen in die Augen. Dr. Peters lächelte diabolisch und griff erneut nach der Flasche, um einen weiteren sehr kleinen Schluck zu nehmen. Wieder reichte er dem Sultan die Flasche, der lächelnd und nunmehr offensichtlich von dem Trunk angetan gleich zweimal ansetzte und den Rum lachend trank. Dr. Peters stand auf, griff nach einer Papierrolle und war bestrebt, sehr würdevoll auszusehen, als er begann, das von ihm selbst verfasste Schriftstück auf Deutsch vorzulesen:

»Sultan Muinin Sagara, alleiniger und absoluter Herrscher von ganz Usagara, und Dr. Carl Peters als Vertreter der Deutschen Gesellschaft für Kolonisation, schließen hierdurch einen ewigen

Freundschaftsvertrag ab. Sultan Muinin Sagara erhält eine Reihe von Geschenken; weitere Geschenke für die Zukunft werden ihm versprochen; und er tritt hierdurch unter den Schutz der Deutschen Gesellschaft für Kolonisation resp. deren Vertreter. Dafür tritt der Sultan an Herrn Dr. Carl Peters kraft seiner absoluten und unumschränkten Machtvollkommenheit das alleinige und ausschließliche Recht, Kolonisten nach ganz Usagara zu bringen, ab.
Dr. Carl Peters verspricht, von diesem Recht Gebrauch zu machen. Zu diesem Behufe tritt Sultan Muinin Sagara das alleinige und ausschließliche Recht völliger und uneingeschränkter privatrechtlicher Ausnutzung von ganz Usagara an Herrn Dr. Carl Peters hierdurch ab. Ferner tritt der Sultan alle diejenigen Rechte ab, welche nach dem Begriff des deutschen Staatsrechts den Inbegriff staatlicher Oberhoheit ausmachen; unter anderem: das alleinige und uneingeschränkte Recht der Ausbeutung von Bergwerken, Flüssen, Forsten; das Recht, Zölle aufzuerlegen, Steuern zu erheben, eigene Justiz und Verwaltung einzurichten, und das Recht, eine bewaffnete Macht zu schaffen.
Dafür bleibt der Titel Muinin Sagara erblich in der Familie des Sultans. Der privatrechtliche Besitzstand des Sultans wird von Herrn Dr. Peters anerkannt und garantiert, und die Vertreter der Deutschen Gesellschaft für Kolonisation werden angewiesen werden, diesen Besitzstand mehren zu helfen. Die Deutsche Gesellschaft für Kolonisation wird mit allen Kräften dahin wirken, dass Sklaven aus dem Gebiet des Sultans Muinin Sagara nicht mehr fortgeschleppt werden dürfen. Dieser Vertrag ist heute, am 4. Dezember 1884, vor dem versammelten Volke von Usagara unter Zuziehung einer Reihe rechtsgültiger Zeugen von Muinin Sagara, alleinigem und uneingeschränktem Oberherr von ganz Usagara, und Herrn Dr. Carl Peters durch Namensunterschrift und Namenszeichen von beiden Seiten in durchaus rechtsverbindlicher Form vollzogen worden.«

Der Sultan war betrunken. Während Dr. Peters sein Pamphlet vorlas, hatte der afrikanische Herrscher mehrmals nach der Flasche Rum gegriffen. Sein erster Versuch aufzustehen misslang kläglich. Sein hinter ihm stehender Sohn musste ihn stützen. Mit weit aufgerissenem Mund grinsend, torkelte er auf Dr. Peters zu, der vor einer zum Schreibtisch umfunktionierten Transportkiste stand, demonstrativ seine Unterschrift unter den Vertrag setzte und dem Sultan bedeutete, wohin er seinen mit schwarzer Tinte gefärbten Daumen auf dem Vertrag zu drücken habe. Der Sultan fand diese Zeremonie belustigend. Wieder und wieder drückte er seinen schwarzen Daumen auf das Papier und kicherte dabei. Nachdem die anderen als Zeugen unterschrieben hatten, schritten die Vertreter der Deutschen Gesellschaft für Kolonisation mit geschwellter Brust zu einer provisorisch errichteten Fahnenstange inmitten des Dorfplatzes. Mit einem lautstarken »dreifachen Hoch auf Seine Majestät, den Deutschen Kaiser« hissten sie die deutsche Flagge, dann legten die vier ihre Gewehre an und feuerten eine Salve in die friedlich hereinbrechende afrikanische Nacht. Der Sultan duckte sich ängstlich und starrte voller Furcht die weißen Männer an.

»So, und jetzt wissen diese Mohren auch, was ihnen blüht, wenn sie diesen Vertrag nicht einzuhalten gedenken«, kommentierte Dr. Carl Peters lakonisch die Angst der Afrikaner vor dem Getöse der Gewehre. Abfällig starrte er den Sultan an: »Hei, du Negerfürst! Falls du es noch nicht kapiert haben solltest: Ab sofort bist du ein willfähriger Untertan des Deutschen Kaisers …!«

Zu Graf von Pfeil gewandt resümierte Carl Peters: »Ich schätze, dass wir in den letzten drei Wochen alles in allem ungefähr einhundertvierzigtausend Quadratkilometer bestes afrikanisches Land erworben haben! Es ist gutes Land, ideal für deutsche Kolonialisten, die aus diesem Negerreich ein Paradies machen werden!«

»Ich habe nicht gedacht, dass unser Traum so schnell wahr werden würde …«, entgegnete Graf von Pfeil und starrte gebannt auf die sich gegen den frühen afrikanischen Abendhimmel abzeichnende Flagge des Deutschen Reiches.

4. Kapitel

Gerhard Rohlfs stand um Mitternacht auf der Terrasse seines Hauses und starrte hinaus auf die offene See vor Sansibar. Er war sehr aufgewühlt. Seine Position in Sansibar hatte er als Herausforderung gesehen, die freundschaftliche Beziehung zwischen dem Deutschen Reich und seinen europäischen Nachbarstaaten bei der Entdeckung und wirtschaftlichen Erschließung Afrikas auszubauen. Doch die Realität sah anders aus. Schnell hatte er erkannt, dass seine Kompetenzen auf Sansibar dem Diktat Berlins unterlagen und seine Aufgaben zumeist erschreckend banaler administrativer Natur waren. Spielraum für eigene Entscheidungen hatte er nicht.

Seit Monaten beschränkte sich sein Alltag auf den Besuch langweiliger Empfänge. So waren die Monate mit einem Lunch, Dinner und Picknick nach dem anderen vergangen, zur Unerträglichkeit gesteigert durch langweilige Land- oder Bootsausflüge. Und schon wieder stand eine große Feierlichkeit an: der achtundachtzigste Geburtstag Seiner Majestät des Deutschen Kaisers, Wilhelm I. Die Vorbereitungen für die Festlichkeiten hatten Wochen in Anspruch genommen. Das gesamte Diplomatische Korps Sansibars war geladen. Und zu allem Überfluss war vor zwei Tagen auch noch das Kriegsschiff »S.M.S. Gneisenau« der kaiserlichen deutschen Marine von einer Fahrt in den Gewässern bei Mombasa und Lamu nach Sansibar zurückgekehrt und ankerte nun draußen vor dem Hafen.

Bereits um acht Uhr morgens hatte die »S.M.S. Gneisenau« unter vollem Segel die Flagge von Sansibar mit einundzwanzig Kanonenschüssen salutiert und damit für Momente die Stadt in Angst und Schrecken versetzt. Am Abend waren schließlich dreißig geladene Gäste im Haus des Konsuls erschienen. Nachdem Rohlfs eine kurze Rede auf des Kaisers Wohl gehalten hatte, war die illustre Gesellschaft für Momente geradezu erstarrt, als alle Deutschen ein lautstarkes dreifaches »Hoch« auf den Kaiser in den Abendhimmel intoniert und schließlich »Heil dir im Siegerkranz« gesungen hatten.

So scheinbar unbeschwert und feuchtfröhlich der Abend begonnen hatte, so sehr war doch spürbar, dass die Anwesenheit des deutschen Kriegsschiffes vor Sansibar die Engländer und Franzosen, mehr jedoch den Sultan selbst verunsicherte.
Schließlich war der Sultan gegen acht Uhr abends erschienen. Kaum war seine achtspännige Kutsche, flankiert von seiner Ehrengarde, aufgetaucht, spielte des Sultans Kapelle die »Wacht am Rhein«, was insbesondere die Offiziere der »Gneisenau« zu frenetischen Hochrufen auf den Kaiser animiert hatte.
Sultan Barghash nahm auf einem Sessel unter der deutschen Flagge Platz, während Rohlfs selbst, als deutscher Konsul, unter der sansibarischen Flagge ihm gegenübersaß. Sofort wurden die Disharmonien spürbar, die seit nunmehr zwei Monaten das Verhältnis zwischen Deutschland und dem Sultanat Sansibar bestimmten.
»Werter Herr Konsul Rohlfs«, leitete der Sultan die Unterhaltung ein, »es fällt mir schwer, ein solch bedeutsames Fest wie den Geburtstag des Deutschen Kaisers zum Anlass zu nehmen, Ihnen meine Sorgen und Ängste über das deutsch-sansibarische Verhältnis zu vermitteln. Aber wie auch Sie sicherlich wissen, wurde vor einiger Zeit in deutschen Zeitungen angedeutet, das Deutsche Reich trage sich mit dem Gedanken, das Sultanat Sansibar zu annektieren!«
»Ich bitte Sie, Eure Exzellenz!«, suchte Gerhard Rohlfs einen versöhnlichen Ton einzuschlagen. »Als deutscher Konsul und als Ihr Freund versichere auch ich Ihnen: Deutschland hat keinerlei Intentionen, die Souveränität des Sultanats Sansibar in irgendeiner Weise infrage zu stellen!«
»Mein lieber Herr Rohlfs«, schaltete sich nun der ebenfalls anwesende englische Generalgouverneur Sir John Kirk ein, »ich habe keinerlei Zweifel an Ihrer persönlichen Integrität. Sie wissen, dass ich Sie sehr schätze, als Menschen wie auch als Konsul. Aber zwischen Ihren verbalen Beschwichtigungsversuchen und den Handlungen der deutschen Reichsregierung klaffen Welten!«
Sultan Barghash nickte zustimmend. Er klang sehr besorgt.
»Es fing damit an, dass dieser Dr. Peters und seine Geschäftspartner vor einigen Monaten ohne mein Wissen und ohne meine Genehmi-

gung über zwölf Dörfern auf dem Festland die deutsche Reichsfahne hissten und damit riesige Ländereien als ihr Eigentum deklarierten. Nicht ihr eigenes Firmenbanner haben diese Männer gehisst, nein, die deutsche Reichsflagge wehte plötzlich über Dörfern, die zu meinem Reich gehören! Das kam einer Kriegserklärung gleich, lieber Herr Rohlfs! Und als ich dann mit Unterstützung meiner englischen Freunde ein Expeditionskorps aussandte, um den illegalen Aktivitäten dieser Deutschen Gesellschaft für Kolonisation ein Ende zu bereiten, brüskierte mich der Deutsche Kaiser, indem er am 27. Februar dieses Jahres einen Schutzbrief des Deutschen Reiches für diese mit Lug und Trug erworbenen Ländereien des Dr. Peters ausstellte und mich dann auch noch, nachdem ich dagegen nochmals protestiert hatte, mehr oder minder mit einem Ultimatum konfrontierte!«
Gerhard Rohlfs räusperte sich verlegen.
»Das Deutsche Reich ist verpflichtet, die Interessen seiner Handel treibenden Staatsbürger im Ausland zu schützen, meine Herren. Außerdem: Die Schlussakte der Berliner Kongokonferenz, die am 26. Februar 1885 unterzeichnet wurde, besagt eindeutig, dass …«
Sir John Kirk unterbrach ihn rüde.
»Peters hat diese Ländereien schon Monate vor Abschluss der Kongokonferenz illegal erworben! Was mit der Ausstellung eines Kaiserlichen Schutzbriefes für diese Gebiete geschehen ist, kommt faktisch der nachträglichen Legalisierung von Landraub gleich!«
»Der Deutsche Kaiser hat mir mit ernsthaften Konsequenzen gedroht, falls ich diesen illegalen Landerwerb nicht billige«, ereiferte sich nun Sultan Barghash. Kurzatmig vor Aufregung lamentierte er: »Und prompt liegt da draußen vor meinem Hafen ein mit Kanonen nur so vollgestopftes deutsches Kriegsschiff vor Anker. Ein seltsamer Geburtstagsgruß des deutschen Kaisers!«
Mit diesen Worten des Sultans hatte des Deutschen Kaisers Geburtsfeier im Haus des deutschen Konsuls auf Sansibar unrühmlich geendet. Der Sultan hatte bei der Verabschiedung noch einmal das leidige Thema mit seiner Halbschwester, Prinzessin Salme, angesprochen und sein Befremden und Unverständnis darüber zum Ausdruck gebracht, dass die deutsche Regierung ihr so viel Gehör schenke.

Aber dieser Bemerkung hatte Gerhard Rohlfs an diesem Abend keine allzu große Bedeutung beigemessen. Von der Angelegenheit mit Prinzessin Salme wusste er kaum etwas. Wieso aber, fragte er sich insgeheim, wieso weiß ich darüber eigentlich nichts? Warum wurde ich von Berlin nicht eingehend informiert, bevor ich nach Sansibar aufbrach? Alle reden sie von dieser Prinzessin, dieser Halbschwester des Sultans – nur ich weiß nicht Bescheid.

Zu mitternächtlicher Stunde stand Gerhard Rohlfs noch immer auf der Terrasse seines Hauses. Die Situation beunruhigte ihn. Er konnte sich des Gefühls nicht erwehren, dass in Berlin Pläne geschmiedet wurden, von denen er nichts wusste. Was, so grübelte Gerhard Rohlfs, was will Bismarck wirklich hier in Sansibar, in Ostafrika?

*

In einer der Seeseite zugewandten Kajüte der vor Sansibar ankernden »S.M.S. Gneisenau« saß zur gleichen Zeit Kapitän a. D. Jürgen Herbig über Karten von Ostafrika und Sansibar. Morgen würde sein Dossier für den Reichskanzler und die Admiralität telegrafisch nach Berlin übersandt werden. Akribisch hatte er die Lage der Städte entlang der ostafrikanischen Küste aufgezeichnet. Zufrieden schrieb er:

... abschließend kann gesagt werden, dass ich nach dreimonatiger Reise entlang der ostafrikanischen Küstenregionen und nach intensiven Recherchen auf der Insel Sansibar zu dem Schluss gelangt bin, dass die Verteidigungsfähigkeit des Sultans von Sansibar auffallend gering ist. Der wunde Punkt der sansibarischen Flotte liegt fraglos darin, dass seine Schiffe nahezu permanent in dem nach drei Seiten umlandeten Hafen vor Anker liegen und damit bei einem überraschenden Angriff von See her nicht in der Lage wären, eine gefechtsmäßige Position einzunehmen oder auf hohe See zu entkommen. Ein Überraschungsangriff auf Sansibar und die Küstenstädte durch die deutsche Marine erscheint mir daher nahezu risikolos. Eventualitäten berücksichtigend halte ich daher den Einsatz von sechs Kriegs-

schiffen der deutschen Marine mit einem Landungskorps von ca. eintausend Marineinfanteristen für ausreichend.

Dem Reichskanzler des Deutschen Reiches, Eurer Exzellenz, Graf Otto von Bismarck, die besten Wünsche zu seinem Geburtstag am 1. April übermittelnd, verbleibe ich mit vorzüglicher Hochachtung

Kapitän a. D. Jürgen Herbig
zz. S.M.S. Gneisenau
Sansibar

*

Reichskanzler Fürst Otto von Bismarck war missmutig und melancholisch an diesem 2. April. Seinen siebzigsten Geburtstag am gestrigen Tag hatte er sich anders vorgestellt. Um den Heerscharen der Gratulanten aus Politik und Wirtschaft und den ermüdenden Empfängen in der Reichshauptstadt zu entgehen, hatte er sich auf sein Landgut Varzin in Hinterpommern zurückgezogen. In der Ruhe und Abgeschiedenheit des von ihm so geliebten Rittergutes im Kreis Rummelsburg wollte er sich Zeit nehmen für seine Frau Johanna und für lange Spaziergänge durch die herrlichen Wälder seines Gutes. Er wollte auf Gut Varzin nur eins: seine Ruhe.
Die aber war seit einer Stunde gestört. Während seines Morgenspaziergangs hatte ihm sein Gutsverwalter die Nachricht überbracht, dass ein Kurier aus Berlin eingetroffen sei. Verärgert stapfte er über die Waldlichtung vor dem Schloss, betrat sein Arbeitszimmer und warf, ohne den bereits strammstehenden Kurier zu beachten, zwei armdicke Holzstämme auf die Glut in dem überdimensionalen Kamin. Schweigend ging er zu seinem Schreibtisch.
»Wenn Sie gute Nachrichten haben, dürfen Sie mir zum Mittagessen Gesellschaft leisten«, knurrte er den jungen Mann in der Offiziersuniform der Marine an und scherzte dann, »wenn es schlechte Nachrichten sind, werden Sie mit leerem Magen zurück nach Berlin reisen müssen!« Ohne eine Reaktion abzuwarten, nahm der Reichs-

kanzler den versiegelten Umschlag des Offiziers entgegen und blickte auf den Absender. Sofort erkannte er die Handschrift von Admiral Caprivi. Das Kuvert enthielt drei Dokumente, darunter ein ausführliches Dossier von Kapitän Herbig, der sich offensichtlich derzeit auf einem Kriegsschiff der deutschen Marine vor Sansibar aufhielt. Nachdem er die Unterlagen gelesen hatte, setzte er sich an seinen Schreibtisch. Eine halbe Stunde später beendete er den Brief an Admiral Caprivi mit den Worten:

... In Anbetracht der Sachlage habe ich dem Kurier ein dringliches Schreiben an Seine Majestät, den Deutschen Kaiser und Oberbefehlshaber der Deutschen Armee, übergeben, in dem ich Seiner Majestät empfehle, Sayyida Salima bint Sa'id bin Ahmad Al Bu-Sa'id, genannt Prinzessin Salme von Oman und Sansibar, sowie ihre Kinder mit einem Kriegsschiff der deutschen Marine nach Sansibar zu bringen und sie durch mindestens fünf weitere Kriegsschiffe samt Marineinfanteristen zu begleiten.

Gezeichnet
Reichskanzler Fürst Otto von Bismarck
Varzin, am 2. April 1885

*

Am frühen Nachmittag verließ der Kurier mit dem Schreiben des Reichskanzlers das pommersche Schloss Varzin und traf nach langer Zugfahrt am Abend in Berlin ein. Nahezu zeitgleich versammelten sich im Restaurant »Hiller«, Unter den Linden 55, Dr. Carl Peters und ein Dutzend Männer, um die amtliche Eintragung der neu gegründeten »Deutsch-Ostafrikanischen Gesellschaft Carl Peters und Genossen« als Kommanditgesellschaft in das Handelsregister zu feiern. Lorenz Adlon, der Besitzer des Restaurants, führte die Männer in einen kleinen Saal. Carl Peters nahm am Kopfende der festlich gedeckten Tafel Platz. Zu seiner Rechten saß August Leue, der neu ernannte Sekretär. Seine Aufgabe würde es in Zukunft sein, die Organisation für die Übersiedlung deutscher Auswanderer nach Ostafrika zu übernehmen. Stolz begutachtete Carl Peters die hinter ihm an der Wand drapierte Fahne der neuen Gesellschaft. Ein breites, schwarzes Kreuz unterteilte die weiße Flagge; im linken oberen Quadrat prangten auf rotem Feld fünf goldene, fünfzackige Sterne. »Eine wunderbare Fahne«, murmelte er vor sich hin. Jetzt hatte er das Ziel all seiner Träume erreicht! Seine erfolgreichen Landerwerbungen in Ostafrika hatten weitere Bankiers überzeugt. Er konnte nun über zusätzliches Kapital verfügen.

Zudem hatte der aus der Marine entlassene Kapitän Herbig auf Anweisung seiner Investoren zweihunderttausend Reichsmark in die Kommanditgesellschaft eingebracht. Zufrieden blätterte Carl Peters in dem vor ihm liegenden Gesellschaftervertrag und überflog die Statuten. Ja, er hatte es geschafft! Es war ihm gelungen, den Schutz des Deutschen Reiches für seine Ländereien in Ostafrika zu erhalten. Fortan würde er, käme es zu Konflikten mit dem Sultan von Sansibar oder mit den Engländern, im Bewusstsein agieren können, dass deutsche Kriegsschiffe und deutsche Soldaten seine Interessen verteidigen würden. Damit hatte er, er alleine, Deutschland faktisch zu einer Kolonie in Ostafrika verholfen. Nun würde es lediglich eine Frage der Zeit sein, bis er, Dr. Carl Peters, als Reichskommissar gen Afrika reisen würde. Nicht mehr in kakifarbener Expeditionskleidung würde er diesem fetten, despotischen und eingebildeten Sultan Barghash von Sansibar gegenübertreten müssen. Nein, in einer Galauniform des Deutschen Reiches würde er empfangen werden, mit allen militärischen Ehren und allem Respekt, der einem Repräsentanten des Deutschen Kaisers gebührt! Ja, es würde sicherlich nicht mehr lange dauern, dessen war er sich absolut sicher.

»Der heutige Tag, meine Herren, der 2. August des Jahres 1885, erfüllt mich mit unendlichem Stolz«, begann Dr. Carl Peters zufrieden lächelnd seine Rede. »Das von so vielen Kritikern und Pessimisten für unmöglich Gehaltene ist mir gelungen …!«, fuhr er Lob heischend fort. Er hörte nicht, wie einer der anwesenden Bankiers seinem Nachbarn zuflüsterte: »Er ist, mit Verlaub gesagt, kaum mehr als ein primitiver Kolonialgangster mit viel Geschäftssinn, mehr auch nicht! Das Schlimme ist nur, dass unser Kaiser und unser Reichskanzler einem solch größenwahnsinnigen Mann zu so viel Macht verholfen haben.«

*

»Ich persönlich halte diesen Peters für einen sehr gefährlichen Mann«, sagte Karl Zehe zu seiner Frau Martha und legte die Tageszeitung zur Seite, deren Titelseite ein Foto des Präsidenten der Deutsch-Ostafrikanischen Gesellschaft zeigte. Karl Zehe war enttäuscht. Er hatte gehofft, in dem Artikel auch etwas über seinen Sohn Alfred zu lesen, aber dem war nicht so. Nachdenklich blickte er auf das Datum der Zeitung. Der 3. August! Seit mehr als vier Monaten hatte er nichts mehr von seinem Sohn gehört. In seinem letzten Brief hatte Alfred lediglich angedeutet, dass er sich von Dr. Peters trennen und sein Glück vielleicht als Elfenbeinjäger versuchen werde. Was er in diesem Brief über die Machenschaften von Dr. Peters gelesen hatte, klang beunruhigend. Der Mann führte sich in Afrika offensichtlich wie ein Despot auf. In den Zeitungen stand davon nichts. Im Gegenteil. Überall wurde von Kolonien geschrieben. Er hatte das Gefühl, Deutschland sei plötzlich in einen wahren Kolonialrausch verfallen. Karl Zehe machte sich über den Verbleib seines Sohnes Sorgen. Insgeheim hatte er gehofft, dass zum heutigen einjährigen Geburtstag von Alfreds Schwester Margarete zumindest ein kurzes Glückwunschtelegramm und damit ein Lebenszeichen seines Sohnes eintreffen würde. Aber seine Hoffnung war enttäuscht worden. Die einjährige Margarete krabbelte neben ihm auf allen vieren in ihrem Geburtstagskleidchen um den Stamm einer mächtigen Eiche herum und quietschte vergnügt, als plötzlich ein Laubfrosch vor ihr aufhüpfte. Karl Zehe war stolz auf die kleine Margarete! Es war ein sehr lebendiges, aufgewecktes und fröhliches Kind. Jetzt, im letzten Sonnenlicht, sah sie sogar sehr hübsch aus. Ihre dunklen Haare wurden von zwei roten Schleifchen geziert. Die braunen Augen sprühten vor Leben. Sie war von morgens bis abends voller Elan, zeigte sich sehr neugierig und fand besonders großes Vergnügen daran, den Garten zu erkunden. Ja, er musste zugeben, dass seine anfängliche Enttäuschung, wieder nur ein Mädchen bekommen zu haben, längst in Begeisterung umgeschlagen war. Margarete war anders als ihre beiden älteren Schwestern. Tine war sehr ruhig, fast phlegmatisch und kaum für etwas zu interessieren. Und Frieda liebte es, mit Puppen zu spielen. Es waren eben typische Mädchen. Aber Margarete, sie würde anders werden, dessen war er sich sicher. »Lass uns reingehen, Martha«, murmelte er traurig, weil er wieder nichts von Alfred gehört hatte, »es wird langsam kühl. Die Kleine erkältet sich sonst. Vielleicht sitzt Alfred jetzt gerade irgendwo in Afrika und schreibt uns einen Brief …«

*

Lonny Rohlfs lag zur gleichen Uhrzeit – mehr als achttausend Kilometer von Petersdorf entfernt – bereits im Bett, als ihr Mann ins Schlafzimmer trat. »Es gibt Krieg, Lonny!«, presste er entsetzt zwischen seinen Lippen hervor. In seiner Hand hielt er ein Telegramm aus dem Kriegsministerium in Berlin, das er vor wenigen Minuten erhalten hatte. Mit zittrigen Händen las er vor:

»In Anbetracht der zunehmenden Eskalation in der Auseinandersetzung zwischen dem Sultanat Sansibar und dem Deutschen Reich erachtet es Seine Majestät, der Deutsche Kaiser, als Oberbefehlshaber der Deutschen Armee für unabdingbar, dass Frauen und Kinder die Insel Sansibar sowie die Küstenstädte Dar es Salam, Tanga und Bagamoyo vorsorglich zum Schutze ihres eigenen Lebens zu verlassen haben. Dieser Anweisung ist bis spätestens 10. August Folge zu leisten …

Gezeichnet
Kriegsminister von Schellendorf
Berlin, 3. August 1885«

*

Sayyida Salima bint Sa'id bin Ahmad Al Bu-Sa'id, Prinzessin von Oman und Sansibar, verwitwete Emily Ruete, konnte es noch immer nicht fassen! Ihr Herz pochte so laut, dass sie glaubte, der neben ihr stehende Erste Offizier könnte es hören. Vorsichtig beugte sie sich über die Reling und schaute hinunter zum Bug des Schiffes. Der Tender »Adler« des ostafrikanischen Geschwaders der deutschen Marine warf mit zunehmender Fahrt immer höhere Wellen auf. Ein starker Südwestmonsun fegte über Deck.

Endlich! Mehr als zwanzig Jahre hatte sie auf diesen Augenblick, auf die Rückkehr nach Sansibar, warten müssen! Mit jeder weiteren Seemeile erwachten ihre Erinnerungen, erwachten die Bilder aus der Vergangenheit vor ihren Augen zu neuem Leben, wurden plastischer und verschwammen mit dem Sternenhimmel über ihr zu einem Traumbild. Da waren ihre glücklichen Kindheitstage als Prinzessin im Palast und auf den Landgütern ihres Vaters und die innige Liebe ihrer Mutter gewesen. In Jahren der Glückseligkeit war sie zu einer hübschen Frau herangewachsen – bis zu jenem Tag, da Allahs Fügung einen jungen Mann mit außergewöhnlicher Herzensbildung in ein Haus nahe dem ihren einziehen ließ. Schnell hatte sich ihr Herz für den warmherzigen deutschen Kaufmann, der als Repräsentant einer Hamburger Handelsfirma auf Sansibar lebte, entschieden. Und weil ihre Liebe zu ihm nur in Erfüllung gehen konnte, indem sie ihrem Glauben als Mohammedanerin abschwor, hatte sie ihre Heimat und ihre geliebte Familie verlassen, um in der Ferne das gemeinsame Glück zu finden. In Erinnerung an diese Geschehnisse rannen ihr Tränen über die Wangen. Wehmut – aber auch Angst – überkam sie plötzlich. Würde sie für immer in ihre einstige Heimat zurückkehren können? Als gute Mohammedanerin und Prinzessin verließ ich Sansibar, ging es ihr durch den Kopf, als schlechte Christin und halbe Deutsche kehre ich nun zurück, mit meinen Kindern Rosalie, Antonie – und mit Rudolph-Said, dem Ältesten, der vielleicht schon bald mithilfe deutscher Kriegsschiffe zum neuen Sultan von Sansibar wird und mich zur Sultansmutter macht …

*

Sultan Barghash hetzte panisch die Treppen seines Palastturms hoch, gefolgt von dem Oberbefehlshaber seiner Ehrengarde und von Sir John Matthews, seinem englischen Militärberater. Mit blankem Entsetzen im Gesicht verharrte er auf der Terrasse des Aussichtsturms. Sein Blick ging hinaus auf das offene Meer, wo sich die Konturen sechs deutscher Kriegsschiffe gegen die Morgensonne abzeichneten. Die »S.M.S. Gneisenau«, die schon seit Wochen bei Sansibar vor Anker lag, hatte ihren Standort über Nacht unbemerkt um einige Hundert Meter verändert und lag nun demonstrativ nahe und längsseits vor dem Hafen. Die Geschütze des deutschen Kriegsschiffs waren auf die im Hafen liegenden Schiffe des Sultans und auf den Palast gerichtet.
»Diese deutschen Bastarde! Sie wollen Krieg! Sie wollen Sansibar!«, schrie der Sultan und starrte seinen englischen Militärberater an. Sir Matthew schwieg. Mit einem Fernglas suchte er den Horizont ab und betrachtete die deutschen Kriegsschiffe. Er zündete sich ein Zigarillo an und blies den Rauch auffallend ruhig in die Morgenbrise. Sultan Barghash starrte ihn noch immer mit fahlem Gesicht an.
»Wirklich beeindruckend! Das komplette ostafrikanische Geschwader der deutschen Marine kommt zu Besuch, Eure Exzellenz! Ein prächtiger Anblick! Aber irgendwie habe ich das ungute Gefühl, verehrter Sultan, dass diese deutsche Armada nicht nur zum Lunch kommt! Die wollen Sansibar und wahrscheinlich noch mehr …«
Ironisch lächelte der Engländer den sprachlosen Sultan an.
»Ich würde sagen, Eure Exzellenz, wir sind derzeit nicht wirklich in der Position, unser Missfallen über diesen unangemeldeten Flottenbesuch kundzutun! Nein, verehrter Sultan Barghash, gegen diese Übermacht haben wir keine Chance. Da bleibt nur eins: Verhandeln!«

Am späten Abend des 13. August 1885, sechs Stunden nachdem die deutschen Kriegsschiffe in Sichtweite vor Sansibar Anker geworfen und demonstrativ ihre Geschütze auf die Insel gerichtet hatten, trafen sich der deutsche Kommodore Paschen, Admiral Knorr, der bri-

tische General-Gouverneur Sir John Kirk, der englische Militärberater General Matthews und Sultan Barghash im Palast. Die Stimmung war frostig. Der Sultan hatte Angst. Die beiden Engländer wirkten ungewöhnlich gelassen.
»Meine Herren«, eröffnete Kommodore Paschen das Gespräch, »im Namen Seiner Majestät, des Deutschen Kaisers, Königs von Preußen und Oberbefehlshabers der Deutschen Armee, Wilhelm I., darf ich mein Bedauern zum Ausdruck bringen, dass sich Seine Exzellenz, der Sultan von Sansibar, vehement weigert, die Ansprüche einer deutschen Untertanin an das Sultanat Sansibar anzuerkennen! An Bord eines unserer Schiffe befindet sich Frau Emily Ruete – Ihnen sicherlich besser bekannt als Prinzessin Salme von Oman und Sansibar.«
Sultan Barghash riss erstaunt die Augen auf. Bevor er dazu kam, seiner Empörung Ausdruck zu verleihen, sprach der deutsche Kommodore unbeirrt weiter.
»Die Erbansprüche der Prinzessin an das Sultanat Sansibar sind unseres Erachtens rechtens. Sie zu schützen und ihr bei der Durchsetzung ihrer Ansprüche beizustehen, ist Aufgabe des Deutschen Reiches.«
»Sie ist aus Sansibar geflüchtet, hat einen Christen geheiratet und sogar den christlichen Glauben angenommen«, ereiferte sich Sultan Barghash. »Nach dem auf Sansibar geltenden Recht hat sie damit jegliche Ansprüche aufgegeben und auch verloren.« Seine Augen funkelten zornig.
»Das mag sein. Aber sie ist jetzt Staatsbürgerin des Deutschen Reiches. Somit gilt für sie deutsches Recht!«

Admiral Knorr sah, wie aufgebracht der Sultan war. Die beiden englischen Offiziere dagegen hielten sich zurück. Er wusste, dass es vor einer Woche zwischen London und Berlin Konsultationen gegeben hatte und beide Offiziere vom Auswärtigen Amt in London Direktiven bekommen hatten, sich in diesem Konflikt um die Prinzessin neutral zu verhalten und gleichsam die deutschen Ansprüche auf die Ländereien auf dem afrikanischen Festland zu unterstützen.

Geschickt nutzte Admiral Knorr die Hilflosigkeit des Sultans. »Sollten sich Eure Exzellenz jedoch entscheiden können, den deutschen Anspruch auf Ländereien auf dem ostafrikanischen Festland ohne Einschränkungen anzuerkennen, würde Seine Majestät in Erwägung ziehen, auf eine weitere Unterstützung der Ansprüche der Prinzessin Salme zu verzichten – und die Souveränität des Sultanats Sansibar sowie die Interessen Englands auf Sansibar in Form eines Freundschafts- und Handelsvertrages anzuerkennen …!«
Sir John Kirk lächelte insgeheim. Ein kluger Schachzug der Deutschen, dachte er sich. Sie kaschieren ihr vordergründiges Interesse am afrikanischen Festland mit dem völkerrechtlich legitimen Recht des Deutschen Reiches, ihren deutschen Untertanen auch im Ausland Schutz gewähren zu müssen. Entsprechend wenig überrascht war Sir John Kirk, als der deutsche Kommodore nach kurzer Unterbrechung hinzufügte: »Wir fordern daher Seine Exzellenz, den Sultan von Sansibar, mit allem gebotenen Respekt auf, die im Schutzbrief Seiner Majestät, des Deutschen Kaisers, aufgeführten Gebiete der Deutsch-Ostafrikanischen Gesellschaft des Herrn Dr. Carl Peters fortan als Protektorat des Deutschen Reiches anzuerkennen.«
Sultan Barghash schluckte. Sein Gesicht lief rot an. Nervös fingerte er an seinem Diamantring herum. Sein Blick ging Hilfe suchend zu Sir John Kirk und General Matthews. Aber beide englischen Offiziere signalisierten durch ein dezentes Achselzucken, dass sie ihm nicht helfen konnten.

*

Sultan Barghash hatte, umzingelt von deutschen Kriegsschiffen, keine Alternative zur Anerkennung der deutschen Besitzungen in Ostafrika gesehen und sich mit dem Vorschlag des Admirals einverstanden erklärt. Die Reaktion auf die Quasi-Kapitulation des Sultans von Sansibar, ein Telegramm des Deutschen Reichskanzlers, Fürst Otto von Bismarck, wurde kommentarlos von Berlin aus an das Kommandoschiff des deutschen Ostafrika-Geschwaders der deutschen Marine, zu Händen Admiral Knorr, weitergeleitet:

Der Erfolg genügt! Was der Sultan nicht freiwillig für seine Schwester tut, ist unsererseits nicht mehr zu verlangen, nachdem wir in der Hauptsache befriedigt sind. Die Freundschaft des Sultans ist nunmehr zu suchen und zu pflegen und Frau Ruete wieder nach Europa zu bringen ...

Gezeichnet
Reichskanzler Fürst Otto von Bismarck
zz. Schloss Varzin

Gegen Mittag begab sich Admiral Knorr an Bord des Tenders »Adler« und suchte Emily Ruete, Prinzessin Salme von Osman und Sansibar, und ihre drei Kinder auf. Admiral Knorr fühlte sich nicht sonderlich wohl in seiner Haut. Die Vorgehensweise des Reichskanzlers empfand er als zynisch und menschenverachtend. Entsprechend schwer war es ihm gefallen, der Prinzessin sagen zu müssen, dass sie auf höchste Anweisung aus Berlin wieder nach Deutschland zurückkehren müsse. Es war jedoch noch tragischer, ihr mitteilen zu müssen, dass der Sultan, ihr Halbbruder, sich weiterhin weigere, ihren Erbanspruch anzuerkennen, und sie außer einer vom Deutschen Kaiser gewährten Zuwendung von fünftausend Reichsmark keinerlei weitere Unterstützung durch das Deutsche Reich erwarten könne.

Der Monsunwind wehte sanft über die Kommandobrücke des deutschen Kriegsschiffes. Der Admiral starrte nachdenklich hinaus auf die offene See. Der fragende Gesichtsausdruck des hilflos wirkenden Sultans, einst der mächtigste Mann Ostafrikas und nun kaum mehr als ein Büttel der europäischen Großmächte, und das Gesicht der verzweifelt weinenden arabischen Prinzessin Salme und deren Kinder vor Augen erinnerte er sich plötzlich eines Zitats aus dem Drama *Othello* von Shakespeare. Leise murmelte er vor sich hin: »Der Mohr hat seine Schuldigkeit getan – der Mohr kann gehen …« Dann blickte er melancholisch hinauf zu der Fahne des Deutschen Reiches. »Ein Hoch auf Seine Majestät, den Kaiser! Es lebe Deutsch-Ostafrika …«, flüsterte er zynisch.

5. Kapitel

(20 Jahre später)

Aufruf!

Obwohl nach Lage der Verhältnisse eine Gefährdung der Stadt Dar es Salam durch die augenblicklich herrschenden Unruhen nicht naheliegend erscheint, so hat doch die aus militärischen Gründen notwendige Entsendung der Kaiserlichen Schutztruppe nach den Südbezirken unter der Einwohnerschaft Dar es Salams Beunruhigung hervorgerufen und den Wunsch laut werden lassen, den waffenfähigen Einwohnern Gelegenheit zur Übung mit der Waffe zu geben.
Der Kaiserliche Gouverneur hat daher die Bildung einer freiwilligen Bürgerwehr genehmigt.
Alle europäischen männlichen Einwohner Dar es Salams, welche der Bürgerwehr freiwillig beizutreten wünschen, werden hierdurch aufgefordert, sich am Dienstag, den 22. dieses Monats, fünf Uhr nachmittags auf dem Hof der Askari-Kaserne einzufinden. Diejenigen, welche dem deutschen Reichsheer oder der Marine als Offiziere oder Unteroffiziere der Reserve oder Landwehr angehören, werden ersucht, ihre Militärpapiere mitzubringen.

Dar es Salam, den 20. August 1905
Das Kaiserliche Bezirksamt

Alfred Zehe lief beunruhigt auf der Veranda auf und ab. In seiner Hand hielt er das Schreiben des Kaiserlichen Bezirksamtes, das quasi eine Generalmobilmachung war. Zwanzig Jahre lebte er nun schon in Afrika! Und nun das: Krieg! Für Momente glitt er in seinen Erinnerungen zurück in jene Zeiten, als er nicht weit von hier zusammen mit Dr. Peters erstmals afrikanischen Boden betreten hatte. Zwanzig Jahre! Er konnte es kaum glauben, wie schnell die Zeit vergangen war. Es war eine sehr schöne, friedliche Zeit gewesen. Und nun diese Mobilmachung. Irgendwie fand er es beunruhigend, dass genau vor zwei Jahrzehnten deutsche Kriegsschiffe dem Sultan von Sansibar unmissverständlich klargemacht hatten, wer die neuen Herren in Ostafrika sind. »Hat nicht sehr lange gedauert, dieser Traum von Deutsch-Ostafrika, Afrika brennt«, murmelte er vor sich hin. Er ahnte, dass unruhige Zeiten kommen würden. Schweiß rann ihm in Strömen von der Stirn. Ihm war schleierhaft, wie es sein griechischer Freund und Partner Anthimos hier an der Küste aushielt. Er selbst bevorzugte das Landesinnere, die über eintausend Meter hoch gelegenen Ebenen bei Moshi und Arusha, die herrlichen Pare- und Usambara-Berge, wo er schon vor vielen Jahren nahe Wilhelmstal ein Stück Land erworben und sich ein Farmhaus gebaut hatte. Von dort ging er auf seine monatelangen Elfenbeinsafaris in die Serengeti, am Fluss Rufiji oder manchmal sogar weit im Süden am Sambesi. An diesem Augustnachmittag stellte sich ihm allerdings die Frage, ob er sein Zuhause, seine Farm, in nächster Zeit überhaupt wiedersehen würde. Er griff nach dem Glas Gin auf dem Tisch und begann einen Brief an seine Schwester Margarete zu schreiben:

Dar es Salam, am 20. August 1905

Geliebtes Geburtstagskind!

Ja, liebe Margarete, ich weiß, dass Du am 3. August Geburtstag hattest! Ich habe es nicht vergessen. Vor allen Dingen habe ich daran gedacht, wie sehr Du diesen Tag herbeigesehnt hast, da Du ja nun einundzwanzig Jahre alt und damit volljährig bist. Jetzt kannst auch Du tun und lassen, was Du möchtest!

Momentan bin ich bei meinem Freund Anthimos in dessen Haus an der Küste. Er lässt Dich übrigens herzlich grüßen! Als ich ihm neulich ein Bild von Dir gezeigt habe, hat der alte Charmeur doch glatt gesagt, dass er es sehr bedaure, schon so alt zu sein, sonst würde er Dir den Hof machen! Heute ist nicht gerade ein angenehmer Tag.

Hier wird eine Bürgerwehr gegründet wegen der Aufstände, die vor drei Wochen ausgebrochen sind. Aber mach Dir keine Sorgen! Das sind nur ein paar verrückt gewordene Afrikaner, die weit weg von hier im Süden mit Speeren, Pfeil und Bogen rumlaufen. Das haben unsere Truppen sicherlich schnell unter Kontrolle!
Es bleibt bei unserer Abmachung, dass Du mich im nächsten Jahr hier besuchst. Übrigens habe ich einen guten Tipp für Dich: In Berlin gibt es ein Büro der Deutsch-Ostafrikanischen Gesellschaft. Dort berät man Deutsche, die nach Afrika wollen. Wende Dich direkt an Herrn Hauptmann a. D. August Leue. Er ist Sekretär der Gesellschaft, war lange hier (auch bei der Schutztruppe) und kennt sich wirklich gut in Ostafrika aus. Sprich mit ihm und richte ihm beste Grüße aus, bitte! Eventuell kann er Dir auch sagen, bei wem Du Unterricht in Kisuaheli nehmen könntest. Das wäre hier sehr hilfreich für Dich.
Sei mir nicht böse, dass ich heute nicht mehr schreibe. Morgen früh geht der Postdampfer der Deutschen Ostafrikalinie. Ich muss den Brief jetzt schließen und ihn direkt zum Hafen bringen lassen. Ich melde mich demnächst ausführlicher. Bitte grüße meine Schwestern Tine und Frieda und umarme Mutter ganz herzlich.

Dein Dich liebender Bruder
Alfred

PS: Du solltest Mutter noch nichts von Deinen Afrikaplänen erzählen. Seit Vater tot ist, macht sie sich zu viele Sorgen um Euch!

*

Mojo ole Chieni war müde und hungrig. Seine Kehle war so trocken und spröde wie der Mandusi-See, der sich in den letzten Jahren zu einer weiß flimmernden Salzwüste verwandelt hatte und in dessen Mitte die Skelette Tausender Tiere lagen. Elefanten, Büffel, Gnus und Antilopen waren, dem Verdursten nahe, auf das trügerische Salz gegangen in der Hoffnung, irgendwo in der Mitte des Sees noch

Wasser zu finden. Sie waren bis zum Bauch eingesunken und stecken geblieben. Tag und Nacht hatten sie geblökt, gezappelt, um ihr Leben gekämpft – und waren dann mit weit aufgerissenen Mäulern und vom Wahnsinn verzerrten Augen gestorben. Viele Monate lang lag Aasgeruch über dem Land. Man konnte den Tod riechen. Nur für Geier, Marabus und für die Hyänen war es eine Zeit des Überflusses gewesen. Als dann plötzlich auch die Hyänen das Land verließen, hatte der Rat der Ältesten beschlossen, nach Hilfe zu senden.

Angefangen hatte es schon vor vielen Jahren, zu einer Zeit, da sein Sohn Kinai sechs Sommer alt gewesen war. Es war das Jahr, da sich die Weissagung seines Vaters Masiani, des *Laibon,* erfüllt hatte. Wie ein Buschfeuer, getrieben von den Sommerwinden, hatte sich die Nachricht im Massai-Land verbreitet, dass irgendwo im Osten, nahe dem endlosen Wasser, ein mächtiges, schwarzes Wesen auf eisernen Pfaden durch das Land kroch und dabei wie ein furchterregendes Untier schwarzen Atem in den Himmel stieß. Das Ding schlängelte sich über Steppen und Hügel und gab so grauenhafte Töne von sich, dass selbst die Elefanten panisch dem Horizont entgegenrannten. Und wenn das Ding atemlos verharrte, so hieß es, quollen sehr hässliche weiße Menschen aus seinem Bauch hervor.
Kein Zweifel! Es war die »Eiserne Schlange«! Die Weissagung seines Vaters, des *Laibon* Masiani ole Chieni, hatte sich erfüllt! Das Verderben hatte begonnen. Plötzlich waren dann auch die großen Rinderherden der Massai verendet. Ausgetrocknet und dürr starben sie zu Abertausenden. In wenigen Monaten war der Reichtum des Massai-Volkes zu Staub zerfallen und die Kinder schrien im ganzen Land so laut und erbärmlich nach Milch, dass sich ihre Mütter die Ohren mit Lehm zustopften, um nicht wahnsinnig zu werden. Nur am Berg Meru, so hieß es, dort, wo die weißen Menschen lebten, gab es noch Wasser und Hoffnung auf Leben.

Zwei Tage später wusste Mojo ole Chieni, dass es wahr war, was erzählt wurde. Vor ihm, im Morgenschatten des mächtigen Meru, lag ein weites, fruchtbares Tal mit einem wunderschönen Fluss. Die Ba-

nanenstauden auf den Feldern trugen Früchte und am Wegesrand verkauften Frauen Obst, Gemüse und Zuckerrohr. Alle Menschen waren wohlgenährt. Überall traf er Männer von anderen Massai-Stämmen. Auf einem nahen Hügel thronte ein großes, weißes Haus mit dicken Mauern und einem hohen Turm in der Mitte.
Im Tal darunter herrschte hektische Betriebsamkeit. Waarusha-Männer, junge Wameru-Burschen, aber auch sehr viele Massai liefen hin und her und trugen Baumaterial über den Fluss. Drei weiße Männer mit Lederstiefeln und seltsamen Helmen auf dem Kopf dirigierten die Arbeiter. Mojo ole Chieni war erfreut, andere Massai zu sehen. Schnellen Schrittes ging er auf sie zu. Bevor er seine Stammesbrüder grüßen konnte, wurde er lautstark von einem der weißen Männer angesprochen, der eine Peitsche aus Nilpferdhaut in der Hand hielt. Er brüllte: »Hey, du! Komm mal her!« Mojo spürte den Hass in den Worten des weißen Mannes. Fragend blickte er die anderen Massai an. Sie signalisierten durch Handzeichen, dass er zu dem weißen Mann hingehen solle.
»Trag mich rüber auf die andere Seite des Flusses«, herrschte ihn der *Muzungu* an. Mojo wollte erwidern, dass er das nicht tun werde, aber die Blicke der anderen Massai verunsicherten ihn. Widerwillig ging er zu dem Weißen hin. Der Dickbäuchige hatte ein sehr fahles Gesicht und einen bösen Blick. Mojo fürchtete sich.
Der Weiße zog ihn am Ärmel seines Umhangs zum Flussufer hin. Ehe sich Mojo versah, saß er huckepack auf seinem Rücken und umklammerte mit seinem linken Arm Mojos Hals. »Los, bring mich rüber, du stinkender Krieger«, schrie er.
Nach wenigen Metern schon stand Mojo das Wasser bis zum Knie. Plötzlich spürte Mojo schmerzhaft, wie die Peitsche des Weißen auf seinen linken Oberschenkel klatschte. »Pass doch auf, du dämlicher Neger, ich werde ja nass«, schrie er und holte zu einem weiteren Peitschenschlag aus. Mojo erstarrte. Seine Augen blitzten auf. Hasserfüllt griff er hinter sich, schleuderte den Weißen blitzschnell ins Wasser und riss seinen Stock empor, um den faustgroßen Knauf auf den Kopf des Mannes niedersausen zu lassen. Mitten im Schlag hörte er die entsetzten Schreie seiner Stammesgenossen. Erschrocken

schaute er zum Flussufer und sah, wie alle Massai-Männer losrannten. Der Weiße im Wasser vor ihm brüllte panisch. Mojo ließ von ihm ab, eilte durch das Wasser auf das Ufer zu und rannte den anderen Massai hinterher.

Leutnant Georg Küster war außer sich vor Wut. Und er hatte Angst. Der Vorfall mit dem Massai, der einen seiner Offiziere ins Wasser geworfen und, dem Bericht des Offiziers zufolge, ihn mehrfach mit einem Knüppel geschlagen, ihn beinahe getötet hatte, war für ihn als Kommandeur des Deutschen Forts von Arusha das eindeutige Indiz, dass der Maji-Maji-Aufstand nun auch diese Region erreicht hatte. Bislang hatten die Unruhen vornehmlich den Süden Deutsch-Ostafrikas betroffen. Ein solch respektloses Verhalten eines Massai und die anschließende Flucht von mehr als dreihundert eingeborenen Hilfskräften war ein ernst zu nehmender Zwischenfall. Denn eines war klar. Die *Boma*, wie das deutsche Fort in Arusha genannt wurde, war zwar extrem gut befestigt; die beiden Türme waren mit einem deutschen und einem Maxim-Maschinengewehr bestückt. Besonders das Maxim war mit seinen sechshundert Schuss pro Minute sehr leistungsfähig. Nicht umsonst wurde die Waffe auch »die Zahnbürste des Teufels« genannt.
Was ihn aber beunruhigte, war die personelle Situation. Nur drei deutsche Offiziere und ungefähr dreißig Askaris standen unter Waffen, um die wenigen am Meru angesiedelten deutschen und burischen, aber auch palästinensischen Siedler auf dem Land der Deutsch-Ostafrikanischen Gesellschaft zu beschützen. Wenn sich die mehr als dreihundert geflüchteten Massai jedoch mit anderen Aufständischen, mit Waarusha- und Wameru-Kriegern zusammentun würden, würde die Situation bei einem Angriff der Aufständischen kritisch.
Andererseits war es bei dieser Unterbesetzung des Forts auch nicht möglich, die Flüchtigen in den Bergen zu verfolgen. Major Schleinitz, der Kommandeur der Schutztruppen in Deutsch-Ostafrika, und Gouverneur Graf von Goetzen, die beide in Dar es Salam weilten, konnten nur mit viel Zeitaufwand informiert werden. Verstärkung

wäre frühestens in acht Tagen zu erwarten – wenn überhaupt. Dass demnächst auch noch der Geburtstag der Kaiserin anstand, zu dessen Feierlichkeiten alle deutschen Siedler und eine hohe Delegation aus Dar es Salam nach Arusha geladen waren, dramatisierte die Lage und erforderte umgehendes Handeln.
»Wir müssen verhindern, dass sich die Flüchtigen formieren, bewaffnen, sich mit anderen Stämmen zusammenschließen und uns angreifen«, sprach er zu dem noch immer pudelnass vor ihm stehenden Offizier Weinertz. »Kontaktieren Sie sofort den Oberaufseher dieser Massai-Arbeiter und sagen Sie ihm, ich garantiere ihnen, dass wir auf jegliche Bestrafung verzichten, wenn sich die Flüchtigen reuevoll stellen und die Arbeit wieder aufnehmen.«
Kaum dass der Offizier das Zimmer verlassen hatte, murmelte Leutnant Küster leise vor sich hin: »Ich muss ein Exempel statuieren! Sonst überrennen uns hier bald Heerscharen bewaffneter Neger.«

Am Mittag des darauf folgenden Tages kam die Meldung, dem Aufseher sei es gelungen, die Geflüchteten zur freiwilligen Rückkehr und zur Wiederaufnahme der Arbeit am deutschen Fort zu bewegen. Am späten Nachmittag bildeten dreißig nubische Schutztruppen-Askaris mit Gewehren Spalier auf dem Weg, der vom Tal zur Festung führte. Mit den letzten Sonnenstrahlen auf dem Gipfel des Meru zog die Schar der in rote Umhänge gehüllten Massai schweigend den Weg zum Fort hinauf. Ihnen allen voran ging Mojo ole Chieni.
Im Bewusstsein, nichts Unrechtes getan zu haben, schritt er auf die weißen Mauern der deutschen *Boma* zu. Als die Massai nur noch fünfzig Meter von den beiden rechts und links des Eingangstors erbauten Wachtürmen entfernt waren, hallte plötzlich das tödliche Tack-Tack-Tack des Maxim-Maschinengewehrs durch die Abendstille. Menschen schrien. Blut sickerte über die Straße. Dann lag Todesstille über dem Tal und der deutschen *Boma,* dessen Kommandeur, Erster Leutnant Georg Küster, bei der afrikanischen Bevölkerung den Beinamen *Bwana Fisi* – der »Hyänen-Mann« – hatte.

*

Der Maji-Maji-Aufstand erfasste Deutsch-Ostafrika wie ein Flächenbrand. Was im Sommer des Jahres 1905 in der Gegend des Flusses Rufiji unter Führung des Zauberers Ngamea begonnen hatte, eskalierte in kürzester Zeit zu einem Bürgerkrieg. Abertausende Afrikaner zogen mit Knüppeln, Speeren, Pfeil und Bogen marodierend durch die südlichen Provinzen. Vor Kugeln hatten sie keine Angst. Sie lebten im Bewusstsein, alle Geschosse würden dank des Zauberer-Wunderwassers, des *Maji-Maji*, an ihnen abprallen.
Am 1. August wurde eine deutsche Polizeiabteilung unter Feldwebel Hoenicke bei Samanga von eintausendfünfhundert Wamatumbi-Kriegern völlig aufgerieben. Zwei Wochen später wurden der Benediktiner-Bischof Cassian Spiess sowie zwei Mitbrüder und zwei Schwestern ermordet. Tags darauf erschlugen Aufständische den deutschen Siedler Hopfer, der Militärposten Liwale wurde von einer wilden Meute angegriffen, und Feldwebel Faubel sowie ein deutscher Kaufmann wurden durch Giftpfeile getötet. Hatte Gouverneur Goetzen im Kaiserlichen Bezirksamt in Dar es Salam in völliger Unterschätzung der Situation am 20. August noch spöttisch geschrieben, »... in jeder alltäglich beobachteten Rauchwolke, die jenseits des Hafens durch das Abbrennen der Felder verursacht wird, wird schon ein Akt der näher kommenden Rebellion erblickt ...«, erkannte die Schutztruppenleitung plötzlich mit Schrecken: Deutsch-Ostafrika steht in Flammen. Und: Ausnahmslos alle Opfer waren Deutsche!

*

Am 16. Oktober saß Alfred Zehe mit seinem Freund Anthimos auf der Terrasse. Der Elfenbeinjäger und Geograf trug die Uniform der deutschen Schutztruppe. Als Wehrpflichtiger hatte er beim preußischen Heer seinen Militärdienst absolviert und musste nun als Reserveoffizier einrücken. Sein 98er-Gewehr lehnte an der Verandabrüstung, den M/89-Revolver hielt er prüfend in der Hand.
»Was glaubst du, Anthimos, ist das nur ein regional begrenzter Aufstand, oder ist das mehr?«

Der Grieche mit der langen Narbe auf seiner rechten Wange atmete tief durch, bevor er antwortete: »Es ist Krieg, Alfred! Und es war nur eine Frage der Zeit, bis es geschehen würde. So wie die meisten Deutschen hier mit den Schwarzen umgehen, konnte das nicht gut gehen«.

»Ich denke, das mit der Hüttensteuer war ein großer Fehler«, antwortete Alfred Zehe.
»Die ganze Kolonialpolitik des Deutschen Reiches in Afrika ist ein Fehler«, unterbrach ihn sein Freund. »Euer Kaiser Wilhelm, ich habe das mal irgendwo gelesen, träumt davon, den Deutschen einen Platz an der Sonne zu verschaffen. Und wie wird das realisiert? Mit der Nilpferdpeitsche in der Hand macht ihr aus Afrikanern schwarze Preußen! Ihr kommt nicht als Gäste nach Afrika, ihr kommt als rassistische Okkupanten! Das funktioniert so nicht, Alfred. Schau dir an, was passiert. In Deutsch-Südwest ist Bürgerkrieg, da sind es die Herero und Nama, die sich eurer Knute erwehren. Wenn ich richtig informiert bin, bringen die Deutschen dort Tausende von Soldaten ins Land, weil sie mit den Aufständischen nicht klarkommen. Und hier knallt es jetzt auch. Die Afrikaner haben die Schnauze voll von der deutschen Knute! Die wehren sich. Und zwar auf ihre Art. Mit Pfeil und Bogen und mit viel Hass im Bauch! Ich kann dir nur eins raten, mein lieber Freund: Wenn du heute in den Kampf ziehst, besorg dir vorher viel von diesem Maji-Maji, diesem Wunder-Wasser des Zauberers, damit die Kugeln auch an dir abprallen.«

Zwei Stunden später marschierte Unteroffizier der Reserve Alfred Zehe aus Sagan in Schlesien zu den Klängen preußischer Märsche durch Dar es Salam. Das Expeditionskorps unter Führung des Majors Johannes bestand aus der 8. und 13. Kompanie zu je einhundertfünfzig Mann, der Etappenabteilung zu einhundert Mann sowie dreiundsiebzig mit Hinterladern bewaffneten Irregulären, vornehmlich Siedlern. Weitere Truppen sollten in Kilwa dazustoßen.
Die Straße »Unter den Akazien« war gesäumt von »Hoch, hoch, hoch« rufenden deutschen Siedlern, die ihre Landgüter verlassen

und in die Hauptstadt des Schutzgebietes geflohen waren. Durch die Bismarckstraße und längs des Wilhelmsufers, vorbei an der Statue Kaiser Wilhelms II., zogen die Soldaten zum Paradeplatz, wo Gouverneur von Goetzen eine Rede in Kisuaheli und in Deutsch hielt.
»Soldaten! Unsere junge Kolonie durchlebt jetzt eine schwere, kritische Zeit. Ich habe euch antreten lassen, weil ich euch noch einmal sehen will. Wenn ihr im Krieg seid, so folgt euren Führern und macht eure Sache gut wie tüchtige Soldaten. Mein Wunsch aber ist, dass jeder von euch gesund wiederkehre. Lebt wohl, Askaris!
Na kwa moyo wangu napenda ninyi wote kurudi wazima. Kwaheri Askaris …!«

Alfred Zehe hatte ein mulmiges Gefühl im Magen. Strafexpeditionen wie diese, das wusste er, waren grausam. Die deutschen Militärs hatten in Afrika eine Vorliebe für die Taktik der »verbrannten Erde«. Und so würde es auch dieses Mal sein.
Die Worte seines griechischen Freundes gingen ihm nicht mehr aus dem Kopf: »Wenn du heute in den Kampf ziehst, besorg dir vorher viel von diesem Wunder-Wasser, damit die Kugeln auch an dir abprallen …«
Dann sang er, zusammen mit seinem Kameraden der 8. Kompanie, die letzte Strophe des Liedes der Schutztruppen: *»Tret' ich die letzte Reise, die große Fahrt einst an; auf, singt mir diese Weise statt Trauerliedern dann; dass meinem Jägerohre dort vor dem Himmeltore es kling' wie ein Halali: Heia, heia, Safari!«*

*

Margarete Zehe war nervös. Unzufrieden starrte sie in den Spiegel. Sie mochte sich heute nicht. Ihr schulterlanges, dunkelbraunes Haar schien ihr zu fettig, die Augenbrauen wirkten wie immer ein wenig buschig, und die Wangenknochen standen ihrer Einschätzung nach zu sehr hervor. Sie wusste, dass sie hübsch war, so groß und schlank und mit ihren sehr tiefgründigen, dunklen Augen. Viele junge Männer machten ihr den Hof. Aber meistens war sie unzufrieden mit

sich selbst. So wie heute. Dabei war es ein so bedeutender Tag. Wieder und wieder versuchte sie, ihr Haar zu flechten und mit einer Spange zusammenzustecken. Aber es gelang ihr nicht. Wütend warf sie die silberne Haarspange auf die Kommode, griff nach dem Wintermantel und eilte auf die Tür zu. »Wohin willst du denn jetzt noch, Mädchen?«, hörte sie ihre Mutter aus der Küche rufen.
»Ich geh spazieren«, antwortete sie und ließ die Flurtür krachend hinter sich ins Schloss fallen.
Auf der Bahnhofstraße herrschte viel Betrieb. Schnee lag auf den Straßen. Die Menschen wirkten trotz der eisigen Januarkälte ausgelassen. Alle waren im Rausch der Feierlichkeiten zu Ehren des Geburtstags von Kaiser Wilhelm II. Schon am Vorabend war die in Sagan stationierte Reitende Abteilung des 5. Feldartillerie-Regiments von Podbielski hoch zu Ross in Paradeuniformen in einem Fackelzug durch die Stadt gezogen. Es war ein grandioses, aber auch unheimlich anmutendes Schauspiel gewesen, wie die Trommler in ihren weißen Handschuhen die Klöppel auf die Kesselpauken niedersausen ließen und damit den Rhythmus für die nachfolgenden, im Schein der Fackeln marschierenden Soldaten vorgaben. Am heutigen Vormittag hatte auf dem Kornmarkt eine prachtvolle Militärparade stattgefunden, an der sogar der königliche Landrat in seiner Dienstuniform teilgenommen hatte.
Der Höhepunkt aller Festivitäten jedoch war, wie in jedem Jahr zum Kaisergeburtstag, der Offiziersball des 5. Regiments im Offizierskasino in der Bahnhofstraße. Es war *das* gesellschaftliche Ereignis in der Garnisonsstadt Sagan überhaupt. Wer auch immer Rang und Namen hatte, nahm daran teil. Und zum ersten Mal in ihrem Leben war auch sie zu diesem prunkvollen Fest geladen!
Nicht nur deshalb war Margarete nervös. Nein, heute Abend würde sich ihre Zukunft entscheiden. So oder so! Sie spürte, dass der Tag gekommen war, da *er* um ihre Hand anhalten würde.
Sehnsüchtig ging ihr Blick hinauf zu den Emblemen der Reichs- und Preußenadler und der Kaiserkrone an der Fassade des Amtsgerichts. Sie konnte sich selbst nicht genau erklären, warum diese Embleme eine geradezu mystische Faszination auf sie ausübten. Für sie waren

diese Wappen mehr als nur Insignien der Monarchie. Gleiches empfand sie bei den in Sagan allgegenwärtigen Wappen an den Türen und Fassaden der herzoglichen Hoflieferanten. Es waren Symbole von Reichtum, Glanz und Glorie – von einem Leben, das für sie seit einiger Zeit kaum mehr als nur ein Traum war, seit sie nach dem Tod ihres Vaters Gut Petersdorf hatten verkaufen müssen und in eine beengte Vierzimmerwohnung in der Bahnhofstraße Nr. 15 gezogen waren.
Wie sehr litt sie seither! Sechs Jahre war Vater nun schon tot. Noch immer vermisste sie ihn. Für ihn gab es keinen Ersatz. Er hatte gewusst, gespürt, dass in ihrer Brust zwei Seelen schlummerten, dass sie hin- und hergerissen war von ihren Gemütsschwankungen, mal traurig, schwermütig und dann doch wieder so unglaublich agil und voller Lebenskraft. Er hatte das verstanden, denn auch er trug diese widersprüchlichen Kräfte in sich.
Seine »Prinzessin« war sie gewesen! Er hatte, das wusste sie genau, das wunderschöne, nahezu pompöse Rittergut Petersdorf mit allen ihm zur Verfügung stehenden Mitteln gehalten, hatte Schulden gemacht, Familienschmuck verpfändet und im Lauf der Jahre mehrere Hundert Hektar Land veräußert, nur um seinen Kindern ein unbeschwertes Leben auf dem Gut zu ermöglichen. Aus dem herrschaftlichen Gutshof mit einst über eintausendsiebenhundert Hektar Land war so ein kaum mehr ertragsfähiger Hof geworden. Als er starb, vergrämt und ohne Lebenskraft, war das Gut bankrott. Kaum, dass er gestorben war, hatte Mutter alles aufgegeben und war mit ihr, Tine und Frieda in diese grauenhaft enge Etagenwohnung gezogen.
Aber nicht nur die Enge der Wohnung machte ihr seither zu schaffen. Margarete litt extrem unter dem sozialen Abstieg, hatte Komplexe und Schuldgefühle. Diese Mittellosigkeit und das Fehlen jeglicher gesellschaftlicher Kontakte hatte sie in schwere Depressionen gestürzt. Sie wurde schwermütig und lachte nicht mehr. Ihre Haut wurde fahl. Irgendwann hatte sie damit begonnen, dieser von ihr so tief empfundenen Armut zu entfliehen, indem sie durch Sagan spazierte und überall dort hinging, wo der Schein des Reichtums un-

übersehbar war, wo herzogliche Wappen an den Hausfassaden ein Leben in Überfluss signalisierten. Im Lauf der letzten Jahre hatte sie sich einen imaginären Pfad der Illusionen und Träume vorbei an Villen, Kirchen, Klöstern und durch Parks kreiert. Sie tat dies immer öfter nach Einbruch der Dunkelheit. Die Nacht, so hatte sie gelernt, war ihre beste Vertraute.

Besonders gerne schlich sie in der Dunkelheit durch den Ludwigsgarten des herzoglichen Schlosses. Dort versank sie in Träumen und wähnte sich in den hochherrschaftlichen Zeiten des Herzogs Peter von Kurland und zweier seiner vier Töchter, der berühmten Herzogin Wilhelmine von Sagan oder ihrer Schwester Dorothea von Dino. Besonders die Gedanken an die schöne Wilhelmine animierten sie zu fantastischen Traumbildern. Über Wilhelmine hatte sie alle verfügbaren Bücher gelesen und alle Fakten und Geschichten in sich aufgesogen. Margarete glaubte, dass sie eine Art Seelenverwandtschaft mit der Herzogin verband.
Die Rückkehr aus dieser Traumwelt in die Realität ihres Lebens in Sagan war in den letzten Monaten immer unangenehmer gewesen. Diese Realität hatte derzeit drei Namen: Georg, Graf von Rantzow – und Ulrich.

Georg war der Sohn eines Gutshofbesitzers aus dem kleinen Ort Deutsch-Machen, nicht weit von Gut Petersdorf entfernt. Ein lieber Kerl, nicht besonders klug, aber sehr herzlich, mit ulkigen X-Beinen und einem außergewöhnlichen Gefühl für Pferde. Er liebte sie. Das wusste sie. Aber sie wusste auch, dass sie Georg nicht lieben durfte, wenn sie nach Afrika wollte. Und deswegen hatte sie Georg in den letzten Monaten absichtlich gemieden, hatte ihm unmissverständlich gesagt, dass sie sich von ihrer Zukunft mehr als nur ein Leben auf einem mittelgroßen Gut in Schlesien erwarte.
Mit Graf von Rantzelow sah die Sache ein wenig anders aus. Der über vierzigjährige Major, ein Freund ihres verstorbenen Vaters, hatte, wie jedermann in Sagan wusste, eine sehr vermögende, aber auch sehr hässliche und garstige Frau. Und er hatte sieben Kinder –

von drei verschiedenen Frauen, was auch jedermann in Sagan wusste. Der Graf war kleinwüchsig, hatte eine Halbglatze und war, das stand außer Frage, sehr gebildet und charmant. Ein wirklicher Kavalier. Aber eine innere Stimme sagte ihr, dass sie ihn wohl nur als Freund sehen konnte. Dann war da noch Ulrich Trappe, ein dreiundzwanzigjähriger Leutnant in der Reitenden Abteilung des 5. Feldartillerie-Regiments von Podbielski, stationiert in Glogau. Ihn kannte sie erst seit einem halben Jahr. Mit seinem militärisch kurz geschnittenen Haar und der ziemlich kantigen Kinnpartie war er weder gut aussehend noch sonst irgendwie sonderlich attraktiv. Eindrucksvoll schaute er lediglich in seiner Paradeuniform aus. Als Offizier war er es gewohnt zu fordern, zu dirigieren und zu sprechen. Zumeist sehr laut. Widerspruch mochte er nicht, und das Zuhören fiel ihm schwer. Was ihn fraglos auszeichnete, war seine Zielstrebigkeit. Er wusste genau, was er wollte. Und das war sie!
Margarete liebte ihn zwar nicht, konnte sich aber vorstellen, dass sich zumindest mehr Sympathie entwickeln würde, würden sie erst einmal viel Zeit gemeinsam verbringen und ihr Faible für Pferde und die Jagd zusammen ausleben können. Ulrich war ihrer Einschätzung nach der Einzige, der ihren größten, ihr Denken völlig dominierenden Traum erfüllen konnte: nach Afrika zu gehen!
Dieser Traum hatte an jenem Tag vor sieben Jahren begonnen, als sie von ihrem Vater zum sechzehnten Geburtstag eine wunderschöne Jugendstil-Prachtausgabe mit Goldschnitt von *Brehms Tierleben* geschenkt bekommen hatte. Die Bilder von Elefanten, Löwen und Leoparden, von endlosen Savannen und undurchdringlichen Urwäldern, von martialischen Negerkriegern und tosenden Wasserfällen faszinierten sie sehr. Tage- und nächtelang saß sie mit diesem Buch auf dem Schoß im Heuschober über den Pferdeställen und träumte vom Schwarzen Kontinent. Wonach sie sich beim Anblick der Bilder sehnte, wusste sie nicht, aber es war ein sehr starkes Gefühl! Vater hatte ihre kindliche Begeisterung geteilt und gesagt: »Prinzessin, wenn du erwachsen bist, besuchen wir gemeinsam deinen Bruder Alfred in Afrika und gehen gemeinsam auf Jagd am Kilimandscharo!«

Als Margarete an diesem späten Nachmittag des 27. Januar 1907 im Park des herzoglichen Schlosses zu Sagan aus ihren Tagträumen in die Realität zurückkehrte und entlang der Bober nach Hause ging, stand für sie fest, was sie heute Abend auf dem Offiziersball zu Ulrich sagen würde, wenn er um ihre Hand anhalten würde. Sie hatte sich die Worte zurechtgelegt, sie auswendig gelernt – und beschlossen, dass sie sich durch nichts davon würde abhalten lassen, diese Worte zu sagen. Ulrichs Familie hatte Geld. Er selbst war Offizier, und als solcher konnte er sich zu den Schutztruppen nach Deutsch-Ostafrika versetzen lassen.
Selbstbewusst ging Margarete weiter und flüsterte leise die auswendig gelernten Worte vor sich hin: »Ja, Ulrich, auch ich liebe dich. Und wenn deine Liebe ehrlich ist, dann heirate mich und lass uns gemeinsam nach Afrika gehen ...«

*

Für Emily Ruete war es wieder einer dieser grauenhaften, nebeligtrüben Februartage in Berlin, an denen sie extrem unter ihren Depressionen litt. Nur wenige Dinge hatten ihr nach den traumatischen Geschehnissen vor mehr als zwanzig Jahren in Sansibar Lebensmut geben können. Aus dem fernen Deutschland, wohin sie notgedrungen und relativ mittellos zurückgekehrt war, verfolgte sie seitdem aufmerksam die Geschehnisse in ihrer einstigen Heimat. Mit unverhohlener Schadenfreude hatte sie die innenpolitischen Streitigkeiten um die afrikanischen Kolonien im Deutschen Reich in den letzten Monaten verfolgt. In Deutsch-Südwestafrika tobte schon lange ein blutiger Krieg. In Deutsch-Ostafrika, das einst zum Sultanat Sansibar gehört hatte, erschütterte der blutige Maji-Maji-Aufstand das kolonialistische Selbstverständnis Berlins. Deutschlands Kolonialabenteuer in Afrika, so zeichnete es sich ab, avancierte zu einem blutigen Gemetzel – und zu einem innenpolitischen Desaster!

Emily Ruete sah auf die Uhr. Sie erwartete eine Sprachschülerin für Kisuaheli, eine junge Frau, die mit ihrem Mann nach Ostafrika ge-

hen wollte und ihr vom Sekretariat der Deutsch-Ostafrikanischen Gesellschaft vermittelt worden war. Die junge Frau hatte ein höchst ungewöhnliches Anliegen. Da sie weit weg von Berlin irgendwo in Schlesien wohnte, hatte sie darum ersucht, vier Wochen lang jeden Tag mehrere Stunden Unterricht nehmen zu können. In dieser Zeit würde sie bei Verwandten in der Stadt wohnen.
Sie hatte eine Aversion gegen diese Deutschen, diese Siedler, die sich irgendwo am Kilimandscharo auf afrikanischem Land niederlassen wollten, Deutschland verließen, weil sie keine Arbeit fanden. Aber sie benötigte dringend Geld. Wahrscheinlich war diese Schülerin wieder so eine Deutsche, die jenes Geistesgut in sich trug, das vor einiger Zeit in einer der vielen deutschen Kolonialzeitungen nachzulesen war: »… Die Eingeborenen sind unwissend – sie müssen unterrichtet werden; sie sind faul – sie müssen arbeiten lernen; sie sind schmutzig – sie müssen gewaschen werden; sie sind krank, mit allerlei Gebrechen – sie müssen geheilt werden; sie sind wild, grausam und abergläubisch – sie müssen besänftigt und erleuchtet werden. Alles in allem: Sie sind große Kinder, die der Erziehung und Leitung bedürfen!« Ja, so dachten viele dieser deutschen Kolonialisten, die zu ihr kamen, um bei ihr Arabisch oder Kisuaheli zu lernen. Sie hasste diese großkotzigen Siedler und Auswanderer!
Wenige Augenblicke später klopfte es an der Wohnungstür. Emily Ruete öffnete. Vor ihr stand eine junge, schlanke Frau mit langen, dunklen Haaren.
»*Jambo*, Frau Zehe?«, begrüßte sie die Frau, wissend, dass diese Höflichkeitsfloskel in Kisuaheli die meisten ihrer Schüler zunächst völlig verunsicherte.
Aber die junge Frau reagierte völlig unerwartet: »*Jambo*, Mama Ruete!«, sprudelte es flüssig aus ihrem Mund.
Emily Rute war überrascht. »Herzlich willkommen, Frau Zehe. Ich bin erstaunt! Sie sprechen ja schon Kisuaheli!«
»Nicht wirklich, Frau Ruete«, antwortete Margarete Zehe und lächelte. »Mein Bruder lebt schon lange in Ostafrika. Er hat mir über die Jahre in seinen Briefen ein wenig Kisuaheli beigebracht.«
Emily Ruete blickte ihrer neuen Schülerin in die Augen. Intuitiv

spürte sie, dass diese junge Frau anders war als all jene, die sie bislang unterrichtet hatte.
»Karibu ...«, hieß sie Margarete Zehe willkommen und ließ sie eintreten.

6. Kapitel

Afrika! Endlich! Im Dunst des frühen Morgens tauchte am Horizont aus der Gischt des aufgewühlten Indischen Ozeans die Küste Deutsch-Ostafrikas auf. Dar es Salam – das »Haus des Friedens« glänzte im ersten Sonnenlicht wie eine Perle, eingefasst von einer üppigen tropischen Vegetation. Welch ein schöner Name für eine Stadt, »Haus des Friedens«, dachte Margarete Trappe. Sie stand am Bug des Ozeandampfers der deutschen Ostafrikalinie und atmete tief durch. Die Deutsche Dogge Cäsar, ihr Lieblingshund, hatte sich neben ihr hingelegt. Tell, der Vorsteherhund, tippelte auf dem Deck herum.

In Bruchteilen von Sekunden wich die Anspannung der letzten Monate einer überschäumenden Freude, einem ihr bislang unbekannten Glücksgefühl. Freudentränen rannen ihr über die Wangen. Da vorne, zum Greifen nahe, lag ihr Lebenstraum: Afrika! Viele Jahre waren zwischenzeitlich vergangen, seit ihr Traum von Afrika durch die Bilder in Brehms Tierleben erwacht war. Und grausam lange Monate hatte sie ertragen müssen, seit sie mit Ulrich Trappe in Sagan zum ersten Mal auf den Regimentsball gegangen war. Jener Abend, an dem sie sich entschlossen hatte, sich für den Mann zu entscheiden, der nun neben ihr auf dem Schiff stand.

»Ulrich, das ist der glücklichste Moment meines Lebens …!« Ihre Stimme zitterte, die Augen glänzten. Das lange Haar wehte in der Morgenbrise.

»Ich hoffe, Prinzessin, wir werden hier wirklich unser Glück finden.«

Leutnant a. D. Ulrich Trappe klang eher besorgt denn begeistert. Als wolle er seine Frau aus ihrer Euphorie in die Realität zurückreißen, ergänzte er pathetisch: »Wir müssen unser Glück hier finden! Wir müssen! Ich, wir haben in Deutschland alles aufgegeben!«

Margarete Trappe sah ihren Ehemann aus den Augenwinkeln an. Da war er wieder, dieser eigentümliche, vorwurfsvolle Ton! Seit sie in

Neapel an Bord gegangen waren, schien Ulrich wie ausgewechselt. Er machte einen sehr ernsten Eindruck, war wortkarg und zeigte kaum eine Gemütsregung. Von Vorfreude spürte sie bei ihm absolut nichts! Auch wenn er es in den letzten zwei Wochen an Bord des Schiffes nie gesagt hatte, so fühlte sie doch mit jeder Seemeile, die sie von Europa entfernte und Ostafrika näher brachte, dass er Zweifel in sich trug, ob die Entscheidung, seine Offizierslaufbahn aufzugeben und als Siedler nach Deutsch-Ostafrika zu gehen, richtig gewesen war. Aber anders wäre es nicht gegangen. Am 17. Juli, dem Tag ihrer kirchlichen Trauung in der evangelischen Gnadenkirche zu Sagan, war völlig überraschend der Bescheid gekommen, dass seinem Antrag auf Versetzung zur Schutztruppe nach Deutsch-Ostafrika zwar entsprochen werden könne, eine Versetzung aber erst in etwa fünf Jahren möglich sei. Fünf Jahre! Das war sie nicht bereit gewesen, zu akzeptieren. Noch mehr grausame, einsame Jahre in Sagan? Nein!

Die Vorbereitungen für ihre Reise nach Ostafrika waren schon im vollen Gange gewesen. Nachdem Ulrich über das Kriegsministerium erfahren hatte, dass der Maji-Maji-Aufstand in Deutsch-Ostafrika niedergeschlagen worden war, das Land nunmehr als sicher galt, hatten sie bereits bei der Firma Trippelskirch & Co. in Berlin, dem einzigen Spezialgeschäft Deutschlands für Tropenausrüstungen, für sehr viel Geld Tropenzelte, Jagdgewehre, Sättel, Tropenkleidung und allerlei Ausrüstung für Afrika gekauft. Die Schiffspassage war schon gebucht, der Preis von siebenhundertfünfzig Reichsmark pro Person in der ersten Klasse für die Strecke Neapel–Dar es Salam bereits entrichtet. Die Verhandlungen mit August Leue von der Deutsch-Ostafrikanischen Gesellschaft über den Kauf von Land am Berg Meru waren ebenfalls so gut wie abgeschlossen, als diese Nachricht eintraf, dass Ulrich noch fünf Jahre warten müsse. Das hatte sie strikt abgelehnt.

Ein Zurück war für sie nicht mehr vorstellbar gewesen.

Außerdem wollte sie unbedingt das Grab ihres Bruders suchen. Alfred war im März im Kampf gegen aufständische Afrikaner in der Nähe des Meru gefallen und von seinen Kameraden nur notdürftig verscharrt worden. Die Trauer um ihn hatte sie beinahe aufgefressen. Vor zwanzig Jahren war Alfred nach Afrika gegangen. Zwanzig Jahre hatten sie sich immer und immer wieder Briefe geschrieben und sich versprochen, sich bald in Afrika zu sehen. Aus dem Bald waren endlose Jahre geworden. Und jetzt, da alles vorbereitet war, sollte sie nochmals fünf Jahre warten? Nein!

Jetzt erst recht! Sie wollte nach Afrika, auch, um Alfred ein ehrenvolles Grab zu schaffen. Und deswegen hatte sie Ulrich ultimativ vor die Wahl gestellt, entweder den Dienst beim Militär zu quittieren und mit ihr als Siedler nach Afrika zu gehen – oder in fünf Jahren nachzukommen. »Wenn du mich liebst, kommst du mit – jetzt!«, hatte sie gesagt. Er hatte es getan. Aus Liebe, wie er beteuerte.

In den letzten Wochen an Bord hatte sie jedoch gespürt, dass er diese Entscheidung bereute. Vielleicht war er selbst vor seinem Wagemut erschrocken und fürchtete nun die Konsequenzen. Das quälte ihn, aber er traute sich wohl nicht, darüber zu sprechen. Sein Offiziersdünkel ließ ihm keinen Spielraum für vermeintliche Schwächen oder für Freude. Fest stand, dass er bereits der Vergangenheit hinterhertrauerte, besonders seiner Karriere als Offizier.

Am Pier von Dar es Salam spielte die Musikkapelle der deutschen Schutztruppe den Ankommenden ein Ständchen. Der Gouverneur der Kolonie, Freiherr Albrecht von Rechenberg, stand am Landungssteg und begrüßte jeden der ankommenden Deutschen persönlich. August Leue von der Deutsch-Ostafrikanischen Gesellschaft erwartete sie ebenfalls. Sie hatten ihn in Berlin zweimal während der Verhandlungen über den Landerwerb getroffen. Es war ein sehr geradliniger und konsequenter Mann. Dass er sich in Ostafrika exzellent auskannte, darüber bestanden keine Zweifel. Ulrich hatte während der Schiffsfahrt nach Ostafrika ein Buch Leues über die Besiedlungsfähigkeit Deutsch-Ostafrikas gelesen und war seither maßlos von ihm beeindruckt.

Neben Leue stand ein großer, eher hagerer, aber schon aus der Ferne sehr dynamisch wirkender Mann mit südländischem Gesicht. Sie hatte diesen Mann noch nie zuvor gesehen, aber sie wusste bereits viel über ihn, ahnte sofort, dass es der Grieche Anthimos war, der

engste Freund und Geschäftspartner ihres Bruders Alfred. Ein breitkrempiger Lederhut hüllte sein Gesicht in Schatten. Er war braun gebrannt, trug kakifarbene Hosen, ein weißes, weites Hemd und bis zum Knie reichende, auffallend verstaubte Lederstiefel.
»*Bonjour, Karibu* – willkommen in Ostafrika, Margarete! Ich darf doch zu der Schwester meines besten Freundes Margarete sagen, oder?«
Mehr sagte der Grieche nicht. Seine Stimme, sanft, mit einem eigentümlichen Tremolo und französischem Akzent, ließ ihr Gänsehaut über den Rücken laufen. Er nahm seinen Hut ab und reichte ihr die Hand. Erst jetzt sah sie die Narbe auf der rechten Gesichtshälfte, von der Alfred ihr geschrieben hatte. Ein Leopard habe Anthimos seinerzeit angefallen. Verwirrt schaute sie ihn an. Seine dunklen Augen bargen eine unbestimmbare Melancholie in sich. Sein Händedruck war kräftig. Er strahlte Selbstbewusstsein und gleichsam eine wundersame Ruhe aus. Bevor sie antworten konnte, wurde sie von August Leue unterbrochen.
»Nicht Ostafrika! Es ist Deutsch-Ostafrika, Deutsch ..., Herr Koundouriotis! Wir sind in Deutsch-Ostafrika!« Zum Ehepaar Trappe gewandt, sprach er: »Willkommen, gnädige Frau, Herr Leutnant – in Ihrer zukünftigen Heimat!«
So wie August Leue den Griechen ansah und so wie er das »Deutsch-Ostafrika« akzentuierte, spürte Margarete Trappe sofort, dass diese beiden Männer sich nicht mochten. Ulrich schien bemerkt zu haben, wie fasziniert sie von Anthimos war. In Offiziersmanier richtete er seinen Oberkörper kurz und abrupt auf, signalisierte eine dezente Habtachtstellung vor dem ehemaligen Hauptmann Leue – und nickte Anthimos Koundouriotis zu. Es war unverhohlene Verachtung, die in seinem Blick lag, als er auf die Stiefel von Anthimos blickte und süffisant sagte: »Da ich hier weit und breit kein Staubkörnchen sehe, vermute ich, dass Sie wohl gerade erst aus der Wildnis gekommen sind und keine Zeit mehr hatten, ein Bad zu nehmen, Herr Koundouriotis, richtig? Aber meine Gattin und ich wissen es natürlich zu schätzen, dass Sie uns hier persönlich empfangen, in Deutsch-Ostafrika.«

Margarete Trappe konnte sich nicht erklären, wieso ihr Mann und August Leue so herablassend mit Anthimos sprachen. Ihr Blick ging zwischen den Männern hin und her. Ulrich und August Leue wirkten in ihren weißen, frisch gebügelten Tropenanzügen geradezu lackaffig neben Anthimos in seiner legeren Kleidung. Sie schauten mürrisch, er hatte ein sympathisches Lächeln. Alfred hatte irgendwann einmal geschrieben, dass Anthimos für ihn wie ein Bruder sei, hatte immer und immer wieder erwähnt, was für ein toleranter, groß- und warmherziger Mann er sei und wie sehr er seine Bildung und Sanftmütigkeit schätze. Die Worte von August Leue rissen sie aus ihrer Nachdenklichkeit.

»Ich gehe davon aus, dass Sie von der Reise müde und abgespannt sind. Selbstverständlich sind Sie während Ihres Aufenthaltes hier in Dar es Salam Gast in meinem Haus. Um Ihr Gepäck und die Fracht werden sich meine Diener kümmern.«

»Wir haben ein Pferd mitgebracht«, warf Margarete Trappe ein, »einen Vollblutaraberhengst! Das Tier steht seit zwei Wochen unter Deck und muss dringend bewegt werden, bevor es zu fressen bekommt. Sonst ist die Gefahr einer Kolik groß!«

August Leue räusperte sich verlegen.

»Ein Pferd? Hm, das ist ein wenig schwierig. Ich habe keine Stallungen an meinem Haus. Aber ich kann mich natürlich ...«

»Das Pferd kann ich übernehmen«, unterbrach Anthimos Koundouriotis, »ich liebe Pferde. Und in meinem Stall ist noch ein Platz frei. Wenn du in einer Woche mit deinem Mann ins Landesinnere aufbrichst, wird der Hengst vor Kraft strotzen. Vielleicht zeige ich euch bei einem Ausritt die wunderschönen Strände südlich von Dar es Salam. Der Araber wird es hier mögen! Es sind Wüstentiere. Sie lieben die Hitze und die Freiheit – so wie wir Griechen auch ...«

*

Am Tag ihrer Abreise von Dar es Salam erschien Margarete die Hitze schier unerträglich. Der Indische Ozean flimmerte in der Gluthitze des Mittags. Sie fühlte sich müde und war doch voller Energie

und Enthusiasmus. In der Nacht zuvor waren Ulrich und sie zusammen mit Anthimos in ein afrikanisches Dorf außerhalb der Stadt geritten. Anthimos hatte gesagt, dass die Eingeborenen in den Vollmondnächten eine *Ngoma* abhalten, und ihnen angeboten, mit ihm zu kommen, weil es ein faszinierendes Schauspiel sei. Ulrich hatte erhebliche Bedenken gehabt, hatte davon gesprochen, dass der Maji-Maji-Aufstand zwar beendet sei, man den Afrikanern aber wohl noch immer nicht trauen könne. Doch sie hatte darauf bestanden, nicht nur das Dar es Salam entlang der zwei prächtigen Promenadenwege, der deutschen Verwaltungsbauten, der Tennis-, Golf- und Fußballplätze zu sehen. Sie wollte sehen, wie die Afrikaner lebten. Anthimos hatte versichert, dass es keinerlei Probleme gebe. So waren sie spät in der Nacht Richtung Süden geritten, bis zu einem Dorf nahe dem Strand.
Inmitten eines großen, dicht gedrängten, von hoch lodernden Lagerfeuern umgebenen Menschenkreises saß der *Ngoma*-Trommler auf der Erde, ein hünenhafter Neger mit kahl geschorenem Schädel. Seiner Trommel, einem ausgehöhlten Baumstamm, über den ein Fell gespannt war, entlockte er mit heftigen Schlägen eigenartige Rhythmen und Töne, bald laut, bald kaum hörbar. Tänzer und Tänzerinnen bewegten sich im Rausch und Wechsel der Rhythmen im Kreis, einzeln, paarweise, reihenweise, ohne sich zu berühren, mal langsamer, mal schnell, stets raubtierhaft geschmeidig. Die Zuschauer sangen und klatschten, lachten und tranken *Pombe,* ein aus dem Saft der Kokospalme zubereitetes berauschendes Getränk. Der Vollmond stand über dem Dorf und der Nachtwind säuselte durch die Palmen. Zum ersten Mal seit ihrer Ankunft hatte Margarete das Gefühl gehabt, in eine andere Welt entrückt zu sein.
Aber da war noch ein anderes Gefühl, eins, vor dem sie anfänglich erschrak, weil es sich stets regte, wenn sie Anthimos nahekam, neben ihm stand oder ihn ansah. Warum das so war, wusste sie nicht, und sie spürte auch kein Verlangen, es zu ergründen. Es war einfach da! Und es war sehr schön. Sie wusste nur eines: In seiner Nähe legte sich eine wundersame Ruhe über ihre Seele. Sie fühlte sich sicher, behütet. Es war ein Gefühl, das sie aus jenen Zeiten

kannte, da sie sich als Kind auf dem Heuschober über dem Pferdestall auf Gut Petersdorf versteckt hatte, wenn schwermütige Gedanken ihre Seele geplagt hatten – aber niemand da gewesen war, der ihr hätte helfen können. Jetzt war Anthimos da!
Auf dem Ritt zurück nach Dar es Salam hatten sie plötzlich am Strand den Schein riesiger Feuer gesehen. Wieder hatte Ulrich Bedenken gehabt, hinzureiten und nachzuschauen, was dort passierte. Und wieder war es der Grieche gewesen, der Ulrichs Ängste mit den Worten weggewischt hatte: »Die Nacht ängstigt nur den Unwissenden …«
Unten am Meer brannten, nur wenige Meter vom Strand entfernt, auf Flößen zwei Feuer, umringt von Männern und Frauen in indischer Kleidung. Auf den hölzernen Pontons aufgebahrt lagen zwei Tote. In respektvollem Abstand hatten sie die gespenstische Bestattungszeremonie beobachtet, schweigend zugeschaut, wie die lodernden Flammen die Leichname verzehrten und der Ebbestrom die Flöße sanft schaukelnd langsam hinaus aufs offene Meer entführte.

Sie hatte schlecht geschlafen in den wenigen verbliebenen Stunden der letzten Nacht. Erst mit der kühlen Meeresbrise des sehr frühen Morgens und dem sanften Licht des aufkommenden Tages waren die Bilder von den tanzenden Afrikanern, den farbenprächtigen Indern, den dahintreibenden Toten und von Anthimos vor ihren Augen verblasst.
Ein kaum hörbares, sehr beruhigendes *»Hodi! Kahawa tayari«* eines Dieners draußen vor der Zimmertür weckte Margarete aus dem Tiefschlaf der letzten Stunde. Langsam zog sie das Moskitonetz über dem Bett zur Seite und blickte aus dem Fenster hinaus auf den Indischen Ozean, der sich türkisfarben-friedfertig gab. Sie war glücklich! Diese Sitte, dass ein Diener am frühen Morgen eine Tasse Kaffee und ein wenig Gebäck aufs Zimmer brachte, begeisterte sie. Alles hier begeisterte sie.
Wenige Stunden später verließen Ulrich und sie Dar es Salam nordwärts, Richtung Tanga. Anthimos Koundouriotis hatte sich bereits am Abend zuvor verabschiedet. Er wollte Ende Oktober in den Sü-

den des Landes gehen, um dort Elefanten zu jagen. Wenn er zurückkäme, so hatte er versprochen, würde er sie am Meru besuchen, was aber erst mit Beginn der Regenzeit der Fall sein würde.

Bereits wenige Kilometer hinter Dar es Salam begann sich die Straße, wie eine Schlange durch dichtes Mangrovengebüsch und Palmenhaine zu winden. Die parallel zur Küste nordöstlich ansteigenden Hügel waren dicht bewaldet. Rinnsale, Bäche und Flüsse plätscherten aus den Hügeln talabwärts. Mächtige, bis zu dreißig Meter hohe Ebenholzbäume, umschlungen von armdicken Lianen, überragten die idyllischen Täler. Überall lagen versteckt in Palmenhainen und dichtem Buschwerk kleine afrikanische Dörfer mit rötlichen Lehmhäusern.

Nach mehrtägiger Fahrt in Ochsenwagen erreichten sie das Küstenstädtchen Tanga. Margarete Trappe fühlte sich matt und erschöpft. Und doch war sie glücklich. Sie wähnte sich längst inmitten jener Traumwelt, von der sie bislang nur gelesen hatte: in *Brehms Tierleben* – und in den Briefen ihres Bruders Alfred.

Die hundertdreißig Kilometer Zugfahrt mit der Usambara-Bahn von Tanga ins Landesinnere bis zur Endstation Mombo dauerte knapp fünf Stunden. Erst kurz vor der Ankunft, der Zug ächzte stinkend und schnaufend die Ausläufer der Usambara-Berge hoch, die Luftfeuchtigkeit nahm bereits merklich ab und die Außentemperaturen wurden angenehmer, informierte August Leue sie, dass sie sich in Mombo einem Siedlertreck von Deutsch-Russen anschließen würden.

»Wieso Deutsch-Russen?«, fragte Ulrich Trappe erstaunt. Trotz des kühlenden Fahrtwindes war sein Kakianzug schweißdurchtränkt.

»Ach, das sind bemitleidenswerte Geschöpfe, etwa fünfzig an der Zahl, einige aus dem Rheinhessisch-Pfälzischen, die meisten aber aus Schwaben«, antwortete August Leue. »Ihre Vorfahren folgten Ende des letzten Jahrhunderts einer Einladung von Katharina II., der deutschen Prinzessin auf dem Zarenthron. Die Siedler sollten die fast menschenleeren Räume an der Wolga, am Schwarzen Meer und im Kaukasus besiedeln und so die offene Südflanke des Russischen

Reichs sichern. 1871 beschloss Zar Alexander II., die Privilegien der deutschen Kolonisten zu widerrufen. Dadurch wurden sie den gewöhnlichen russischen Bauern gleichgestellt und mussten sich von nun an deren Gesetzen und Pflichten unterwerfen. Ab 1874 gab es für die Söhne der Kolonisten dann zum ersten Mal auch Militärpflicht in der zaristischen Armee. Unter Alexander III. musste der Schulunterricht in russischer Sprache gehalten und konnten geschäftliche Angelegenheiten ebenfalls nur in russischer Sprache getätigt werden. Die deutschen Kolonisten verloren jegliches Anrecht auf Selbstverwaltung in ihren Dörfern. Hunderttausende wanderten daraufhin nach Amerika aus. Und einige versuchen ihr Glück nun in Afrika.«

»Wovon wollen diese Menschen leben?«, fragte Margarete Trappe.

»Sie sind arm, ausnahmslos. Geld, um große Ländereien von uns zu pachten, hat keiner von denen. Einige haben Unterstützungen durch das Deutsche Reich bekommen. Aber sie haben es gelernt, hart zu arbeiten. Und wer bereit ist, für ein Leben im Paradies hart zu arbeiten, wird hier in Deutsch-Ostafrika seine Erfüllung finden.«

*

Mombo war ein unansehnliches Kaff am Fuße jener Berge, in denen die deutsche Ansiedlung Wilhelmsthal lag. Die Bahnstation inmitten der hügeligen Landschaft bestand aus einem winzigen Bruchsteingebäude. Ein herausgeputzter deutscher Bahnbeamter mit blütenweißer Uniform und gigantischem Kaiser-Wilhelm-Bart scheuchte die schwarzen Gepäckträger umher.

Ulrich und Margarete Trappe schwiegen verwirrt. Nach Dar es Salam mit seinen Promenaden und dem anheimelnden Tanga war dies ein Afrika, das sie bedrückte. Die Euphorie der letzten Stunden wich einer schweigenden Betroffenheit angesichts der Tristesse dieses Dorfes.

Doch bereits wenige Stunden hinter dem seelenlosen Ort lag die Pforte zum Paradies. Hier erstrahlten die mehr als zweitausend Meter hohen Berge des Usambara-Gebirges im frühen Nachmittags-

licht. Das Land war grün und hügelig und von unglaublicher Schönheit. Fremde, betörende Gerüche lagen in der Luft. Der Ochsenkarrenpfad war gesäumt von exotischen Pflanzen, Büschen und prachtvollen Blumen. Kaum hatte die Trägerkolonne aus mehreren Hundert Afrikanern und Dutzenden Mauleseln die letzten Hügel hinter sich gelassen, öffnete sich vor ihnen eine weite, schier endlose Ebene, die im Dunst des Horizonts endete. Margarete Trappe schwieg fassungslos.
»Sehen Sie ihn?«, fragte August Leue und deutete gen Nordwesten.
»Was soll ich sehen?«, fragte sie und hielt ihre Hand schützend über die Augen, um gegen die untergehende Sonne zum anderen Ende der Welt blicken zu können. Sie sah Land, Weite und unvorstellbar gigantische Wolkengebilde, die sich wie überdimensionale Wattebäusche am Ende der Ebene auftürmten.
»Da drüben, inmitten der Kumuluswolken! Der Kilimandscharo – so schön, wie er nicht immer zu sehen ist: schneebedeckt, majestätisch ...«
Sie sah ihn. Da war er! Sie sah etwas, das so erhaben und vollendet war, dass sie nicht glauben wollte, dass es ein Berg war.

Ihr erstes Lager schlugen sie am Rande eines Galeriewaldes nahe einem Fluss in einer Ebene auf, die keinen Namen hatte. Aber sie roch wunderbar nach Gräsern, Blumen und satter, fruchtbarer Erde, wie Erdschollen kurz nach dem Pflügen. Durch die lichten Kronen der Schirmakazien hindurch konnte Margarete den Kilimandscharo sehen. Die Abendsonne kolorierte seine beiden Gipfel zartrosa. Alles um sie herum war so sanft, die Geräusche gedämpft, die Gerüche intensiv. In der Ferne zog eine Herde Zebras durch die Steppe. Was sie hörte, hatte sie noch nie gehört. Alle Gerüche waren ihr fremd. Was sie sah, überforderte ihre Wahrnehmungsfähigkeit. Und weil sie keine Worte fand für das, was sie empfand, und das Gefühl hatte, allein sein zu müssen, setzte sie sich etwas abseits vom Zeltlager auf einen kleinen Hügel oberhalb des Flusses und weinte. Margarete spürte, dass es das erste Mal seit vielen Jahren nicht Tränen der Verzweiflung, sondern Tränen des Glücks waren.

Das Gewehr lag neben ihr im Gras. Sie hatte nicht das Gefühl, dass sie es hier brauchte. Dann stand er plötzlich da, vor ihr, kaum dreißig Meter entfernt: Er war groß, schrecklich groß. Mein Gott, ist er schön, dachte sie. Und so perfekt und mächtig. Sie konnte sich nicht erklären, wie so etwas Großes sich so leise bewegen konnte. Sie hatte absolut nichts gehört.

Er blickte in ihre Richtung. Ohne sich zu bewegen, wanderte ihr Blick über die Gräser, wie sie sich im Abendwind in ihre Richtung neigten. Der Wind stand gegen sie! Das war gut. Er konnte sie nicht wittern, aber er versuchte es. Er sah sie, sie sah ihn. Sein Rüssel hob sich zwischen den prachtvollen Stoßzähnen, krümmte sich und sog die Gerüche des Abends in sich auf. Aber da war nichts, was ihn beunruhigte, und deshalb trottete er im Zeitlupentempo weiter, hin zu dem Schilfgras am Flussufer, wo er mit seinem Rüssel genüsslich die Spitzen der Pflanzen umklammerte, sie abriss und in seinem kleinen Maul unter den Stoßzähnen verschwinden ließ. Seine riesigen Ohren klatschten gegen seinen Körper. Das Malmen war das einzige Geräusch, das über dem Plätschern des Flusses lag.

»Margarete! Bist du wahnsinnig?«

Ulrichs Aufschrei riss sie aus ihren Gedanken. Er stand wenige Schritte hinter ihr, sein Gewehr in der Hand. Der Elefantenbulle warf seinen Kopf herum. Sie konnte seine Augen nicht erkennen, aber sie ahnte, was sie darin sehen würde. Ihr Blick hetzte zu Ulrich, zurück zu dem Elefanten und wieder zu Ulrich. Der Elefant stellte seine Ohren auf. Ulrich zog sein Gewehr in die Schulter. Der Bulle vergeudete keine Zeit mit Warnungen. Er kam, mit trotzig erhobenem Schädel, den Rüssel und die Ohren nach vorne gerichtet, durch das Gebüsch gerast. Er war schnell, sagenhaft schnell.

Sie kannte die Körpersprache der Elefanten nicht, aber sie wusste intuitiv, dass dieser graue Koloss sie töten wollte. Ein Schuss fiel. Im Unterbewusstsein registrierte sie das trockene Bellen des leichten Kalibers. Ulrich schoss lieber mit den kleinen Kalibern. Genau richtig für Gazellen und Antilopen, nicht aber für Elefanten.

Sie schrie: »Nein …!« Wieder fiel ein Schuss. Das Projektil riss dem Tier oberhalb des rechten Auges ein faustgroßes Stück Haut

aus dem Schädel. Aber der Elefant brach weiter durch die Büsche. Schmerz lag in seinen Augen. Sie sprang auf, griff nach ihrer großkalibrigen Büchse, riss die Waffe hoch: Kimme – Korn – anhalten – leicht oberhalb zwischen die Augen, so, wie sie es in Jagdbüchern über Afrika gelesen hatte. Über den Lauf der Waffe hinweg blickte sie ihm jetzt direkt ins Gesicht. Der Bulle hatte lächerlich kleine Augen. Zwischen ihnen warf sich seine runzlige Haut zu zackig-quadratischen Ornamenten aus Falten auf. So nah sah er sehr hässlich aus, und er war zornig und riesig und nur noch wenige Meter von ihr entfernt.
Der Rückstoß der schweren Waffe beim Brechen des Schusses riss sie nach hinten. Der Elefantenbulle warf, wie von einer imaginären, mächtigen Faust gestoppt, seinen Kopf zurück. Seine Vorderbeine hoben sich für Momente vom Boden ab. Die tonnenschwere Masse aus Haut und Fleisch und Knochen brach in den Knien ein. Die Stoßzähne bohrten sich in den roten Boden. Dann fiel er, sehr leblos und bemitleidenswert plump und so ganz ohne Erhabenheit zur Seite. Margarete konnte ihn riechen, so nahe lag der Bulle vor ihr. Tot wirkte er fast noch riesiger, aber sie hatte keine Angst. Sie zitterte nicht einmal. Er tat ihr eher leid. Sie war traurig. Langsam drehte sie sich um und schaute zu Ulrich. Margarete sah, dass er panische Angst hatte. Und er sah, dass sie ihn verachtete …

Nach zwei Wochen Marsch durch die Steppe entlang des Pangani-Flusses nahmen die Berge, die sie bislang immer am Horizont vor sich gesehen hatte, deutliche Konturen an. Die Pare-Berge im Osten verschwanden aus ihrem Blickfeld. Das Land stieg langsam an. Die Stimmung war gereizt. Nach dem Zwischenfall mit dem Elefanten waren sie und Ulrich sich aus dem Weg gegangen. Auch die Stimmung zwischen ihr und Hauptmann Leue war sehr gedrückt gewesen. Ohne es zu sagen, warf er ihr offenbar vor, für den Vorfall mit dem Elefanten verantwortlich zu sein. Sie hatte sich, entgegen seinen Anweisungen, vom Lager entfernt. So sehr sie sich auch bemühte, Ulrichs Eingreifen rational zu erklären und Verständnis aufzubringen, so missmutig und unwillig reagierte sie auf Leues permanente Besserwisserei und Bevormundung. Schließlich war die Situation eskaliert, als Leue unbedingt Wert darauf legte, dass sie, als einzige weiße Frau, in einer Art Sänfte von vier Afrikanern getragen werden sollte, statt zu Fuß zu gehen. Doch länger als fünf Minuten hatte sie es in diesem schaukelnden, mit Moskitonetzen verhangenen Ding nicht ausgehalten. Zum Entsetzen Hauptmann Leues hatte sie ihre hohen Stiefel angezogen, das Gewehr genommen und war, zusammen mit den afrikanischen Spurenlesern, an die Spitze der Kolonne marschiert.

An dem Tag, da sie ihr Ziel, das Meru-Massiv, nach vierzehntägigem Marsch erreichten, geschah etwas Seltsames. Ulrich und die anderen waren in der Zwischenzeit wieder zu ihnen gestoßen. Das Camp lag auf einer Anhöhe mit herrlichem Blick über die hinter ihnen im Abendlicht goldgelb strahlende Massai-Steppe. Das Lagerfeuer vor ihren Zelten spendete angenehme Wärme. Ulrich hatte zur Feier des Tages eine Flasche Rotwein geöffnet. August Leue war zufrieden. Die Reise war, bis auf den Zwischenfall mit dem Elefanten, problemlos verlaufen. Löwen und andere Raubtiere hatten sie kaum gesehen. Eingeborene ebenso wenig. Seit Tagen redeten ihre afrikanischen Träger zwar davon, dass Massai in der Nähe seien. Zu sehen waren sie aber nie. Nur sie selbst hatte für einen kurzen Moment einen zu Gesicht bekommen, einen jungen Mann mit wundersam geflochtenem, ockerfarbenem Haar und mit weißen, aufgemalten Ornamenten auf den Beinen. Plötzlich hatte er vor ihr gestanden, gestützt auf einen langen Speer, ein Bein angewinkelt und mit der Fußfläche gegen das andere Bein gedrückt. Wie ein Storch stand er da, einbeinig, regungslos, lustig anzusehen, und hatte sie wortlos angeschaut. Es war ein schöner Mann, groß, hager, muskulös, mit einem sehr markanten Profil und prägnanten Gesichtszügen. Als sie ihren Hut vom Kopf genommen und die Sonnenbrille aufgesetzt hatte, war er blitzschnell im Gebüsch verschwunden.
Dreimal war nachts das dumpfe Grollen von Leoparden zu hören gewesen, was Margarete Trappe nur deswegen beunruhigt hatte, weil Leue ihr erzählt hatte, dass Leoparden eine Vorliebe für Hunde hät-

ten. Seither durften Cäsar und Tell in ihrem Zelt schlafen, was Ulrich nur widerwillig akzeptierte. Ansonsten hatte sich nichts ereignet und entsprechend entspannt war die Stimmung an diesem Abend.

»Ein herrliches Land! Ich komme mir schon sehr heimisch hier vor. So weit und schön, fast menschenleer, und alles ist so unsagbar friedlich.«

»Ich gehe mal davon aus, dass unsere Truppen den Negern in aller Deutlichkeit klargemacht haben, wer die neuen Herren hier im Land sind«, begann August Leue wieder einmal zu prahlen. Mittlerweile kannte sie seine Einstellung zu diesem Thema. Dass der Maji-Maji-Aufstand mit brachialer Gewalt von der Schutztruppe niedergeschlagen worden war, hatte sie zwar auch in Deutschland in den Zeitungen gelesen, aber die Details, die August Leue ihnen erzählt hatte, widerten sie an. Er war ein Militarist übelster Sorte, ein Machtmensch. Vielleicht, dachte sie für einen Moment, versteht er sich deswegen so gut mit Ulrich.

»Die Schwarzen sind nun mal faul, arbeitsunwillig und renitent«, setzte Ulrich an, Leues Thesen gutzuheißen. Er hatte sein Rotweinglas in der Hand. Das Gewehr hing hinter ihm am Zelt.

»Das wird eins der Probleme sein, mit denen Sie sich hier permanent auseinandersetzen müssen«, nahm August Leue das Stichwort auf. »Land, wunderbares, fruchtbares Land gibt es genug. Aber es wird schwierig werden, zuverlässige Arbeiter für Ihre Farm zu finden. Die Neger sind kaum dazu zu kriegen, regelmäßig zur Arbeit zu kommen.«

»Der Schwarze ist eben kein zivilisierter Mensch«, sinnierte Ulrich Trappe. »Ohne Hilfe der Weißen stünde er in tausend Jahren noch auf dem Fleck, auf welchem er vor tausend Jahren gestanden hat. Aber ich denke, damit werde ich kein Problem haben. Was ich bei meinen Rekruten geschafft habe, werde ich bei diesen Halbwilden auch schaffen. Disziplin heißt die Zauberformel. Und die funktioniert immer.«

Margarete Trappe schwieg. Sie kannte Ulrichs Plattitüden zur Genüge. Das Schlimme daran war nur, dass er fest überzeugt war von dem, was er sagte. Sie versuchte, vom Thema abzulenken.

»Wie viel Land werden wir brauchen, um eine lukrative Farm betreiben zu können?«
»Nun ja, das ist natürlich abhängig von Ihren finanziellen Möglichkeiten. Es gibt sehr ertragreiches Land, das sich optimal für Pflanzer eignet, besonders in den Usambara- und in den Pare-Bergen. Wenn Sie Vieh züchten wollen, was ja wohl Ihre Intention ist, dann können Sie sich hier schnell so etwas wie Ihre eigene Grafschaft zulegen, für wenig Geld. Aber Sie müssen ja auch das Geld haben, Vieh zu kaufen und Arbeiter zu bezahlen. Und dazu gehört schon eine gewisse Summe. Zwanzigtausend bis dreißigtausend Rupien, also ungefähr dreißigtausend Reichsmark, brauchen Sie sicher für den Bau eines Farmhauses, einer Vieh-*Boma*, also eines eingezäunten Terrains für die Rinder, und für Personal und Gerätschaften.«
»Wir spielen ein wenig mit dem Gedanken, neben der Viehzucht auch Ackerbau zu betreiben. Wie sind denn die Erfolgschancen und vor allem die Möglichkeiten, die Produkte zu verkaufen?«, wollte Ulrich Trappe wissen.
»Diese Idee ist sehr gut. Zum einen sind Sie dann autark, haben Ihre kleinen Gemüsefelder auf Ihrer Farm, haben Obst, eigenes Federvieh, Schweine und eben das Einkommen aus der Rinderzucht. Andererseits sind Sie gegen die Unwägbarkeiten der Natur gefeit. Die Rinderpest ist zwar seit der großen Seuche vor acht Jahren so gut wie ausgemerzt, und die Maul- und Klauenseuche tritt kaum auf. Aber es kann ja auch einmal sehr trockene, regenarme Jahre geben. Als Pflanzer haben Sie dann einen Nebenerwerb.«
August Leue hielt abrupt inne. Sein Blick ging an Ulrich Trappe vorbei in die Dunkelheit. Plötzlich standen sie vor ihnen, im Schein des Feuers. Wie viele es waren, war nicht genau zu erkennen. Die Nacht umhüllte sie. Ihre roten Umhänge verliehen ihnen eine gespenstische Aura. Die Speerspitzen reflektierten das Feuer. Schweigend starrten sie erst auf die beiden weißen Männer, bis ihre Blicke schließlich Margarete Trappe fixierten.
»Massai …«, zischte August Leue. »Es sind Krieger, viele. Sehr viele!« Er schielte verunsichert nach seinem Gewehr, das neben seinem Stuhl lag.

Ulrich Trappe wurde nervös. »Was wollen sie? Sind sie uns feindlich gesinnt?«, flüsterte er. Schweißperlen standen auf seiner Stirn. Er traute sich nicht, das Weinglas abzustellen. Seine Augen taxierten die kaum zwanzig Schritt entfernten Krieger. Alle waren gertenschlank, drahtig. Einer der *Moran* murmelte einige Worte zu den anderen Kriegern. Ein kaum hörbares *»Aaayaaa«* ließ erahnen, dass sie dem vermutlichen Anführer Zustimmung signalisierten.
»Was sagen sie?«
Ulrich Trappe sah, wie die Krieger noch immer seine Frau anstarrten.
»Ich verstehe ihre Sprache nur leidlich«, antwortete August Leue leise. »Es hat etwas mit einer Eisernen Schlange und Augen aus Glas zu tun.«
»Warum starren sie meine Frau so an?«, fragte Ulrich Trappe.
»Ich weiß es nicht!«
»Sind sie gefährlich?«
»Massai sind immer gefährlich«, war August Leues lapidare Antwort.
»Haben sie keine Angst vor unseren Gewehren?«
»Massai haben vor nichts Angst. Sie sind furchtlos. Absolut furchtlos.«

Der Anführer der Massai löste sich plötzlich aus der Gruppe und schritt selbstbewusst auf die drei Weißen zu. Sein Speer überragte sein Haupt um mehrere Handbreiten. An der rechten Hüfte baumelte ein Dolch. Sein Blick haftete geradezu hypnotisch auf Margarete Trappe. Die beiden Männer schien er zu ignorieren. Er blieb am Tisch stehen. Margarete merkte, wie sie vergaß zu atmen. Ihre Schläfen pochten. Der Wind wehte ihr langes Haar über ihr Gesicht. Aber sie traute sich nicht, die Hand zu heben oder sich zu bewegen.
Der Massai beugte sich nach vorne und griff langsam nach ihrer Sonnenbrille, die auf dem Tisch vor ihr lag. Vorsichtig nahm er das Gestell in die Hand und betrachtete es fasziniert. Er tat einen weiteren Schritt nach vorne, auf Margarete Trappe zu. Seine linke Hand griff nach ihrem seidigen Haar, tastete es ganz vorsichtig ab, berühr-

te ihre Schläfen, beugte sich noch weiter vor, spitzte seinen Mund und hauchte ihre Haare an, bis sie sich in seinem Atem bewegten. *»Jeyo!«,* flüsterte er. Dann wandte er sich zu den anderen Kriegern um, hielt die Brille hoch in ihre Richtung und murmelte unverständliche Worte. *»Aaayaaa«,* kam es aus den Reihen der *Morani.*

»Jeyo!« Mehr sagte der Anführer nicht, starrte dabei gebannt Margarete Trappe an und nickte leicht mit dem Kopf. Dann legte er die Brille ab, drehte sich um und ging davon. Sekunden später waren die Krieger in der Dunkelheit verschwunden.

»Was, zum Teufel, war das?«

Ulrich Trappe sprang von einem Stuhl hoch, rannte zum Zelt und riss das Gewehr an sich. Seine Augen waren von Panik erfüllt. Er war schweißgebadet, sein Hemd war triefend nass. Blitzartig repetierte er die Waffe, feuerte einen Schuss in die Luft, repetierte, feuerte, repetierte.

Margarete Trappe erkannte die Angst in den Augen ihres Mannes. August Leue saß noch immer regungslos auf seinem Stuhl. Sie wunderte sich, warum sie selbst sich nicht wirklich fürchtete.

»Diese Bastarde sind die unheimlichsten und gefährlichsten Menschen Ostafrikas«, raunte August Leue. Er griff nach dem Wein und nahm einen großen Schluck aus der Flasche. »Jeder hat Angst vor ihnen: Neger, Inder, Araber – und ich auch. Sie sind unberechenbar, sehr kriegerisch und unvorstellbar mutig!«

»Sie sahen nicht so aus, als hätten sie Arges im Sinn gehabt«, entlud sich nun auch Margaretes Trappes Anspannung. »Er hat mir tief in die Augen gesehen, die ganze Zeit, ganz starr war sein Blick. Aber er hat dabei ein wenig gelächelt.«

»Warum haben unsere Lagerwachen nicht eingegriffen?«, ereiferte sich Ulrich Trappe. Er rannte hysterisch hin und her. »Askari! Ahmadou!«, brüllte er den Anführer ihrer Lagerwachen herbei. Der breitschultrige Afrikaner mit dem bis auf die Schultern reichenden Haarzopf schlich aus der Dunkelheit herbei und blieb mit hängenden Schultern vor ihm stehen.

»Was haben diese Scheißkerle, die Massai, gewollt?«, schrie Ulrich Trappe ihn an.

»Bwana«, stotterte der Askari, »die Massai sind nur gekommen, um zu schauen! Sie wollten uns nichts Böses tun. Sie wollten *Jeyo* sehen!«
»Verdammt noch mal, red nicht so blöde daher! Wer ist *Jeyo*, was heißt das? Sprich, du lausiger Mistkerl!«
»In der Sprache der Massai bedeutet *Jeyo* Mutter.«
Ulrich Trappe schwieg abrupt. Sein Blick ging fragend zu August Leue und zu seiner Frau.
»Lassen Sie ihn! Auch die Askaris haben Angst«, schaltete sich August Leue ein. »Was immer das auch bedeutet mit diesem *Jeyo,* ich weiß es auch nicht. Aber ich weiß eins: Diese Massai sind sehr gefährlich und kampferfahren.«
»Wieso schreitet unsere Schutztruppe nicht gegen diese Wilden ein? Warum schießt man diese Hundesöhne nicht ab, wenn sie sich an keine Gesetze halten, hm?«
Margarete Trappe blickte ihren Mann entsetzt an. Ulrichs Hass ängstigte sie.
»Wer soll das machen? Wer soll gegen die Massai kämpfen?«, redete August Leue leise vor sich hin und starrte ins Feuer. »Es gibt Hunderttausende von ihnen da draußen in den Steppen. Es sind Halbnomaden. Freiheit bedeutet ihnen alles. Heute sind sie hier, morgen da. Erschießen Sie einen, kommen Hunderte, um ihn zu rächen! Erschießen Sie Hunderte, kommen Tausende. Im Kedong Valley, nicht weit von Nairobi entfernt, haben die Engländer vor einigen Jahren versucht, die Massai militärisch ein für alle Mal vernichtend zu schlagen. Seitdem heißt diese Region ›Blood Valley – Tal des Blutes‹. Denn die Massai haben die englischen Truppen bis auf den letzten Mann aufgerieben.
Wie ich schon sagte: Diese Burschen sind absolut furchtlos. Sie sollten mal sehen, wie die einen Löwen töten. Dann verstehen Sie mich. Jeder Massai-Mann muss, bevor er zum Krieger, zum *Moran*, ernannt wird, mit seinem Speer einen Löwen töten – eigenhändig und alleine. Glauben Sie mir, so ein junger Krieger geht mit hoch erhobenem Haupt auf den Löwen zu, bis dieser sich so in die Enge getrieben fühlt, dass er angreift, angreifen muss. Löwen kennen in der

Natur keine Feinde. Niemand, außer dem Elefanten, stellt sich einfach so gegen ihn. Der Löwe hat gar keine andere Chance, um seine Vorherrschaft zu beweisen. Er muss angreifen! Der Massai weicht aber nicht einen Millimeter zurück, nicht einen! Wenn der Löwe dann auf den letzten Metern zum Sprung ansetzt, kniet sich der *Moran* nieder, rammt seinen Speer mit dem hinteren Ende in den Boden, hält ihn vor sich angewinkelt hoch – und lässt den Löwen in den Speer springen.«

Gebannt hörte Margarete Trappe den Erzählungen August Leues zu. Sie verspürte eine eigentümliche Faszination für dieses offensichtlich so unglaublich mutige und gleichsam kriegerische Volk der Massai.

August Leue stand auf. Er war müde und ging auf sein Zelt zu. Im Weggehen sagte er: »Es heißt, wenn die Speerspitze eines Massai am Horizont auftaucht, verlassen die Löwen das Land, so viel Angst haben sie vor diesen Herren der ostafrikanischen Steppen. Und um ehrlich zu sein: Mir geht es nicht anders! Was mich aber am meisten beunruhigt, ist: Was, zum Teufel, hat der Krieger mit *Jeyo* gemeint …?«

Am nächsten Tag waren die Massai allgegenwärtig. Mit dem ersten Zwielicht des Morgengrauens standen zwei Krieger viele Hundert Schritte vom Lager entfernt auf einem Hügel. Sie standen einfach nur da, regungslos, wie Statuen, so rotbraun im ersten Licht schimmernd wie die skurrilen Termitenhügel in der Ebene. Sie blieben dort stehen, als das Lager abgebrochen, die Mulis bepackt und die Feuer gelöscht wurden. Und sie standen noch immer da, als die Kolonne aus Hunderten Trägern aufbrach, den Bergen entgegen.

Kaum, dass die beiden Massai-*Morani* in den ersten Staubwirbeln der Morgenwinde außer Sicht gerieten, standen vier andere Massai auf einer Hügelkette oberhalb eines trockenen Flussbettes. Ihre roten Umhänge flatterten im Wind. Auch sie standen nur da, scheinbar desinteressiert, gelangweilt. Sie waren zu weit entfernt, als dass man ihre Gesichter hätte erkennen können, aber sie waren zu nahe für die weißen Siedler, um keine Angst zu haben.

Ulrich Trappe war noch nervöser als am Abend zuvor. Ein durchgeladenes Gewehr trug er in der Armbeuge, ein zweites hing über seiner linken Schulter. Wieder und wieder ging sein Blick hinauf zu den Kriegern, suchte hinter den umliegenden Dornenbüschen nach anderen Massai und irrte unruhig durch die Hügelketten vor der Karawane. Seine Frau ritt auf seinem Pferd neben ihm. Ihr Gewehr steckte in einem Futteral am Sattel. Sie schien völlig entspannt. Aus den Augenwinkeln beobachtete Ulrich sie. Die letzten zwei Wochen hatten ihr Gesicht gebräunt. Margarete trug Leinenreithosen mit Lederbesatz an den Knien und ein leichtes Kakihemd. Ihr schlanker, wohlproportionierter Körper wirkte verführerisch, wie sie so aufrecht und selbstbewusst im Sattel saß. Ihr Haar war zu einem Zopf geflochten und hing ihr seitlich über die Schulter auf die Brust. Sie sah einfach begehrenswert aus. Ihre Ruhe und Stärke zogen Ulrich an, faszinierten ihn, steigerten sein Begehren. Aber wie bereits in den letzten Wochen, seit sie in Afrika angekommen waren, spürte er auch jetzt diese seltsame Distanz zwischen ihnen. Sie war nicht unnahbar und hatte sich nicht wirklich abweisend verhalten, aber sie trug eine Stärke in sich, die ihn verunsicherte.
Ihm war auch nicht entgangen, wie Margarete diesen Griechen bewundert und manchmal sogar unverhohlen angestarrt hatte. Aber sosehr er diesen Anthimos auch im Auge behalten, nach vermeintlichen Signalen für sein Interesse an Margarete gesucht hatte: Der Grieche hatte sich stets als ehrenhafter Mann gegeben – und als Freigeist. Ein Mann mit exzellenter Bildung und besten Umgangsformen. So leger er stets gekleidet war und so jovial er sich gab, so perfekt beherrschte er die Etikette bei den abendlichen Festivitäten in Dar es Salam. Und immer hatte er eine absolut korrekte Distanz zu Margarete gewahrt. Was er von ihm gehört hatte und über ihn wusste, hatte Ulrich beeindruckt. Anthimos Koundouriotis galt als einer der besten und erfahrensten Großwildjäger in Ostafrika. Aufgrund der diplomatischen Tätigkeit seines Vaters hatte er viel von der Welt gesehen und stammte aus wohlhabenden Kreisen. Ob er mit seinen über vierzig Jahren jemals verheiratet gewesen war, wusste niemand. Warum er es nicht war, wusste man ebenfalls nicht. Aber alle

beteuerten, dass er sich sehr korrekt gegenüber den weißen Frauen in Dar es Salam verhielt. Ohne Zweifel: Der Grieche war ein Gentleman, ein alternder Gentleman.
Und Margarete war eine Lady. Eine sehr hübsche und sehr junge Lady.
Und genau darin lag Ulrichs Problem. Sie war zu stark für ihn! So stark, dass er sich nicht wagte, ihre körperliche Nähe zu suchen. Warum hatte sie nie Angst? Warum war keine Panik in ihr aufgekommen, als der Elefant sie angriff? Wieso zitterte ihre Hand nicht, als sie das erste Nashorn geschossen hatte? Sie hatte das angreifende Tier so nahe an sich herankommen lassen, dass die afrikanischen Gewehrträger und Spurenleser schon panisch weglaufen wollten. Nein, sie hatte das riesige Vieh kommen lassen und gewartet, bis sich das mächtige Horn zur fatalen Attacke gesenkt hatte. Erst dann hatte sie ruhig abgedrückt und dem Tier über das Horn hinweg eine Kugel so punktgenau in den Nackenbereich gesetzt, dass der Koloss auf der Stelle zusammengebrochen war. Gewehrträger, Spurenleser, Köche, Diener und Träger: Alle Afrikaner bewunderten sie. Auch er bewunderte sie – sogar sehr. Aber er wagte es nicht, ihr diese Bewunderung zu zeigen oder gar sein Begehren zu offenbaren. Er hatte Angst, dass Margarete ihn abweisen würde.
Das Land stieg stetig an. Die Karawane kam nur langsam vorwärts. Bei einem Ort mit dem Namen Leganga teilte sich die Kolonne. Die deutsch-russischen Siedler blieben zurück. Sie würden sich hier, an den westlichen Hängen des Meru, ansiedeln und ihre kleinen landwirtschaftlichen Höfe betreiben oder als Handwerker arbeiten.
Margarete und Ulrich Trappe zogen weiter, südöstlich am Fuße des Meru entlang. Der Berg selbst war nicht zu sehen, er hüllte sich in Wolken. Nebelschwaden zogen über die dichten Wälder. August Leue hatte in Leganga zwei Pferde besorgt und begleitete sie auf dem Ritt in jene Region, in der er ihnen Land angeboten hatte.
Die Massai waren nicht mehr zu sehen, aber sie waren noch immer allgegenwärtig. Jeder spürte es, so wie jeder fühlte, dass überall in den Bergen und in den immer üppiger werdenden Wäldern Menschen waren, die sie beobachteten.

Am Nachmittag wurde der Aufstieg beschwerlich. Die Pferde taten sich schwer mit dem steinigen Boden. Wolkenfetzen verhüllten den Meru. Nebel verfing sich in dem dichten Buschwerk. Die Atmosphäre war gespenstisch. Von irgendwo her hallte das Tosen eines Wasserfalls durch die parallel zu ihrer Route verlaufende Schlucht.
Urplötzlich war da kein Rascheln mehr, nicht das Plätschern eines Bächleins, kein Windhauch und auch kein Vogel war mehr zu hören. Das Konglomerat aus Nebel und tief am Berg hängenden Wolkenfetzen wurde so dicht, dass August Leue beschloss, die Träger mittels Stricken untereinander zu verbinden, damit nicht einer nach dem anderen verloren ging – oder sie die Gelegenheit nutzen konnten, mit der wertvollen Ladung zu fliehen.
Margarete Trappe war beunruhigt. Sie hasste Nebel. Die Stimmung hier oben am Berg ließ sie erstmals nervös werden. Hier gab es überall Elefanten und Büffel. Gesehen hatte sie in den letzten Stunden noch keine, aber überall lagen Losung und Dung. Einige der großen Haufen dampften noch. Sie spürte intuitiv, dass dieser schier undurchdringliche Bergwald gefährlich war. Würden sie hier irgendwo auf einen Büffel oder einen Elefanten oder gar auf Löwen treffen, die Zeit zu reagieren wäre extrem kurz, die Möglichkeit, einen gezielten Schuss abzugeben, gleich null.
Hoch konzentriert schritt sie neben ihrem Pferd voran. In der rechten Hand hielt sie eine Schrotflinte. Ein Gewehrträger stapfte, mehr aus Angst denn aus Pflichtbewusstsein, sehr dicht hinter ihr her. Die großkalibrige Büchse hing durchgeladen und entsichert über seiner Schulter. Ihr war die Nähe des Gewehrträgers äußerst unangenehm. Eine durchgeladene und entsicherte Waffe machte sie stets sehr nervös. Der Nebel hatte Margaretes Kleider völlig durchnässt. Das Haar hing ihr in Strähnen ins Gesicht. Die Stiefel trieften vor Nässe. Eine Blase an der rechten Ferse peinigte sie. Ulrich führte sein Pferd direkt vor ihr. Er hielt eine Pistole in der Hand. An seinen abrupten Kopfbewegungen nach rechts und links konnte sie erkennen, dass er aufs Äußerste angespannt war.
Der erste Schrei kam von rechts oben aus dem Gebüsch, ganz nahe, nur wenige Schritte entfernt. Es war der grauenvollste Schrei, den

sie je in ihrem Leben gehört hatte: gellend, kehlig, aggressiv. Dann hallte der Urwald wider vor Schreien. Überall.
Ihr Kopf flog herum. Das Pferd scheute und riss sie am Zügel zu Boden. Ein dumpfer Schmerz am Knie ließ sie aufschreien. Ihr Gewehr schlug auf einen Felsen auf. Der Gewehrträger hinter ihr schrie nun auch, ohne zu wissen, warum. Ulrich warf sich auf den Boden und schoss wahllos in den Nebel hinein. Weiter vorne, wo August Leue sein musste, schrien Träger. Kisten polterten zu Boden. Um sie herum, überall, in den Bäumen, Büschen, im Nebel, über, vor und neben ihr, waren Chaos, Panik und Entsetzen. Bäume schwankten, Äste peitschten durch die Luft. Der Wald war in Aufruhr.
Dann sah sie die Fratze, die schwarz-weiße Maske mit den langen Haaren, sah das Grauen auf sich zu hetzen, rollte zur Seite und griff nach dem Gewehr.
Die Fratze setzte zum Sprung an, die Arme weit auseinandergerissen, und das Wesen hinter der Fratze wurde riesig und die Augen, böse und blutunterlaufen, ließen ihr das Blut in den Adern gefrieren. Sie riss die Waffe hoch und schoss. Der Rückstoß schlug ihr den Gewehrschaft in den Bauch. Sie schrie vor Schmerzen. Als sie schoss, merkte sie viel zu spät, dass die Fratze an ihr vorbeihetzen wollte. Dann stürzte das Grauen auf sie, und sie merkte, dass es tot war.
»Margarete …! Margarete!« Ulrich Trappe stolperte durchs Dickicht, schoss noch immer nach rechts und links in den Nebel, ohne zu merken, dass keine Patrone mehr in der Trommel war, fiel, sprang hoch, fiel erneut und warf sich mit letzter Kraft über seine Frau. Nur ihr Kopf war noch zu sehen. Ihr Körper war bedeckt von einem Tier, fast so groß wie sie selbst, mit einem riesigen Schwanz und langen, weißen Haaren an den Schultern und im Gesicht. Die Hälfte des Kopfes war weggeschossen.
Margarete Trappe war schneeweiß im Gesicht. Sie schluchzte und bibberte. Aus dem zerfetzten Kopf des toten Colobus-Affen tropfte Blut auf ihre Wange. Sie starrte dem Affen in die Augen und bemerkte, dass es ein sehr schönes Tier gewesen sein musste.

*

Dort, wo sich die dutzendweise aus dem Tal aufsteigenden Hügel und Schluchten zu einem breiten Bergrücken einten, lichtete sich der Wald zu einem baumfreien Hochplateau, durchsetzt von mächtigen Granitfelsen. Die Welt war lautlos. Das Wolken- und Nebelmeer unten in den Tälern riss auf, und aus dem Dunst lugten erst einzelne Bäume, dann ganze Wälder und schließlich das Paradies auf Erden hervor.

»Hier bleiben wir ...«, flüsterte Margarete Trappe. Ihr Mann stand neben ihr und griff nach ihrer Hand. Ihre Blicke huschten hinunter zu einer großen, von mächtigen Bäumen umringten Lichtung am Fuße eines Berges. Im Zentrum der Lichtung lag ein kleiner See, gespeist von einem Bach, der sich aus den Galeriewäldern durch die Wiesen schlängelte. Elefanten tummelten sich im Morast des Ufers. Eine Büffelherde, Zebras, Gazellen und Antilopen grasten auf den sattgrünen Wiesen.

Und plötzlich, als sei der Herr über all diese prachtvollen Wunder der afrikanischen Natur noch nicht zufrieden mit seinem Werk, lösten sich Wolken und Nebelbänke um sie herum auf, und hinter dem See tauchten erst ein kleiner Hügel und dann weitere Hügel und winzige Lichtungen auf. Hinter den Hügeln lag die grenzenlose Massai-Steppe, schier unendlich gelbbraun und goldfarben.

Margarete Trappe atmete tief durch. Sie fühlte die Hand ihres Mannes in der ihren. Es war ein sehr schönes Gefühl.

»Schau, Ulrich, da drüben«, plapperte sie entzückt los und deutete auf den Kilimandscharo. »Und da!« Sie wirbelte herum. Hinter ihnen, zwischen sattgrünen Hügeln und einem Bollwerk aus Wäldern und Büschen, lagen kleine und große Seen, drapiert wie Glasmurmeln auf einem immergrünen Moosteppich. Flamingos staksten durch die Seenlandschaft. Flusspferde rissen ihre Mäuler auf und grunzten ausgelassen die Sonne an.

»Es ist das Schönste, was ich je gesehen habe«, murmelte Ulrich Trappe. Seine Augen glänzten. Sie sah ihn von der Seite an. Noch nie zuvor hatte sie Tränen der Freude in seinen Augen gesehen. Noch nie zuvor hatte sie sich ihm so vertraut-nahe gefühlt. Sie hielt es für möglich, dass es Liebe war.

»Da!«
Wieder wies ihre Hand zu einem neuen Wunder, einem Berg, sehr hoch, massiv, pittoresk. Und dahinter wuchs ein noch größerer Berg in den Himmel, hinein in die Wolken. Der afrikanische Gewehrträger stand plötzlich neben ihnen.
»Das ist der Meru, und der Berg darunter, das ist der Tululusiek, der Pförtner zum Meru. Und diese Lichtung dort unten, wo die Büffel und Gazellen grasen, heißt in der Sprache der Massai *Ngongongare* – ›Das Auge des Wassers‹.«

7. Kapitel

Die alten Männer mit ihren runzligen Gesichtern und winzigen Augen saßen in einem Flusstal des Meru-Massivs, das die Massai *Ngare Nanyuki* nennen. Die Männer sahen sehr harmlos aus. Aber sie waren zusammengekommen, um über das Töten zu sprechen.

Kinai ole Chieni, der Jüngste aller Anwesenden, ergriff als Erster das Wort: »Die Weissagung unseres *Laibon* Masiani ole Chieni, Vater meines Vaters und aus dem gleichen Blut, das in mir wallt, hat sich erfüllt! Was *Engai*, Gott aller Massai, ihm in einer Nacht vor langer Zeit über Boten des Himmels mitgeteilt hatte, dass etwas Furchterregendes über das Volk der Massai hereinbrechen wird wie die Nacht über die weite Ebene, ist geschehen!«

»Aaayaaa ...«, stimmten die mehr als zwanzig Männer, Häuptlinge und Älteste der Wameru, Waarusha und Wachagga, aber auch der Massai zu. Ihre Gesichter wurden von dem großen Feuer in ihrer Mitte angestrahlt. Ihre Augen glänzten. Gebannt lauschten sie den Worten des jungen Massai, von dessen Schicksal sie alle wussten.

»Die Eiserne Schlange, die unser *Laibon* vorhergesagt hat, kriecht zischend und dampfend und stinkend durch unser Land. Sie schlängelt von dem großen Wasser im Süden kommend die Berge hinauf bis nach Mombo, in jene Hügel, die Usambara genannt werden. Und sie wird auch bald hierher, zum Meru kommen. Die Eiserne Schlange speit Feuer und Rauch und aus ihrem Bauch heraus quellen *Wazungu*, die unser Land stehlen, unsere Männer zu Sklavenarbeiten zwingen und sie an Stricken aufhängen, wenn sie sich auflehnen. Und wenn sie nicht genug Stricke und Bäume haben, um sie am Halse baumeln zu lassen, dann mähen sie die Männer mit Maschinengewehren nieder: so wie meinen Vater, Mojo ole Chieni, den Sohn des *Laibon* Masiani. Ihr alle habt gehört, wie er vor vielen Jahren vor der *Boma* der Deutschen in Arusha getötet worden ist ...«

»Aaayaaa ...«

»Und ihr alle wisst, dass ich mein Leben, das, dem Willen meines Volkes gemäß, der Aufgabe eines *Laibon* gewidmet sein sollte, vom Tage des Todes meines Vaters an der Rache verschrieben habe. Hass wird in mir leben bis zu meinem Tode!«
»Aaayaaa ...!«
»Und weil dies dem Willen *Engais* entspricht, sitze ich heute hier vor euch als *Moran,* als ein Krieger mit der Weisheit vieler Jahre.«
»Was willst du von uns?«, fragte ein Wameru. Kinai starrte ins Feuer und sprach ruhig weiter.
»Die Eiserne Schlange, die Eisenbahn, wie die *Wazungu* dieses Ding nennen, wir alle wissen es, hat unser Leben verändert. Denn mit ihr kamen die Weißen. Und mit ihnen kam das Verderben!«
»Aaayaaa ...«, hallte es wieder aus den Mündern der Greise und Alten in die afrikanische Nacht.
»Sag, was du von uns willst«, forderte nun auch ein Waarusha. Kinai stand auf und ging um das Feuer herum, schaute einem Mann nach dem anderen direkt in die Augen.
»Seit unserer letzten Zusammenkunft ist viel geschehen. Immer mehr weiße Siedler kommen. Immer mehr Land nehmen sie in Besitz. Den Wameru haben sie die fruchtbarsten Felder am Meru bereits weggenommen. Uns Massai drängen sie immer weiter hinaus in die Steppe, wo kein Wasser ist. Sie wollen uns in Reservate pferchen, wie Vieh. In Ngongongare, Land, das seit jeher den Massai gehörte, bauen zwei weiße Siedler ein Haus und zäunen den ganzen Berg ein. Nicht weit davon entfernt baut ein Mann, der früher ein Soldat war, eine *Boma,* die fast so groß und uneinnehmbar ist wie die *Boma* der deutschen Soldaten in Arusha. In Leganga entsteht ein Dorf mit einem Haus, in dem sie ihrem Gott huldigen. Ein Dorf mit vielen Häusern, das die *Wazungu* Leudorf nennen. Je mehr von ihnen kommen, desto mehr Soldaten folgen, um sie zu beschützen. Wenn wir ihnen nicht Einhalt gebieten, werden sie uns bald auch die Luft zum Atmen stehlen!«
»Wie sollen wir die *Wazungu* bekämpfen, Kinai?«, unterbrach ein Wameru den Massai. »Und warum sollten wir ausgerechnet euch Massai zuhören? Die Massai stehlen unser Vieh, sie stehlen das

Vieh der Waarusha und das aller anderen Völker auch. Ihr wollt doch nur, dass wir gegen die *Wazungu* kämpfen, weil sie euch Massai das meiste Land wegnehmen, ihr sie aber alleine nicht besiegen könnt! Sie haben Gewehre und Kanonen; sie haben Drähte, mit denen sie sprechen. Und nachdem sie mit diesen Drähten gesprochen haben, kommen noch mehr Soldaten. Sie sind stark, mächtig, unschlagbar! Speere gegen Kanonen: Das wäre der Untergang unseres Volkes …«

»Das stimmt!«, antwortete Kinai dem Wameru-Häuptling. »Die Weißen sind mächtig. Es stimmt auch, dass wir Massai sie alleine nicht vertreiben können. Also müssen wir ihre Schwächen zu unserer Stärke machen – und: Wir alle müssen uns zusammentun, gemeinsam gegen sie kämpfen! Denn sie glauben, dass ein Rinder züchtender Massai nie mit einem das Feld bestellenden Meru, ein Chagga nie mit den Waarusha gemeinsam kämpfen wird. Sollen sie es weiterhin glauben! Und sollen sie weiterhin im Bewusstsein leben, dass ihre Kanonen sie schützen. Wir aber werden dorthin gehen, wo ihre Kanonen nicht hinkommen, in die Sümpfe und in die Berge. Wir müssen kämpfen, wenn sie schlafen; wir müssen töten, wenn sie krank darniederliegen; wir müssen sie dort schlagen, wo sie am empfindlichsten sind.«

»Das hört sich alles gut an, Kinai ole Chieni«, unterbrach ihn ein Waarusha. »Aber tief in dir brodelt der Hass gegen die Weißen, weil sie deinen Vater getötet haben. Du brauchst unsere Hilfe nur, um deine Rache zu vollenden!«

»Ja«, gab Kinai zu, »ich habe ewige Rache geschworen beim Tod meines Vaters und der anderen Massai, die vor der *Boma* von Arusha getötet wurden. Ja, das stimmt. Aber ich sage auch, dass wir nur eine Chance haben, die Weißen zu vertreiben: Wir müssen ihnen das Leben so schwer wie möglich machen – mit unseren Mitteln! Wir kennen jedes Staubkorn, jede Höhle und jeden Bergpfad. Und deswegen müssen wir gemeinsam kämpfen, ohne dass die *Wazungu* wissen, wer da gegen sie kämpft. Das ist es, was ich mit Hass im Herzen zu sagen habe. Aber es ist eure Weisheit, die entscheiden wird …«

Als Kinai ole Chieni spät in der Nacht die heimliche Versammlung bei Ngare Nanyuki verließ, war er zufrieden. Die Häuptlinge und Ältesten der anderen Stämme hatten nach langem Palaver seinem Plan zugestimmt. Und sie waren bereit, schnell, sehr schnell den leisen, unsichtbaren Kampf gegen die Weißen zu beginnen. Was er den Häuptlingen allerdings nicht gesagt hatte, war diese eigentümliche Sache mit der weißen Frau, mit *Jeyo,* die gemeinsam mit ihrem Mann auf Ngongongare begann, Häuser zu bauen. Selbst nach langer Beratung mit allen Massai-Ältesten war man zu keiner plausiblen Deutung gekommen, was *Jeyo* mit der Weissagung ihres *Laibon* zu tun haben könnte. Fest stand lediglich, dass diese Frau das war, was Masiani ole Chieni vor mehr als zwanzig Jahren prophezeit hatte: dass da ein furchterregender weißer Schatten über das Land der Massai kommen würde, mit Augen aus Glas und mit seidigem, dunklem Haar. Ja, es war diese Frau! Aber Masiani ole Chieni hatte auch gesagt, dass dieser Schatten einem neuen Massai-*Laibon* auf immer und ewig wie ein Schatten folgen wird! »*Jeyo* – Mutter«, hatte er sie genannt. Und das war etwas, was sie alle nicht verstanden.

*

»Ich traue dem Frieden nicht! Wenn die Menschen hier in den Dörfern nicht mehr tanzen und lachen, ist etwas faul!«
Pastor Martin Schachschneider von der Leipziger Mission auf der Station Nkoaranga, an den Hängen des Meru, konnte sich des Gefühls nicht erwehren, dass sich seit einiger Zeit unheilvolle Dinge zusammenbrauten, die er sich nicht näher erklären konnte. Wie gerne hätte er sich aus ganzem Herzen über die neue Kirchenglocke, die ihnen von christlichen Brüdern aus Dortmund für die Kirche Leudorfs gespendet worden war, gefreut. Und wie gerne wäre er mit seinen Gedanken beim Ausbau des Missionskrankenhauses und der Missionsschule, die bereits zwanzig Kinder zählte. Denn die Gemeinde Leudorf wuchs und wuchs. Immer mehr Siedler kamen. Schmieden, Krämerläden, Gasthäuser und sogar eine Getreidemühle waren schon entstanden. Doch seit Wochen kursierten eigenartige

Gerüchte in seiner schwarzen Gemeinde. Und seit heute Nacht wusste er, dass sich in diesem herrlichen Winkel Deutsch-Ostafrikas Unheil anbahnte.
Es war der Schrei aus dem Zimmer von Bruder Arthur Schindler gewesen, der ihn mitten in der Nacht aus dem Schlaf gerissen hatte. Im Schlafgewand war er die Stiege hinauf in den ersten Stock des Missionsgebäudes gerannt und in das Zimmer seines Glaubensbruders gestürzt. Im fahlen Schein der Kerze, die er in der Hand hielt, hatte er Arthur Schindler auf dem Kopfteil seines Bettes stehen und mit entsetztem Gesicht auf das Bett deuten sehen. Erst bei genauem Hinsehen hatte er im Halbdunkel die am Fußende zusammengerollt liegende Schlange bemerkt. Es war eine gut ein Meter lange, armdicke Puffotter gewesen, mit breitem Kopf und winzigen Augen. Wenn diese sehr langsamen und bei Kälte nahezu bewegungslosen Schlangen in Bedrängnis geraten, rollen sie sich zusammen und stoßen eigentümliche, sehr dumpfe Zischlaute aus, denen zumeist der fatale Biss folgt. Vor einigen Monaten war ein Kind aus einem nahen Dorf in die Missionsstation gebracht worden, das am Bein von einer Puffotter gebissen worden war. Das Bein sah nach einer Stunde ekelerregend aus, denn das Gift der Puffotter wirkt nicht, wie bei der Kobra oder der Mamba, direkt auf das Nervenzentrum, sondern zersetzt das Gewebe des Opfers: sehr langsam, extrem schmerzhaft und mit grauenhaften äußerlichen Anzeichen. Als Opfer kann man im wahrsten Sinne des Wortes zuschauen, wie der Tod langsam, aber unaufhaltsam den Körper heraufkriecht, wie sich die Haut und das Gewebe darunter verändern. Das Bein des schwarzen Mädchens war bei Einlieferung ins Hospital fast weiß, das Fleisch grau, die Muskeln nahezu leblos. Wenige Stunden später starb das Kind, denn ein Serum gab es nicht. Die einzig denkbare Rettung wäre eine schnelle Beinamputation gewesen.
Genau so eine Puffotter hatte im Bett von Bruder Schindler gelegen. »Rühr dich nicht«, hatte Martin Schachschneider ihm zugerufen, wissend, dass diese Schlangen sehr schlecht sehen, sich aber wie mit einem Wärmesensor an der Bewegung ihres Opfers orientieren. Dann war er hinunter in sein Zimmer gerannt, hatte die Schrotflinte,

die ihm von der deutschen Schutztruppe zur Verfügung gestellt worden war, geholt – und die Schlange erschossen.
Es wäre nur einer der in Afrika nicht unüblichen Zwischenfälle mit Schlangen gewesen, wäre ihm nicht schon beim Holen des Gewehres die Frage durch den Kopf geschossen, wie diese letztendlich sehr unbewegliche Schlange wohl in den ersten Stock des Hauses gelangt war. Sein Instinkt nach mehreren Jahren in Nkoaranga, wo es besonders viele Baumschlangen, Pythons und Mambas gab, sagte ihm, dass diese Schlange unmöglich die steile Stiege hinaufgekrochen sein konnte. Eine Mamba oder Boomslang – ja, aber nicht eine Puffotter! Mit dumpfen Gedanken war er daraufhin sofort wieder hinunter zu seinem Zimmer im Erdgeschoss gegangen, hatte die Schrotflinte nachgeladen und im Schein der Paraffinlampe jeden Winkel der Kammer durchsucht. Und richtig! Unter einem Schemel hatte auch in seinem Zimmer, zusammengerollt und tödlich zischend, eine Puffotter gelegen. Sofort waren alle Bewohner der Mission vorsichtig geweckt, sämtliche Türen und Fenster von außen verschlossen worden. Mit dem ersten Tageslicht begann, unterstützt von Einheimischen, die Suche. Jeder Winkel des Missionsgebäudes wurde durchkämmt, jedes Bett vorsichtig aufgeschlagen, jeder Schrank durchstöbert und alle Mauerritzen mit Stöcken durchstochert.
Gegen Mittag lagen sechs tote Puffottern im Vorgarten der Mission. Jeder Anwesende wusste, dass dies kein Zufall gewesen war. Diese Schlangen, darüber konnte kein Zweifel bestehen, waren mit tödlicher Absicht ins Haus gebracht worden. Aber von wem?
Gegen Mittag sandte Martin Schachschneider einen Boten zum Bezirksamt nach Arusha und zum Kommandanten der Schutztruppe. Ein inneres Gefühl sagte ihm, dass sich da draußen in den Dörfern der Waarusha, Wachagga und Wameru, vielleicht sogar bei den Massai etwas tat, was mit dem zunehmenden Strom deutscher wie auch burischer Siedler im Zusammenhang stand. Er war zwar erst seit knapp zwei Jahren am Meru, und sein Kollege Arthur Schindler war erst vor wenigen Wochen angekommen. Aber sein afrikanischer Bruder Edward Ittameire, der schon seit 1905 in der Mission am Meru war, hatte einen sehr guten Kontakt zu seinen schwarzen Brüdern,

sprach Kisuaheli ebenso gut wie Maa und die Sprache der Wachagga und Wameru. Er war es denn auch gewesen, der angeregt hatte, den nächtlichen Zwischenfall zum Anlass zu nehmen und ein Gespräch mit Leutnant Georg Küster, dem Kommandanten der in Arusha stationierten deutschen Schutztruppe, zu führen. Der Leutnant war unverzüglich mit einigen Askaris herbeigeeilt.

Die Männer saßen auf der Terrasse des Missionshauses. Der Abend war kühl, der Himmel wolkenverhangen. Am Horizont der Massai-Steppe baute sich ein Gewitter auf. Leutnant Küster versuchte, den Pastor zu beruhigen.

»Bruder Schachschneider, ich kann Ihre Ängste ja nachvollziehen. Aber Sie wissen auch, dass diese Schlangen hier eine wahre Pest sind. Erst letzte Woche habe ich einen fast acht Meter langen Felsenpython bei mir im Büro gehabt. Wenn die Regenzeit kommt und es kalt wird, suchen die Viecher trockene Plätzchen. Das ist nun mal so. Deswegen sollte man ja auch vor dem Zubettgehen das Zimmer noch einmal absuchen. Na ja, und diese Gerüchte, von denen Sie da sprechen …«

»Ach, Herr Leutnant Küster«, unterbrach Edward Ittameire den Kommandanten der Schutztruppe ungehalten, »ich bin Afrikaner. Ich bin mit Schlangen aufgewachsen. Natürlich passiert das immer wieder, dass eine Schlange ins Haus kommt. Aber doch nicht sechs Stück in einer Nacht! Das ist doch absurd! Jemand hat diese hochgiftigen und sehr reizbaren Schlangen mit der Absicht, uns zu töten, in die Mission gebracht – oder um uns eine Nachricht zu übermitteln! Nicht blitzschnelle Mambas, die aus dem Zimmer huschen, wenn sie auch nur eine geringe Chance sehen zu flüchten: nein! Puffottern waren es. Jeder Afrikaner weiß, dass diese Tiere nicht fliehen, sondern wegen ihrer Langsamkeit einfach liegen bleiben – und dann als letzte Abwehrreaktion beißen. Da hat jemand versucht, uns umzubringen!«

Leutnant Küster räusperte sich verlegen.

»Seit ich hier in Arusha stationiert bin, und das sind nun doch schon einige Jahre, hat es immer wieder Situationen gegeben, die Anlass zur Beunruhigung gaben. Mit den Puffottern, das ist schon recht eigenartig. Wir werden Ihre schwarzen Angestellten nachher vernehmen. Aber um ehrlich zu sein, Sie sollten den Gerüchten unter den Schwarzen nicht so große Bedeutung schenken. Gerüchte gibt es immer. Ich, als Soldat, halte mich an Fakten. Und wenn sie da sind, reagiere ich.«

Edward Ittameire, ein kleinwüchsiger, schwächlich wirkender Mann mit eigentümlich hervorstehenden Wangenknochen, im Süden des Landes geboren und seit seiner Jugend bei den Brüdern der Leipziger Mission, wiegte nachdenklich den Kopf.

»Die Menschen hier, Leutnant Küster, vergessen nicht so schnell. Und sie akzeptieren auch nicht so schnell, dass ihr Leben von den *Wazungu* fremdbestimmt wird. Ich glaube, Sie unterschätzen ganz einfach den Stolz der Afrikaner. Und Stolz, Herr Leutnant, können Sie nicht erschießen!«

Pastor Martin Schachschneider schluckte verlegen. Dieser Hinweis war mehr als deutlich gewesen. Auch ihm war bekannt, dass Leutnant Küster nicht ohne Grund bei der afrikanischen Bevölkerung *Bwana Fisi* genannt wurde. Das Massaker an den fast vierhundert Massai vor der *Boma* in Arusha, vor einigen Jahren, hatte den Ruf des Leutnants als »Hyänen-Mann« weit über die Massai-Steppe hinaus bekannt gemacht.

Die Massai waren allerdings wegen ihrer räuberischen und kriegerischen Tendenzen auch bei den anderen Stämmen der Region nicht sonderlich beliebt. Insofern interessierte es die Waarusha, Wachagga und Wameru nicht sonderlich, was damals geschehen war. Aber was die am Meru ansässige Bevölkerung nicht vergaß, waren solche Strafaktionen der Deutschen wie im späten Oktober 1896. Nachdem seine beiden Glaubensbrüder Segebrock und Ovir am 20. Oktober 1896 grausam getötet worden waren, hatten die Deutschen unter Leutnant Johannes als Strafe ein unvorstellbares Blutbad unter der Bevölkerung angerichtet. Mehr als zehntausend Chagga-Krieger waren, von Kompanieführer Johannes und Leutnant Merker durch Geld und Versprechungen gedungen und durch deutsche Soldaten unterstützt, über die Dörfer der Waarusha und Wameru hergefallen, hatten getötet, geraubt, vergewaltigt, ganze Dörfer niedergebrannt. Als grausamste aller Strafen hatte es die afrikanische Bevölkerung jedoch empfunden, dass mehr als sechstausend Stück Rindvieh, Ziegen und Schafe konfisziert und damit den Menschen die Lebensgrundlage entzogen worden war, was grauenhafte Hungersnöte zur Folge hatte. Diese Strafexpedition der Deutschen, die in einem Jahr mit einer besonders heftigen Kleinen Regenzeit stattfand, war in die Geschichte der hier ansässigen Menschen als »Regenkrieg« eingegangen – und nie vergessen worden. Das aber schien Leutnant Küster völlig zu ignorieren – wie auch die jüngsten Geschehnisse.

»In der letzten Woche ist das Kind einer deutschen Siedlerfamilie in Leudorf gestorben«, versuchte Bruder Martin Schachschneider Leutnant Küster zu sensibilisieren. »Zunächst sah es so aus, als habe das Kind irgendeine giftige Pflanze gegessen. Aber wie Bruder Edward Ittameire in Erfahrung brachte, munkeln die Wameru-Leute, dass das Kind an dem Gift aus dem Magen eines Krokodils gestorben ist, also umgebracht wurde!«

»Gift aus dem Magen eines Krokodils? Das habe ich ja noch nie gehört«, gab sich Leutnant Küster erstaunt.

»Das ist eine in Ostafrika gängige, sehr grausame Variante, unliebsame Menschen umzubringen«, antwortete der afrikanische Missionar. »Wie Sie vielleicht wissen, verschlingen Krokodile ihre Beute am Stück. Sie schlingen das Opfer einfach herunter, weil ihre Kiefer und Zähne nicht dazu geschaffen sind zu kauen, zu zerkleinern. Entsprechend ätzend ist ihre Magensäure. So ein Krokodil löst mit seiner Magensäure eine Antilope in einem Tag völlig auf. Da bleibt nichts übrig, nicht mal ein Knochen. Und entsprechend tödlich ist die Säure für Menschen, wenn sie unter das Essen gemischt wird. Wer dieses Gift schluckt, stirbt elendig und unter grausamen Schmerzen. Nichts, absolut gar nichts kann man dagegen tun!«

»Ach, das sind Hirngespinste!« Leutnant Küster lachte laut. »Die Neger haben einen sehr ausgeprägten Hang zum Mystischen, zu Geistern und Göttern. Sie erfinden gerne Horrorgeschichten.«

»Aber rund um den Meru sind in den letzten zwölf Monaten ohnehin schon höchst eigentümliche Dinge geschehen, Herr Leutnant. Nahezu jeder weiße Siedler hat Rinder, Ziegen oder Schafe verloren. Und zwar sehr viele! Entweder die Tiere sind vergiftet worden oder sie wurden gestohlen. Ein deutscher Siedler wurde erstochen aufgefunden, zwei weitere starben unter höchst suspekten Umständen und mit Symptomen, die vermuten lassen, dass Gift im Spiel war. Ein Soldat der Schutztruppe kam nahe der *Boma* in Arusha ums Leben. Ein burisches Siedlerkind ist vor drei Wochen spurlos verschwunden! Nein, Leutnant Küster, das sind keine Zufälle. Die weißen Siedler haben Angst! Hier baut sich etwas auf, ganz langsam, aber unaufhaltsam!«

Leutnant Küster wurde kleinlauter.

»Nun ja, sicherlich sind mir all diese Zwischenfälle bekannt, aber ich sehe dahinter, im Gegensatz zu Ihnen, keinen Aufstand gegen die Weißen. Das sind Einzelfälle.«

Edward Ittameire unterbrach den Kommandanten.

»Wenn die afrikanische Bevölkerung in den letzten zehn Jahren etwas gelernt hat, dann ist es die Tatsache, dass sie mit Speeren keine Chance gegen deutsche Gewehre haben. Den Kampf mit den hier gängigen Waffen gegen eine gut ausgebildete Armee haben sie mehrfach verloren. Viele ihrer Häuptlinge wurden aufgehängt. Hunderte wurden ausgepeitscht. Die Strafaktionen des Leutnant Johannes nach dem Prinzip der verbrannten Erde haben zu Hungersnöten geführt. Nein, diese Lektionen haben die Menschen hier verstanden! Eine breite, geeinte Front, also das, was Sie eine nationale Einheit nennen würden, existiert hier in Ostafrika nicht. Aber die Menschen in den Dörfern und Hütten werden sich weiter gegen die von ihnen so empfundene Fremdbeherrschung auflehnen. Die Frage ist nur, wie?«

*

Margarete Trappe war glücklich. Sie saß an dem provisorischen Tisch aus Holzkisten. Erst vor wenigen Minuten war sie von dem nahen Mayo-Wasserfall zurückgekehrt, wo sie, nackt, wie Gott sie geschaffen hatte, ein herrlich erfrischendes Bad genommen hatte. Die Sonne sank langsam hinter den Hügeln. Der Abend war ange-

nehm lauwarm. Eine Tasse heißen Tees stand vor ihr. Ihr Blick ging hinüber zum Wald, aus dem das unverkennbare Knistern und Brechen fressender Elefanten zu hören war. Ja, es war das Paradies auf Erden! Ngongongare, ihre neue Heimat in Afrika, war ihr eigener Garten Eden, mit all den wunderschönen Tieren, Blumen, Sträuchern und Bäumen, die der Schöpfer geschaffen hatte.
Kein Zweifel: Mit harter Arbeit und festem Glauben würden sie in nur wenigen Jahren aus diesem noch immer wilden, urwüchsigen Kleinod ein lukratives Farmanwesen machen. Die Rahmenbedingungen waren optimal: Das Klima hier oben in den Bergen ähnelte fast dem der Mittelgebirge in Deutschland. Malaria gab es nur unten in den Sümpfen. Weideland gab es zur Genüge. Wasser war reichlich vorhanden. Fast alles, was sie auf ihrem schlesischen Gut angepflanzt hatten, gedieh auch hier prächtig. Ulrich war von seinen Rosenbeeten begeistert. Er plante sogar, Wein anzupflanzen. Erste Wege führten über ihre Farm. Bald würde ein Schotterweg nach Leudorf fertiggestellt werden, womit sich der Ritt zu den dortigen Läden und zu dem Missionskrankenhaus auf eine halbe Stunde reduzieren würde. Ja, dies hier war das Paradies, von dem sie in jungen Jahren geträumt hatte. Und nach den ersten, sehr mühseligen Monaten, die von harter Arbeit geprägt waren, kamen jetzt erste Abende der Entspannung, wie dieser, an dem sie sich die Zeit nehmen wollte, Emily Ruete in Berlin einen ausführlichen Brief zu schreiben.
Sie öffnete eine Holzkiste und kramte einen Schreibblock sowie Tinte und Feder hervor. Wie würde es der Prinzessin aus Sansibar wohl gehen, dachte sie und begann zu schreiben:

Ngongongare, am 16. Juli 1908

Verehrte Emily, teuerste Freundin!

Ich habe wirklich ein schlechtes Gewissen, weil ich so lange keine Zeit gefunden habe, mal wieder einen Brief an Sie zu schreiben. Aber Sie werden sicherlich nachvollziehen können, dass mich seit unserer Abreise aus Dar es Salam ins Innere Afrikas, vor neun Mo-

naten, die Flut der Eindrücke und neuen Erfahrungen überrollt hat. Ach, wo soll ich nur anfangen mit meinem Brief? Mein Kopf gleicht einem Bienenschwarm! Eines kann ich jedoch mit Sicherheit sagen: Ich liebe dieses Land! Ich liebe Afrika! Hier bin ich glücklich!
Wir haben unseren Traum, unser Paradies gefunden! Es ist eine sechstausend Hektar große Farm am Fuße des Meru, nicht sehr weit vom Kilimandscharo entfernt. Wir haben sie vom deutschen Gouvernement gepachtet, sind aber verpflichtet, das Land wirklich zu nutzen. Erst wenn wir nachweisen können, dass das Land bestellt wird, können wir es endgültig erwerben und zusätzliches Land kaufen.

Bei schönem Wetter sehen wir hinter unserem derzeitigen Lager den mächtigen Meru, zu unserer Rechten den Kilimandscharo und vor uns, bis hin zum Horizont, die unendliche Massai-Steppe. Es ist ein unbeschreiblich schönes Gefühl, abends zuzuschauen, wie die Nacht das Land langsam vereinnahmt und der schneebedeckte Gipfel des Kilimandscharo noch lange in der Sonne erstrahlt, während die Dunkelheit schon über der Steppe liegt.
Hier oben auf etwa tausendeinhundert Meter Höhe ist es fast immer grün, mit herrlichen Urwäldern, bizarren Tälern und vielen Seen, die wie Perlen zwischen den Hügeln liegen. Allerdings sind es alkalische Seen. Das Wasser ist also nur bedingt zu nutzen. Aber: Dort leben Hunderttausende Flamingos. Wenn sie aufgeschreckt werden, verfärben sich das Land und der Himmel in ein Farbenmeer aus zartem Lila und Weiß. Mein Gott, Emily, könnten Sie dieses Wunder der Natur doch nur ein Mal sehen, erleben, Sie wüssten, warum ich hier so glücklich bin. Zudem haben wir ganz in der Nähe einen traumhaft schönen Wasserfall, wie es überhaupt herrliche Bäche rund um uns herum gibt.

Wir mussten zunächst ein optimales Terrain für unser Lager, also das spätere Farmhaus finden. Wir fanden einen schönen Platz oberhalb einer Lichtung mit einem See, den die hier lebenden Massai »Ngongongare – das Auge des Wassers« nennen. Ist das nicht der schönste Name, den man für sein neues Zuhause in Afrika finden

kann? »Das Auge des Wassers!« Allein schon der Klang dieses Namens sagt, wie es hier aussieht.
Die ersten Wochen im Zelt, liebe Emily, waren sehr romantisch, aber auch sehr aufreibend, weil wir dauernd Dinge suchten, die noch in Kisten verpackt waren. Weil die erste Regenzeit anstand, haben wir uns beeilen müssen, Hütten zu bauen. Gewaltige Lasten Malamba, das sind verwelkte, getrocknete Bananenblätter, haben die Afrikanerinnen auf ihren Köpfen herangeschleppt. Mit Bindfaden wurden die Umrisse der Hütte abgesteckt, längs des Fadens wurde Erde ausgehoben; von zwei zu zwei Metern kam ein stärkerer Stamm zu stehen, die Zwischenräume füllten dünnere, mit Lianen verflochtene Stämme. Ähnlich entstand das Dach. Ich hätte vor Freude tanzen mögen, als ich zum ersten Mal den festgestampften, glatten Boden der Hütte unter mir spürte! Möbel hatten wir nicht mitgebracht. Aus Kisten und Kästen wurde aber bald das Notwendigste an Stühlen, Tischen, Regalen zurechtgezimmert. Es ging ganz gut, obwohl wir zunächst sogar auf Fenster verzichteten und uns mit Vorhängen behalfen. Als dann Gardinen, Decken und allerhand kleiner Krimskrams aus den Kisten herausgeholt war, hatten wir es bald akzeptabel wohnlich, so dass wir auch langsam begannen, andere deutsche Siedler aus der Umgebung einzuladen.

Bei allem, was wir tun, müssen wir auch Gefahren berücksichtigen, die wir aus deutschen Landen nun absolut nicht kennen. Zum Beispiel die Heuschrecken. Uns haben diese bösen Gesellen auch schon einmal gründlich heimgesucht, und sie waren begleitet von einer Naturerscheinung, die mich noch weit mehr überraschte als die Heuschrecken selber. Dem Storch ist die Heuschrecke eine besondere Leckerei, wie übrigens dem Afrikaner auch, der sie, nachdem er ihr Beine und Flügel abgerissen hat, in der Sonne dörrt und dann mit Wonne verspeist.

Als unsere provisorische Farm einigermaßen im Gange war, konnten wir endlich auch an den Bau eines massiven Hauses denken. Guter Ton für die Ziegel war nach einigem Suchen gefunden worden, und die Ziegelei mit all ihren Finessen längst im Betrieb. Ulrich ist handwerklich sehr geschickt. Ihm machen solche Dinge viel Spaß. Bald war das Haus auch verputzt, und frohen Sinnes zogen wir in das erste Zimmer, das fertig geworden war. Wirklich sehr frohen Sinnes, weil das Wohnen in der Hütte uns durch die Ratten gründlich vergällt wurde, so sehr, dass wir sogar schon reumütig zu den Zelten zurückgekehrt waren. Endlich hatten wir jetzt ein eigenes, festes Dach über uns! Eine bleibende Stätte!

Nicht weit von hier, kaum mehr als eine knappe Reitstunde entfernt, hat sich August Leue von der Deutsch-Ostafrikanischen Gesellschaft ein wunderschönes Stück Land erworben, auf dem er eine geradezu gigantisch anmutende Boma baut. Ich habe, um ehrlich zu sein, ohnehin das Gefühl, dass August Leue, wie auch einige andere Deutsche, die wir bislang nur oberflächlich kennengelernt haben, zum Größenwahn neigt! Leues Boma sieht fast wie eine Festung aus, mit starken, hohen Mauern und Zinnen und einem Turm inmitten des Hofes, in dem er nachts mehrere Wächter mit Gewehren einschließt. Es ist aber bestimmt das schönste Anwesen in der ganzen Gegend hier, auf einem Hügelrücken gelegen, mit Blick über die Steppe bis hin zum Kilimandscharo, umgeben von herrlichen Wäldern und nahe einem tosenden Bergbach, den er jetzt zu stauen beginnt, um einen großen See anzulegen. Die Deutsch-Ostafrikanische Gesellschaft hat ja viele Siedler aus Reichsdeutschland, aber auch Wolga-Deutsche hierhergeholt. Und unterhalb von Leues Anwesen entsteht ein richtiges deutsches Dorf, das früher Leganga hieß, jetzt aber Leudorf – nach August Leue – genannt wird.
Von Anthimos, dem Griechen, der mit meinem Bruder Alfred sehr eng befreundet war, habe ich Ihnen ja schon im ersten Teil meines Briefes ausführlich geschrieben. Ulrich mag ihn nicht. Aber Anthimos weiß, wie er ihm aus dem Wege geht. Und er verhält sich wie ein Gentleman ...

Margarete Trappe hielt beim Schreiben innen. Ihr Blick ging hinunter in die Tiefebene. In der Dunkelheit konnte sie keine Details mehr erkennen, aber sie wusste, dass dort unten in der Massai-Steppe ein mächtiger Baum stand, der Anthimos immer als Orientierungspunkt bei seinen Jagdausflügen diente. Wann würde er wiederkommen? Würde er wiederkommen? »Gras wächst nicht schneller, wenn man daran zieht …«, hatte er beim Abschied gesagt. Was hatte er wohl damit gemeint? Hatte er von seinen Gefühlen für sie gesprochen? Liebte er sie?

Anthimos! Sie verspürte bei ihren Gedanken an ihn eine wunderbare innere Ruhe. Derartiges kannte sie nicht. Es war so ganz anders als all ihre Empfindungen für Ulrich, zu dem sie seit ihrer Ankunft ein doch sehr inniges Verhältnis entwickelt hatte. Er war sehr zuverlässig, war bestrebt, ihr jeden Wunsch von den Lippen abzulesen. Seine organisatorischen und handwerklichen Fähigkeiten waren beeindruckend, ohne Frage. Die Jagd begeisterte ihn allerdings weniger. Das improvisierte Leben draußen in der Wildnis gefiel ihm nicht. Ja, doch, sie hatten sich nach den anfänglichen Disharmonien auf der Safari zum Meru zusammengerauft und waren ein gutes Team geworden. Sie schliefen manchmal zusammen, was bei den Rahmenbedingungen in einem solchen Zeltlager nicht unkompliziert war. Denn irgendwie war immer ein Angestellter, ein Afrikaner in der Nähe. Alleine waren sie so gut wie nie. Und so reduzierten sich ihre sexuellen Kontakte auf ein Minimum, waren sehr auf Lautlosigkeit bedacht und dauerten immer nur wenige Minuten.

Sie ertappte sich dabei, wie bei diesem Gedanken plötzlich starke Sehnsüchte in ihr erwuchsen. Nein, zärtlich war ihre Zuneigung, ihre Liebe zueinander nicht! War es überhaupt Liebe? Die Erinnerungen an Anthimos überlagerten ihre Gedanken an Ulrich. Anthimos wäre sicherlich …! Margarete erschrak. Sie schüttelte abrupt den Kopf, als gelte es, diese Gedanken loszuwerden. Es gelang ihr nicht. Sie griff wieder zur Schreibfeder, aber zwischen den Zeilen, die sie aufs Papier kritzelte, tauchte ständig das schemenhafte Gesicht von Anthimos auf. Verwirrt schrieb sie weiter:

Tja, liebe Emily! Soll ich nun auch noch etwas von unserem materiellen Leben erzählen? Ich denke, wir essen recht gut. Am Gemüse fehlt es nie. Früh – meist recht früh – gibt es Tee oder Kaffee mit Eiern und kaltem Fleisch. Um zwölf Uhr bringt die zweite Mahlzeit ein Fleischgericht mit Gemüse und Kompott. Am Abend – um sechs Uhr wird nämlich die Arbeit beendet und der gebildete Europäer macht Toilette – gibt es wieder ein Fleischgericht mit Gemüse und Kompott, einer süßen Speise oder Käse. Also eigentlich ganz wie im lieben Deutschland.

Vieles Gute verdanken wir natürlich der Bahnverbindung, die derzeit nur bis Mombo geht. Überall in Deutsch-Ostafrika tun sich erstaunliche Dinge. Die Zivilisation ist unaufhaltsam. Der Augenblick, in dem, etwa alle vierzehn Tage, der Bote mit der Post aus Europa kommt, ist immer ein großes Ereignis. Außer den Briefen bringt die Post auch die deutschen Zeitungen (mit ihren für uns oft so drollig verspäteten Nachrichten) und Büchersendungen von Mittler & Sohn aus Berlin. Nein, wir versauern nicht!

Eine wundervolle Erholung bietet die Jagd, für die mein Herz höher schlägt als Ulrichs. Wenn die Arbeit es gestattet, entschließen wir uns manchmal sehr schnell zu einer ausgedehnten Jagdexpedition. So ziehen wir denn in die wildreiche Steppe mit Zelten, Betten und Trägern. Es ist mir manchmal schon zu viel, wenn ich sehe, wie viele Kisten wir packen müssen, wenn wir für einige Tage auf Jagd gehen wollen. Ich selbst liebe es nämlich mehr, alleine auf dem Pferd durch die Wildnis zu streifen. Nur Saida, unseren treuen Jagdboy, und Gillala, einen sehr zuverlässigen Chugga, nehme ich dann mit, und wir schlafen – wenn Ulrich nicht mitkommt – einfach so irgendwo unter einem Baum, nur mit einem Moskitonetz geschützt, auf dem Boden. Das ist ein Leben, wie ich es aus ganzem Herzen liebe!

Zum Abschluss möchte ich Ihnen, meine teure Freundin, noch ein Geheimnis verraten. Es ist etwas, was mein Herz höher schlagen lässt, wenn ich nur daran denke: Ich erwarte ein Kind! Ja, unser Glück wird irgendwann im März des nächsten Jahres eine neue Erfüllung finden. Und nichts Schöneres kann ich mir vorstellen, als hier in diesem Garten Eden in Afrika Kinder groß werden zu sehen.

Es wird für unsere Kinder, derer wir mehrere haben möchten, so sein wie für mich auf Gut Petersdorf. Und ich bete zu Gott, dass uns und ihnen dieses Paradies lange erhalten bleiben wird. So schließe ich denn diesen langen Brief und sende Ihnen in Deutschland meine innigsten Gedanken. Bitte lassen Sie mich nicht allzu lange auf eine Antwort warten.

In tiefster Freundschaft, Ihre, in Zuneigung stets bei Ihnen verweilende

Margarete Trappe

8. Kapitel

Eines Morgens hatte Anthimos vor ihrem Zelt gestanden und auf Kisuaheli »*Hodi* – ist da jemand?« gerufen. Er hatte sehr müde ausgesehen, weil er monatelang irgendwo im Süden des Landes auf Jagd gewesen war. Nach einem Frühstück hatte er fast zwei Tage und Nächte ununterbrochen geschlafen. Dann war er einfach geblieben, zwei Wochen lang. Es waren die wunderschönsten Wochen, die sie auf Ngongongare bislang erlebt hatte. Ulrich war zwar in den ersten Tagen unübersehbar missmutig gewesen, aber wie immer hatte Anthimos sich wie ein Gentleman verhalten und ihm nicht den geringsten Anlass gegeben, eifersüchtig zu sein.

Manchmal zusammen mit Ulrich, meist aber alleine hatte sie mit Anthimos zu Pferd und zu Fuß die nähere Umgebung von Ngongongare erkundet. Sie waren zum Mayo-Wasserfall am Ngare-Nanyuki-Fluss gewandert, hatten im Ngurdoto-Krater stundenlang zwei sich paarende Nashörner beobachtet und dabei wie kleine Kinder gekichert, einen Momella-See nach dem anderen umrundet und sich wieder und wieder daran ergötzt, wenn die hunderttausend durch das brackige Wasser staksenden Flamingos kreischend und schnatternd in lilafarbenen Wolken in den Himmel stiegen, nachdem sie in die Hände geklatscht hatten.

Anthimos kannte dieses Land am Meru nicht, aber er kannte Afrika. Er war eins mit der Natur. Er bewegte sich mit einer unglaublichen Selbstverständlichkeit und Sicherheit in der Wildnis, las aus den kleinsten Details, aus kaum sichtbaren Spuren im Sand, aus umgeknickten Grashalmen, Gerüchen und Lauten, die sich Margaretes Ohren entzogen, Informationen, die für das Leben in der Natur ungeheuer wichtig waren. Seine Augen sahen auf außergewöhnlich große Entfernung Einzelheiten, von deren Existenz sie nicht einmal wusste. Er sagte nicht: »Da hinten am Horizont ist ein Elefant«, sondern: »Da hinten ist eine trächtige Elefantenkuh«, oder »Die Löwin da hinter dem Busch hat Babys – ihre Zitzen sind angeschwollen.«

Mit jeder Minute und Stunde, die sie mit Anthimos verbrachte, öffnete sich für sie ein Buch voller Wunder. Sie begann die Regeln innerhalb ihres Paradieses zu verstehen, lernte, die Tatzenabdrücke eines Leoparden von denen eines Gepards zu unterscheiden. Anthimos wusste alles über sein Afrika, das er liebte und von dem er sagte: »Manchmal glaube ich zu verstehen, glaube zu wissen, glaube Teil des Ganzen – ein Afrikaner zu sein. Aber dann wieder wächst die Erkenntnis, dass ich nichts weiß, dass ich ein *Muzungu*, ein weißer Mann mit Dünkel bin: schwächlich, zerbrechlich, unwissend, kaum mehr als geduldet – sonst nichts.«
Eines Abends hatte er ihnen am Lagerfeuer gesagt, er glaube, dass sich unter der schwarzen Bevölkerung Widerstand gegen die *Wazungu* entwickle. »Ihr lebt hier auf dem Land der Massai. Es ist nicht euer Land. Und es wird nie euer Land sein. Die Massai holen sich immer zurück, was ihnen gehört.« Mehr hatte er nicht gesagt, hatte nicht erklärt, warum er das glaubte, und auch nicht gesagt, was sie tun sollten. Als Ulrich ihn um seine Meinung, um einen Rat gefragt hatte, wie sie sich am besten schützen könnten, hatte er lediglich lapidar geantwortet: »Stellt euch vor, Massai wären auf euer Land in Deutschland gekommen und hätten angefangen, ihre *Manyattas* dort zu bauen! Was hättet ihr dann wohl gemacht?«
So war er: Anthimos klagte nie an, schien keine eigene Meinung zu den Dingen zu haben, er verhielt sich vielmehr völlig neutral. Und er liebte es, auf Jagd zu gehen, wobei er betonte, dass es nicht der Schuss, das Töten sei, was ihn an der Jagd fasziniere, sondern das Anpirschen, das Beobachten der Tiere, die Herausforderung, so nahe wie möglich an die Tiere zu kommen.
»Manchmal drücke ich nicht ab, wenn ich einen kapitalen Elefantenbullen im Visier habe. Den größten Bullen, er hatte bestimmt hundertdreißig Pfund Elfenbein pro Stoßzahn, das war am Lake Manyara, schoss ich nicht, weil er mir im letzten Moment in die Augen blickte und ich das Gefühl hatte, dass er mir etwas sagen wollte …«
Das war Anthimos! Ein sensibler Mensch mit rauer Schale. Liberal, gebildet und mit sich selbst und der Welt in Einklang lebend. Und so

waren die letzten zwei Wochen in wunderschöner Eintracht vergangen. Als sie an diesem frühen Morgen aufbrachen, um ein wenig Fleisch für das Abendessen zu schießen, hatte Margarete Trappe wieder einmal dieses unbeschreibliche Gefühl der Nähe, der Geborgenheit in der Gegenwart von Anthimos empfunden. Sie wusste nicht, was dieses Gefühl bedeutete, wie sie es nennen sollte. Sie wusste nur, dass es etwas wunderbar Großes und Schönes und Einmaliges war.

Die Löwin lag nur zwanzig Schritte von ihr entfernt. Sehen konnte sie die Raubkatze nicht, weil das Gras zu hoch war und sich das Tier weggeduckt hatte. Aber sie hörte das leise, dumpf-bronchiale Knurren. Für Momente glaubte sie, die goldgelben Ohrspitzen zwischen dem verdorrten Gras ausmachen zu können.
Wahrscheinlich ist es die Mutter, dachte sie und hob ihr Gewehr behutsam, ohne jede abrupte Bewegung hoch, zog den Schaft der Waffe langsam an die Schulter und zielte in die Richtung, in der sie *Simba* vermutete. Die vier Löwenbabys zu ihren Füßen fiepten und maunzten erbärmlich. Sie waren kaum mehr als eine Woche alt.
»Margarete Trappe, du bist auch zu dämlich«, sprach sie leise vor sich hin. »Du weißt, dass man das nicht macht. Man muss kein Jäger sein, um zu wissen, dass da, wo Löwenbabys sind, auch eine Löwenmutter ist …«
Eigentlich hatten sie nur ein wenig Fleisch für das Abendessen schießen wollen, eine Antilope oder eine Gazelle und vielleicht auch ein paar Perlhühner. Deswegen hatte Anthimos nur die leichte Büchse und sie die Schrotflinte mitgenommen. Sie hatte jedoch nicht widerstehen können, als sie plötzlich diese leisen Fiepslaute aus dem nahen Gebüsch gehört hatte, und war hingegangen, hatte die vier süßen Wollknäuel mit den putzigen Gesichtern unter dem Busch hervorgezogen. Dann hatte sie das Knurren gehört. Und nun stand sie mit einer schnöden Schrotflinte mit 6er-Schrot im Lauf da, und bloß wenige Schritte entfernt lag irgendwo eine Löwin, die sie mit Schrot nur dann stoppen konnte, wenn sie sie ganz dicht herankommen lassen und beide Läufe mehr oder minder gleichzeitig abfeuern wür-

de – wenn denn Zeit genug dafür bliebe … Über den Gewehrlauf hinweg taxierte sie das Terrain vor sich. Aus dem Augenwinkel schielte sie nach rechts und links, aber da war nichts. Das kniehohe Gras wiegte sich im Wind. »Auch das noch«, zischte sie wütend vor sich hin, »der Wind kommt von hinten! Die Löwin hat dich voll in der Witterung! Sie weiß alles über dich, du weißt nichts über sie. Du weißt nicht mal, ob es ein Löwe oder gar mehrere sind. Das Einzige, was feststeht, ist, dass zwanzig Schritte verflucht wenig sind …«

Die Stimme von Anthimos riss sie aus den Gedanken.
»Tire! Toute suite!«
Seine Worte klangen ruhig und doch wie ein Befehl. Sie ärgerte sich, dass er wieder einmal in diesem Kauderwelsch sprach. Immer, wenn er angespannt war, sprach er Französisch und Englisch und Griechisch durcheinander. Kisuaheli und Maa, die Sprache der Massai, beherrschte Anthimos ebenfalls. Manchmal sprach er alles durcheinander. Sie verstand keine dieser Sprachen. Mehr als ein paar Brocken Englisch hatte sie bislang noch nicht gelernt.
Sie wagte nicht, sich zu ihm umzudrehen.
»Was hast du gesagt? Tier …? Ich weiß, dass da irgendwo ein Tier ist. Und zwar ein Löwe! Warum sagst du Sweet zu mir? Ulrich würde das nicht sonderlich mögen«, zischelte sie und starrte noch immer gebannt auf die Grasfläche vor sich.
»*Tire* habe ich gesagt. Das ist Französisch und heißt: Schieß! Außerdem habe ich nicht Sweet, sondern *suite* gesagt«, murmelte er, und es klang sehr liebevoll. »Aber Sweet ist eigentlich auch nicht schlecht!«
»Was heißt *suite*?«
»Meinst du *sweet* oder *suite*?«
»Was hast du am Anfang gesagt?«
»Toute suite …«
»Und das heißt was?«
»Sofort!«
»Und was soll ich sofort machen?«
»Du sollst schießen, sofort!«

Sie musste leise lachen. Die Situation war absurd. Irgendwo da vorne im Gras lag eine Löwin, die sie wahrscheinlich im nächsten Moment angreifen und vielleicht sogar töten würde. Und sie plapperte mit Anthimos, als säßen sie irgendwo auf der Terrasse bei einer Tasse Tee. Die Löwin vor ihr war noch immer nicht zu sehen. Sie spürte, wie das Gewicht ihres Gewehres unangenehm wurde. Ihr Unterarm zitterte leicht. Schweißperlen rannen ihr von der Stirn unter die Sonnenbrille und in die Augen. Das Terrain vor ihr verschwamm ein wenig. Langsam löste sie die linke Hand und hielt die Waffe, den Zeigefinger am Abzug, nur mit dem rechten Arm in die Schulterbeuge gepresst. Sie versuchte, die Sonnenbrille abzusetzen und sich den Schweiß aus den Augen zu wischen.
»Das würde ich an deiner Stelle nicht tun! Es wäre *très bête*«, kam die warnende Stimme von Anthimos.
»Ich sehe aber nichts mehr. Wenn ich nichts sehe, kann ich auch nicht auf den Löwen schießen, wenn er kommt!«
»Du sollst auch nicht auf den Löwen schießen, sondern auf die *Spitting Cobra* rechts neben dir! Rühr dich nicht! Bleib ganz ruhig. Und kümmere dich nicht um den Löwen. Den halte ich im Auge …«
Margarete Trappe erstarrte. Ohne den Kopf zu bewegen, schielte sie an den Brillengläsern vorbei nach rechts unten. Da stand sie, keinen Meter entfernt von ihr, aufgerichtet, fast einen halben Meter hoch. Der bräunlich rote und hässlich platte Kopf der Schlange verharrte regungslos. Die starren Pupillen fixierten sie. Sie war so nah, dass Margarete die schwarzen Punkte unterhalb der Augen und zwischen den wabenähnlichen Schuppen erkennen konnte. Eine rote Speikobra. Sehr schön, aber tödlich.
»Was soll ich machen?«
Ihre Stimme zitterte. Das Gewehr wurde schwerer und schwerer. Ihr Puls überschlug sich, Schweiß rann ihr unter der Bluse über den Körper. Sie glaubte, ihr Kopf würde jeden Augenblick explodieren. Sie wusste, dass eine Speikobra in der Lage war, ihr Gift bis auf vier Meter Entfernung treffsicher ins Auge zu spucken, um das Opfer zu lähmen. Wusch man das Auge nicht sehr schnell aus, wurde man blind. Und der Biss dieser Kobra war tödlich.

»Schieß doch, Anthimos, tu bitte was«, bettelte sie. »Tu doch was!«
»Ich kann nicht! Du stehst mir genau im Schussfeld! Kann ja wohl kaum durch deine zitternden Beine hindurchschießen, oder? Wenn ich mich aber auch nur einen Schritt bewege, kommt die Löwin. Greift sie an, wirst du dich bewegen. Ziemlich sicher sogar! Dann hast du wirklich ein Problem mit der Kobra, denn sie wird dich beißen. Und dann haben wir beide ein Problem mit der Löwin …«
»Um Gottes willen, schieß, Anthimos!«
Ihre Stimme überschlug sich. Die Schrotflinte begann in ihrer Hand zu zittern.
»Du musst deine Schrotflinte ganz langsam nach vorne rechts abkippen und auf die Kobra richten. Ist egal, wo du sie triffst. Nach dem Schuss lässt du dich sofort fallen, damit du aus meinem Schussfeld bist.«
Sie glaubte nicht, es zu schaffen. Und sie glaubte aus dem Augenwinkel zu sehen, wie sich der Kopf der Schlange langsam nach hinten spannte, bereit zum Biss, bereit zu spucken. Millimeter für Millimeter senkte sie den Lauf der Schrotflinte. Ihr Blick hetzte zwischen der Schlange, dem Gewehrlauf und jener Stelle im Gras, wo die Löwin wahrscheinlich lag, hin und her.
»Prêt?«
»Was?«
»Fertig …?«
»Ja!«
»Allez …!«
Sie drückte ab und ließ sich im gleichen Augenblick nach links fallen. Der Rückstoß riss ihr das Gewehr aus der Hand. Die Schrotflinte flog durch die Luft. Noch im Fall sah sie, dass sie der Kobra den Kopf weggeschossen hatte. Sie wartete auf den Schuss von Anthimos. Aber nichts geschah.
»Warum schießt du nicht?«, fragte sie zitternd und schluchzend. Sie lag auf dem Boden, flach, ganz klein, das Gesicht im Sand.
»Die Löwin will nicht angreifen«, antwortete Anthimos ruhig. »Sie hat nichts gegen mich. Sie hat nur etwas gegen dich. Ich sehe sie jetzt. Es ist eine sehr schöne Löwin, wirklich *très belle, Simba mzuri*

sana, very beautiful. Eigentlich will ich so eine schöne Löwin nicht erschießen! Sie will doch nur, dass wir uns zurückziehen. Sie will ihre Kinder zurückhaben. Sonst nichts. Und ich denke, das ist okay, oder?«

Margarete hob leicht den Kopf. Die Haare hingen ihr über das Gesicht. Zwischen den Strähnen hindurch erblickte sie Anthimos, etwa zehn Schritt seitlich hinter ihr. Er sah extrem gut und männlich und anziehend aus. Er stand da, ruhig, entspannt, selbstbewusst, wie ein Monument, wie eine griechische Statue.

»Steh langsam auf und komm zu mir! Aber ohne dich umzudrehen«, befahl er, und sie fühlte sich dabei wie ein kleines Kind, hilflos, zerbrechlich, Schutz suchend. Margarete mochte dieses Gefühl.

Zentimeter für Zentimeter richtete sie sich auf, kroch auf Händen und Knien, blickte zu ihm und merkte plötzlich, wie einzelne Tränen unter ihr in den Sand fielen. Und sie fühlte, wie sie mit jedem Millimeter, der sie näher zu ihm brachte, glücklicher wurde.

Sie brauchte Minuten, endlos lange, grauenhafte und doch so wunderschöne Minuten, bis sie, auf Ellbogen und Knien durch das Gras robbend, vor ihm auf dem Boden liegen blieb. Sie zitterte am ganzen Körper, krümmte sich zusammen, atmete mehrmals tief durch, traute sich nicht, ihn anzuschauen, weil sie fürchtete, er könne in ihren Augen lesen, was sie empfand. Seine Kakihosen raschelten, als er in die Knie ging, sein Gewehr mit dem Schaft neben sie auf den Boden stellte und ihr mit seiner linken Hand über das Haar strich und leise und voller Wärme und Liebe sagte: »*Très bien.* Du bist eine tolle Frau. Wirklich *toute sweet*, ganz süß! Ich denke, ich werde dich ab sofort so nennen. Ja, doch: Toute Sweet ist ein sehr schöner Name für dich! Margarete konnte ich mir sowieso nicht merken. Und aussprechen kann ich es schon gar nicht …«

Am nächsten Morgen regnete es heftig und Anthimos entschied, erst nach dem Gewitter aufzubrechen. Ulrich war schon sehr früh mit einigen Arbeitern losgeritten, um die Rinderherde unten in der Ebene zu kontrollieren. Sie saßen unter dem Leinwanddach vor dem Zelt und schwiegen. Sie empfand das Schweigen als sehr angenehm.

»Toute Sweet, ich glaube, wir müssen darüber reden«, sagte er plötzlich und fingerte nach der Tasse Tee auf dem Tisch.
»Worüber müssen wir reden?«
»Du magst mich zu sehr. Vielleicht fängst du an, mich zu lieben ...«
»Warum müssen wir darüber reden?«
Margarete Trappe schaute verlegen hinaus auf die Hänge des Meru, der sich in dichte Wolken hüllte. Regen prasselte auf das Zeltvordach nieder. Es war ein sehr beruhigendes Geräusch und sie fühlte sich wohlig-zufrieden. Ein Schmetterling suchte unter dem Dach Zuflucht vor dem Regen und setzte sich auf die Teekanne. Er war fast handgroß und hatte im Zentrum seiner Flügel türkisfarbene Punkte. Sie mochte nicht reden, nicht darüber reden. Es fiel ihr schon immer schwer, manche Dinge in Worte zu fassen. Sie war es nicht gewohnt, ihre Gefühle auszudrücken, und mit Worten hatte sie schon oft viel Schaden angerichtet.
»Du hast etwas, Toute Sweet, was mich innerlich aufwühlt. Das war schon am Tag eurer Ankunft in Dar es Salam so. Ich weiß nicht, was es ist. Ich will eigentlich auch gar nicht darüber nachdenken. Ich will es einfach so lassen, wie es ist. Ich weiß nur, dass es ein sehr schönes Gefühl ist. Dinge müssen nicht immer einen Namen haben. Gefühle auch nicht. Die Schönheit eines Baumes, einer Blume oder eines Tieres verändert sich nicht, wenn ich sie mit einem Namen versehe. Und manchmal schafft der Versuch, etwas mit Worten zu fixieren, nur Probleme und Missverständnisse. Sagst du laut ›Liebe‹ zu einem Gefühl, wird von dir verlangt, dass du dieses Gefühl sezierst, es unmissverständlich definierst. Warum und wieso, wirst du gefragt. Und schon löst sich dieses Gefühl in Fragmente auf. Sagst du ›Liebe‹, kollidiert dein Empfinden schnell mit gesellschaftlichen, moralethischen Normen, wenn deine Gefühle einem Menschen gelten, den du nicht lieben darfst, weil er bereits einen anderen Menschen liebt oder verheiratet ist. Warum muss das so sein?«
Anthimos hatte sich erhoben und stand mit dem Rücken zu ihr. Er blickte nachdenklich in den Himmel. Dunkle Regenwolken fegten, vom Wind gepeitscht, über das Land. Am Rande der Lichtung zog eine kleine Elefantenherde vorbei.

»Glaubst du, ein Löwe macht sich über die Schönheit einer Gazelle Gedanken, bevor er sie frisst? Ich denke nicht! Wenn ich eine Antilope schieße, habe ich dabei auch keine Empfindungen. Ich schieße sie, weil ich Hunger habe. Aber in dem Augenblick, wo wir Menschen einem süßen, kleinen, kuscheligen Tier einen Namen geben, sind wir kaum mehr in der Lage, es zu essen.«
Margarete Trappe blickte Anthimos voller Bewunderung an. Sein Körper zeichnete sich gegen das Zwielicht des Gewitterhimmels ab. Er war sehr schlank, mit breiten Schultern. Sein schwarzes, krauslockiges Haar glänzte.
»Was hat das mit mir zu tun?«
»Ich liebe eine Frau, Toute! Saida ist in mir, unauslöschbar, für immer! Wenn die Sonne aufgeht, sehe ich Saida in ihr. Und wenn die Sonne untergeht, auch.«
Wie ein Nadelstich fuhr ihr der Schmerz ins Herz. Sie wollte aufspringen, weglaufen, wollte nichts mehr hören. Aber er sprach unbeirrt weiter.
»Ich mache keinen Hehl daraus, dass ich mich sehr zu dir hingezogen fühle, Toute Sweet. Da ist etwas, was ich für dich empfinde, das ich nicht erklären kann. Es ist ein sehr starkes Gefühl, etwas sehr Großes. Aber es kann neben Saida nicht zum Leben erwachen. Und, Toute: Ich bin weit über vierzig Jahre alt, du bist sehr jung, sehr hübsch – und du bist verheiratet. Mein Leben läuft rückwärts. Deins hat noch nicht einmal wirklich begonnen.«
»Ich weiß nicht, wie du auf den Gedanken kommst, ich würde dich lieben«, antwortete sie und hoffte, überzeugend zu klingen. Es gelang ihr nicht. Aber sie versuchte weiter, sich selbst zu überzeugen:
»Ich finde dich sehr nett und charmant und klug. Aber ich weiß sehr wohl, meine Gefühle richtig einzuschätzen. Ich liebe Ulrich. Er ist ein guter, fürsorglicher Ehemann. Wir werden hier sehr glücklich sein und Kinder haben.«
Als sie es sagte, wusste sie, dass sie log. Anthimos sah sie von der Seite an.
»Ich wollte es dir eigentlich schon lange sagen, Toute: Alfred, dein Bruder, hat mehr als zehn Jahre lang mit einer Afrikanerin zusam-

mengelebt, hat sie geliebt. Sie haben sich verstecken müssen, da draußen auf ihrer Farm in den Usambara-Bergen, weil seine deutschen Landsleute in ihrem Rassendünkel kein Verständnis für solche Beziehungen haben. Sie starb bei der Geburt ihres ersten gemeinsamen Kindes. Als es geschah, war Alfred hier ganz in der Nähe des Meru mit der Schutztruppe unterwegs. Eine Woche später erfuhr er es. Vor Schmerz hat er sich erschossen.«

Margarete riss die Augen weit auf. Lähmendes Entsetzen durchfuhr sie.

»Ich dachte, Alfred sei im Kampf gegen Maji-Maji-Aufständische gefallen! Warum hast du mir nie die Wahrheit gesagt, warum?«

»Weil die Wahrheit nichts an der Tatsache ändert, dass er tot ist. Das ist schon grausam genug. Auch für mich. Ich habe ihn sehr geliebt, wie meinen eigenen Bruder. Nein, mehr noch. Ich glaube, Alfred und ich haben uns schon vom ersten Tag an so geliebt, wie ein Mann einen Mann lieben kann, weil einer den anderen schätzt. Als wir uns damals, also vor mehr als zwanzig Jahren, auf einem Empfang des Sultans von Sansibar zu Ehren des deutschen Konsuls zum ersten Mal trafen, haben wir nach einer halben Stunde schon über solche Themen gesprochen.«

»Aber warum hast du mir nie die Wahrheit über Alfreds Tod gesagt?« Sie zitterte. Ihre Stimme versagte.

»Sonst hätte ich dir all das schon früher erklären müssen. Die Menschen hier, die Deutschen, weigern sich, jemanden auf ihren Friedhöfen zu begraben, der sich das Leben genommen hat.«

»Und wo ist er wirklich begraben?«

»Auf dem Eingeborenenfriedhof in einem kleinen Dorf bei Arusha, auf der anderen Seite des Berges. Dort, wo seine Frau herstammte und wo sie mit dem tot geborenen Kind begraben wurde. Es ist kaum mehr als ein Steinhaufen, aber er hätte es so gewollt.«

Es regnete noch immer in Strömen. Der Platz vor dem Zelt stand unter Wasser. Zwei Eingeborene stapften durch den Schlamm.

»Ich werde jetzt aufbrechen! Das Land ist besonders schön, wenn es regnet. Hast du schon einmal gesehen, wie die Gazellen vor Freude riesige Sprünge machen, wenn es anfängt zu regnen? Die hüpfen auf

der Stelle in die Luft und machen riesige Sätze, einfach nur so, aus Lebensfreude. Ich sehe das sehr gerne.«
Der Grieche wandte sich um, schulterte sein Gewehr und steckte sich eine Zigarette an.
»Das nächste Mal, wenn ich komme, werde ich dir die persönlichen Sachen von Alfred mitbringen. Es ist nicht sehr viel: einige Bücher, Zeichnungen, sein Tagebuch und ein paar Jagdwaffen. Das Wertvollste, was Alfred besaß, trug er in sich. Und das hat er mitgenommen.«
Margarete fühlte sich traurig. Nicht wegen Alfred, sondern wegen Anthimos.
»Wann kommst du wieder? Kommst du wieder?«
»Ich weiß nicht, Toute Sweet! Ich weiß es wirklich nicht. Ein afrikanisches Sprichwort sagt: ›Gras wächst nicht schneller, wenn man daran zieht!‹ Schau dort hinunter, in die Massai-Steppe. Siehst du am Horizont die mächtige Schirmakazie? Sie ist riesig. Ich nehme sie immer als Orientierungspunkt bei meinen Safaris in der Massai-Steppe. Es ist ein seltsamer Baum, so, wie vieles hier in Afrika seltsam ist – für uns Weiße. Seit vielen Jahren hat dieser Baum keine Blätter, ist verdorrt, sieht leblos aus. Aber er ist es nicht, Toute Sweet! So ein Baum kann zwanzig Jahre lang leblos sein. Und plötzlich, ohne dass auch nur ein Regentropfen gefallen ist, blüht er in den prächtigsten Farben, einfach so! Niemand weiß, warum das so ist. Kein Afrikaner kommt auf die Idee zu fragen, warum es so ist. Es ist einfach so! Zeit ist in Afrika kein Faktor. So ist es mit vielen Dingen hier. Irgendwann erwachen sie zum Leben. Und so wird es sein: Irgendwann komme ich wieder.«
Er ging einen Schritt auf sie zu, strich ihr über das Haar und sah ihr in die Augen. »Auch Großwildjäger können Angst haben, Toute Sweet! Am meisten, glaube ich, haben sie Angst vor Gefühlen.«

*

Anthimos war weg. »Der Wind hat gedreht, ich glaube, ich sollte aufbrechen«, war seine einzige Erklärung gewesen, warum er abreisen musste. Nach dem Frühstück hatte er sein Pferd gesattelt und war losgeritten. »*Kwaheri, Lalla Salama* – bis demnächst, Friede sei mit dir!« Mehr hatte er nicht gesagt und sie in ihrer tiefen Traurigkeit zurückgelassen. Die Feder eines Eisvogels hatte er ihr noch geschenkt: Rot und blau und schwarz, mit gelben Punkten und unglaublich zarten Flaumfedern, steckte die Feder im Haar hinter ihrem Ohr.

Ulrich kam kurz vor Sonnenuntergang zurück. Schon von Weitem sah Margarete sein mürrisches Gesicht. Er wirkte sehr müde. Seine Kleidung war völlig verschmutzt, das Hemd zerrissen, und die Stiefel ließen erahnen, dass er irgendwo in den Sümpfen unten im Tal gewesen war. Wenige Meter vor ihr parierte er Jessy und glitt langsam aus dem Sattel. Gillala, ihr Pferdeboy, führte die Stute weg.

»Was ist geschehen, Ulrich?« Sie ging zu ihm hin und wollte ihn umarmen, aber er schritt mit ernstem Gesicht an ihr vorbei auf das Zelt zu, ging hinein und kehrte mit einer Flasche Whisky in der Hand zurück.

»Wir haben schon wieder sechs Rinder verloren. Alle sechs sind vergiftet worden und elendig krepiert. Nicht mal die Hyänen haben sich an die vergifteten Kadaver herangetraut. Vor zwei Wochen drei Rinder, letzte Woche zwei und jetzt gleich sechs auf einen Schlag.«

»Wo hast du sie gefunden?«

»Alle sechs bei den Lokie-Sümpfen.«

»Und was sagen die Herdenboys dazu?«

»Ich habe sie ausgepeitscht, diese nichtsnutzigen Bastarde. Sie haben es verdient. Sie sagen, gestern seien die Rinder noch alle da gewesen. Aber das stimmt nicht. Die Kadaver waren so aufgedunsen, dass sie schon mindestens zwei Tage tot sein müssen. Ach, diese Mistkerle. Sie denken nur ans Saufen und an Weiber. Wenn das so weitergeht, sind wir schneller pleite, als wir uns das vorstellen können. Elf Rinder in zwei Wochen ...«

Ulrich Trappe nahm einen langen Schluck aus der Flasche, setzte kurz ab und trank dann noch einmal. Seine Augen waren gerötet.

»Es muss etwas geschehen«, sagte Margarete. Verunsichert beobachtete sie ihren Mann. Er trank in letzter Zeit auffallend viel und re-

gelmäßig. In Sagan hatte er schon gerne im Offiziersklub des Regiments nächtelang mit seinen Freunden gezecht und viel Wein getrunken. Hier in Afrika trank er nicht nur Whisky, der ohnehin nicht immer verfügbar war und in den Läden der Inder in Arusha nur zu horrenden Preisen zu kaufen war. Sie wusste, dass er sich von der Frau ihres Koches Msisiri immer wieder heimlich Palmwein und andere selbst gebraute Schnäpse der Eingeborenen bringen ließ. Das beunruhigte sie.
Viel mehr machte sie sich im Moment jedoch Gedanken über die toten Rinder. Nach dem Kauf der sechstausend Hektar Land bei Ngongongare hatten sie bei einem Händler in Arusha fünfzig Zebu-Rinder gekauft. Das war erst einige Wochen her. Ganz in der Nähe ihres Lagers hatten sie aus Dornenbüschen eine provisorische Vieh-*Boma* errichtet. Ein bewaffneter Askari der Schutztruppe schlief nachts bei dem Dornenverschlag, denn die Massai versuchten ständig, die Rinder zu stehlen, insbesondere nachts. Schon dreimal waren sie durch die vereinbarten drei Warnschüsse des Askaris aus dem Schlaf gerissen worden und im Nachtgewand aus dem Zelt gehetzt, um die Massai mit Schüssen zu verscheuchen. Bislang verlief das ohne Blutvergießen. Aber es war nur eine Frage der Zeit, bis es zu ernsthaften Auseinandersetzungen mit den räuberischen Massai kommen würde. Zwei Rinder waren zwischenzeitlich beim Abtrieb hinab in die Ebenen von Löwen gerissen worden. Jetzt waren es nur noch siebenunddreißig.
»Ich werde mit dem Häuptling der Massai sprechen«, sagte sie zu ihrem Mann. »Das geht so nicht weiter. Wenn wir das Problem nicht anders lösen können, müssen wir den Feind eben zu unserem Freund machen. Wir sind die von Arusha am weitesten entfernte Farm. Wir können uns nicht auf den Schutz der deutschen Truppen verlassen. Bis uns Hilfe erreicht, ist es im Ernstfalle zu spät. Wir wohnen auf dem traditionellen Weideland der Massai. Also müssen wir uns mit den Massai arrangieren. Anders geht es nicht …«

Am nächsten Morgen ließ sie kurz nach Sonnenaufgang Comet satteln. Ulrich hatte sie von ihrem Plan abhalten wollen, aber sie hatte seine Warnungen und Ängste ignoriert. Der pechschwarze Hengst mit der kleinen weißen Blesse auf der Stirn tippelte unruhig auf der Stelle. Seit zwei Tagen hatte sie ihn nicht mehr geritten. Er strotzte vor Kraft, und sie verspürte das innige Verlangen, das energiegeladene Tier wieder mal auf offenem Land im gestreckten Galopp zu reiten. Sie liebte dieses Pferd über alles. Vom ersten Tag an, da sie Comet bei einem burischen Pferdehändler nahe Arusha gesehen hatte, war sie in ihn vernarrt gewesen. Denn er war sehr eigen, auffallend schön, herrlich abgedreht, mit einer prachtvollen Hinterhand und einer tief liegenden Brust. Er war absolut schussfest und hatte einen sehr harten Huf.

Comet war in den Monaten zuvor mehrfach verkauft worden, aber keiner der Besitzer war in der Lage gewesen, ihn zu reiten. Wie es schien, hasste er männliche Reiter. Kam ein Mann in seine Nähe, blähte er die Nüstern und rollte furchterregend mit den Augen. Auch Ulrich hatte es einmal versucht, war schon beim Nähertreten durch eine blitzschnelle Attacke des Pferdes mit den beiden Vorderhufen zu dem Schluss gekommen, es sei nicht zu reiten, man solle es besser erschießen. Aber sie hatte mit dem Rappen bereits nach einer halben Stunde unter dem Sattel einen Pakt geschlossen: Gehorchte er, verzichtete sie auf die Gerte, auf ein scharfes Gebiss und auf Sporen. Das war ganz offensichtlich die einzige Möglichkeit, den widerspenstigen Hengst zu reiten.

Sie saß auf, strich dem unruhig schnaubenden Pferd über den Hals und kraulte es zwischen den aufgerichteten Ohren.

»Die *Manyatta* des Massai-Häuptlings liegt irgendwo zwischen hier und Arusha unten in der Ebene«, rief sie Ulrich zu, der schlaftrunken aus dem Zelt wankte. »Ich werde die Gelegenheit nutzen, nach Arusha zu reiten und ein paar Dinge einzukaufen.«

Arusha kam ihr an diesem Tag fast wie eine Großstadt vor. Die Wochen in den Bergen von Ngongongare hatten ihr Gehör für Geräusche sensibilisiert. Der Lärm der wenigen Ochsenkarrenfuhrwerke und das Geschrei der Inder, Araber und Afrikaner auf dem Markt und in den kleinen Läden entlang der Wege machte nicht nur sie, sondern auch Comet nervös. Der Hengst tänzelte mit hoch erhobenem Schweif, den Hals gebogen und unruhig auf dem Gebiss kauend, entlang der Läden. Seine Augen waren weit geöffnet. Er schnaubte bei jedem Menschen, der in seine Nähe kam. Sie ahnte, dass sie das Pferd so nirgendwo anbinden und alleine lassen konnte. Die Gefahr, dass es sich losreißen, Zügel und Trense zerfetzen und sich dabei vielleicht im Maul verletzen würde, war zu groß. Aber bevor sie weiter zu den Massai ritt, wollte sie zumindest einige Bestellungen bei den Händlern abgeben. Notgedrungen entschied sie sich, nicht aus dem Sattel zu steigen. Beruhigend strich sie mit der Hand über Comets Hals. »Komm, Alter, wir gehen gemeinsam einkaufen!«

Entlang der wenigen Wege in Arusha standen überall kleine Läden, etwa dreißig an der Zahl, kaum mehr als Bretterverschläge, dazwischen kleine, gemauerte Häuser mit niedrigen Sonnenschutzdächern davor. Sie ritt an den Läden vorbei, ließ sich hier und da Obst und Gemüse reichen, stopfte die Ware in die Satteltaschen, ritt gebückt unter ein Dach, um sich Stoffe näher anzuschauen, und ließ Comet genüsslich aus einem am Straßenrand stehenden Maissack naschen. Dem verdutzten indischen Händler reichte sie eine Rupie.

Im Eisenwarenladen von Jan de Clerk, einem burischen Siedler, der mit Pferdezaumzeug und landwirtschaftlichen Geräten mehr Geld machte als mit seiner Rinderfarm in Ol Doinyo Sambu, sprang der schwarze Hilfsarbeiter panisch mit einem riesigen Satz hinter drei schützende Mehlsäcke, als Margarete Trappe auf dem schnaubenden Hengst sitzend durch die Flügeltüren in den Laden ritt. Comet trat auf der Stelle, blies einmal kräftig durch seine Nüstern und blieb dann wie eine Statue regungslos inmitten des Ladens stehen. De Clerk stand hinter der Ladentheke und starrte sie so verblüfft mit weit geöffnetem Mund an, dass sie lauthals lachen musste.

»Familie Trappe in Ngongongare braucht drei Sack Mais, einen Sack Maismehl, vier Schaufeln, zwanzig Rollen Zaundraht, drei Zwanzig-Liter-Eimer, zehn Liter Paraffin und fünfzig Kerzen. Wann werden Sie die Ware anliefern?«

»Äh, ja, Madam …«, stotterte De Clerk, »ich denke, ich kann Ihnen morgen einen Wagen mit der Ware schicken.«

Der Händler taxierte den Hengst. Dann starrte er unverhohlen die junge Frau in den hellen Shorts, dem kurzärmligen T-Shirt und mit dem braunen Hut mit weißem Band an.
»A very nice stallion«, entlud sich seine Begeisterung über den Hengst. Zu Margarete Trappe aufschauend lispelte er: *»And a very impressive little Lady.«*

Nur wenige Schritte von dem Laden de Clerks entfernt geschah es. Sie ritt auf Comet um eine Ecke, zum Stoffladen eines Inders. Direkt hinter der Ecke stand ein Hengst, braun, gesattelt – ein riesiges Pferd. Der Besitzer war nirgendwo zu sehen. Die Zügel hingen auf den Boden herab. Der Braune stand da, riss seine Augen auf und ließ das Weiß der Pupillen aufblitzen. Er starrte Comet hasserfüllt an, weitete seine Nüstern wie Segel, sodass die roten Schleimhäute in der Nase zu sehen waren – und griff an. Margarete hatte keine Zeit mehr abzusitzen. Sie wusste nur, dass der Kampf zweier Hengste fürchterlich sein konnte. Schnell griff sie mit der rechten Hand unter die Sattelkammer, fasste beide Zügel mit der linken Hand und beugte den Oberkörper genau in dem Augenblick nach vorne, da Comet jäh auf die Hinterhand stieg und die beiden Vorderbeine ungestüm dem heranpreschenden Braunen entgegenwirbelte.
Der Kampf der Hengste dauerte fast zehn Minuten. Sie standen sich auf der Hinterhand gegenüber, schlugen mit den Vorderbeinen aus, buckelten, wieherten, schnaubten, wirbelten herum, um mit den Hinterhufen auszukeilen. Sie versuchten, sich in die Flanken und Hälse zu beißen, trommelten wieder und wieder mit den Vorderhufen aufeinander los. Dann ließen sie sich auf die Knie fallen und bissen aufeinander ein. Weißer Schaum bedeckte Hals, Brust und Bauch. Die Mähnen waren schweißnass. Sie kämpften mit ungezügeltem Hass.
Margarete fürchtete um ihr Leben. Mehrmals drohte sie hinterrücks aus dem Sattel zu fallen. Der braune Hengst biss ihr schmerzhaft in die Reitstiefel. Seine Hinterhufe klatschten nur wenige Zentimeter neben ihrem rechten Bein gegen den Bauch von Comet. Ihren Hut hatte sie verloren. Ihr langes, dunkles Haar peitschte bei den abrupten Bewegungen ihres Hengstes durch die Luft.

Der Lärm des Hengstkampfes übertönte die beschauliche Ruhe der Gassen von Arusha. Menschen – Weiße, Afrikaner, Inder und Araber – eilten aus allen Richtungen herbei. Aus dem Augenwinkel sah sie zwei Soldaten der Schutztruppe.
Dann war der Kampf zu Ende. Die beiden Hengste standen sich mit gebogenem Hals und geweiteten Augen nur wenige Zentimeter entfernt Kopf an Kopf gegenüber. Ihre Flanken zitterten.
Margarete Trappe saß noch immer im Sattel. Ihr T-Shirt war schweißnass. Sie schäumte vor Wut.
»Bravo, Madam!«, rief ein Bure ihr zu. Einige der weißen Männer klatschten leise in die Hände. Die Afrikaner, Inder und Araber waren sprachlos.
»Welcher Idiot, verflucht noch mal, lässt hier seinen Gaul so frei herumlaufen? Wieso hat mir niemand geholfen und diesen verdammten braunen Hengst weggeholt?«, entluden sich ihre Angst und Anspannung.
Die weißen Frauen in ihren langen Kleidern zeigten sich entsetzt über ihre vulgären Ausdrücke.
»*Sorry,* Madam«, rief ein anderer Bure, »wir hatten gewettet, dass Sie vom Pferd fallen würden. Aber diese Wette haben Sie uns vermiest! Hochachtung, Madam! Das war sehr beeindruckend.«
»Ich bin der Idiot, der seinen – wie sagten Sie noch mal, Lady? – Gaul so frei hat herumlaufen lassen!«
Der Mann war um die Hausecke herum gekommen und stand nur wenige Schritte vor ihr. Er lachte hämisch und wirkte sehr arrogant. Seine blonden Haare hingen ihm in die Stirn. Er war braun gebrannt und bewegte sich sehr selbstbewusst auf sie zu. *»Brown – Major Brown. Nice meeting you, Mrs ...?«*
»Trappe! Margarete Trappe!«, antwortete sie. Sie kannte den Mann nicht, hatte ihn noch nie gesehen. Aber sie mochte ihn nicht.
»Bevor ich mich von einem wild gewordenen englischen Hengst tottreten lasse, erschieße ich ihn das nächste Mal«, zischte sie dem Mann zu und ritt davon.
Die *Manyatta* der Massai lag unterhalb eines Berges bei Engare Olmotonj, knapp eine Reitstunde nordwestlich von Arusha entfernt.

Vorbei an kegelförmigen Hügeln und vulkanähnlichen Bergen erreichte sie die etwa zwanzig Hütten am frühen Nachmittag. Der strenge Geruch von Urin und Tieren lag in der Luft. Sie wusste, dass die Massai ihre kegelförmigen Reisighütten mit einem Gemisch aus Lehm und Kuhdung bauten und zudem nachts alle Rinder und Ziegen in den durch Dornenwälle geschützten Kral holten oder Kälber und Ziegen sogar in ihren Hütten hielten.

Sie wurde bereits erwartet. Das war eines jener Phänomene, die sie an Afrika begeisterten: Nachrichten huschten hier so schnell wie ein Gewittersturm durch das Land. Geheimnisse gab es in den unendlichen Weiten und Tälern der Massai-Steppe nicht. Man glaubte sich alleine, sah und traf im Umkreis von Meilen keine Menschenseele. Und doch waren da überall Augen und Ohren, wurde jeder Schritt und Tritt eines Menschen, ob Fremder oder Stammesangehöriger, aufmerksam verfolgt. Was immer man tat oder auch nicht tat, die Nachricht darüber erreichte die Dörfer der Eingeborenen in Windeseile. Sechs Männer, fünf davon mit kahl geschorenem Schädel und leichten Holzkeulen oder langen Stöcken in der Hand, hockten nahe dem Dornenzaun im Schatten eines Baumes. Zwei von ihnen spielten, scheinbar desinteressiert an der weißen Frau, die da auf dem Pferd heranritt, das *Engehei*-Spiel, für das zwei parallele Reihen von sechs bis sechzehn handgroßen Erdkuhlen ausgehoben werden. Mit einer bestimmten Anzahl von kleinen Steinen versuchen die Spieler dann, über festgelegte Regeln die voraussichtlichen Spielzüge des Gegners zu erahnen und eine möglichst hohe Anzahl von Steinen zu gewinnen. Die beiden Massai hockten vor den Sandlöchern. Der eine Spieler, ein Greis mit einem Gesicht so zerfurcht wie ein erstarrtes Lavafeld und mit ockerrot gefärbtem Haupt, hatte tote Augen und riesige Löcher in seinen Ohren, deren Lappen schlaff wie nasses Leder fast bis auf seine Schultern hingen. Winzige Perlenkettchen baumelten an den Hautfetzen des Ohres. Sein rechtes Fußgelenk, mit einer Haut so spröde und grau wie die eines uralten Elefanten, wurde von einem hübschen Perlenband geschmückt. Er war augenscheinlich der Älteste der sechs. Margarete stieg vom Pferd.

»Jambo, Mzee«, grüßte sie und blickte den alten Mann an. »Ich komme, weil ich den Rat weiser Männer benötige.«
Der Alte schaute auf. Sie konnte sehen, dass er blind war.
»Wenn Männer sprechen, setzen sie sich«, sagte der Alte. Sie nahm den Zügel in die Hand und wollte soeben in die Hocke gehen, als der andere, ein viel jüngerer Mann mit langen Haaren und einem ungewöhnlich markanten Profil, in Englisch sagte: »Aber du bist kein Mann. Du bist eine Frau. Eine weiße Frau ...«
Margarete Trappe war verunsichert. Sie wusste nicht, wie sie diese Worte deuten, wie sie darauf reagieren sollte. Der jüngere Mann blickte sie nicht an, sondern starrte auf das Steinspiel vor sich auf dem Boden. Er hatte ein wunderschönes Gesicht, die Haut so fein und ebenmäßig wie die eines griechischen Jünglings aus der Antike. Seine Wangenknochen standen leicht hervor. Die Lippen waren wohlgeformt. Noch nie in ihrem Leben hatte sie einen solch schönen Mann mit einer derart faszinierenden Aura gesehen.
»Warum hat dein Pferd weniger Angst vor uns als du?«, fragte er und sah ihr direkt in die Augen.
Sie spürte, wie ihr leichte Gänsehaut über den Rücken lief. Es war die Schönheit, aber auch der Augenausdruck und dieses faszinierende Selbstbewusstsein des Mannes, die sie verwirrten und sogar ein wenig ängstigten. Sie fragte sich, woher er wusste, dass sie Angst hatte.
Als könne er ihre Gedanken lesen, sagte der blinde Alte: »Der Atem deines Pferdes ist so ruhig wie der Hauch des Windes am Morgen nach dem Sturm. Aber du, du atmest schnell. Du fürchtest dich. Für einen Massai-*Moran* ist es wichtig zu wissen, ob sein Gegenüber Furcht hat ...«
»Man sagte mir, die Männer vom Volke der Massai seien absolut furchtlos. Aber man sagte mir nicht, dass Massai-Männer gegen Frauen kämpfen«, unterbrach sie den Alten, der prompt reagierte.
»Sei willkommen, setz dich zu uns und sag, was du möchtest.«
Sie ging in die Hocke und nahm ihren Hut ab. Der jüngere der beiden Männer blickte ihr, ohne eine Gemütsregung zu zeigen, in die Augen.

»Mein Land wird von Menschen heimgesucht, die Hass in ihren Herzen tragen. Sie stehlen und vergiften meine Rinder …«
»Es ist nicht dein Land!«, unterbrach sie der Schöne. »Es ist seit den Tagen, da die Sonne auf- und untergeht, das Land der Massai. Und *Engai,* unser Gott, hat alle Rinder dieser Welt uns, nur uns geschenkt. Wie können wir dir da überhaupt helfen? Warum und wie willst du beschützen, was dir nicht gehört?« Zum ersten Mal sah sie einen Hauch von Aggressivität in seinen Augen.
»Das Wohl der Massai hängt vom Wohl ihrer Rinder und Ziegen ab«, wich sie seiner Frage aus. »Ich wäre bereit, eurem Volk mein Wissen und die *Dawa,* die Medizin des weißen Mannes, zur Verfügung zu stellen, um die Rinder eures Volkes gesund und kräftig werden zu lassen«, sprach sie ruhig und hoffte, damit ein überzeugendes Argument gefunden zu haben. Sie hatte gehört, dass die Massai während der Jahre der fürchterlichen Rinderpest am Ende des letzten Jahrhunderts Hunderttausende Rinder verloren und sich die Rinderbestände bis jetzt nicht von dieser verheerenden Seuche erholt hatten. Und sie wusste, dass die Rinderpest von weißen Siedlern nach Afrika eingeschleppt worden war.
»Du bist eine sehr mutige Frau. Und du scheinst sehr klug zu sein«, sprach der junge Massai. Er schaute an ihr vorbei in die Ferne und schwieg sehr lange. Dann besprach er sich kurz mit den anderen kahlköpfigen Männern. Schließlich stand er auf.
»Ich, Kinai ole Chieni, sage, dass wir versuchen werden, darüber nachzudenken, ob die Allmacht unseres Gottes *Engai* und die Kraft unserer Ahnen geeignet sein werden, dir, *Jeyo*, zu helfen, deine Rinder zu behüten. Wir werden es dich wissen lassen.«

Sie kehrte erst nach Einbruch der Dunkelheit nach Ngongongare zurück. Das Gespräch mit den Massai hatte noch lange gedauert, aber es war besser verlaufen, als sie es erwartet hatte.
Comet war von dem langen Ritt müde. Er hinkte leicht am rechten Hinterbein. Eine Fleischwunde an seinem Hals aus dem Hengstkampf lockte Fliegen an, die ihn nervös machten. Kurz vor Ngongongare schreckte sie eine Colobus-Affenfamilie hoch oben in den

Bäumen auf. Die schwarz-weiß-gesichtigen Tiere schrien ihren Unmut über die nächtliche Störung in die Dunkelheit hinaus. Für Momente erinnerte sie sich an den Zwischenfall am Tage ihrer Ankunft mit den hier in den Bergen allgegenwärtigen Affen. Sie lächelte vor sich hin. Mein Gott, welche Todesängste hatte sie damals ausgestanden, als die schwarz-weiße Fratze auf sie zugesprungen war.
Viel Zeit war seither vergangen. Mittlerweile liebte sie diese wunderschönen Tiere mit ihrem seidigen, langen Fell. Sie lebten in den Wipfeln der bis zu vierzig Meter hohen Baumriesen an den Hängen des Meru. Wenn sie sich stritten, wankten die Bäume. Und wenn sie schrien, weil ein Leopard durch das Unterholz strich, lief ihr noch immer Gänsehaut über den Rücken. Es waren sehr menschliche, grauenhaft grelle Schreie, aber sie gehörten zu Ngongongare wie das nächtliche Grollen der Leoparden, das Schreien der Buschbabys in der Nacht und das permanente Rascheln und Knacken der durch die Wälder streifenden Elefanten und Büffel. Es waren ihr längst vertraute Geräusche. Und nichts davon war wirklich gefährlich. Gefahr, so hatte sie in den zurückliegenden Monaten gelernt, drohte in ihrem Paradies nur dann, wenn es lautlos wurde, wenn die Natur, wenn die Tiere sich wegduckten und schwiegen.

Im Hauptzelt brannte eine Paraffinlampe. Vor den Hütten der Farmarbeiter, am Rande der Lichtung unter Bäumen gelegen, flackerten Feuer. Jemand sang leise ein Lied in der Sprache der am Meru lebenden Chagga. Das allerletzte Abendlicht verlieh dem Lager ein romantisches Ambiente.
Sie war noch knapp fünfzig Meter entfernt, als sie im Zelt, gegen das Licht der Paraffinlampe, Schatten sah. Einer davon, unverkennbar, war Ulrich. Verwundert blickte sie zu dem Zelt und ritt am langen Zügel langsam näher. Comet richtete sich erfreut auf. Er roch Wasser und schnaubte laut. Die Schatten im Zelt verharrten abrupt. Jemand drehte die Paraffinlampe herunter.
Als sie näher kam, sah sie eine Gestalt vom Zelt in Richtung des nahen Waldes huschen. Sie war sich nicht sicher, aber sie glaubte erkennen zu können, dass es eine weibliche Gestalt war.

Zwei Tage später waren die Massai plötzlich da. Mit dem ersten Tageslicht standen sie wenige Meter vor dem Zelt. Stoisch schweigend, auf ihre Speere gestützt, starrten sie Margarete Trappe an, wie sie mit zerzausten Haaren aus dem Zelt trat.

»Jambo! Habari?«, begrüßte sie die Männer in ihren roten Umhängen. Die vier hoben lediglich die rechte Hand zu einem halbherzigen Gruß und grummelten einige unverständliche Worte vor sich hin. Gillala, ihr Pferdeboy, kam hinzu.

»*Memsahib*, die meisten Massai sprechen kein Kisuaheli. Sie sprechen sowieso nie viel, aber wenn sie reden, dann ist es in ihrer Sprache, dem Maa.«

Margarete Trappe kratzte sich verlegen am Kopf. Daran hatte sie überhaupt nicht gedacht, als sie mit den Massai-Ältesten gesprochen hatte. Alles war so gut verlaufen bei dem Palaver in der Massai-*Manyatta.* Wissend, dass die rinderzüchtenden Massai permanent Probleme mit ihren Tieren hatten, insbesondere mit Zecken und anderen Parasiten, hatte sie sich schließlich mit den Ältesten verständigt, fortan alle neu geborenen Kälber kostenlos zu impfen, wenn die Massai im Gegenzug dafür Sorge tragen würden, dass die Rinder auf Ngongongare von räuberischen Massai und auch von Räubern anderer Stämme verschont blieben. Und sie hatte angeboten, vier junge Männer als Rinderhirten einzustellen, bei festem Gehalt und Zugaben wie Arznei- und Grundnahrungsmitteln.

Die Ältesten waren schnell von dem Angebot überzeugt gewesen. Rinder waren ihr wertvollstes Gut. Und so hatte sie auf dem Ritt zurück nach Ngongongare innerlich triumphiert, weil sie das Gefühl hatte, von nun an unbeschwert und ohne Ängste ihre Farm weiter aufbauen zu können – mit den Massai als Verbündeten.

Dass sie nun aber nicht in der Lage war, mit den vor ihr stehenden Viehhütern zu kommunizieren, komplizierte ihr Vorhaben. Sie wollte soeben mit Gillala darüber sprechen, wo sie einen Dolmetscher herbekommen könnte, als am Waldesrand jener Massai auftauchte, mit dem sie vorgestern in Englisch gesprochen hatte. Es war der Schöne, der, in dessen Augen sie einen Anflug von Verschlagenheit oder gar Aggression zu erkennen geglaubt und der sie zu ihrer großen Überraschung »*Jeyo*« genannt hatte. Kinai ole Chieni kam näher. Wenige Schritte von ihr entfernt blieb er stehen. Er trug einen rot-blau karierten Umhang. Sein langes, rot gefärbtes Haar wallte über die Schultern. Er lächelte ein wenig, aber wieder sah sie in seinen Augen etwas, was sie beunruhigte.

»*Jeyo*, diese Männer werden zusammen mit mir deine Rinder und dein Leben behüten. Wir werden ab sofort wie Schatten deines Lebens sein …«

9. Kapitel

(3 Jahre später)

Diffuses Mondlicht erhellte das Zimmer. Die Silhouette der Afrikanerin zeichnete sich gegen das Fenster ab. Sie war zierlich, doch die Waffe in ihrer Hand gab ihr alle Macht.
Ulrich Trappe riss die Augen auf. Er spürte, wie sich die Spitze der Machete gegen seine Halsschlagader presste. Sein Herz pochte. Schweißperlen standen auf seiner Stirn. Er wusste nicht, was er tun sollte, tun konnte. War es eine Diebin, die nur auf Geld aus war? Gehörte sie zu jenen Banditen und Mördern, die seit mehr als zwei Jahren das Land am Meru unsicher machten, Vieh stahlen oder grausam niedermetzelten, weiße Frauen und Männer abschlachteten, sie vergifteten, ihnen tote Tiere, die Eingeweide ihrer Hunde und Katzen vor die Tür legten, Schlangen und Skorpione in die Farmhäuser warfen? Er musste schlucken, aber er traute sich nicht. Etwas in seinem Hals kratzte. Sein Atem ging immer schneller. Er spürte das Kratzen, spürte, wie sich sein Bauch verkrampfte, wie er verzweifelt gegen den Hustenreiz ankämpfte. Seine Brust hob sich schneller und schneller unter der Bettdecke. Angstschweiß rann in Strömen über seinen Körper. Das Bett war nass. Er fröstelte. Der Hustenreiz wurde unerträglich. Er glaubte, daran ersticken zu müssen, merkte, wie seine Beine und Arme zu zittern begannen und wie der Druck der Klinge gegen seinen Hals zunahm.
Dann konnte er den Husten nicht mehr kontrollieren. Sein Körper versagte dem Verstand den Gehorsam. Die Muskeln spannten sich bis zum Zerbersten an. Er schnellte hoch, schlug mit seinem Arm nach der Waffe, fühlte, wie die Klinge kalt und glatt von kräftiger Hand geführt in seinen Hals eindrang.
»Neiiin!« Sein Todesschrei erstickte gurgelnd im Blut.
Panisch warf er sich herum, aus dem Bett, fiel über einen Schemel, prallte mit dem Kopf gegen einen harten Gegenstand. Seine Hände

griffen zu seinem Hals. Überall war Blut: warm, klebrig, zähflüssig. Auch der Mund war voller Blut. Vergeblich versuchte er, um Hilfe zu schreien. Entsetzt starrte er an seinem Körper hinab. Das Nachtgewand war rot. Überall. Eklig-glitschige Gedärme hingen aus seinem Bauch heraus. Er hangelte nach dem Revolver auf dem Nachttisch, spürte das Metall der Remington, konnte die Trommel und den Griff ertasten.

Mit aller Kraft trat er nach der Frau mit der *Panga*, traf sie im Unterleib und sah sie gegen den Schrank prallen. Dann drückte er ab. Schüsse peitschten durch das Zimmer.

»Ulrich, um Gottes willen, Ulrich! Wach auf, Ulrich!«

Margarete Trappe stand entsetzt über ihrem am Boden liegenden Mann. Sie krümmte sich vor Schmerzen, weil er sie in den Unterleib getreten hatte. Die Schüsse hatten sie nur um Haaresbreite verfehlt.

Er riss die Augen weit, panisch und hasserfüllt auf und schlug wild um sich. Er traf seine Frau mit einem Faustschlag an der Stirn und schoss dem schwarzen Diener hinter ihr in den Oberschenkel.

Am Tag danach saßen sie auf der kleinen Veranda vor ihrem Haus und starrten über die Hügel, so wie sie es immer taten, wenn sie nicht wussten, was sie sich sagen sollten. Hinter dem Haus jauchzte ein Kind. Hunde bellten.

Karimbe, ihr Kinderboy, kam um die Ecke des Hauses. Er trug »Bubel«, wie sie ihren erst zwei Wochen jungen Sohn Ulrich nannten, auf dem Arm, eingehüllt in eine farbenprächtige Massaidecke. Das Baby schlief. An der anderen Hand tippelte die putzig ausschauende Ursula barfuß neben Karimbe her. Ihr Haar wehte im Wind. Sie war braun gebrannt und sah älter als knapp drei Jahre aus.

Die Novembersonne lugte zwischen den Wolken hervor. Es war ein schöner Tag, aber die Stimmung war sehr gereizt.

»Ich kann es wirklich nicht glauben. Wegen so eines blöden Wüstenstaats hätte Kaiser Wilhelm beinahe einen Krieg vom Zaun gebrochen«, sinnierte Margarete Trappe. Im gleichen Moment bereute sie, es gesagt zu haben, weil sie wusste, dass Ulrich nur nach einer Gelegenheit suchte, vom eigentlichen Thema abzulenken. Seine Antwort kam prompt und war kaum mehr als das, was er immer sagte: »Die Franzosen sind selbst dran schuld. Und die Engländer auch! Ich sage dir, es wäre eine gute Gelegenheit für das Deutsche Reich gewesen, die Machtverhältnisse in Europa zurechtzurücken. Die Engländer haben noch immer nicht kapiert, wer jetzt das Sagen hat. Und die Franzosen betreiben eine derart imperialistische Politik in Afrika, dass es an der Zeit wird, dass wir ihnen Einhalt gebieten.«

»Mein Großvater ist im letzten Krieg mit Frankreich gefallen, das reicht mir«, provozierte sie ihn und griff demonstrativ nach einer Zeitung. Am Nachmittag war aus Arusha die neuste Ausgabe der in Dar es Salam erscheinenden *Deutsch-Ostafrikanischen Rundschau* gebracht worden. Seit sich die Küstenstädte Dar es Salam und Bagamoyo zu pulsierenden Zentren der deutschen Kolonie entwickelt hatten, verbesserte sich der Informationsfluss zunehmend. Deutsche Postdampfer sorgten für die regelmäßige Lieferung deutscher Zeitungen. Aber auch im Land selbst wurden jetzt Zeitungen gedruckt. *Der Pflanzer*, ein Ratgeber für tropische Landwirtschaft, erschien wöchentlich zweimal; die *Usambara-Post* und der *Küstenbote vom Norden* wurden einmal wöchentlich in Tanga veröffentlicht; die *Amtlichen Anzeigen für den Bezirk Moschi* erschienen in zwangloser Folge.

Sie blätterte in der *Deutsch-Ostafrikanischen Rundschau*, in der ausführlich darüber berichtet wurde, wie sich der Konflikt zwischen Deutschland und Frankreich entwickelt hatte.

Nachdem Frankreich zur Befriedung innerer Unruhen in Marokko bis ins Landesinnere Marokkos vorgedrungen war, hatte Deutschland dies als Verletzung des Algeciras-Abkommens aus dem Jahre 1906 und als Bedrohung deutscher ökonomischer und politischer Positionen in Nordafrika interpretiert und daraufhin am 1. Juli das Kanonenboot »Panther« nach Agadir entsandt. England und Russland hatten unverzüglich mit Kriegsvorbereitungen reagiert.

Kaiser Wilhelm II. und Reichskanzler Theobald von Bethmann-Hollweg hatten die Entsendung des Kanonenbootes »Panther« ganz offensichtlich lediglich als außenpolitische Drohgebärde zur Durchsetzung ihrer Forderungen gedacht. Das jedoch nahm plötzlich in-

nenpolitische Dimensionen an, als dem Kaiser sowohl im eigenen inneren Führungszirkel als auch in der Öffentlichkeit zunehmend Feigheit gegenüber Frankreich und England vorgeworfen wurde. Die Stimmen nach einem Präventivkrieg wurden immer lauter. Um einen Gesichtsverlust zu verhindern, hatte das politisch in Isolation geratene Deutsche Reich dann tatsächlich mit Krieg gedroht.
Erst vor wenigen Wochen war die drohende militärische Auseinandersetzung auf diplomatischem Wege verhindert worden. Der Kompromiss sah vor, dass Frankreich einen Teil des Kongo an Deutschland abtreten musste. Im Gegenzug musste Deutschland jedoch Gebiete in den Kolonien Togo und Kamerun an Frankreich abgeben.

Ulrich Trappe nahm eine andere Zeitung in die Hand. Er war nervös, tat so, als lese er. Seine Frau betastete ihren Kopf.
»Hast du Schmerzen?«
Er schaute auf ihre Beule am Kopf. Der Bluterguss oberhalb der Augenbraue verfärbte sich bereits gelblich.
»Es geht. Du hast nicht richtig getroffen.«
»Es tut mir leid, Prinzessin!«
Sie blickte ihm voller Verachtung in die Augen, weil er sie Prinzessin nannte.
»Es war ein Albtraum, Ulrich. Du hast mich im Affekt getreten und geschlagen. Du musst dich nicht bei mir entschuldigen.«
»Es tut mir trotzdem leid. Wie geht es Gillala?«
»Ich habe ihn zur Missionsstation Nkoaranga bringen lassen. Die Kugel hat seinen linken Oberschenkel durchschlagen. Wenn die Fleischwunde sich nicht entzündet, wird er bald wieder gesund sein.«
Wieder starrten sie wortlos über die Hügel. Er wusste, was sie gleich sagen würde.
»Du hast dich sehr verändert, Ulrich. Diese Albträume, du hast sie regelmäßig. Und du trinkst zu viel …«
»Ich mache mir zu viele Sorgen um euch«, log er. »Überall geschehen grauenhafte Dinge um uns herum. Das geht schon seit zwei Jahren so. Letzte Woche wurde Bettina Schneider gefunden. Sie ist

hochschwanger gewesen. Diese Bestien haben ihr den Bauch aufgeschnitten und das Kind herausgerissen.«
»Deine Albträume haben einen anderen Hintergrund, Ulrich. Mich wundert es nicht, wenn du dich nachts von Afrikanerinnen mit einer *Panga* in der Hand verfolgt siehst. Du hast ein Verhältnis mit der Frau unseres Kochs«, unterbrach sie ihn und starrte weiter hinaus auf die Hügel. »Und der Tochter unseres Jagdboys Saida stellst du ebenfalls nach. Sie ist kaum älter als fünfzehn. Du bist ein charakterloses, mieses Schwein, Ulrich!«
Er schluckte verlegen und versuchte die Wahrheit zu kaschieren.
»Du hast dich auch sehr verändert, Prinzessin …«
»Nenn mich nicht Prinzessin, ja? Nie wieder …«
»Das darf wohl nur dein berühmter Großwildjäger Anthimos zu dir sagen, der große Philosoph und Gentleman aus Griechenland.«
»Er hat Charakter und Stil und Anstand. Du nicht!«
»Pah! Ihr reitet wochenlang alleine draußen durch den Busch, schlaft in ein und demselben Zelt. Weiß der Teufel, was ihr da treibt! Und mir wirfst du es vor, wenn ich einem dümmlichen Negermädchen an die Brüste fasse. Die sind das gewohnt. Es sind Huren. Sie ziehen sich für jeden aus, der ihnen ein paar Rupien gibt!«
Margarete konnte ihn vor lauter Verachtung nicht ansehen. Und sein Ton ängstigte sie.
»Margarete, du bist auch anders geworden. Du bist nicht mehr jene Frau, die ich vor fünf Jahren in Sagan kennengelernt habe.«
»Ich bin nicht anders geworden, Ulrich! Nein, ich bin jetzt die, die ich schon immer war, es aber nie sein durfte. Aber ich werde jetzt immer so sein! Und was Anthimos betrifft: Wir schlafen nie zusammen in einem Zelt, wenn wir auf Jagd gehen. Er würde mich nie anfassen, wenn ich es nicht wollte.«
»Willst du es denn?«
»Bis jetzt nicht, Ulrich. Bis jetzt nicht! Aber die Zukunft wird so sein, wie du sie durch dein Verhalten mir gegenüber vorgeben wirst. Es hängt von dir ab, Ulrich! Nur von dir hängt es ab, ob dieses Paradies hier weiter ein Paradies sein wird – oder ob es ein goldener Käfig mitten in Afrika für uns beide werden wird.«

Aus dem Kleinod Ngongongare am Fuße des Meru, der neuen Heimat von Ulrich und Margarete Trappe, hatte sich binnen zweier Jahre eine Musterfarm entwickelt. Schon im Jahr nach dem Kauf der ersten sechstausend Hektar Land hatten Ulrich und Margarete Trappe weitere zweitausendzweihundert Hektar mit dem Namen »Momella« und 1910 dann noch einmal achttausend Hektar bei Legurucki erworben. Unter dem Schutz der Massai und durch harte Arbeit schufen sie sich ihr eigenes kleines Reich nahe dem Kilimandscharo. Mehr als tausendfünfhundert Rinder grasten auf ihren Weiden und gediehen prächtig. Die Schweinezucht war profitabel. Auf die verschiedenen Farmen verteilt entstanden Ställe für die eigene Pferdezucht. Zentrifugen für die Milchverarbeitung und Butterproduktion wurden aus Deutschland eingeführt. Woche für Woche konnten mehrere Zentner goldgelbe Butter nach Moshi und an die Küste Deutsch-Ostfrikas geliefert werden. Besonders lukrativ war die Geschäftsbeziehung mit der auf der an Momella angrenzenden Serumstation der deutschen Regierung. Für die Produktion von Serum gegen die noch immer weitverbreitete Rinderpest wurde gesundes Vieh benötigt. Und davon hatten die Trappes genug.
Die Rahmenbedingungen waren bestens. Deutsch-Ostafrika hatte sich zwischenzeitlich zu einer Musterkolonie des Deutschen Reiches entwickelt. Jährlich ließen sich durchschnittlich fünfhundert deutsche Aussiedler am Kilimandscharo nieder. Einundzwanzig Verwaltungsbezirke überzogen die Kolonie mit einem perfekten preußischen Verwaltungsnetz unter Leitung des Gouverneurs Freiherr von Rechenberg. Entlang der Straßen entstanden im Abstand von Tagesreisen deutsche Gast- und Rasthäuser. Auf dem Njassa-See verkehrte der Dampfer »Hermann v. Wissmann«; der Regierungsdampfer »Ulanga« schipperte auf dem Rufiji, die »Gustav Meinecke« schwamm auf dem Pangani.
Das Glück von Margarete und Ulrich Trappe hatte sich am 19. März des Jahres 1909 mit der Geburt ihrer Tochter Ursula auf der nahen Missionsstation Nkoaranga noch vergrößert.
Bald entstand ein festes Farmhaus mit mehreren Zimmern, aus Bruchstein, mit Wellblechdach und herrlichen Obst-, Gemüse- und

Blumengärten, mit Weinreben und Spargelbeeten – und mit Zypressen, die Ulrich nahe dem Haus pflanzte: für jedes Jahr in ihrem Garten Eden ein neuer Baum.
Nichts schien das paradiesisch anmutende Leben der jungen Familie aus Schlesien trüben zu können. Während überall in der Umgebung des Meru die Viehdiebstähle auf den Farmen erschreckende Ausmaße annahmen, grausame Morde an weißen Frauen, Kindern und Männern die Siedler verunsicherten und die deutsche Schutztruppe und Polizeiposten vor schier unlösbare Probleme stellten, blieb die Farm von Margarete und Ulrich Trappe vor jeglichen Überfällen verschont. Der Mühsal der ersten Jahre folgten zunehmend Wochen der Unbeschwertheit. Ulrich Trappe widmete sich mit Begeisterung seinen Gärten und der Anlage neuer Wege. Margarete hatte mehr und mehr Zeit, ihrer Passion, der Jagd, nachzugehen. Gemeinsam mit Anthimos. Dessen Jagdausflüge dauerten immer länger und führten ihn in sehr entlegene Regionen. Denn das »weiße Gold Afrikas«, das Elfenbein, lockte Heerscharen selbst ernannter Großwildjäger an. Der Elefantenbestand nahm drastisch ab. Als Konsequenz erließ die deutsche Kolonialregierung in Dar es Salam im Jahre 1911 ein rigoroses Jagdgesetz. Afrika war plötzlich nicht mehr gesetzloser Tummelplatz der *White Hunter*.
Im Laufe seiner Jagdausflüge hatte Anthimos Koundouriotis Elefantenherden von bis zu fünftausend Tieren gesehen, hatte jagdbare Bullen bis zu entlegenen Gegenden verfolgt, die zuvor noch kein Europäer betreten hatte. Und immer wieder hatte er von seinen afrikanischen Spurenlesern und Gewehrträgern Geschichten von sagenhaften Elefantenfriedhöfen gehört. Altersschwache oder verletzte Elefanten, so wurde erzählt, würden sich seit ewigen Zeiten an versteckten Plätzen zum Sterben niederlegen. Und auf diesen Friedhöfen lägen Berge von Stoßzähnen – tonnenweise weißes Gold. Jahrelang war der Grieche skeptisch gewesen und hatte die Erzählungen als Fabeln abgetan – bis ihn schließlich der Zufall überzeugte.

Es war an einem Frühlingstag des Jahres 1912, knapp ein halbes Jahr nach dem tragischen Zwischenfall auf Ngongongare, bei dem

Ulrich Trappe seine Frau nach einem Albtraum geschlagen hatte. Anthimos Koundouriotis lagerte zusammen mit Margarete Trappe am Rande einer Steppe, durch die der Ruaha floss. Von früheren Jagdausflügen wusste der Grieche, dass sich zu dieser Jahreszeit in dieser Region große Elefantenherden sammelten. Das Lager hatten sie nahe einer Senke aufgeschlagen, die selbst in der Trockenzeit ständig unter Wasser stand. Die Morgensonne war gleißend und ohne jegliche Anmut aufgegangen und hatte damit signalisiert, dass es ein brütend heißer Tag werden würde.

Margarete Trappe saß mit einer Tasse Tee am Lagerfeuer. Sie fühlte sich nach der einwöchigen Anreise müde und zerschlagen. In Gedanken war sie noch immer zu Hause, in Ngongongare. Zum ersten Mal nach der Geburt ihrer beiden Kinder Ursula und Ulrich ging sie auf einen längeren Jagdausflug. Ulrich hatte sich sehr verständnisvoll gezeigt: »Du bist jetzt so lange Zeit nur Mutter gewesen – geh ruhig, ich werde zusammen mit Karimbe auf die Kinder und die Farm aufpassen.«

Diese ungewohnte Toleranz von Ulrich hatte sie nachdenklich gemacht. Schließlich mochte Ulrich Anthimos ganz und gar nicht. Die beiden gingen sich wenn möglich aus dem Weg. Ulrich war eifersüchtig. Eigentlich war Ulrich auf alle anderen Männer eifersüchtig. Wieso er sie nun geradezu drängte, drei Wochen mit Anthimos auf Jagd zu gehen, war Margarete unklar. Dass Karimbe, ihr Kinderboy, zuverlässig war, wusste sie. Nein, um die Kinder machte sie sich eigentlich keine Sorgen. Mehr um Ulrich.

»Mzee! Mzee! Ndovu, kubwa sana ...«, riss sie der Ruf von Anthimos' Spurenleser aus ihren Gedanken. Der hutzlig-kleine Chagga mit seinen unglaublich dünnen Beinen kam aufgeregt herbeigerannt. Sie mochte es, wenn seine schwarzen Angestellten Anthimos *»Mzee«* nannten. Alle nannten ihn so, alle Schwarzen. Sie hatten Respekt vor ihm. Keinen angsterfüllten Respekt, wie ihre Leute auf Ngongongare es vor Ulrich hatten. Nein, diese Afrikaner schätzten, verehrten Anthimos und gaben ihm mit ihrer ehrfurchtsvollen Anrede *»Mzee«* zu verstehen, dass sie ihn mochten, ihn als *Bwana kubwa sana*, einen respektierten Herrn ansahen.

Sie verstand auch, warum. Anthimos schien alles zu wissen und alles zu können. Er war der perfekteste Mensch, den sie je kennengelernt hatte. Seine exzellente Bildung faszinierte sie. Einmal, als ein gigantischer Regenbogen über der Massai-Steppe und den dort grasenden Gnu- und Zebraherden stand, hatte er gesagt: »Fast so, wie es in der Genesis, am vierten Tag der Schöpfung, beschrieben ist. Das war, als Gott beschließt, die Tiere auf der Welt auszusetzen.« Danach hatte er stundenlang den Regenbogen und die Herden bewundert und über ein Buch mit dem Titel *Paradise Lost* von einem John Milton gesprochen. Es war ein sehr altes Buch, in dem er oft las, wenn er vor seinem Zelt saß. Wieso Anthimos sich mit der Bibel so gut auskannte, wusste sie nicht. Schließlich stand er dem christlichen Glauben sehr kritisch gegenüber. Ein anderes Mal wiederum sprach er mit so viel Kenntnis über den Koran und den Islam, dass sie für Momente überlegt hatte, ob er wohl ein Moslem sei. Seine Frau war es jedenfalls gewesen, das wusste sie. Aber Margarete hatte sich nicht getraut, Anthimos danach zu fragen.
Er kokettierte nie mit dem, was er konnte und wusste. In seiner Gegenwart kam sie sich oft dumm, ungebildet vor. Von den griechischen Philosophen, die er ständig zitierte, hatte sie noch nie gehört und konnte sich nicht einmal deren Namen merken. Auf jeder Safari schleppte er eine Kiste Bücher mit, mit wunderbaren Einbänden, geschrieben in allerlei Sprachen. Seine ausgezeichneten Sprachkenntnisse führten manchmal dazu, dass sie nicht einmal wusste, in welcher Sprache er gerade sprach.
Für Margarete war er ein Universalgenie: Er verirrte sich nie in der Wildnis, schien jeden Hügel, Berg oder Fluss zu kennen. Mitten im Nirgendwo erkannte er einen kleinen Baum wieder, von dem er wusste, dass man dort links abbiegen muss. »Hier war ich einmal vor fünfzehn Jahren«, murmelte er dann, und sie war sich nicht sicher, ob dieser Strauch vor fünfzehn Jahren überhaupt schon hier gestanden hatte oder ob es damals nicht nur ein kleiner, mickriger Busch gewesen war, den er eigentlich nicht wiedererkennen konnte. Aber er konnte! Er wusste, welche Blätter oder Wurzeln man gegen Durchfall essen musste, zupfte schon beim Ritt zum Lager allerlei

Gräser, aus denen dann ein köstlicher Salat, perfekt zu einem Steak, wurde. Dieser Mann ritt wie ein Indianer und konnte die Hufe mit einfachsten Mitteln kalt beschlagen oder Wunden mit Heilkräutern aus der freien Natur behandeln. Die Wildnis Afrikas erlebte Anthimos mit allen Sinnen. Manchmal hob er seine recht große Nase, streckte sie, witternd wie ein Vorsteherhund, in die Luft, sog irgendetwas ein, was nur er roch, und sagte: »*Nyati* – ziemlich viele und kaum mehr als zwei Kilometer entfernt.«
Wenn sie dann plötzlich vor einer riesigen Herde Büffel standen, zuckte er nonchalant mit den Schultern und sagte lachend: »Hab ich es doch geahnt!«
Sein Lachen, es was bezaubernd! Vielleicht war es überhaupt das Schönste an ihm. Er konnte so herzergreifend laut und offen und glücklich lachen, dabei seine schon etwas gelblichen Zähne und eine unglaubliche Lebenskraft in seinen dunklen Augen zeigen, dass sie schon oft gedacht hatte, er sei der glücklichste Mensch auf Erden.
Er hatte ein fast kindliches Gemüt, wenn er seinen Spaß hatte. Besonders beim Skorpionfangen. Er liebte es über alles, beim abendlichen Lagerfeuer dicke Baumstämme aufs Feuer zu legen und darauf zu warten, bis die in abgestorbenen Bäumen lebenden braunen Skorpione panisch herausflitzten und er sie dann mit der Hand fangen konnte. Sie bewunderte seine Schnelligkeit und Geschicklichkeit, wenn er die Skorpione von oben zwischen Zeigefinger und Daumen blitzschnell hinter dem Kopf ergriff und sich kindlich freute, weil die giftigen Tiere mit ihrem nur nach vorne beweglichen Stachel nicht seinen Daumen oder den anderen Finger erwischten. Ja, Anthimos wirkte oft so, als sei er glücklich.
Aber er war es nicht. Warum, wusste sie nicht. Er trug etwas Dumpfes und Schweres tief in sich. Sie hatte ihn einmal gefragt, warum er manchmal so traurig sei. Er war der Frage ausgewichen und hatte nur gesagt: »Das ist die unergründliche griechische Seele in mir.«
Meistens jedoch lachte er. Oder er plapperte munter drauflos, wie ein kleines Kind. So wie jetzt mit dem Spurenleser. Nichts verstand sie von dem Wortschwall, der sich zwischen ihm und seinem Spurenleser entwickelte. Margarete beobachtete Anthimos. Er hatte

einen wunderschönen Mund, wenn er Kisuaheli sprach. Seine kräftigen Hände und Arme redeten immer mit. Er konnte sie nie ruhig halten. Selbst seine Augen sprachen. Schließlich kam er auf sie zu, ganz gelassen, so als sei nichts Besonderes geschehen.

»Er sagt, dass da unten im Sumpf ein Elefantenbulle dem Tod ein paar Schritte entgegengeht und dass er so große, weit ausladende Stoßzähne habe, dass er Berge wohl nur rückwärts hochgehen könne.«

»Was meint er damit: dem Tod ein paar Schritte entgegengehen?«

»Er sagt, dass dort unten ein Elefantenfriedhof ist.«

»Elefantenfriedhof? Ich habe diese Geschichte schon gehört, aber ich dachte immer, dass es kaum mehr als Jägerlatein ist. Was denkst du?«

»Ich glaube daran. Aber ich weiß es nicht. In Afrika kommt man mit dem Glauben manchmal weiter als mit dem Wissen.«

Da war es wieder, dachte Margarete Trappe. Wenn Anthimos' Worte so verschlüsselt waren, erschauerte sie gelegentlich. Dann hatte sie das Gefühl, als wisse er etwas, was er nicht bereit war, ihr zu sagen. Ruhig sprach er weiter: »Du darfst dir einen solchen Elefantenfriedhof nicht als einen einzigen, großen Platz irgendwo in Afrika vorstellen, wo alle Elefanten zum Sterben hinkommen, Toute Sweet. Nein, es ist wohl eher so, dass jede große Landschaft so einen Friedhof hat.«

»Aber warum sollten Elefanten so etwas machen, Anthimos?«

»Kranke Tiere und auch kranke Menschen sind naturgemäß durstig. Es ergibt also einen Sinn, wenn sich diese Kolosse im Bewusstsein, dass es mit ihnen zu Ende geht, zum Wasser begeben, zu einem Fluss oder einem Sumpfgebiet. Da haben sie ständig Wasser und verdursten nicht. Andererseits würde sich ein Elefant nie freiwillig in einen Sumpf begeben, in dem er versinken kann. Du musst einmal beobachten, wie sorgfältig ein Elefant mit dem Rüssel jeden Schritt seines Weges prüft, bevor er seine riesigen Füße vorwärts setzt. Die spüren es, wenn der Sumpf gefährlich tief ist.«

»Und du meinst, sie würden absichtlich in die Sümpfe gehen, um dort zu sterben?«

»Ein alter afrikanischer Jäger hat mir erzählt, dass es an der Wasserscheide des Kongo und Sambesi, im Walunda-Land, in einem Dschungel zwei Sumpfgebiete, Shikanda und Segwe genannt, gibt, wo angeblich Tausende tote Elefanten liegen. Die Sümpfe drum herum müssen unpassierbar sein. Die Elefanten gehen dort hin, um zu sterben. Und dann versinken sie da. Die Krokodile spielen die Totenwächter, sind Hüter eines unvorstellbaren Elfenbeinschatzes.«

»Und du meinst, das hier sei so ein Sumpf?«

»Lass uns hingehen und nachschauen«, antwortete Anthimos und griff nach seinem Gewehr.

Sie gingen fast eine Stunde zu Fuß, und die Sonne brannte erbarmungslos auf sie herab. Das Gelände wurde immer grüner und feuchter, die Wiesen waren von kleinen Rinnsalen durchzogen. Das Schilfgras um sie herum wurde höher und immer undurchdringlicher. Fliegen umsurrten sie. Die beiden afrikanischen Fährtenleser wirkten sehr angespannt. Dann hatten sie den äußeren Rand des Sumpfes erreicht. Beide versanken bereits tief im Morast und konnten sich nur mühsam vorwärtsschleppen. Überall waren Grastunnel, die von Flusspferden ausgetreten worden waren.

Plötzlich stand er vor ihnen: alt und grau, mächtig, friedlich, ruhig und lautlos, fast bis zum Bauch im Wasser, nur knapp dreißig Meter entfernt. Lediglich seine Ohren bewegten sich ab und an. Seine Körpersprache ließ erahnen, dass er sterben wollte. Er hatte die schönsten und prachtvollsten Stoßzähne, die Margarete Trappe jemals gesehen hatte.

»Mindestens hundertzwanzig Pfund pro Zahn, das sind fast viertausend Reichsmark«, flüsterte sie aufgeregt.

Anthimos blickte sie eigenartig an. Sie schämte sich plötzlich, den Wert des Elfenbeins genannt zu haben.

»Ja«, hauchte Anthimos. »Aber siehst du die vielen kleinen Vögel, die Madenhacker am Bauch hinter seinem rechten Vorderbein?«

»Was ist damit?«

»Er ist verwundet. Schwer verwundet. Die Madenhacker fressen die Würmer aus der Wunde. Der alte Herr leidet Höllenqualen …«

»Eine Schusswunde?«

»Nein, sieht aus wie eine Speerwunde. Es gibt hier Stämme, die jagen Elefanten wegen ihres Fleisches. Sie pirschen sich von hinten heran und halten sich am Schwanz des Elefanten fest. Wenn er dann beginnt, sich wutentbrannt im Kreise zu drehen, stoßen sie ihre Speere von seitlich hinten so lange in die geöffnete Flanke, bis sie das Herz treffen.«

»Grausam!«

»Nein, mutig – von den Jägern!« Er überlegte kurz. »Ich werde ihn erlösen! Wenn er uns angreift, haben wir hier im Sumpf keine Chance. Ich denke, er mag die Menschen nicht sehr. Besser, ich tu ihm noch einen Gefallen.«

Anthimos hob seine Doppelbüchse. Bruchteile von Sekunden später hallte der Schuss durch den Sumpf. Der Kopf des Dickhäuters wurde nach hinten gerissen. Ein tiefes Seufzen drang zu ihnen herüber. Dann fiel das Tier seitlich in den Morast. Eine halbe Stunde später war der Elefant nicht mehr zu sehen. Blubbernde Luftblasen stiegen aus dem Moor empor, wo er eben noch gestanden hatte.

Margarete Trappe atmete tief aus. Sie war erschüttert und doch glücklich. Anthimos sprach mit den beiden Fährtenlesern. Der Kleinste der beiden stand fast bis zu den Schultern im Wasser.

»Bleib hier, Toute«, sagte er dann zu ihr. Ohne ihre Frage abzuwarten, warum sie hierbleiben solle, ging er zu der knapp dreißig Schritt entfernten Stelle, wo der Bulle versunken war. Er watete durch den Sumpf, das Gewehr über den Kopf haltend. Zentimeter für Zentimeter tastete er sich durch den Morast und versank plötzlich fast bis zum Hals. Er fluchte und blieb stehen. Sie konnte nicht erkennen, was er tat.

»Was macht er da?«, fragte sie den kleinen Spurenleser auf Kisuaheli.

»Er entschuldigt sich bei dem Elefanten, dass er ihn getötet hat, Memsahib. Er macht das immer so …«

Es dauerte lange, bis Anthimos wieder aus dem Morast heraus war. Seine Kleidung war völlig verschmutzt. Er wirkte sehr ernst. Am Ufer des Sumpfes angelangt, ging er schweigend auf einen Busch zu und verschwand dahinter. Wenige Augenblicke später kehrte er mit

einer *Kanga* um die Hüften geschlungen zurück. Das knöchellange bunte afrikanische Tuch ließ ihn wie einen Massai aussehen. Sie starrte verschämt auf seinen muskulösen Oberkörper.
»Du solltest dich auch ausziehen, Toute Sweet. In dem Sumpf sind Millionen von Blutegeln. Noch sitzen sie in deiner Kleidung. Aber wenn du dich jetzt nicht bald ausziehst, werden sie sich Millimeter für Millimeter in deine schöne, weiche Haut hineinfressen. Morgen wirst du dann leiden.«
Er drehte sich um, während sie sich auszog und sich eine Decke um den Körper wickelte. Die Fährtensucher taten so, als würden sie ebenfalls wegschauen.
»Anthimos ...«
»Ja ...«
»Da ist was an meinem linken Oberschenkel.«
»Schwarz-braun?«
»Ja!«
»Ein bis zwei Zentimeter lang?«
»Länger!«
»Wo am Oberschenkel?«
Sie wollte ihn gerade zornig anfauchen, als er lauthals loslachte. Er schüttelte sich vor Lachen, und sie wurde ungeheuer wütend.
»Warum lachst du, verdammt noch mal?«
»Wenn ich es mir recht überlege, Toute Sweet, dann wäre ich jetzt gerne dieser Blutegel an deinem Oberschenkel ...«
In dem Moment trat der kleine Fährtensucher zu Anthimos. Sie sah, wie Anthimos sehr ernst wurde. Er hatte etwas in seinem Blick, das sie noch nie zuvor in seinen Augen gesehen hatte. Der Fährtensucher redete wortreich auf Anthimos ein, doch der schwieg. Sie verstand nicht, um was es ging. Plötzlich ergriff Anthimos sein Gewehr, repetierte und hielt dem kleinen Afrikaner den Lauf direkt vor das Gesicht. Dieser schien keine Angst zu haben.
»Anthimos, bist du wahnsinnig?«, schrie sie auf, weil sie sah, dass er bereit war abzudrücken.
»Nein, bin ich nicht!« Er sagte es ganz ruhig, schaute dabei dem Fährtenleser in die Augen, blickte hinüber zu dem anderen *Game*

Tracker und sagte dann in einem Kauderwelsch aus Englisch und Kisuaheli: *»Mzee, you better keep your mouth shut for the rest of your life. There is nothing you have seen or heard. Hakuna Ndovu hapa! If you do not, I'll get kali, kali mwingi sana, and I'll shoot you!«*

»Ndio, Mzee!« Mehr sagte der Dünnbeinige nicht. Der andere Afrikaner hatte zu viel Angst, um sprechen zu können. Er schüttelte den Kopf, entschied sich dann aber zu nicken.

»Was ist denn los, Anthimos? Warum drohst du den beiden?«

Anthimos ließ das Gewehr sinken, bis der Mündungslauf neben die Füße des Afrikaners zeigte. Noch immer starrte er dem Kleinen in die Augen. Dann ging ein Schuss los, und neben den Füßen des Alten wirbelte Staub empor. Aber der Fährtenleser zuckte nicht einmal zusammen. Stattdessen sagte er selbstbewusst *»Ndio, Mzee«* und ging ohne große Eile davon.

»Was zum Teufel geht hier vor?«, schrie sie Anthimos an.

»Ich habe draußen im Sumpf überall Elfenbeinstoßzähne und Skelette unter meinen Füßen gespürt. Da liegen vielleicht Hunderte von toten Elefanten – ein Vermögen!«

»Warum hast du den beiden gedroht, sie zu erschießen?«

»Weil sie ahnen, was ich da draußen im Sumpf unter meinen Füßen gefühlt habe. Die Burschen sind nicht dumm. Sie riechen, dass da unten ein Elfenbeinschatz liegt. Außerdem kennen sie mich zu gut.«

»Das verstehe ich nicht.«

»Die beiden gehen seit zwanzig Jahren mit mir auf Jagd. Sie wissen, dass ich diesen heiligen Ort der Elefanten unangetastet lassen werde. Das Elfenbein bleibt da, wo es ist! Ich habe den beiden gesagt, dass sie sich niemals trauen sollten, die Stoßzähne aus dem Sumpf zu holen, und niemandem davon erzählen dürfen, sonst erschieße ich sie. Ich bin kein Friedhofsschänder. Ich liebe Elefanten, auch wenn ich sie manchmal töte.«

Am Abend war die Stimmung im Lager sehr gedrückt, jedoch nicht nur wegen des Zwischenfalls. Es war Margarete peinlich, dass Anthimos sie im Lager auf einen Stuhl setzte, ihr langsam die Decke an

ihrem Bein hochschob, bis er den Blutegel sehen konnte. Er goss Paraffin auf die Stelle und wartete einige Augenblicke, bis sich der Wurm langsam rückwärts aus der Haut bewegte. Dann zog er ihn mit seinem Messer vorsichtig heraus und desinfizierte die kleine Wunde.
Es war ihr sehr unangenehm, wie sie so vor ihm saß und er vor ihr kniete und sie dachte, dass er ihr in den Schritt sehen könnte – eine Vorstellung, die sie irgendwie aber auch erregte. Diese Gedanken waren ihr peinlich, doch sie genoss jede Bewegung seiner Hände und zitterte, als sich seine Fingerspitzen Millimeter für Millimeter an der Innenseite ihres Oberschenkels entlangtasteten.
Er konnte ihre Gedanken lesen, dessen war sie sich sicher.
Stundenlang war Anthimos sehr wortkarg gewesen, rauchte viel und trank mehr Wein als sonst. Kurz nach dem Essen sagte er plötzlich: »Ich habe mich entschieden, keine Elefanten mehr zu schießen. Es gibt seit ein paar Monaten ein Jagdgesetz der deutschen Kolonialregierung. Man muss jetzt einen großen Jagdschein haben. Zwei Elefantenbullen darf man dann schießen. Das ist der Anfang vom Ende der großen Freiheit hier in Afrika. Vielleicht gebe ich die Jagd ganz auf!«
»Warum das?«
»Als ich zusammen mit deinem Bruder vor mehr als zwanzig Jahren hierherkam, war dieses Land unberührt und schön und wild. Ein gutes Land für Menschen, die Freiheit suchten. Aber eure preußische Zucht und Ordnung hat Spuren hinterlassen. Was ihr Zivilisation nennt, ist meine Unfreiheit. Und die nimmt dramatisch zu. Überall werden Funktelegrafenstationen gebaut. Demnächst werden sie in Muansa eine Station mit viertausend Kilometer Reichweite errichten. Dann kannst du von Arusha aus über den Kamerun direkt mit Berlin telegrafieren.«
»Aber das ist doch wunderbar, Anthimos. Ich weiß wirklich nicht, wo ich darin Nachteile sehen soll.«
»Toute, hinter diesen Plänen stecken keine wirtschaftlichen, sondern militärische Interessen. Die Deutschen in Ostafrika sind noch immer auf das Seekabel der Engländer im Roten Meer angewiesen. So ge-

sehen hören die in London jedes Wort mit, was eure Schutztruppe hier in Afrika mit Berlin bespricht. Im Kriegsfall wäre das fatal!«

»Wie kommst du bloß auf die Idee, dass es hier Krieg geben kann. Ich verstehe dich ehrlich gesagt nicht.«

»Euer Kaiser ist gierig! Gierig nach Kolonien. Leute wie der ehemalige Hauptmann Leue von dieser Deutsch-Ostafrikanischen Gesellschaft sind Handlanger deutscher Machtpolitik. Ist dir bekannt, dass die deutsche Regierung der Hauptaktionär an dieser Gesellschaft ist, hm? Euer Kaiser kontrolliert diese vermeintlich privaten Gesellschaften. Und ich sage dir, Berlin will mehr. Die bauen ihre Flotte auf Teufel komm raus aus. Die wollen Weltmacht Nummer eins werden. Es gibt ein afrikanisches Sprichwort, das sagt: ›Wenn Elefanten kämpfen, leidet das Gras unter ihnen.‹ Glaub es mir, Toute Sweet: Wenn es in Europa Krieg gibt, und es wird ihn geben, dann wird es auch hier in Ostafrika Krieg geben. Dann werden wir das Gras sein, das leidet …«

Nach diesem Gespräch war sie sehr verunsichert und ließ Anthimos in Ruhe. Er wirkte sehr bedrückt. Gegen Mitternacht saßen sie noch immer wortlos vor dem Lagerfeuer. Plötzlich stand er auf und ging zu seinem Zelt. Sie wollte ihm folgen, wollte ihm nahe sein. Denn sie war wenige Augenblicke zuvor sehr ehrlich zu sich selbst gewesen und hatte erkannt, dass sie Anthimos liebte. Sie spürte das Verlangen, in seinen Armen einzuschlafen, sehnte sich danach, in seinen Armen aufzuwachen. Sie konnte fühlen, dass auch Anthimos das wollte, doch er ging zu seinem Zelt, ohne sich noch einmal zu ihr umzudrehen.

*

Oberstleutnant Freiherr von Schleinitz tobte. Aufgeregt schritt der Oberkommandierende der Kaiserlichen Schutztruppen in Deutsch-Ostafrika auf dem Balkon des Bezirksamtes in Dar es Salam auf und ab. Zwei seiner Stabsoffiziere standen in ihrer weißen Uniform verunsichert an der Balkontür. Sie kannten die cholerischen Anfälle ihres Vorgesetzten.

»Die Herren im Reichskolonialamt in Berlin sind von allen guten Geistern verlassen. Die sind verrückt«, echauffierte sich Freiherr von Schleinitz. »Als hätten wir hier nichts Besseres zu tun, als Urlaubsplaner für den greisen deutschen Hochadel zu spielen.«
»Wann soll die Jagdgesellschaft denn hier anreisen?«, fragte einer der Staboffiziere.
»Seine Hoheit und sein Sohn möchten uns Anfang August beehren. Das sind gerade mal noch vier Monate, die uns für die Organisation zur Verfügung stehen.«
»Ziemlich knapp, vier Monate«, sinnierte der andere Offizier und ergänzte: »Wenn die mit dem gesamten Hofstaat anreisen, sind das gut und gerne vierzig bis fünfzig Personen. Und wenn wir dann noch das Dienstpersonal dazurechnen, müssen wir Quartier und Transport für fast einhundert Leute arrangieren – mal abgesehen von den einheimischen Trägern.«
Der Oberkommandierende blieb auf dem Balkon stehen und schaute nachdenklich hinunter auf die Uferpromenade. Für einen Märzsonntag war es auffällig ruhig. Nur wenige deutsche Familien spazierten umher. Sein Blick ging hinaus auf den Hafen, wo ein deutscher Postdampfer vor Anker lag. Das Schiff hatte gestern diplomatische Post aus Berlin mitgebracht. Neben einer ausführlichen Einschätzung des Balkankrieges war darunter auch ein sehr interessantes Dossier des Kriegsministeriums gewesen, das sich ausführlich mit den neusten technischen Entwicklungen im Flugzeug- und Zeppelinbau und deren Zukunftsperspektiven unter militärischen Aspekten beschäftigt hatte. Am 27. Januar war in Berlin der Kaiserpreis für den besten Flugzeugmotor vergeben worden. Die Militärstrategen im Kriegsministerium prognostizierten in dem Dossier bahnbrechende Veränderungen in der Militärstrategie, falls es gelingen sollte, Luftschiffe und Flugzeuge für militärische Zwecke einzusetzen. Dieses Dossier hatte ihn bis in den frühen Morgen beschäftigt, weil er plötzlich die Vision gehabt hatte, ein Zeppelin könne bald zwischen Deutschland und Ostafrika hin- und herfliegen. Die Heimat wäre dann nicht mehr ganz so weit weg. Für Momente schweiften seine Gedanken zurück. Seit sechs Jahren war er jetzt schon in Deutsch-Ostafrika. Es

war bislang ein sehr ruhiger, interessanter Dienst gewesen. Nachdem der Maji-Maji-Aufstand niedergeschlagen worden war, hatte seine Aufgabe eigentlich nur in dem kontinuierlichen Aufbau des Militär- und Polizeiapparates bestanden. Nennenswerte militärische Konflikte hatte es in den letzten Jahren nicht mehr gegeben. Landesweit waren kleine Festungen gebaut worden. Die Kommunikation war dank der vielen Telegrafenstationen unproblematisch, die Straßen wurden immer besser, und das gute Eisenbahnnetz erleichterte den Transport der Soldaten ganz erheblich. Die sich aus vierzehn Kompanien zusammensetzende Schutztruppe bestand jetzt aus zwei Stabsoffizieren, siebzehn Hauptleuten, neunundvierzig Oberleutnants und Leutnants, zweiundvierzig Sanitätsoffizieren, sechzig Unteroffizieren, diversen Feuerwerkern und alles in allem etwa zweitausendfünfhundert Askaris. Damit war die Sicherheit in der Kolonie problemlos zu gewährleisten, zumal die Polizei ebenfalls recht straff organisiert war.
Die jetzt überall in der Kolonie entstehenden Freiwilligenkorps aus Farmern und ehemaligen Soldaten machten die Kontrolle über das Land noch einfacher. Gerade erst vor drei Wochen war in Usambara ein solches Korps unter Hauptmann a. D. von Prince in Wilhelmsthal gegründet worden. Und das war es auch, was ihn jetzt beunruhigte. Denn genau in dieser Region zwischen Moshi und der Region um den Meru braute sich seit zwei Jahren etwas zusammen, was ihm schon manch arge Rüge aus Berlin eingebracht hatte.
In Berlin zeigte man wenig Verständnis dafür, dass insbesondere in dieser Gegend in mehr oder minder regelmäßigen Abständen weiße Farmer grausam umgebracht wurden. Die Zahl der Opfer hatte sich gerade erst vor zwei Wochen durch den Mord an dem deutschen Siedler Meyerhold auf nunmehr insgesamt fünfundachtzig erhöht. Und es waren ausnahmslos Deutsche! Dummerweise wollte aber nun der angekündigte Besuch aus Deutschland ausgerechnet in dieser Region auf Jagd gehen. Das bereitete von Schleinitz als Oberkommandierendem der Schutztruppe große Kopfschmerzen. Nachdenklich wandte er sich den beiden Offizieren neben ihm auf dem Balkon zu.

»Diese Morde rund um den Meru beunruhigen mich. Berlin bereitet mir deswegen schon genug Kopfschmerzen, weil es uns einfach nicht gelingt herauszufinden, was da oben wirklich abläuft.«

»Ich hatte ja schon in meinem letzten Bericht zur inneren Sicherheit der Kolonie darauf hingewiesen, dass es sich meines Erachtens dort oben wahrscheinlich doch um den Beginn eines Aufstandes gegen die Fremdherrschaft durch Weiße handelt«, schaltete sich nun Leutnant Krawitz ein. »Für mich ist klar, dass diese Morde unter den dort lebenden Stämmen koordiniert werden. Anders ist es kaum zu erklären, dass manchmal an einem Tag oder in einer Nacht mehrere Aktionen gleichzeitig stattfinden – und das auf völlig unterschiedlichen Stammesgebieten.«

»Aber das wäre zum ersten Mal in den letzten einhundert Jahren, eigentlich zum ersten Mal in der Geschichte Ostafrikas, dass sich bislang untereinander verfeindete Stämme zusammenschließen, um gemeinsam aktiv zu werden«, gab Freiherr von Schleinitz zu bedenken. »Die Wameru, Waarusha, Wachagga – mehr noch die Massai – sind sich traditionell untereinander spinnefeind.«

»Das stimmt wohl«, ergriff nun der andere Offizier das Wort. »Aber fest steht auch, dass wir bislang so gut wie keine Informationen haben, wer dahintersteckt. Die Täter schlagen unerwartet zu und verschwinden spurlos in den dichten Wäldern und zerklüfteten Tälern der Meru-Berge. Da gibt es zwar die Aussage dieses Mörders, der im letzten Jahr in Arusha hingerichtet worden ist, wonach es angeblich eine Gruppe von Schwarzen gebe, die sich *Ujamaa Kali* nennt und sich mal am Ngare Nanyuki getroffen hat. Aber ich denke, dem sollten wir nicht allzu große Bedeutung beimessen. Wir kämpfen dort oben gegen einen Feind, den wir nicht kennen, der unsichtbar ist, der anscheinend von der Bevölkerung unterstützt wird – und zudem noch den Vorteil hat, das unübersichtliche Terrain für sich nutzen zu können.«

»Und genau dort wollen die auf Safari gehen? Das wird problematisch!«, resümierte Leutnant Krawitz. »Es sei denn …«

»Es sei denn was?«, unterbrach ihn sein Vorgesetzter, Freiherr von Schleinitz.

»Nun ja, da oben haben ja auch die Trappes ihre Farmen. Besseres Jagdterrain gibt es am Meru nirgendwo. Warum auch immer es so ist, sei dahingestellt: Fest steht jedoch, dass es auf den Farmen von Ulrich und Margarete Trappe seit Jahren nicht einen einzigen Zwischenfall gegeben hat. Die leben wie im Paradies und werden immer wohlhabender.«
»Tja, seltsam ist das schon, Herr Leutnant. Wir haben ja bereits öfter über dieses Phänomen gesprochen. Aber ich kann mich noch immer nicht mit Ihrer Einschätzung anfreunden, dass diese komische Sache mit den Massai dabei eine Rolle spielt. Weiß der Teufel, warum die Massai diese Margarete Trappe »Jeyo« nennen. Keiner konnte es uns bislang so richtig erklären. Sie selbst kann es auch nicht, aber ganz offensichtlich genießt sie den Schutz der Massai.«
»Oder die Täter ziehen sich nach ihren Anschlägen in ihre Verstecke auf den Farmen der Trappes zurück«, unterbrach der andere Offizier die Unterredung. »Die Trappe-Farmen sind riesig. In den Urwäldern, Schluchten und Bergen da oben können sie problemlos ein ganzes Regiment verstecken. Diese Bande von Mördern wäre sehr dumm, wenn sie in der Nähe ihres Verstecks aktiv werden würde.«
Oberstleutnant von Schleinitz blickte abrupt auf. Nachdenklich fuhr er sich mit dem rechten Mittelfinger über die Lippen. Er holte tief Luft, atmete hörbar aus und sprach plötzlich sehr leise: »Das, Herr Leutnant, sagen Sie ab sofort nie wieder laut! Das ist ein Befehl! Dieser Verdacht wird mit sofortiger Wirkung als militärisches Geheimnis behandelt – denn ich glaube, dass Sie recht haben könnten! Und wenn dem so ist, dann haben wir für unseren hohen Gast aus Bayern ein sehr sicheres Jagdgebiet gefunden – und vielleicht auch bald eine Lösung für die Sicherheitsprobleme im Land.«

*

Anthimos Koundouriotis war sich ziemlich sicher, menschliche Stimmen gehört zu haben. Allerdings hielt er es für ausgeschlossen, dass sich in diesem Krater Menschen aufhielten. Schwarze trauten sich wegen Gurumico nicht hierher. Und die wenigen weißen Siedler, die auf dieser Seite des Meru lebten, hatten weder eine Ahnung, wo der Zugang zu dem Krater lag, noch trauten sie sich so weit von ihren Farmen weg, seit die ganze Region in der Angst vor Überfällen lebte. Nein, er konnte eigentlich mit Gewissheit ausschließen, dass sich außer ihm irgendein anderer Mensch im Ngurdoto-Krater aufhielt.

Mühsam bahnte er sich einen Weg durch das dichte Unterholz. Sein rechter Arm schmerzte, weil er sich jeden Meter durch den Urwald mit der *Panga* freischlagen musste. Seine Kleidung war schweißgetränkt. Er versank bis zu den Knöcheln im Morast. Stechfliegen umsurrten ihn. Die Sonne hatte sich soeben hinter dem Kraterrand gesenkt. In spätestens zwei Stunden würde es dunkel werden. Er wusste, dass sich dann Millionen Moskitos auf ihn stürzen würden, wenn er bis dahin nicht einen geeigneten Lagerplatz gefunden hatte, wo er sein Moskitonetz aufspannen konnte. Aber solche trockenen Lagerplätze gab es nur auf der anderen Seite des Sumpfes. Dort hatte er die Stimmen gehört – oder glaubte, sie gehört zu haben.

Dort hatte er auch das letzte Mal vor vielen Monaten Fragmente eines Tatzenabdruckes von Gurumico gesehen. Zumindest vermutete er, dass dieser Abdruck von Gurumico stammte. Genau das machte die Jagd in diesem Krater so schwierig und gefährlich: Der Boden war fast überall sumpfig. Was immer auf diesem Boden eine Spur hinterließ, nach kaum mehr als einer Stunde war der Abdruck wieder weg. Was noch viel unangenehmer war: Ohne Spuren auf dem Boden war er hilflos, hatte er keine Ahnung, was sich um ihn herum tat. Nichts, kein handgroßer Abdruck eines Büffels, von denen es hier unten viele gab, nicht die spitzen, paarigen Abdrücke von Antilopen und auch nicht die riesigen Trittsiegel von Elefantenfüßen, verriet, was gestern oder auch erst vor einer Stunde hier geschehen war. Er konnte hier gewesen sein, ihm jetzt irgendwo hoch oben in einem Baum oder hinter einem Strauch auflauern und dann plötzlich angreifen.

So wie damals.

Unbewusst tastete er mit der linken Hand nach der langen Narbe auf seiner Wange. Die Hitze und die hohe Luftfeuchtigkeit hier unten im

Krater hatten die Narbe anschwellen lassen. Mit seiner Zunge fuhr er in der Mundhöhle an der Narbe entlang. Er konnte die Stellen fühlen, an der die unteren Fangzähne in seinen Kiefer eingedrungen waren – nur wenige Millimeter von der Halsschlagader entfernt. Er atmete tief durch, weil ihn die Erinnerungen einholten und quälten. Ja, hätte er damals sein Gewehr nicht am Zelt aufgehängt, sondern die Waffe so, wie es ein erfahrener Jäger in der Wildnis macht, schussbereit neben sich gelegt, Saida würde noch leben. Auch wenn er in der Dunkelheit damals nicht gesehen hatte, was genau geschah, und er nur diese todeserfüllten Gurgellaute von ihr und dann das bösartige Knurren von ihm gehört hatte. Hätte er das Gewehr sofort griffbereit gehabt, hätte er zumindest in die Luft schießen können. Dann wäre er ohne Frage geflüchtet – und Saida, seine Frau, und mit ihr alles, was seinem Leben bis dahin Sinn gegeben hatte, würde noch existieren.

Wenn! Ja, wenn er damals den Eingeborenen mehr Glauben geschenkt hätte, wäre all das nicht passiert. Ausgelacht hatte er den alten Wameru, der gesagt hatte, Gurumico sei der Teufel. Ja, er hatte sich lustig darüber gemacht, als er diesen grauenhaften Schrei nachts zum ersten Mal gehört hatte, diesen grausigen Schrei, der so klang, als röchle ein Mann in Todesnot. Alle Eingeborenen waren damals panisch in ihren Hütten verschwunden. »Du warst ein Idiot«, flüsterte er leise vor sich hin. Spätestens als sein Massai-Spurenleser nach dem Schrei gemurmelt hatte, »Das Böse geht durch die Steppe und ruft nach dir – es will dich töten«, hätte er vorsichtig sein müssen. Denn der Spurenleser, ein sehr mutiger und erfahrener *Moran*, hatte als Ausdruck seines Respekts vor dem, was da draußen in der Steppe so furchtbar geschrien hatte, über seine Schulter nach hinten gespuckt – so wie Massai es machen, wenn sie Angst haben, es aber nicht sagen dürfen, weil ein Massai-*Moran* keine Angst haben darf.

Nein, er hatte die Signale nicht verstanden, hatte die Angst der Menschen vor dem unbekannten Wesen da draußen in der Wildnis nicht ernst genommen, damals, am Rande der Massai-Steppe, dort, wo es hinauf nach Ngongongare geht. Und so war es denn geschehen, nachts, als es stockfinster war und sie neben der Glut des Feuers auf dem Boden geschlafen hatten, ganz zärtlich aneinander geschmiegt. Als Erstes hatte er Saidas Röcheln gehört, hatte gedacht, dass sie sich liebestrunken im Traum nach ihm sehne, mit ihm spreche. Dann war da dieser heiße Atem über seinem Gesicht gewesen, dieser Schmerz, als fingerlange Fangzähne sich in seinen Hals und sein Gesicht gruben. Es knirschte, als der Unterkiefer brach. Nur Bruchteile von Sekunden hatte er seine Augen geöffnet und schemenhaft etwas sehr Großes, Schwarzes mit bernsteinfarbenen Augen erkannt. Dann war er ohnmächtig geworden.

Saida war tot, ihr Genick war gebrochen. Der rechte Schulteransatz zeigte vier grässliche, sehr tiefe Wunden. Er hatte ganz offensichtlich versucht, sie wegzuzerren. »Er tötet nicht, um zu fressen«, hatte der Massai gesagt. »Er tötet, weil er töten will …«

Niemand wusste, was es war, was Saida getötet und ihn lebensgefährlich verletzt hatte. Ein Tier, sagten die Wameru, ein Tier so groß wie ein Kalb und so schwarz wie die Nacht ohne Mond, erzählten die Massai. Zottig sollte das Fell des Wesens angeblich sein. Seine Schreie waren gelegentlich gehört worden. Meistens in den Wäldern am Meru. Oft am Ngurdoto-Krater. Und genau dorthin hatten ihn die Spuren geführt, diese seltsamen Spuren, die weder er noch einer seiner Spurenleser jemals zuvor in Ostafrika gesehen hatte. Da waren zwar die vier länglichen, kleinen Vorder- und der große Hinterballen gewesen, die sich auf weichem Boden nahe dem Lager abgedrückt hatten. Aber es war kein Leopard. Es konnte keiner sein. Der Abdruck eines großen *Chui* maß vielleicht neun, höchstens aber zehn Zentimeter. Löwen hatten breitere Tatzenabdrücke. Und Geparden viel schmalere. Dieser Tatzenabdruck aber maß von der Kralle bis zum Ballen siebzehn Zentimeter und war so breit und lang wie die Hand eines kräftigen Mannes. Die Tiefe der Abdrücke und der Druck, mit dem sie das Gras niedergedrückt hatten, ließen darauf schließen, dass es ein ungewöhnlich schweres Tier mit einer Körperlänge von gut zwei Metern sein musste. Nein, niemand hier am Meru hatte jemals ein solches Tier wirklich gesehen. Und deswegen glaubten die Wameru und die Massai auch, dass es kein Tier sein könne. Es war Gurumico – der Teufel.

Seit vielen Jahren jagte er ihn nun. Er wusste, dass seine Seele erst dann wieder Frieden finden würde, wenn er tot und Saida gerächt wäre und sein Schuldgefühl damit erträglich würde. Nur das, der Hass und die Rache gaben seinem Leben Sinn. Was danach sein würde, wusste er nicht. Er hatte nichts zu verlieren. Es war ihm egal, so wie es ihm lange Zeit egal gewesen wäre zu sterben – bis Toute Sweet in sein Leben getreten war. Jetzt hatte er wieder Angst vor dem Sterben. Aber solange Gurumico lebte, konnte er sich ein Leben ohne Hass und in Liebe nicht vorstellen.
Hinter dem nächsten großen Baum lichtete sich der Urwald. Es war gespenstisch leise im Krater. Nur das Plopp-Plopp seiner eigenen Schritte im Morast war zu hören. Abrupt blieb er stehen, verharrte bewegungslos. Seine Ohren konzentrierten sich auf ein Geräusch auf der anderen Seite des Kratersees. Tauben! Ja, dort drüben waren Tauben aus den Bäumen aufgestiegen. Tauben saßen immer nur auf den Kronen der Bäume. Feinde hatten sie dort nicht. Im Krater gab es keine Raubvögel, das wusste er aus den letzten Jahren. Er kannte hier jeden Quadratzentimeter, kannte jedes Geräusch, jedes Rinnsal und jedes Tier, das im Ngurdoto lebte. Wenn Tauben um diese Uhrzeit aufstiegen, musste sie etwas aufgeschreckt haben. Aber was? Nichts war mehr zu hören. Nur noch der Flügelschlag der Tauben, die zum Kraterrand flogen.
Er fand den Baum an der kleinen Lichtung mit dem wunderbaren Blick über den Kratersee erst kurz vor Einbruch der Dunkelheit wieder. Jedes Mal, wenn er im Krater war, schlug er hier sein Lager auf, weil es eine der wenigen Stellen war, an der er sich relativ sicher fühlte und zudem ein gutes Schussfeld hatte. Ein großer Fels hinter ihm schützte ihn gegen einen Angriff aus dem Hinterhalt. Vor ihm lag der sumpfige See mit dem grasbewachsenen Ufer auf der anderen Seite. Irgendwann, dachte er, als er sein Moskitonetz an einem Ast befestigte, wird er mir hier vor die Flinte laufen.
Unter dem Felsvorsprung lag noch ein kleiner Vorrat trockenen Holzes von seinem letzten Aufenthalt im Krater. Er griff nach dem dürren Reisig, um ein Feuer anzuzünden. Plötzlich hörte er die Stimme wieder. Nein, es war nicht eine, es waren mehrere Stimmen, links

neben ihm im dichten Wald, vielleicht einhundert Meter entfernt. Instinktiv duckte er sich. Seine Hand griff nach dem Gewehr. Dann roch er das Feuer. Sein Blick suchte die Baumwipfel ab, aber er sah keinen Rauch. Wer immer dort Feuer machte, achtete darauf, dass kein verräterischer Rauch aufstieg. Im Krater war es jetzt so lautlos, wie es das nur ist, wenn die Sonne untergeht und die Tiere verängstigt die Dunkelheit erwarten. Seine Sinnesorgane waren hoch konzentriert, die Augen zu raubtierhaft schmalen Sehschlitzen verengt. Er tastete nach den Reservepatronen in seiner Brusttasche. Dann schlich er auf den Waldrand zu. Die Moskitos malträtierten ihn, aber er wagte nicht, nach ihnen zu schlagen.

Die Männer saßen kaum mehr als fünfundzwanzig Meter von ihm entfernt unter einem provisorischen Blätterdach zwischen zwei haushohen Felsen und aßen *Poscho*. Er konnte den Mais riechen. Es waren acht Männer am Feuer und vier, die Wache standen. Die Wächter trugen Speere, einer auch einen alten Karabiner. Von denen am Feuer konnte er nur drei erkennen. Es waren alte Wameru. Die anderen saßen mit dem Rücken zu ihm. Zwei davon waren Massai, mit schulterlangen, ockerfarbenen Haaren, also *Morani*.

Eine leichte Abendbrise strich durch die Bäume. Er lag so flach wie eine Schlange auf dem Boden hinter einem Moosbüschel, sein Kinn in das Gras gedrückt. Der feuchte Boden roch sehr gut. Nur wenige Zentimeter vor seinen Augen drängte sich ein Nashornkäfer durch das Gras. Sein schwarzer Chininpanzer schimmerte blau-metallisch. Auf seinem prächtigen Horn klebten Moosreste. Er konnte den Käfer hören, so leise war es um ihn herum. Der Wind trug jetzt Gesprächsfetzen vom Feuer zu ihm herüber, aber er konnte nicht genug verstehen. Vorsichtig drehte er seinen Kopf zur Seite und legte ein Ohr auf den Boden. Er schloss die Augen, hielt den Atem an und konzentrierte sich auf die Wortfetzen, die aus dem Zwielicht der herannahenden Nacht zu ihm herüberdrangen. Eine junge Stimme sprach in schlechtem Kisuaheli. Anthimos wusste, dass er diese Stimme kannte, gut kannte, aber ihm fiel nicht ein, woher.

»Ein *Bwana kubwa sana* wird kommen, bald schon. Ich glaube, es ist einer von ihren Häuptlingen aus dem fernen Land. Und mit ihm werden viele andere *Wazungu* kommen. Sie kommen zu ihr, weil sie jagen wollen, hier, auf unserem Land.«

»Was sollen wir machen?«, fragte ein alter Wameru mit wenig Leben in seiner Stimme. Derjenige, der schlecht Kisuaheli sprach, spie laut hörbar auf den Boden.

»Was immer wir bislang versucht haben, war vergeblich. Die *Wazungu* lassen sich nicht vertreiben. Stattdessen kommen immer mehr Soldaten, und die Eiserne Schlange windet sich immer tiefer in unser Land hinein. Bald wird sie das große Wasser im Westen erreichen, wo die *Wazungu* schon Schiffe hingetragen haben.«

»Was sollen wir machen?«, wollte der mit der alten Stimme noch einmal wissen.

»Wir machen es wie die *Wazungu.* Sie haben damals bei dem großen Aufstand im Süden alle Häuptlinge am Hals aufgehängt, bis sie tot waren, und haben dann die Dörfer und Felder verbrannt, damit die Menschen keinen Grund mehr hatten, um etwas zu kämpfen. Ja, wir töten den Häuptling, der jetzt kommen wird!«

»Und dann brennen wir ihre Farmen und Häuser und Gotteshäuser und die *Boma* in Arusha nieder«, ereiferte sich ein Dritter. Sein Dialekt verriet, dass es ein Wachagga war.

»Ja, das sollten, das müssen wir tun – an einem Tag, in einer Nacht. Das weiße Afrika soll in Flammen stehen! Und auf ihrer Asche wird neues, grünes, fruchtbares Gras für unsere Rinder und Schafe und Ziegen wachsen!«

»Ndio«, stimmten alle Männer zu.

Kaum hatten sie es gesagt, da wurde Anthimos bewusst, dass es wahr war. Ja, es stimmte, was er schon mehrmals gehört hatte, von seinen Gewehrträgern und auch von deren Vätern, es aber nie hatte glauben wollen: Diese Männer dort am Feuer waren die Anführer dessen, was seit zwei Jahren wie der Windhauch zu Beginn eines Sturmes durch die Hütten und über die Weiten Ostafrikas zog. Die da vorne waren *Ujamaa Kali*, sie waren es, die für die Morde, Überfälle und alle anderen grausamen Geschehnisse der letzten Jahre verantwortlich waren! Die Stämme am Meru hatten sich zusammengeschlossen. Sie kämpften gegen die Weißen, gegen die Deutschen!

Ujamaa Kali, dachte Anthimos Koundouriotis angestrengt nach. Das kam aus dem Kisuaheli. »Ujamaa« stand für »gemeinsam, geeint, zusammen«. »Kali« hieß »Sonne«. Aber es bedeutete auch »heiß«, oder auch »böse«. Geeint unter der Sonne Afrikas – gemeinsam gegen das Böse, gegen die Weißen, gegen die deutschen Kolonialherren, gegen Unterdrückung und Fremdbeherrschung! Ja, das war es wohl, was sich hinter diesem Namen verbarg.

Dann war es plötzlich dunkel. Mit dem ersten Stern, den Anthimos aus dem Augenwinkel über dem Ngurdoto-Krater aufgehen sah, kam Gurumico. Sein tiefbrüstiges, gequält klingendes Grollen kam aus dem Wald hinter den Männern am Feuer. Anthimos zitterte vor Angst und Anspannung. Mehr aus Angst. Er kannte dieses grauenhafte, kehlige, gurgelnde Schreien. Ja, er war da! Irgendwo dort oben im Hang strich er durch die Wälder. Er weiß, wo Feuer ist, da sind Menschen. Er hasst Menschen. Aus welchen Gründen auch immer. Und er tötet sie.

Die Afrikaner am Lagerfeuer waren nach den furchterregenden Schreien verstummt. Der Mond traute sich nicht, aufzugehen. Die Sterne verschwanden verängstigt hinter einer Wolke. Der kühlen Abendbrise ging der Atem aus und es wurde drückend heiß. Der Krater schien erfüllt von Angst.

Noch zweimal grollte Gurumico seinen Machtanspruch über den Krater und die Wälder in die Nacht hinaus. Dann schwieg er, und die Männer am Feuer hatten es sehr eilig, irgendwo im Wald zu verschwinden.

Anthimos erhob sich erst nach mehr als einer Stunde. Er hatte Angst. Angst vor dem Wesen, das da irgendwo in den Wäldern wahrscheinlich längst wusste, dass auch er da war. Und er hatte Angst vor dem, was er soeben gehört hatte. Er bibberte regelrecht vor Angst. Denn würde er jetzt angreifen, er würde Gurumico in der stockfinsteren Nacht viel zu spät erkennen. Würde er aber schießen, würden die *Ujamaa Kali*-Männer wissen, dass da noch jemand im Krater war. Und der Schuss aus der schweren Elefantenbüchse würde ihnen verraten, dass es ein Weißer war, denn nur weiße Jäger hatten solche großkalibrigen Waffen. Dann würden sie in den Krater

zurückkommen und nach ihm suchen, und er, Anthimos, hätte das größte Problem, das er jemals als Jäger gehabt hatte. Dann nämlich würde er zum Gejagten.
Er würde sterben. So oder so.

10. Kapitel

Der da im frühen afrikanischen Morgenlicht heranritt, war ein alternder Prinz. Einer vom Geschlecht der Wittelsbacher. Aber in Margarete Trappes Augen sah er aus wie ein König.

Hoch zu Ross, das weiße Haupt selbstbewusst der frühen Augustsonne entgegengestreckt, die Zügel des Rappen leger in einer Hand, trabte der Aristokrat den Weg nach Momella, auf die Farm der Trappes zu. Braun gebrannte Schutztruppenoffiziere in Galareituniformen und allerlei honorige Männer mit blassen Gesichtern flankierten ihn. Der Vollbart des Prinzen leuchtete so weiß wie der Gipfel des Kilimandscharo hinter ihm am Horizont und war so zerzaust wie der Kopf eines Weißbartgnus.

Er war noch weit weg, aber Margarete Trappe glaubte bereits die faszinierende Aura dieses Adligen zu spüren, dessen Ahnentafel sich so beeindruckend las wie jene der Wilhelmine von Sagan. Jener Frau, die sie in Jugendjahren in ihrer Heimat in märchenhafte Traumwelten entführt hatte. Wie sehr hatte sie damals, als Kind und auch als junge Frau noch, davon geträumt, Zutritt in diese Welt der Kaiser, Könige, Fürsten und Herzoginnen haben zu dürfen. Und nun, an ihrem neunundzwanzigsten Geburtstag, erstrahlte Ngongongare im Glanze ebenjener Welt, die nach dem Verlust ihres Rittergutes in Petersdorf und den traurigen Jahren in der kleinen Wohnung in Sagan für immer unerreichbar schien.

Doch der alte Mann, der da so forsch den Weg zu ihrer Farm heraufritt und der so gar nicht aussah, als sei er bereits siebenundsechzig Jahre alt, lebte in ebendieser Welt und brachte sie nun auf ihre Farm in Deutsch-Ostafrika. Sein Vater war ein König gewesen. Und seine Frau, die Erzherzogin Gisela Louise Maria, war keine Geringere als die Tochter von »Sisi«, der einstigen Kaiserin Elisabeth von Österreich. Und damit war jener, der da heranritt, um mit seinem Sohn auf ihrer Farm hier am Meru in Deutsch-Ostafrika zu jagen, der Schwiegersohn von Franz Joseph I., dem Kaiser von Österreich.

Aufgeregt fingerte Margarete Trappe an ihrer Bluse herum. Seit Langem hatte sie wieder einmal Reithosen und Shorts gegen ein weites Kleid eingetauscht, trug statt des kurzärmeligen Hemdchens eine Bluse mit Rüschen und hatte ihre Füße in für sie sehr enge Schnürschuhe gezwängt. Ulrich stand nur wenige Schritte von ihr entfernt vor dem Haus. Er trug einen hellen Tropenanzug und einen weißen Hut. Ein Stück weiter lehnte Anthimos an einem Baum. Er war der Einzige, der keinen Anzug trug.

Wie gut, dass er da ist, dachte Margarete und blickte verstohlen zu Anthimos hinüber. Vor vier Wochen hatte sie ihm, sehr zum Unmut Ulrichs, ein Telegramm nach Dar es Salam geschickt und ihm mitgeteilt, dass sie hohen Jagdbesuch aus Deutschland erhalten und sich daher sehr freuen würden, wenn er ihm seine exzellenten Orts- und Jagdkenntnisse zur Verfügung stellen würde. »Toute Suite«, hatte sie das Telegramm unterzeichnet.

Geantwortet hatte er auf ihr Telegramm nicht, aber sie hatte gewusst, dass er kommen würde. Gestern, am frühen Morgen, hatte er dann plötzlich vor der Tür gestanden: unrasiert, mit ziemlich verdreckter Kleidung und einem unvorstellbaren Hunger. Mit seinem bezaubernden Lächeln und diesen Augen, die immerzu Liebe ausstrahlten, hatte er gesagt: »Wenn *Jeyo* ein Telegramm mit Toute Suite unterschreibt, dann meint sie erfahrungsgemäß auch sofort – oder sollte das Tout Sweet geheißen haben?« Dann hatte er wie ein ausgehungertes Raubtier gegessen und war schlafen gegangen. Erst vor zwei Stunden war er wieder aufgewacht.

Seit er da war, fühlte sie sich maßlos glücklich. Am Vorabend hatte sie stundenlang auf der Terrasse gesessen und war in wehmütige Erinnerungen verfallen. Margarete war sehr melancholisch geworden. Ulrich hatte es gespürt und sich dezent zurückgezogen. Und so hatte sie stundenlang alleine in die afrikanische Dunkelheit hinausgestarrt, den Lauten der Nacht gelauscht, die letzten Jahre Revue passieren lassen – und sehr viel an Anthimos gedacht, der, wie immer, nicht im Haus, sondern unter einem Moskitonetz bei den sieben Zypressen schlief. Ihr Leben hatte einen derart wundersamen Wandel genommen, dass sie noch immer glaubte, es sei ein Tagtraum. Ulrich

bemühte sich seit geraumer Zeit redlich, ihr keinen Anlass zu Sorgen zu geben. Er trank kaum mehr und kümmerte sich um die Farm, knüpfte ständig neue Kontakte, um den Absatz von Fleisch, Gemüse, Butter und Mais zu steigern. Seit seinem Albtraum schien er jeglichen Kontakt zu den schwarzen Mädchen und Frauen auf der Farm abgebrochen zu haben. Er war zärtlich, suchte ihre Nähe und gab ihr auch in der Nacht das Gefühl, sie zu lieben. Die Kinder waren gesund und ihr ganzer Stolz. Ursula war mit ihren vier Jahren sehr keck und hübsch. Sie liebte die vielen Haustiere auf der Farm und plapperte den ganzen Tag munter drauflos. »Bubel«, der etwas über ein Jahr alte Ulrich, war seines Vaters ganzer Stolz. Der Kleine verbrachte mit Vorliebe seine Zeit in den Rosengärten bei seinem Vater; und der nun auch schon fast sechs Monate alte Rolf, der am 30. März nach einer höchst komplizierten Geburt im Missionskrankenhaus von Nkoaranga zur Welt gekommen war, machte Tag und Nacht keinen Hehl daraus, dass er einmal ein sehr aktives und selbstbewusstes Kind werden würde. Wann immer er etwas wollte, schrie er so gellend und beharrlich, dass nicht nur Karimbe, der Kinderboy, sondern mit ihm gleich alle Frauen des Hauspersonals zu ihm stürmten, um ihn zu verhätscheln.
Ja, es war ein glückliches Leben, das sie seit einiger Zeit führten. Die drei Farmen entwickelten sich geradezu traumhaft gut. Die Zahl der Rinder war gestiegen. Die Pferdezucht zeigte erste gute Ergebnisse. Von Überfällen waren sie völlig verschont geblieben, was Margarete auf die gute Kooperation mit den Massai zurückführte und was ihr, das wusste sie längst, den Neid und Argwohn vieler weißer Farmer am Meru eingebracht hatte. Aber sie scherte sich nicht um die Gerüchte und Mutmaßungen ihrer Farmnachbarn. Für sie lag klar auf der Hand, dass sie eben sehr clever gewesen war, als sie den Massai angeboten hatte, ihre Kälber zu impfen.

Einmal im Monat ritt sie mit einem halben Dutzend ihrer Angestellten zu den Massai-*Manyattas* unten in der Ebene, impfte die Kälber und behandelte kranke Rinder. Und gelegentlich hatte sie auch kranken Massai Arznei gebracht oder ihnen das Geld gegeben, damit sie sich im Missionskrankenhaus in Nkoaranga behandeln lassen konnten. Das rechneten ihr die Massai offenbar hoch an. Und deswegen passierte bei ihnen auf der Farm auch nichts, zumal auch noch vier Massai-Krieger als Rinderhüter bei ihr arbeiteten, unter ihnen Kinai, der ganz offensichtlich sehr großen Einfluss auf die anderen Massai-Stämme in der Gegend hatte. Ja, mit der Farm lief wirklich alles nahezu perfekt. Seit sie über ihren Freund Otto Schlosser, den Redakteur des Monatsheftes *Der Tropenpflanzer*, Kontakte zu Jägern in Deutschland aufgenommen hatte, stieg zudem die Zahl der Anfragen nach Safaris ständig an. Das Jahr 1913, so schien es, würde das erfolgreichste und schönste seit ihrer Ankunft vor sechs Jahren sein.

Mit der Nachricht vom Gouvernement in Dar es Salam, dass diese hochadlige deutsche Jagdgesellschaft für mehrere Wochen Gast auf Ngongongare und Momella sein würde, stand der Farmbetrieb Kopf. Ulrich war außer Rand und Band. Seit Wochen machte er nichts anderes, als den Weg, der von Arusha zu ihnen heraufführte, zu reparieren. Das Haus- und Farmpersonal hatte neue Uniformen und Arbeitskleidung bekommen, die Dependancen der Farmen waren hergerichtet, Zäune sowie Ställe repariert und Ochsenkarrenladungen mit Getränken und Verpflegung herbeigeschafft worden. Aber ihr Gast hatte nicht nur vor, auf Jagd zu gehen. Als Mitglied des Kolonialwirtschaftlichen Komitees in Deutschland wollte er sich auch ihre Farm genauer anschauen. Deutsch-Ostafrika war in den letzten Jahren ins Blickfeld der deutschen Öffentlichkeit und der deutschen Industrie gerückt. Ngongongare, Legurucki und Momella, die Farmen der Familie Trappe, galten mittlerweile als Musterbeispiele deutschen Fleißes bei der Zivilisierung Afrikas.
Der von Kaiser Wilhelm II. proklamierte Traum von einem »Platz an der Sonne« kreierte in Deutschland ein enormes Interesse am Schwarzen Kontinent. Das Interesse der Medien an Afrika stieg mit aufsehenerregenden »Expeditionen« wie jener des ehemaligen Schutztruppen-Oberstleutnants Paul Graetz, der zwischen 1902 und 1904 als Erster Afrika in einem Automobil durchquert und dafür, angelehnt an das Motorengeräusch, bei der afrikanischen Bevölkerung

in Deutsch-Ostafrika den Beinamen »Bwana Tucke-Tucke« erhalten hatte. Goldfunde in Senkenke lösten im Jahre 1908 einen wahren Goldrausch aus; die in den Tendaguru-Bergen, nordwestlich von Lindi, gefundenen Skelette von Riesensauriern richteten das Augenmerk der Wissenschaftler auf Deutsch-Ostafrika. Die deutsche Wirtschaft sah in den Kolonien ein enormes Absatzpotenzial, aber auch die Möglichkeit, Deutschlands Bedarf an Rohstoffen zu sichern.
Zu den bedeutsamsten Institutionen, die politische wie auch wirtschaftliche Interessen an und in den Kolonien bündelten, zählte das im Oktober 1897 konstituierte Kolonialwirtschaftliche Komitee, das sich der Deutschen Kolonialgesellschaft anschloss.
Schnell avancierte dieses Komitee zu einem wirtschaftspolitischen Machtfaktor im Deutschen Reich. Namhafte Industriegruppen hatten sich dem Komitee angeschlossen. Die Mitgliederliste las sich wie eine Enzyklopädie des deutschen Hochadels, darunter Ludwig III., König von Bayern; Friedrich August, König von Sachsen – und Prinz Leopold Maximilian von Bayern, ein begeisterter Jäger.
Der bayrische Prinz ritt an diesem Augusttag des Jahres 1913 auf einem Rappen auf die Momella-Farm von Margarete und Ulrich Trappe zu. Sein Blick ging hinauf zum Gipfel des Meru, der grauschwarz in den wolkenlosen Himmel ragte. »Könnte fast in den Alpen sein«, murmelte er vor sich hin und lächelte. Sein lebhafter Blick wanderte über die Hügel unterhalb der Farm, weiter über die Massai-Steppe hinüber zum Kilimandscharo. Rechts und links des Weges standen Farmarbeiter und jubelten ihm zu.
Prinz Leopold winkte zurück. Erstaunt registrierte er die Freundlichkeit der Eingeborenen. In Arusha, der Endstation der Bahn, mit der er von Tanga angereist war, hatte er sich bei seinem kurzen Besuch im deutschen Fort nicht des Gefühls erwehren können, dass die Bevölkerung ihm und den anderen Weißen nicht sonderlich wohlgesinnt sei. Außerdem war ihm, als lang gedienter Soldat, nicht unbemerkt geblieben, dass überall Soldaten der Schutztruppe standen – und zwar nur weiße Soldaten. Das hatte ihn nachdenklich gemacht. Natürlich war ihm von seinen Freunden im Kriegsministerium mitgeteilt worden, dass es in der Region des Meru seit einigen Jahren

eine unerfreuliche Anhäufung von Anschlägen auf weiße Farmen gab. Ein guter Freund hatte ihm gar aus Sicherheitsgründen abgeraten, in diese Region zu reisen. Aber er hatte nur lapidar geantwortet: »Den Sieben-Tage-Krieg gegen die Preußen habe ich überstanden, die Schlacht von Sedan auch – also werde ich wohl einen Jagdausflug zu den Wilden in Afrika ebenfalls überleben.«
Prinz Leopold Maximilian von Bayern atmete tief durch. Die Luft hier oben in den Bergen bekam ihm sehr gut. Alles um ihn herum atmete Freiheit und Größe und Einzigartigkeit. Es war ein wunderschönes Land, dieses Deutsch-Ostafrika. Dr. Richard Hindorf, der landwirtschaftliche Berater der Deutsch-Ostafrikanischen Gesellschaft, hatte ihm in Dar es Salam schon scherzhaft gesagt, dass die Berge von Usambara und die Meru-Region ein idealer Alterssitz seien, »fast wie in der Heimat – nur mit Löwen statt Gemsböcken vor dem Fenster«. Schon nach zwei Tagen hatte er gespürt, dass dies nicht übertrieben war. Das Klima war sehr angenehm, die Tage nicht zu heiß, die Nächte angenehm kühl. Die Luft war unglaublich rein, die Landschaften großartig. All das tat ihm gut, denn die letzten zwölf Monate waren sehr anstrengend und auch betrüblich gewesen. Sein Ausscheiden aus der Bayerischen Armee, wo er seit 1905 als Generalfeldmarschall seinen Dienst versehen hatte, war nicht ohne Spuren an ihm vorübergegangen. Aus irgendwelchen Gründen hatte er sich danach plötzlich alt und überflüssig gefühlt. Als dann im Dezember plötzlich noch sein Vater gestorben war, hatten ihn schwermütige Gedanken geplagt.
Seine sehr interessante Aufgabe beim Kolonialwirtschaftlichen Komitee hatte ihm aber glücklicherweise wenig Zeit gelassen, den trüben Gedanken lange nachzuhängen. Außerdem hatte er es genossen, vermehrt seiner großen Leidenschaft, der Jagd auf Großwild in Afrika, nachgehen zu können – zusammen mit Konrad.
Sein dreißigjähriger Sohn ritt seitlich hinter ihm und unterhielt sich angeregt mit drei Herren des Reichskolonialamtes Berlin und mit Dr. Schnee, dem Gouverneur Deutsch-Ostafrikas. Sie waren nicht mehr weit vom Farmhaus der Trappes entfernt, als Prinz Leopold von Bayern die kleine Gruppe Massai unter einem Baum nahe dem

Haus registrierte. Schon in Arusha hatte er mehrere dieser beeindruckenden, aber auch irgendwie wild aussehenden Männer gesehen. Großwüchsig und schlank, wie sie ausnahmslos waren, überragten sie die Männer der anderen Stämme. Ihre langen Haare, die markanten Gesichter und ihre Speere ließen sie sehr martialisch aussehen. Es waren schöne Menschen, die einen ungewöhnlichen Stolz nach außen signalisierten. Er blickte neugierig hinüber zu der Gruppe, die ihn scheinbar desinteressiert anschaute. Erst jetzt bemerkte er den Weißen, einen vielleicht fünfzigjährigen Mann mit legerer Kleidung und hochschaftigen Wildlederstiefeln. Er stand nicht weit von den Massai entfernt und wirkte sehr lässig. Das wird der griechische Jäger sein, dachte er. Dr. Schnee hatte diesen weißen Jäger in höchsten Tönen gelobt, ihn geradezu verherrlicht.

Anthimos Koundouriotis stand im Schatten der Zypressen und fühlte sich eigentlich zu müde, um höflich sein zu wollen. Dieser Prinz Leopold von Bayern war ihm gleichgültig. Anders als Margarete, die gestern schon völlig aufgedreht gewesen war, langweilten ihn solche hochherrschaftlichen Jagdgesellschaften, deren Mitglieder zumeist einen kaum erträglichen Standesdünkel in sich trugen und deren Jagdambitionen nicht mit seinen eigenen in Einklang zu bringen waren. Diese herausgeputzten Salonschützen regten sich meist schon am ersten Tag über die Hitze und den Staub in Afrika auf, sahen in allen Schwarzen kaum mehr als unzähmbare Wilde und waren in der Regel so schlechte Schützen, dass sie Wild oftmals waidwund schossen, sich dann aber sträubten, die manchmal gefährliche Nachpirsch mitzumachen. Nein, er hatte nicht sonderlich viel Respekt vor diesen herausgeputzten Figuren.
Anthimos wollte soeben zum Farmhaus gehen, als er die Massai in seiner Nähe wahrnahm. Seine Pupillen erstarrten plötzlich wie die einer Raubkatze, die ein Opfer fokussiert. Er sah den einen Massai nur von hinten, aber er wusste, dass er ihn schon einmal gesehen hatte: vorgestern, im Ngurdoto-Krater – zusammen mit den anderen Männern am Lagerfeuer. Ja, er war sich sicher. »Ksss …«, zischte er leise zu dem Massai hinüber. Dieser wandte sich um.

»Jambo, Mzee! Habari gani?«, rief Anthimos ihm zu.
»Mzuri sana, Mzee! Habariako?«, grüßte der Massai zurück.
Als er seine Stimme hörte, wusste Anthimos Koundouriotis sofort, dass er sich nicht getäuscht hatte. Ja, ganz sicher, der da drüben hatte vorgestern Nacht mit an dem Lagerfeuer der *Ujamaa Kali*-Männer gesessen. Er war es! *Er* hatte gesagt, dass ein wichtiger weißer Mann kommen würde, den sie töten wollten. Und jetzt wusste Anthimos Koundouriotis plötzlich, warum ihm diese Stimme schon in jener Nacht so bekannt vorgekommen war. Dieser Massai gehörte zum Personal von Margarete. Kinai! Ja, Kinai hieß er. Er hatte ihn schon häufiger auf der Farm gesehen. Gänsehaut lief ihm über den Rücken, als ihm plötzlich bewusst wurde: Dieser Massai und die anderen Männer, die sich hinter *Ujamaa Kali* verbargen, hatten ganz offensichtlich ein Ziel. Sie wollten diesen Mann töten, diesen Prinzen aus Deutschland, der da soeben auf dem Pferd heranritt!

*

Kinai ole Chieni wunderte sich, wie unproblematisch alles lief. Er hatte erwartet, dass der alte Mann, der *Bwana Kubwa*, der da soeben kam, besser bewacht würde. Bei dessen Ankunft in Arusha hatten überall Soldaten der Schutztruppe gestanden. Schon allein die Tatsache, dass es ausschließlich weiße Soldaten gewesen waren, hatte signalisiert, wie bedeutend dieser *Bwana Kubwa* aus dem fernen Land war. Doch auf der Farm von *Jeyo* hielten sich seltsamerweise nur einige wenige Offiziere und nur knapp ein Dutzend Askaris auf. Offensichtlich wiegte sich der alte Mann mit dem weißen Bart auf der Farm in Sicherheit. Daher war es für ihn überhaupt nicht schwer gewesen, die Pläne dieser Jagdgesellschaft auszuspionieren. Da einer der Spurenleser von *Jeyo* ein loyaler Wameru war, einer, der sich den *Ujamaa Kali*-Zielen verschrieben hatte, weil sein Sohn vor einigen Jahren von den Weißen aufgehängt worden war, kannte er alle Details der für übermorgen geplanten ersten Safari. So wie es aussah, wollten die Weißen zu den nahen Momella-Seen reiten, um dort zu jagen. Er wusste längst, dass Jeyo ihre Jagdgäste immer erst in

der Nähe der Farm jagen ließ, um herauszufinden, wie gut sie schießen konnten und in welchem körperlichen Zustand sie waren. Erst wenn *Jeyo* wusste, wie sicher die Schützen mit der Waffe waren und wie viel Strapazen sie ihnen zumuten konnte, legte sie die endgültige Route für die eigentliche Jagd fest. Die nach einem berühmten Massai-Häuptling benannten Momella-Seen, sieben kleine Seen, die in den Hügeln hinter Olgedoido und vor der großen Steppe lagen, waren für diese ersten Jagdtage ideal. Dort gab es viel Wild, die Hügel waren leicht zu erklimmen und die Vegetation aus niedrigen Büschen machte es leicht, die Versorgung der Jagdgesellschaft mit Lebensmitteln zu arrangieren.
Um von *Jeyos* Farm dorthin zu kommen, würden sie alle zu Pferd an den Kinandia-Sümpfen vorbeireiten und dann die dichten Wälder beim Rishanteni-See durchqueren müssen. Und dort, in den steilen Hängen der Wälder, wo alle Reiter absitzen und die Pferde bergan führen mussten, so war der Plan, würde der Überfall erfolgen. In dem dichten Unterholz konnten sich die Kämpfer von *Ujamaa Kali* gut verstecken, aus nächster Entfernung auf den *Bwana Kubwa Sana* schießen, ihn töten und dann wieder in dem dichten Unterholz des Urwaldes verschwinden, um dann in einem großen Bogen in den Ngurdoto-Krater zu fliehen und sich dort zu verstecken.
Mit Widerstand durch die Askaris und die Offiziere der Schutztruppe war an dieser Stelle kaum zu rechnen. Der Hang war so steil, das Unterholz so dicht, dass alle Reiter damit beschäftigt sein würden, ihre Pferde am Zügel zu führen. Die Wahrscheinlichkeit, dass nach dem Angriff Chaos ausbrechen und die Pferde scheuen würden, war groß. Nein, so gut die Askaris der Schutztruppe auch bewaffnet waren: In diesem Urwald würden sie so gut wie keine Chance haben, ihre modernen Waffen einzusetzen oder gar eine Verfolgung aufzunehmen. Der Plan war perfekt. So wie auch das Versteck im Ngurdoto-Krater perfekt war. Denn dort, in den schier undurchdringlichen Urwäldern und Sümpfen des Kraters, waren Pferde nicht zu gebrauchen. Nur zu Fuß konnte man sich dort fortbewegen. Eine Verfolgung war daher nahezu ausgeschlossen, denn selbst wenn die Jagdgesellschaft aus vielleicht zwanzig bis dreißig weißen Schützen

und etwa einem Dutzend schwarzer Schutztruppen-Askaris bestand: Sie alle würden sich nicht in diesen Krater trauen, bevor nicht Verstärkung aus Arusha eingetroffen wäre. Und das würde mehr als einen Tag dauern, womit in dem sumpfigen Kraterboden sämtliche Spuren der *Ujamaa Kali*-Kämpfer verschwunden wären. Wenn dann die Truppen aus Arusha in den Sümpfen und Wäldern des Kraters nach den Attentätern suchten, würden diese längst viele Kilometer entfernt zusammen mit mehr als zweihundert anderen *Ujamaa Kali*-Kriegern über die weißen Farmer am Meru herfallen, Männer, Frauen und Kinder töten, die Farmgebäude und Felder, die Missionsstation und auch die *Boma* in Arusha niederbrennen.
Ja, dachte Kinai ole Chieni und schaute den alten weißen Mann auf seinem Pferd hasserfüllt an, als dieser nun vor Margarete Trappe sein Pferd parierte und ungelenk absaß, ja, dieser Plan war perfekt. In zwei Tagen wird der blutige Aufstand der Massai, Wachagga, Wameru und Waarusha gegen die weißen Eindringlinge das Land in ein Schlachtfeld verwandeln. Jetzt würden sie, die eigentlichen Herren dieser Berge, Seen und Ebenen am Meru jene Taktik der verbrannten Erde anwenden, mit denen die deutschen Kolonialisten seit Jahren auf jeglichen Widerstand seitens der schwarzen Bevölkerung reagierten und damit die Stämme Ostafrikas in grausame Hungersnöte getrieben und ihnen das Land ihrer Ahnen und Urahnen gestohlen hatten.
»Gott zum Gruße, gnädige Frau«, hörte Kinai ole Chieni den alten Mann mit dem weißen Bart noch zu *Jeyo* sagen. Dann wandte er sich ab und verließ zusammen mit den drei anderen Massai-*Morani* die Farm.
»Nice meeting you, Your Excellency«, murmelte Anthimos Koundouriotis, als Margarete Trappe ihn dem Prinzen vorstellte. Dabei schielte er über die Schulter des alten Mannes mit dem weißen Bart. Er räusperte sich ein wenig verlegen und stammelte ein *»sorry, hope to see you soon«*. Dann schritt er zielstrebig an dem verblüfften Adligen und der ihn verwirrt anstarrenden Margarete Trappe vorbei zu dem nahen Baum, an dem sein Gewehr stand. Er lud die Waffe reflexartig durch und war bereits wenige Minuten später in jenem

Wald nahe der Farm verschwunden, in den auch die vier Massai kurz zuvor gegangen waren.

Die Situation war ihm peinlich. Dieser Prinz aus Bayern hatte ihn sehr konsterniert angesehen, als er, statt sich mit ihm zu unterhalten, einfach gegangen war. Und Margaretes Gesicht war vor Scham und Peinlichkeit so rot wie der Kropf eines Marabus geworden. Aber als er gesehen hatte, wie dieser Massai von *Ujamaa Kali* bei der Ankunft des Prinzen aus Deutschland die Farm verlassen hatte, war ihm nochmals bewusst geworden, dass sich Unheilvolles anbahnte.

Nur mühsam konnte er auf dem felsigen Untergrund die Fußspuren der vier Massai ausmachen. Äste peitschten ihm ins Gesicht, als er gebückt nach Fußabdrücken suchend durch das Unterholz hetzte, stets darauf bedacht, keine Geräusche zu verursachen. *»Bloody bastards«,* presste er angestrengt zwischen seinen Lippen hervor, als er erkannte, dass die vier vor ihm nicht, wie es zunächst aussah, in Richtung der Massai-Steppe gingen, sondern einen großen Bogen machten und sich in Richtung des Ngurdoto-Kraters bewegten. »Jetzt weiß ich, wo ich euch finde«, sagte er und lächelte triumphierend. Er entschied sich, eine ihm bekannte Abkürzung über den Kraterrand direkt zu jenem Platz zu nehmen, an dem er die *Ujamaa Kali*-Männer vor zwei Tagen nachts gesehen hatte. Schweißgebadet und von Fliegen malträtiert erreichte er nach einer Stunde den Kraterrand an einer Stelle, von der er wusste, dass die Massai sie Leitong nannten. Irgendwann würden die *Ujamaa Kali*-Kämpfer hier auftauchen, dessen war er sich sicher.

Dass er sich in seiner Einschätzung getäuscht hatte, ärgerte ihn. Denn kaum, dass er schwitzend und atemlos auf dem Rücken liegend den Kraterboden erreicht hatte, hörte er die Stimmen mehrerer Männer, darunter die des Massai Kinai ole Chieni. Die vier Massai und offensichtlich auch einige andere Männer waren also bereits im Krater. Shit, dachte er. An dieser Stelle des Kraters gab es nur wenige Büsche, die ihm Deckung gaben. Es war taghell, und er sah keine Möglichkeit, sich an den Treffpunkt heranzuschleichen, ohne dass man ihn bemerken würde. Er entsicherte sein Gewehr und fingerte nach dem Revolver an seiner Hüfte. Er fühlte sich unwohl bei dem

Gedanken, entdeckt zu werden. Ob wohl viele Männer dort drüben waren? Zehn? Zwanzig? Ob sie bewaffnet sein würden? Was würden sie machen, wenn sie ihn entdeckten? Auf ein Feuergefecht konnten sie sich nicht einlassen. Das würde ihr Versteck verraten, ihre Pläne zunichtemachen.

Seine Gedanken überschlugen sich. Sein Blick tastete die Lichtung nach Deckungsmöglichkeiten ab. Vergebens. Zwischen ihm und dem Versteck der Männer lagen mehr als achtzig Meter Wiese ohne jegliche Sträucher oder Felsen, hinter denen er sich hätte wegducken können. Soeben wollte er sich dazu entschließen, Büsche abzuschneiden, um sich mit ihnen zu tarnen, als sein Blick auf einen seiner Schuhabdrücke auf dem hier am Hang noch trockenen Untergrund fiel. Es war ein Abdruck seines eigenen rechten Lederstiefels, den er vor zwei Tagen hier im Krater hinterlassen hatte.

Er erstarrte. Über dem Abdruck seiner Stiefelsohle war ein Tatzenabdruck zu sehen. Es war ein sehr großer Tatzenabdruck, wunderbar klar und deutlich in den Lehm gepresst und wie ein Gipsabdruck in allen Details noch erhalten. Gurumico! Ja, das war ein Tatzenabdruck von ihm! Etwas länger als seine Handfläche, riesig und sehr tief zeichneten sich die fünf Ballen sowie die Krallen über dem Schuhabdruck ab. Noch nie hatte er einen solch perfekten Tatzenabdruck von ihm gesehen. Ja, Gurumico war hier gewesen, war auf dem gleichen Pfad vom Kraterrand herab auf seinen Spuren umhergeschlichen. Das Furchterregende daran war, dass er an dem gut erhaltenen Tatzenabdruck erkennen konnte, dass dieses Monster ganz offensichtlich nur wenige Minuten nach ihm hier entlanggekommen war.

Plötzlich fröstelte ihn. Diese Bestie war nur wenige Meter von ihm entfernt gewesen, war hinter ihm hergeschlichen, hatte ihn fest in der Witterung gehabt, ihn beobachtet. Siedend heiß fiel ihm ein, wie er hier vor zwei Tagen auf dem Bauch liegend die Männer von *Ujamaa Kali* angepirscht hatte – und ER war direkt hinter ihm gewesen, hatte wohl auf seine Chance gewartet, ihn anzufallen und zu töten. Wahrscheinlich hatte er diesen Abend nur überlebt, weil diese Bestie gespürt hatte, dass da noch andere Menschen im Krater waren.

Ja, nur deswegen hatte Gurumico nicht von hinten angegriffen! Es war Glück, purer Zufall gewesen, dass er diese Nacht überlebt hatte! Anthimos atmete schnell. Sein Puls pochte heftig. Ein seltsames Gefühl übermannte ihn. Er wollte es nicht wahrhaben, was er da fühlte. Aber er kam nicht umhin zu erkennen, dass er Angst hatte – panische Angst! Denn dieses Tier, dieses Monster, das schon seine Frau getötet hatte, machte eindeutig Jagd auf ihn. Gurumico, das wurde ihm auf einmal klar, wollte ihn töten!

Plötzlich entdeckte Anthimos einen halben Meter entfernt von dem Tatzenabdruck ein kleines Büschel schwarzer Haare mit einem braunen Schimmer, das in einem Strauch direkt neben einem Stiefelabdruck von ihm hing. Tief geduckt und in alle Richtungen nach verdächtigen Bewegungen oder Geräuschen schauend und lauschend, schlich er an sie heran. Solche Haare hatte er noch nie gesehen. Sie waren seidig, matt schimmernd, fast so wie die von Colobus-Affen. Er bückte sich und roch an ihnen. Nein, das hier waren keine Haare von einem Affen. Sie rochen nicht so streng wie die der Primaten, und sie rochen anders als die jener Tiere, die er in Ostafrika bislang gesehen oder gejagt hatte. Vorsichtig griff er nach ihnen, wollte sie aus dem Busch lösen. Doch plötzlich durchzuckte ihn ein Gedanke. Ja, das war es! Diese Haare waren, zusammen mit den gut erhaltenen Tatzenabdrücken, die ersten wirklich verwertbaren Spuren von Gurumico. Die ersten eindeutigen Spuren seit Jahren! Endlich! Diese Haare von IHM sonderten noch einen Geruch ab.
In Bruchteilen von Sekunden entbrannte in Anthimos ein unbändiger Jagdinstinkt. Tief geduckt kauerte er über den Spuren. Wie ein Raubtier suchte er mit seinen zu Sehschlitzen zusammengekniffenen Augen sein Umfeld ab, starrte auf jeden Busch, suchte nach kaum sichtbaren Farbnuancen, nach schwarz-braunen Schattierungen hinter Hecken oder, flach weggeduckt, in den Wiesen und in den Kronen der Bäume auf der anderen Seite der Lichtung. Aber da war nichts Verdächtiges, nichts Gefährliches – außer den Männern von *Ujamaa Kali*! Anthimos griff mit der linken Hand nach dem Jagdmesser an seinem Gürtel. Der Flügelschlag eines Vogels aus dem

nahen Galeriewald ließ ihn zusammenzucken. Es war nur ein Toko, einer mit gelbem Horn auf dem Schnabel. Ungefährlich.
Zentimeter für Zentimeter fingerte er die Klinge aus der Lederscheide. Sein Gewehr hielt er durchgeladen und entsichert neben sich auf dem Boden liegend in der rechten Hand. Behutsam drückte er die Klinge des Dolches in den Lehmboden, stach Zentimeter für Zentimeter um den Tatzenabdruck herum in den Boden, hob langsam den auf Lehm verewigten Tatzenabdruck heraus und legte ihn auf ein Moospolster neben sich im Gras. Dann knickte er ein Schilfrohr ab, hob damit die Haare des Tieres aus dem Busch heraus und legte die braun-schwarzen Haare auf den Lehmbrocken mit dem Tatzenabdruck.
Perfekt, dachte er. Die Witterung von Gurumico war somit nicht von seiner eigenen überlagert. Jetzt galt es, die gesicherten Spuren geruchsneutral und transportfähig einzupacken. Sein Blick wanderte hinüber zu dem Wald, in dem sich die *Ujamaa Kali*-Männer aufhielten. Gegen die leichte Mittagsbrise hörte er ihre Stimmen nur sehr leise. Aber sie waren noch da! Es waren viele.
Vorsichtig stach er mit seinem Dolch Moosstücke aus dem Boden, stets bemüht, das Moos nicht mit seinen Händen zu berühren, legte ein Moosstück auf die gesicherten Spuren und schob den anderen Rasenteppich unter den Lehmbrocken mit dem Tatzenabdruck. Schließlich wickelte er einige zu einem Strick geflochtene Schilfgräser drum herum. Jetzt würde er diese Bestie jagen – unbarmherzig, bereit zu töten. Und bereit, dabei getötet zu werden!
Anthimos atmete tief durch und starrte gebannt auf den Wald gegenüber. Er spürte ein eigentümliches Gefühl in sich aufsteigen, fühlte, wie sein Denken nur noch von den Intuitionen und Mechanismen eines Jägers gesteuert wurde. Da drüben im Wald, dessen war er sich bewusst, saßen mindestens ein Dutzend Afrikaner, Krieger und Alte. Sie trugen einen Hass in sich – auf alle Weißen, auf jene, die sie unterdrückten, ihr Land stahlen und ihre Kultur und Traditionen auszulöschen bereit waren. Wie sollte er das offensichtlich geplante Attentat, den Mord an dem deutschen Prinzen, verhindern? Sollte er es verhindern? Sollte er versuchen, die Schutztruppen zu verständi-

gen? Nein, das würde weder zeitlich machbar sein noch entsprach es seiner inneren Überzeugung. Denn damit würde er Partei ergreifen – gegen die Afrikaner und für die Weißen. Das aber wollte er nicht. Tief in seinem Inneren fühlte er eine ausgeprägte Aversion gegen diese deutschen Besatzer, die Militärs, die von Dar es Salam aus dieses großartige, freie Land mit einem filigranen Netz preußischer Unterdrückungsmechanismen überzogen und bestrebt waren, aus Afrika eine weiße Kolonie zu machen. Nein, mit diesem Krieg wollte er nichts zu tun haben. Er wollte hier leben, friedfertig, frei und glücklich. Er mochte die Afrikaner, liebte ihre Lebensformen, ihre Herzlichkeit, Güte und innigste Menschlichkeit gegenüber all jenen, die hier in Afrika leben wollten, ohne Afrika und seine Menschen zu ändern. So wie er selbst. Und er mochte auch einige wenige Weiße. Nicht alle waren gleich, nicht alle waren Kolonialisten. Margarete war es nicht. Aber ihr Mann, Ulrich, das war einer. Aus dem Wald gegenüber war leises Murmeln zu hören. Er wurde nervös, überlegte angestrengt. Ihm war klar, dass die Männer dort drüben kurz davor waren, Ostafrika in ein Schlachtfeld zu verwandeln. Ihre Motive waren für ihn nachvollziehbar, aber ihre Mittel und Wege, das ahnte er, würden grausame Rachefeldzüge nach sich ziehen. Das musste er verhindern. Aber konnte er es verhindern? Er alleine? Er, Anthimos Koundouriotis?
Abrupt stand er auf, versteckte das Rasenbündel mit dem Tatzenabdruck und den Haaren unter einem Busch, nahm sein Gewehr und ging zielstrebig auf den Wald zu. Bewusst trat er kurz vor Erreichen des Waldrandes in eine Pfütze und auf einen dürren Ast. Das Knacken war laut hörbar. Jetzt erblickte er die Männer. Es waren mehr, als er gedacht hatte, vielleicht zwanzig an der Zahl. Die meisten trugen Waffen. Die Augen der Schwarzen waren gespannt auf ihn gerichtet. Schritt für Schritt näherte er sich der Gruppe, sah im Näherkommen, wie einige der Krieger ihre einfachen Gewehre anhoben. Der Massai mit dem Namen Kinai kam ihm wenige Schritte entgegen. In seinen Augen war Verunsicherung, aber auch Hass zu sehen. Lächelnd ging Anthimos auf ihn zu.
»Jambo, Mzee ...«

»*Jambo*, Herr der toten Elefanten«, antwortete der Massai und hob seinen Arm zu einem ehrlichen Gruß.
Anthimos war erstaunt, von dem Massai als »Herr der toten Elefanten« bezeichnet zu werden. Ganz offensichtlich wusste dieser *Moran* von dem Zwischenfall vor einiger Zeit, als er zusammen mit Toute Sweet im Süden des Landes den sterbenden Elefanten verfolgt und dabei den Elefantenfriedhof im Moor entdeckt hatte. Und wie so oft in Afrika, wenn Menschen spektakuläre Dinge getan haben oder über besondere Fähigkeiten verfügen, verleiht die einheimische Bevölkerung diesen Menschen in Windeseile einen Namen, der fortan an ihnen haftet. Dass man ihn »Herr der toten Elefanten« nannte, gefiel ihm.
»Manchmal trägt der Wind gute, manchmal aber auch schlechte Nachrichten über das Land«, antwortete er mystisch und hoffte, der Massai würde seine Anspielung verstehen. Die Augen des *Moran* blitzten kurz auf.
»Du bist der *Muzungu*, der seit vielen Jahren hier im Ngurdoto-Krater einen Dämon jagt, von dem nur die Seelen der Toten wissen, wie er aussieht«, wich der Massai der Anspielung aus. Die anderen Krieger und Alten standen wie zu Salzsäulen erstarrt hinter ihm.
Anthimos ließ demonstrativ das Gewehr sinken und strich mit seiner Hand über die tiefe Narbe in seinem Gesicht.
»Nicht nur die Toten wissen, dass es Gurumico gibt«, flüsterte er. »Aber die Lebenden erweisen den Toten, die tief in ihrem Herzen noch leben, ihren Respekt, indem sie diesen Dämon jagen und töten.«
Wie er es sagte, ging er davon aus, dass der Massai sehr wohl wusste, dass Gurumico seine Frau grausam zerfleischt hatte. Die Alten im Hintergrund murmelten im Chor ein respektvoll zustimmendes *»Ndio«*. Anthimos spürte, dass diese Männer ihm nicht wirklich feindlich gesinnt waren, eher Respekt und Hochachtung vor ihm hatten. Der Massai nickte nachdenklich und stützte sich entspannt auf seinen Speer.
»Nur wer barfuß durch die Dornensavanne geht, macht den Schmerz zu seinem Weggefährten«, sagte er und blickte dabei an dem weißen

Mann vorbei. Anthimos überlegte angestrengt. Sollte das ein versteckter Hinweis darauf sein, dass diese Männer ahnten, dass er von *Ujamaa Kali* wusste? Wollte der *Moran* damit signalisieren, dass es besser für ihn sei, seine Augen zu verschließen und so zu tun, als habe er nichts gesehen und nichts gehört? War dies eine unverblümte, aber gut gemeinte Aufforderung an ihn gewesen zu schweigen? Oder war es eine Drohung?
»Ich weiß, was ihr vorhabt«, provozierte er die Afrikaner. »Ihr wollt den alten Mann mit den weißen Haaren, der bei *Jeyo* zu Besuch ist, töten! Und ihr wollt die Farmen der *Wazungu* niederbrennen, sie aus eurem Land vertreiben. Das ist es, was ihr Männer von *Ujamaa Kali* plant! Ich verstehe auch eure Motive. Aber ich denke, es wäre der falsche Weg …«
Die Augen des Massai verengten sich. Die anderen Männer nahmen plötzlich eine drohende Haltung ein. Ein alter Meru mit wenig Leben, aber viel Güte in seinem Blick hüstelte und flüsterte nahezu emotionslos: »Wir können dich töten!«
»Ja, das könntet ihr. Aber ihr werdet es nicht tun!«
Der Alte schien zu lächeln. Seine Worte klangen friedfertig: »Du bist weiß! Du könntest uns an die Askaris der *Wazungu* verraten …«
»Das würde ich nicht tun.«
»Warum nicht? Auch du bist ein *Muzungu.* Du gehörst zu ihrem Stamm. Du hast zwar schwarzes Haar, aber deine Fußsohlen sind ebenso weiß wie die Füße der weißen Soldaten, deren Stiefel unseren Stolz zertrampeln.«
Anthimos mochte den Alten. Er spürte, dass dieser Meru nicht wirklich morden wollte. Aber er sah auch, wie der Massai und die anderen jungen Krieger hinter dem Alten ungehalten wurden. Er spekulierte mit dem Einfluss des alten Mannes: »Als du vor vielen Jahren aus dem Bauch deiner Mutter kamst, *Mzee*, hattest auch du helle, fast weiße Handinnenflächen und Fußsohlen. Wir alle haben bei der Geburt weiße Fußsohlen. Wir sind alle gleich, am Anfang. Einige werden später ganz schwarz, andere weiß, und in fernen Ländern gibt es auch Menschen, die nach der Geburt fast gelbe Haut bekommen. Aber weiße Fußsohlen und weiße Handflächen haben wir alle

als *Watoto.* Wir alle sind Menschen. Und wir alle wollen in Frieden leben und zuschauen, wie unsere Kinder Schmetterlingen hinterherlaufen, statt in den Krieg zu ziehen.«

Der Meru bohrte in seiner platten Nase und dachte angestrengt nach. Ein junger Mann vom gleichen Stamm wollte etwas sagen, aber der Alte bedeutete ihm mit einem Handzeichen, zu schweigen.

»Du bist mutig und sprichst weise. Du nimmst nur von diesem, unserem Land, was du zum Leben brauchst. Alles andere liebst und beschützt du. Aber was sagt deine Weisheit dir, wie wir die Unterdrückung durch die anderen Weißen beenden können? Sie stehlen uns die Luft zum Atmen und das Land zum Leben. Sie töten unsere jungen Krieger, wenn wir aufbegehren. Was sollen wir machen?«

Anthimos ahnte, dass dieser Alte einen friedlichen Weg suchte. Respektvoll verneigte er sich leicht, trat mehrere Schritte näher an die Wameru heran und zeigte auf den Lederköcher mit Pfeilen an der Hüfte eines jungen Kriegers neben ihm.

»Gib mir deine Pfeile …«

»Warum sollte ich das tun? Sie sind vergiftet.«

»Vor Giftpfeilen habe ich keine Angst. Ich habe nur Angst vor vergifteten Worten. Gib sie mir.«

»Einen?«

»Nein, alle!«

Verunsichert schaute der Krieger von Anthimos hinüber zu dem alten Mann. Dieser nickte nur kurz. Der junge Bursche griff nach dem Köcher, zog ein Dutzend Pfeile heraus und hielt sie dem Weißen entgegen. Anthimos nahm die Pfeile, betrachtete die hölzernen Schäfte und die eisernen Spitzen und reichte sie dem Alten: »*Mzee*, nimm die Pfeile und versuche, sie durchzubrechen!«

Die Augen des Meru verrieten keinerlei Gemütsregung, als er das Dutzend Pfeile entgegennahm. Seine wie mit Pergament überzogenen, knochigen Finger umschlossen die Schäfte der Pfeile. Ohne den Blick von dem Weißen zu lassen, versuchte er mit seinen gichtigen Fingern, die Pfeile durchzubrechen. Es gelang ihm nicht.

»Das schaffe ich nicht! Es sind Pfeile aus hartem Akazienholz. Nur ein junger Mann ist stark genug, diese Pfeile durchzubrechen.«

»Gib sie diesem Massai da, von dem ich weiß, dass er Kinai ole Chieni genannt wird«, unterbrach Anthimos die Bemühungen des Alten und reichte die Pfeile jenem Massai, der auf Trappes Farm arbeitete und von dem er glaubte, dass er die treibende Kraft, einer der Anführer von *Ujamaa Kali* war.
»Versuch du, sie zu zerbrechen. Du bist jung und stark.«
Sichtlich verwirrt nahm der Massai die Pfeile. Doch trotz aller Kraftanstrengungen misslangen seine Versuche ebenfalls. Er schien wütend darüber zu sein und versuchte deshalb, die Pfeile über seinem Knie zu zerbrechen. Die Armmuskeln des Massai spannten sich an. Die Holzschäfte bogen sich, aber sie brachen nicht.
»Es geht nicht, *Muzungu.* Kannst du es?«
»Ja, ich kann es!«
Seine Augen selbstbewusst auf die des Massai gerichtet, griff Anthimos nach den Pfeilen, brach einen nach dem anderen durch und warf hernach demonstrativ Pfeil für Pfeil hinter sich. Ein Raunen ging durch die Gruppe. Der Alte lächelte.
»So müsst ihr die Weißen bekämpfen! Nicht mit Gewalt! Nicht mit Wut. Nein, klug müsst ihr sein, müsst eure Weisheit nutzen. Versucht ihr es mit Gewalt, werden eure Völker früher oder später vernichtet werden. Denn die *Wazungu,* die ihr bekämpfen wollt, sind zu stark. Sie haben Schiffe, die mit Kanonen bestückt sind; sie werden bald Schiffe haben, die am Himmel kreisen wie Milane und Geier, unerreichbar für euch und eure Speere und Pfeile. Ihr werdet hier unten mit Keulen und Speeren gegen sie anlaufen. Und sie werden vom Himmel herab den Tod über euch bringen. Sie stecken die Kraft vieler Pferde in ein stinkendes, lärmendes Ding aus Blech. Dieses Ding ist ausdauernder als jeder Massai-Krieger. Wie Siafu-Ameisen auf der Flucht vor dem Wasser werdet ihr in panischer Angst durch die Steppen fliehen, bis ihr verhungert oder von den *Wazungu* gefangen genommen oder abgeschlachtet werdet. Und niemand wird Mitleid mit euch haben, weil man euch Mörder nennen wird, die zu bestrafen rechtens ist.«
Der alte Meru schluckte sichtlich betroffen und kratzte sich verlegen am Kopf. Die drei anderen Massai scharten sich um Kinai ole Chie-

ni, ihren Anführer. Anthimos atmete tief durch. Er war selbst überrascht, wie nachdrücklich er den Männern ihre aussichtslose Situation in einem bewaffneten Kampf klargemacht hatte. Aber er wusste, dass diese Männer in einer militärischen Auseinandersetzung mit den weißen Besatzern tatsächlich keine Chance haben würden. Die Deutschen waren hervorragend organisiert und bis zu den Zähnen bewaffnet.

»Du sprichst wie einer von diesen vollbärtigen, heiligen Männern in der Missionsstation Nkoaranga«, unterbrach ihn der alte Meru in seinen Gedanken. »Sie predigen immer den Frieden, aber in ihren Häusern haben sie Gewehre. Und in ihren Herzen wohnt der Hass gegen all jene, die nicht bereit sind, an ihren Gott zu glauben. Was du sagst, mag wahr sein, aber sag uns nicht, wie wir es nicht tun sollen! Sondern sage uns, wie wir unsere Freiheit verteidigen können. Wie, *Mzee*, sollen wir uns wehren?«

Zu dem augenscheinlich noch immer misstrauischen Massai Kinai ole Chieni gewandt und wissend, dass die Massai mit Vorliebe Rinderblut mit Milch verquirlt trinken, fuhr er fort: »Gewalt erzeugt nur Gegengewalt! Seid klug! Kein Massai tötet die Kuh, die seinen Kindern über Jahre Milch gibt, nur weil ihm nach Blut für seine Milchspeisen oder nach einem Stück Fleisch für ein Fest dürstet!«

»Was willst du damit sagen, Herr der toten Elefanten?« Der Massai war unverkennbar beeindruckt von diesem Vergleich.

»Ganz einfach! Nutzt eure Weisheit, euren Verstand – und nutzt die Arroganz der Weißen aus. Sie glauben, dass ihr dumme und unzivilisierte Neger seid. Und weil sie das glauben, halten sie es für ausgeschlossen, dass ihr bereit und in der Lage seid, von ihnen zu lernen! Die Macht der *Wazungu* beruht nicht nur auf ihren modernen Waffen. Nein, sie beruht auch auf ihrer Bildung, ihrem Wissen. Schickt eure Kinder auf ihre Missionsschulen und auf ihre Universitäten. Lernt ihre Sprachen, lernt, ihre Schwächen zu erkennen und ihre Stärken zu euren Stärken zu machen! Ihre Stärke ist die des geistig Überlegenen mit einem Maschinengewehr in der Hand. Eure Stärke resultiert aus der Zeit, die ihr habt. Sie müsst ihr zu eurem engsten Vertrauten machen. Glaubt mir: So werdet ihr siegen – irgendwann!

Oder ihr werdet sterben und euren Kindern ein Leben in der Unfreiheit hinterlassen ...«
Abrupt wandte sich Anthimos von den *Ujamaa Kali*-Männern ab. Er schulterte demonstrativ sein Gewehr und schritt selbstbewusst auf jene Stelle im Krater zu, wo er den Tatzenabdruck und das Fell von Gurumico gesichert hatte. Für Momente hatte er Angst, dass einer der Krieger hinter ihm auf ihn schießen würde. Aber nichts geschah. Langsam schritt er über die Lichtung. Er fühlte sich glücklich. Seit langer Zeit hatte er wieder einmal das Gefühl, seinem Leben einen Sinn gegeben zu haben.

*

Margarete Trappe war außer sich vor Wut. Nur die Anwesenheit von Prinz Leopold von Bayern hielt sie davor ab, lautstark zu fluchen! Wenn sie wütend war, so richtig wütend, konnte sie in Bruchteilen von Sekunden aus einer ruhigen Stimmung heraus explodieren und ziemlich deftig fluchen und schimpfen, wobei sie dann dazu neigte, einen hochroten Kopf zu bekommen und ebenso furchterregend die Augen zu rollen wie ihr Hengst Comet. Weil solche Wutanfälle kaum mehr als Temperamentsausbrüche und zudem recht selten waren und sie sich erfahrungsgemäß nach wenigen Augenblicken auch wieder legten, hatten die afrikanischen Farmarbeiter den Vergleich mit einem *Kiberiti Kali* – einem aufflammenden Streichholz, das aber schnell wieder erlischt – zu ihrem Beinamen auserkoren.
In diesem Augenblick jedoch sah es nicht danach aus, als sei dies nur ein kurzer Temperamentsausbruch. Saida, der Jagdboy, der wenige Schritte neben ihr damit beschäftigt war, die Gewehre zu reinigen, sah das abrupte Aufblitzen in den Augen von »Mama«, sah, wie sie ihren hochroten Kopf in den Nacken warf – und entschied sich, Mama *Kiberiti Kali* ganz schnell aus dem Weg zu gehen.
»Hatarai! – Mama kali, mwingi sana«, zischte er dem Koch warnend zu, dass es gleich gefährlich werde. Dann huschte er hinter das nächste Zelt. Seine Erfahrungen hatten ihn gelehrt, dass es in solchen Situationen besser war, sich aus dem Staub zu machen. Denn

wenn »Mama« so richtig in Rage geriet, dann warf sie auch gerne einmal mit Gegenständen. Mit Vorliebe tat sie das mit ihren Stiefeln, die sie dann in Ermangelung anderer Utensilien in Windeseile von den Füßen riss und in Wurfgeschosse verwandelte. Mit Schuhen konnte Mama *Kiberiti Kali* ebenso gut werfen, wie die Knaben aus seinem Dorf das mit Steinen konnten, um Vögel damit zu erlegen. Schon zweimal hatte er einen Stiefel aus ziemlich großer Entfernung an den Kopf bekommen. Einmal, weil er beim Gewehrreinigen mit der Waffe unbeabsichtigt aus kurzer Entfernung auf sie gezielt hatte – und das hasste sie! Und beim zweiten Mal, weil er ihr beim Angriff eines Büffels vor lauter Aufregung statt der schweren Büchse die für einen tödlichen Schuss völlig ungeeignete Schrotflinte gereicht hatte.
Wären sie nicht alle im allerletzten Moment auf einen Baum geklettert, der wütende Bulle hätte sie getötet. Kaum oben auf dem Baum, hatte sie dann wie eine Furie gezetert, ihn Dummkopf geschimpft und dann mehrmals mit ihrem Stiefel nach ihm geschlagen. Er war ihren Hieben hilflos ausgeliefert gewesen. Und das drei Stunden lang. Sie saß auf dem Ast über ihm – und unter ihnen rammte der wütende Büffel seinen Kopf gegen den Baumstamm und zerstampfte zudem noch mit seinen Hufen die beiden unter dem Baum liegenden Gewehre.
Die beiden anderen Jagdboys, die auf einen anderen Baum geflüchtet waren, wären vor Lachen beinahe heruntergefallen. Nach drei Stunden schließlich hatte sie plötzlich den Stiefel genommen und dem Büffel wütend auf den Kopf geworfen. Und der Büffel war mächtig böse grollend davongetrottet! Später hatte sie ihm dann erklärt, dass sie nicht wegen des Gewehres so wütend gewesen sei, sondern weil er sie, als er ihr in aller Eile half, den Baum zu erklimmen, mit beiden Händen am Po angefasst hatte, um sie nach oben zu wuchten. »Das«, so hatte sie damals gesagt, »darf nicht mal der Bwana in aller Öffentlichkeit.«
Nein, jeder von ihnen, der für sie arbeitete, wusste, dass sie nicht wirklich böse war, wenn sie so fluchte. Was Saida in diesem Augenblick jedoch nicht wusste, war, warum sie gerade jetzt so angstein-

flößend wütend aussah. Anthimos Koundouriotis glaubte zumindest, es zu wissen! Als er sie sah, ahnte er, dass es ein Fehler gewesen war, so ohne jegliche Erklärung die Farm verlassen und damit sie und ihre adligen Gäste kompromittiert zu haben.
Toute Sweet stand neben einem Zelt. Die hinter ihr stehende Spätnachmittagssonne strahlte durch ihr dunkles Haar, das sanft im Wind wehte. Ihre Konturen hoben sich verführerisch deutlich gegen den rötlichen Abendhimmel ab. Ihre Körperhaltung, die demonstrativ in die Hüfte gestützten Hände, das eine Bein etwas seitlich gestellt, signalisierte ihre Stimmung unmissverständlich. Mein Gott, ist sie schön und begehrenswert, wenn sie böse ist, dachte er und winkte ihr zu. So nett er das gemeint hatte, so abrupt drehte sie sich um und verschwand hinter dem Zelt. Er musste lächeln, verkniff es sich aber, weil er ihre Reaktion darauf nur zu gut kannte. Wenn sie das Gefühl hatte, in ihrem ohnmächtigen Zorn nicht ernst genommen zu werden, wurde es tatsächlich gefährlich. Zweimal schon hatte er das auf gemeinsamen Jagdausflügen erlebt. Jedes Mal war sie wutentbrannt, wild mit den Armen gestikulierend und ziemlich derb fluchend auf das nächste erreichbare Gewehr zugeeilt. Sie hatte es derart aufgebracht getan, dass nicht wirklich erkennbar gewesen war, ob sie ihn nun erschießen wollte oder nicht. Die Jagdboys mit ihrem untrüglichen Gefühl für Gefahr waren in beiden Fällen wie von Furien gehetzt hinter Bäumen oder Felsen in Deckung gegangen und erst wieder zum Vorschein gekommen, nachdem er Margarete mit vielen Überredungskünsten zur Ruhe gebracht und sie schließlich in die Arme genommen hatte. Zitternd und bibbernd hatte sie dann in seinen Armen geschluchzt, mit ihrer Nase an seinem Hemd geschnieft und ihre Tränen mit schmollendem Mund und großen, wunderschönen Augen an seinen Ärmeln abgewischt. Wenn sie in solchen Momenten wütend war, so dachte er, als er nun auf das Zelt zuritt, war sie wahrscheinlich zutiefst glücklich, weil sie dann lange in seinen Armen sein konnte, ohne sich dafür schämen und es erklären zu müssen.
Anthimos fühlte eine bislang nie gekannte Wärme und innige Zuneigung für sie in sich aufsteigen. Ja, er liebte es, wenn sie wütend war,

weil sie dann all jene unbändige Lebenskraft und die tief in ihr schlummernden Gefühle zeigte. Wenn sie sich ärgerte, gab sie sich, wie sie wirklich war. Und wenn sie am Ende ihrer Wutausbrüche weglief, unfähig, ein Wort herauszubringen, dann war sie unwiderstehlich schön und reizvoll. So, wie jetzt.

Aber so entrüstet und wütend wie heute hatte er Toute Sweet noch nie gesehen. Er fühlte sich erschöpft von dem langen Marsch in den Krater. Nach Auseinandersetzungen war ihm nicht zumute. Auf der Farm hatte er nach seiner Rückkehr außer einigen Farmarbeitern und dem Kinderboy niemanden mehr angetroffen. Dann hatte er die Schüsse gehört und sich daran erinnert, dass Toute Sweet ihre Jagdgäste am ersten Abend nach dem Einschießen der Gewehre immer zu einem Barbecue einlud. Daraufhin hatte er sich ein Pferd satteln lassen und war zu diesem Barbecue-Platz auf dem Hügel nahe dem See geritten.

Kurz vor dem Zelt parierte er das Pferd. Von der Feuerstelle unweit des provisorischen Lagers hallte grölendes Lachen aus vielen Männerkehlen zu ihm herüber. Die adlige Jagdgesellschaft schien bester Laune zu sein. Aus dem Augenwinkel sah er Msisiri, den Koch, und Saida, den Jagdboy. Sie schielten hinter dem Messezelt hervor und verdrehten ihre Augen als unmissverständliche Warnung für ihn.

Margarete stand mit dem Rücken zu ihm und schaute hinunter zum nahen See. Tausende Flamingos kreisten panisch über dem Wasser und mehrere Flusspferde durchwühlten die Fluten nahe dem Ufer. Er fragte sich, warum die Hippos so unruhig waren. Ohne ihren Wutausbruch abzuwarten, sagte er ruhig und bestimmt: »Toute, ich brauche deine beiden Hunde! Morgen früh brauche ich sie. Es wird eine sehr gefährliche Jagd, in einem sehr unübersichtlichen Gelände. Ohne Hunde geht es nicht. Es ist sehr wichtig für mich!«

Sie drehte sich nicht um, aber er konnte von der Seite sehen, dass ihr Tränen über die Wangen liefen. Plötzlich spürte er, dass sie nicht seinetwegen weinte.

»Was hast du?«

Sie antwortete nicht auf seine Frage. Stattdessen sagte sie mit gepresster Stimme: »Von mir aus kannst du meine Jagdboys und den

Spurenleser haben, die Massai auch und alles, was du sonst noch für deine Jagd haben willst. Meinetwegen kannst du auch Ulrich mitnehmen. Aber zwei Dinge kriegst du nie von mir: meine Hunde und meinen Hengst! Wenn du meine Hunde unbedingt haben willst, musst du mich schon mitnehmen!«

Sie starrte unentwegt hinunter zum See, wo sich, kaum fünfzig Meter entfernt, die Jagdgesellschaft aufhielt. Langsam trat er von hinten an sie heran. Er wollte sie einfach umarmen, traute sich aber wegen der Angestellten nicht. Auf einmal sah er es. Sein Blick ging über ihre Schulter hinweg hinunter zu den Männern am Seeufer. Die aufgeregten Flusspferde wühlten noch immer das Wasser auf, die Flamingos drehten kreischend Runden über dem See. Nur wenige Meter vom Ufer entfernt standen fast alle Männer der Jagdgesellschaft. Einige trugen Gewehre. Die meisten hielten Bierflaschen in den Händen. August Leue, direkter Nachbar der Trappes und als Repräsentant der Deutschen Kolonialgesellschaft ebenfalls anwesend, brüllte einem schwarzen Diener in schlechtem Kisuaheli den Befehl nach einem kalten Bier entgegen: *»Bira moja, baridi sana – haraka!«*

Ulrich Trappe watete, mit nacktem Oberkörper, die Hosen hochgekrempelt und in der rechten Hand eine Whiskyflasche schwenkend, bis zu den Knien durch das Wasser. Nur zwei Meter entfernt stand Konrad, der Sohn von Prinz Leopold von Bayern. Sein kantiger Schädel mit den auffallenden Geheimratsecken glänzte in der Sonne. In seinen Händen hielt er einen Golfschläger. Er war betrunken.

»Noch mal, Konrad! Noch mal! Gib ihnen noch eins auf ihren dicken Arsch«, grölte Ulrich Trappe und fuchtelte mit den Armen in der Luft herum. Der Sohn des bayerischen Prinzen griff nach einem Golfball, legte ihn am Ufer zurecht, schwang den Schläger und schlug den Ball kräftig in Richtung der knapp fünfzig Meter entfernten Flusspferde. Gebannt starrten er und alle anderen Männer dem Ball hinterher. Mit einem lauten Klatschen schlug er knapp neben einer Flusspferdmutter mit ihrem Baby im Wasser auf. Erschrocken bäumte sich das mächtige Tier aus den Fluten auf, ließ seine elfenbeinfarbenen Frontzähne in der Abendsonne aufblitzen, gab ein tiefes Grunzen von sich und tauchte dann mitsamt dem Baby ab. Die am Uferrand stehenden Männer applaudierten.

»Knapp daneben, Konrad, nur knapp daneben«, rief Ulrich Trappe und nahm einen langen Schluck aus der Whiskyflasche.

Margarete Trappe wandte sich langsam zu Anthimos um. Noch nie hatte er sie so traurig und zornig gesehen. »Ich hasse sie! Ich hasse sie alle! Und Ulrich hasse ich am meisten!«, schluchzte sie. »Sie haben alle keinen Respekt vor den Kreaturen dieses Paradieses. Sie haben vor nichts Respekt! Schon gar nicht vor den Menschen Afrikas!«

Anthimos schwieg. Er tat einen Schritt auf sie zu, nahm sie in seine Arme und drückte ihren Kopf mit einer Hand sanft an seine Brust. Sie zitterte am ganzen Körper. Und er spürte zum ersten Mal seit dem Tod seiner Frau, dass er noch lieben konnte. *Sie* wollte er lieben.

*

Der Abend verlief besser, als es die Geschehnisse des späten Nachmittags hatten erwarten lassen. Prinz Leopold von Bayern, der die Zeit zu einem Besuch der deutschen Serumstation am Ngare Nanyuki genutzt hatte und bei dem Gelage am Seeufer nicht anwesend gewesen war, schien bester Laune.

Die Nacht war hereingebrochen. Der Sternenhimmel und zwei Lagerfeuer erleuchteten das Camp. Der Prinz, wie auch alle Offiziere der Schutztruppe elegant in Weiß gekleidet, saß am Kopfende der festlich mit Kerzenleuchtern dekorierten Tafel unter einer Schirmakazie. Margarete Trappe saß zu seiner Rechten. Anthimos Koundouriotis hatte neben ihr Platz genommen. Der ihm gegenübersitzende Ulrich Trappe schien noch immer angetrunken zu sein, August Leue ebenfalls.

Während die livrierten schwarzen Diener die letzten Teller abräumten, griff der Prinz, der zu Beginn des festlichen Dinners in einem Toast auf die gastgebende Familie Trappe seine Begeisterung für

Ostafrika kundgetan hatte, nach seinem Weinglas und sah Anthimos Koundouriotis an. »Auf Ihr Wohl, verehrter Herr Koun…, Koun…«
»Nennen Sie mich Anthimos, Eure Hoheit, das ist einfacher«, unterbrach der Grieche den stotternden Leopold von Bayern. Auch er erhob sein Weinglas.
»Ich freue mich, Anthimos, dass mich ein Jäger mit solch einem legendären Ruf, wie Sie ihn haben, begleiten wird! Was kann mir Besseres widerfahren, als dass eine berühmte und so aparte Dame wie Frau Trappe und ein derart erfahrener Großwildjäger wie Sie mich auf meinen Jagdausflügen durch dieses wunderbare Land führen werden? Was hat Sie, wenn ich höflichst fragen darf, in dieses wunderbare Ostafrika, so weit weg von Ihrer Heimat, verschlagen?«
»Ich würde sagen, Eure Hoheit, es sind die wohl allen Griechen eigene Freiheitsliebe und Begeisterung für alles Schöne und Wunderbare, die mich hierher führten und hier halten.«
Er wollte gerade weitersprechen, als August Leue ihn unterbrach: »Den Griechen sagt man aber doch auch nach, dass sie glühende Patrioten sind, bereit, für die Freiheit ihres Vaterlandes zu kämpfen und zu sterben – so wie einst in Sparta!«
Anthimos horchte auf. Der Unterton in den Worten des Deutschen, den er nicht mochte, weil er einer dieser bornierten, zackig-preußischen Militaristen war, machte ihn misstrauisch. Bevor er antworten konnte, stichelte Leue weiter.
»Ich frage ja nur deswegen, weil in Ihrer Heimat bis vor wenigen Tagen noch der zweite Balkankrieg tobte, ausgelöst durch den Einmarsch der Bulgaren in Griechenland und Serbien. Viele Ihrer freiheitsliebenden griechischen Landleute haben gekämpft und sind gefallen. Sie aber wohl nicht! Ich als Patriot jedenfalls würde sofort in meine Heimat eilen, wenn es gälte, mein Land zu verteidigen!«
Anthimos wollte harsch reagieren, er fühlte sich provoziert, aber er entschied sich, einen Eklat zu vermeiden. Ruhig antwortete er: »Und Wanderer, kommst du nach Sparta, berichte dort, du habest uns liegen sehen, so wie es uns das Gesetz befahl! Sie wissen sicherlich, werter Herr Leue, dass diese Worte auf dem berühmten Grabstein in Sparta geschrieben stehen. Oder?«

»Ja, sicher weiß ich von dem legendären Kampf der ruhmreichen Spartaner gegen die Perser.«
»Schauen Sie, Herr Leue: Die Spartaner wurden schon als Knaben gelehrt, zu kämpfen und, wenn nötig, heldenhaft zu sterben. Wie Sie wissen, sind sie ja auch ausnahmslos alle in diesem von vornherein aussichtslosen Kampf gestorben! Mir jedoch wurde von meinem Vater schon als Knabe gelehrt, dass tote Helden nun mal keine Väter und auch keine Patrioten mehr sein, also nichts mehr für ihr Land tun können. Sie sind ganz einfach nur tot!«
Margarete Trappe schluckte verlegen. Sie spürte, dass die Stimmung am Tisch zu eskalieren drohte. Fragend, eher bittend blickte sie Prinz Leopold von Bayern an. Der Aristokrat sah sie verständnisvoll an.
»Meine Herren, ich bitte Sie! Lassen Sie uns doch an einem solch friedlichen und wunderschönen Abend nicht über Krieg sprechen! In Deutsch-Ostafrika herrscht Frieden. Und den wollen wir doch sicherlich alle genießen, nicht wahr?«
Der Prinz lächelte dem Griechen ehrlich zu. Anthimos fand den Adligen aus Bayern mit den kleinen, fast spitzbübisch funkelnden Augen auf einmal sehr sympathisch. Erleichtert reagierte er: »Wie Eure Hoheit ja nun wissen, bin ich Grieche. Genauer gesagt, meine Familie stammt von der Insel Korfu. Bayern und Griechen haben ja nicht zu übersehende Gemeinsamkeiten.«
»Wie meinen Sie das?«, fragte der Adlige erstaunt.
»Nun ja, meines Wissens haben wir unsere Nationalfarben, also Weiß und Blau, einem Bayern zu verdanken.«
Prinz Leopold schaute überrascht auf.
»Sie meinen Otto I., den Prinzensohn des bayerischen Königs Ludwig I.?«
»Richtig! Er war einmal König von Griechenland. Ich glaube, als er im Jahre 1832 von den europäischen Mächten an die Macht in Griechenland gebracht wurde, war er gerade mal siebzehn Jahre jung. Besonders ruhmreich ist seine Regentschaft auch nicht gewesen, aber das ist ja nun lange her. Immerhin haben wir ihm die weißblauen Farben Bayerns zu verdanken.«

»Meine Hochachtung, verehrter Anthimos«, entgegnete der Wittelsbacher und nickte beeindruckt, »das Letzte, was ich hier in der Wildnis Ostafrikas erwartet hatte, ist ein derart belesener Großwildjäger, wie Sie es sind. Zudem noch von der Insel Korfu. Dann kennen Sie sicherlich auch die Villa Archilleion?«
»Natürlich, Eure Hoheit! Mein Vater ist nicht nur ein sehr enger Freund von Generalkonsul Freiherr von Warsberg gewesen, der ja von der österreichischen Kaiserin Sisi den Auftrag zum Bau dieser nach dem legendären Achilléus von Troja benannten Villa bekommen hatte. Er ging zudem gemeinsam mit Professor Rhousso Rhoussopoulos, dem Griechischlehrer der Kaiserin Elisabeth von Österreich, zur Schule. Ich hatte sogar das große Vergnügen, Sisi persönlich kennenzulernen.«
Margarete Trappe war sprachlos. Dass Anthimos die von ihr ebenso wie Wilhelmine von Sagan verehrte Sisi, die einstige Kaiserin von Österreich, persönlich gekannt hatte, begeisterte sie. Anthimos hatte ihr nie erzählt, dass er auf Korfu geboren wurde. Eigentlich hatte er ihr bislang so gut wie nichts über seine Herkunft und seine Vergangenheit verraten. Nicht, dass er etwas verheimlichte. Nein, er hatte lediglich einmal in der ihm eigenen Art sehr kryptisch gesagt, dass »das Wissen ob der Vergangenheit manchmal den Blick für die Zukunft trübt«.
Mit großen Augen starrte sie Anthimos an. Im Gegensatz zu allen anderen Männern, die in Anzügen zu diesem festlichen Dinner erschienen waren, trug er lediglich ein weites Hemd, eine kakifarbene Hose und – wie immer – seine Wildlederstiefel. Ausnahmsweise waren sie nicht schmutzig. Schon bei seiner Ankunft war ihr aufgefallen, dass sein schwarzes, krauses Haar im Nacken auffallend lang war. Braun gebrannt sah er mit seinen breiten Schultern und den dunklen Augen unglaublich gut aus. Etwas verunsichert schaltete sie sich in das Gespräch ein.
»Als junges Mädchen habe ich die Kaiserin Sisi verehrt und angehimmelt und alle Bücher verschlungen, deren ich habhaft werden konnte. Viele ihrer Gedichte habe ich auswendig gelernt.« Erwartungsvoll blickte sie in die Runde. Nur Anthimos und der Prinz si-

gnalisierten mit einem Lächeln ihr Interesse an dem, was sie sagte. Die anderen Männer am Tisch sahen so aus, als wüssten sie dieser Konversation nichts Sinnvolles hinzuzufügen.
»Warum, gnädige Frau«, ergriff Prinz Leopold das Wort, »warum ergötzen Sie unsere müden Geister nicht mit einem netten Gedicht meiner Schwiegermutter?«
Anthimos sah sie erwartungsvoll und freundlich an. Ulrich versuchte galant zu sein und lallte: »Oh, ja Prinzessin, bitte …!«
Verächtlich blickte sie Ulrich an. Sie wusste, dass er Gedichte hasste. Aber der Prinz zeigte mit einem netten Lächeln, dass er sich wirklich freuen würde.
»Nun ja, mein Lieblingsgedicht hieß ›Mein Traum‹. Es ist ein sehr langes Gedicht, in dem die Kaiserin davon träumt, ein Kaiser zu sein. Es hat viele Strophen, und die richtige Reihenfolge werde ich wohl nicht mehr hinbekommen. Aber die Verse sind sehr schön. Für mich ist es ein Gedicht für den Frieden. Aber ich traue mich nicht so recht, es in Gegenwart Eurer Hoheit vorzutragen. Denn die Kaiserin Sisi geht darin sehr kritisch mit der Aristokratie um.«
Mit lebhaft funkelnden Augen schaute Prinz Leopold von Bayern sie an. Der alte Mann lächelte fast väterlich zu ihr hinüber, als er sprach: »Machen Sie sich darüber keine Sorgen, gnädige Frau. Die gelegentlich sehr kritischen Einstellungen meiner Schwiegermutter zum Militär und zum Leben am Hofe sind hinlänglich bekannt. Ich habe gelernt, damit zu leben. Ich bitte Sie, lassen Sie uns dieses Gedicht hören!«
Margarete Trappe war sehr aufgeregt. Noch nie in ihrem Leben hatte sie jemand gebeten, ein Gedicht vorzutragen. Noch nie! Und nun bat sie der Schwiegersohn von Sisi, der einstigen Kaiserin von Österreich, höchstpersönlich darum! Er konnte ja nicht wissen, wie sehr sie Sisi verehrt und beneidet und in stillen Stunden auf Gut Petersdorf heimlich die Kaiserin von Österreich gespielt hatte, von der sie glaubte, dass sie ihr frappierend ähnlich sah. Ja, sie hatte oft vor dem Spiegel gestanden, ein Bild der jungen Kaiserin in der Hand, und hatte wieder und wieder ihre eigenen dunklen Haare so gekämmt, wie Sisi ihr Haar trug. Ohne Zweifel: Die junge Kaiserin

hatte ihr ähnlich gesehen. Sehr sogar, glaubte sie. Und auch Sisi hatte das Leben auf dem Lande geliebt, war eigenwillig und freiheitsliebend gewesen, hatte ihren Vater verehrt – so wie sie, Margarete Trappe! Ihr Herz pochte.
Kaum, dass sie andeutete, aufstehen zu wollen, erhob sich der links von ihr sitzende Prinz Leopold und rückte ihren Stuhl dezent nach hinten. Sie glaubte, vor Scham im Boden versinken zu müssen, und spürte, wie sie zitterte. Sie verschränkte ihre Arme hinter dem Rücken, richtete ihren Oberkörper selbstbewusst auf, schüttelte ihr dunkles Haar über die Schulter nach hinten und sprach in den Sternenhimmel hinein:

»Mein Traum

Ich war heut' Nacht ein Kaiser,
doch freilich nur im Traum,
dazu noch ein so weiser,
wie's solchen gibt wohl kaum.

Es war seit früh'ster Jugend
Entsagung stets mein Los;
ich lebte streng der Tugend,
nur im Familienschoß.«

Für Momente versagte ihre Stimme. Krampfhaft suchte sie in der Erinnerung nach den anschließenden Zeilen. Verlegen hüstelte sie und rezitierte die nächsten ihr bekannten Strophen:

»Das arme Landvolk schwitzet,
bebaut mühsam sein Feld.
Umsonst! Gleich wird stibitzet
ihm wiederum das Geld.

Kanonen sind sehr teuer,
wir brauchen deren viel,

besonders aber heuer,
wo Ernst wird aus dem Spiel.

Wer weiß! Gäb's keine Fürsten,
gäb' es auch keinen Krieg;
aus wär' das teure Dürsten,
nach Schlachten und nach Sieg.«

Abrupt kehrte sie aus ihrem Traum zurück in die Wirklichkeit. Ihr Blick huschte fragend von Gesicht zu Gesicht. Erwartungsvoll starrte sie Anthimos an. Seine Augen zeigten ihr, dass er sie verehrte. Ulrich räusperte sich betroffen. Sie nahm wahr, dass der Prinz sich erhob, sah, wie seine kleinen Augen einen seltsamen Schimmer bekamen.

»Gnädige Frau, verzeihen Sie mir bitte meine wahrscheinlich recht töricht anmutenden Worte. In meinem Alter und Stand geziemt es sich nicht, solch, wie wir in Bayern sagen, narrischen Dinge zu sagen. Aber, gnädige Frau, es ist mein innigstes Verlangen, Ihnen mit all den mir als fast greisem Mann eigenen Gefühlen zu sagen, dass dies die ergreifendsten und schönsten und wunderbarsten Zeilen waren, die ich, als alter Soldat, seit langer Zeit gehört habe! Ich kenne dieses Gedicht natürlich, und daher kann ich Ihnen sagen, dass Sisi es wohl kaum hätte schöner vortragen können. Ja, das kann ich freimütig zugeben!«

Prinz Leopold von Bayern erhob sein Glas, nickte den Männern an der Tafel zu und neigte seinen Oberkörper in ihre Richtung.

»Auf Ihr Wohl, Margarete! Mögen unser Gott und alle Götter Afrikas Sie und Ihre Familie beschützen.«

*

Sie hatte ebenso viel Angst wie ihre Hunde, mochte es aber nicht zugeben. Seit sieben Stunden waren sie schon im Ngurdoto-Krater. Anthimos war auffallend schweigsam. Es war extrem schwül. Außer dem Hitzeflimmern über dem Sumpf und ein paar Schmetterlingen war nichts zu sehen. Aus irgendwelchen Gründen waren keine Tiere, auch keine Vögel da. Regenwolken zogen sich über ihnen am Himmel zusammen.

Sie überlegte, ob sie Anthimos sagen sollte, dass sie panische Angst hatte. Ihr Blick ging zu Kibo, ihrem Terrier, und zu Tell, dem Vorstehhund. Beide schlichen mit eingezogenen Schwänzen dicht hinter ihr her.

»Die Hunde haben Angst«, flüsterte sie. »Sie haben noch nie Angst gehabt!«

»Sie fürchten sich, weil sie spüren, dass wir beide uns auch fürchten«, gab Anthimos zu und tastete instinktiv nach dem Sicherungshebel seines Gewehrs. Seine Handinnenflächen waren feucht. Nach kurzem Überlegen kam er zu dem Schluss, dass ihm das bisher noch nie passiert war.

»Was, zum Teufel, ist das, was wir da jagen, Anthimos?«

Margarete spürte, dass irgendwo da draußen in den Wäldern und Büschen, hinter oder auf den Felsen, oben in einem Baum oder weggeduckt im Schilfgras, ein Tier lauerte, das noch niemand wirklich richtig gesehen hatte. Dass es Gurumico gab, wusste sie, seit Anthimos ihr kurz nach Aufbruch am frühen Morgen erzählt hatte, dass ER seine Frau getötet und ihn schwer verletzt hatte. Auch von ihren schwarzen Farmarbeitern hatte sie früher schon einmal gehört, dass es da ein großes, bösartiges, dämonenhaftes Tier im Ngurdoto-Krater geben soll. Diesen beängstigenden Schilderungen der Schwarzen hatte sie jedoch keinen Glauben geschenkt, denn ihrer Erfahrung nach neigten Afrikaner zu Übertreibungen und mystifizierten für sie unerklärliche Naturphänomene sehr schnell.

Aber es gab ihn! Anthimos hatte ihr den unvorstellbar großen Tatzenabdruck und diese eigentümlichen schwarzen Haare gezeigt. So etwas hatte sie noch nie zuvor gesehen. Als die Hunde daran schnupperten, um die Witterung aufzunehmen, war Kibo, ihr Terrier, zwischen ihre Beine gekrochen. Seither hatte sie Angst.

»Die Hunde müssen sich ausruhen. Und ich bin auch müde«, flüsterte sie Anthimos zu. Sein Hemd war schweißdurchtränkt, ebenso sein Lederhut.

»Die Sonne wird in spätestens zwei Stunden untergehen. Entweder wir kehren gleich um, oder wir müssen die Nacht hier verbringen«, sagte er laut und blieb stehen.
»Warum sprichst du so laut?«
»Ist sowieso egal. Er weiß, dass wir hier sind. Er weiß, dass wir ihn suchen!«
»Wieso glaubst du das?«
»Weiß nicht. Ist aber besser, es zu glauben.«
Margarete überlegte. Dem Prinzen und Ulrich hatten sie gesagt, dass sie einen besonders großen Elefanten, den Anthimos am Tag zuvor angeblich gesehen hatte, aufspüren wollten. Bei einer solchen Suche konnte es passieren, dass man in der Wildnis übernachten musste. Trockenfleisch, zwei Dosen Bohnen und Wasser hatten sie dabei. Ein Moskitonetz auch.
»Denkst du, dass er fliehen wird?« Sie hoffte, dass er Ja sagen würde.
»Nein! Genau das Gegenteil! Die Hunde haben schon dreimal seine Fährte gewittert und sie dreimal wieder verloren. Er war also schon dreimal vor uns. Wenn wir näher kommen, schlägt er immer einen großen Kreis, immer nach links. Und immer durch das Brackwasser, um keine Spuren und Witterung zu hinterlassen. Er ist unglaublich klug! Ich glaube, er ist jetzt hinter uns …«
»Was sollen wir machen?«
»Ein Lager aufschlagen, so tun, als würden wir aufhören, ihn zu suchen. Ich glaube, er will mich unbedingt haben, will meine Seele fressen, weil sie zu der meiner Frau gehört. Er weiß, dass er mich töten muss, um Ruhe zu bekommen. Also lass ich ihn zum Töten zu mir kommen …«

Mit dem letzten Tageslicht schlugen sie ihr Lager unter einem Felsvorsprung auf und machten ein sehr großes Feuer mit viel Rauch. Und sie machten absichtlich viel Lärm. Das Trockenfleisch schmeckte köstlich, aber sie hatten beide keinen großen Appetit. Die Hunde wollten ebenfalls nicht fressen. Das Lager lag günstig, nach zwei Seiten und nach oben hin durch Felsen geschützt. Vor ihnen lag der Sumpf. Wenn er kam, musste er von links durch den Wald heranschleichen, unter einem großen Baum hindurch, der aus dem Hang heraus über einen Felsen gestürzt war und etwa fünf Meter über dem Boden hing.

»Toute, du setzt dich am besten dort oben in den umgestürzten Baum. Ich bleibe im Lager, sodass du mich im Feuerschein immer sehen kannst. Wenn er kommt, kann er nur unter diesem Baum hindurchkommen. Du hast ein optimales Schussfeld und mit dem Feuer auch genug Büchsenlicht von da oben herab.«

Er sagte es so konzentriert und bestimmt und völlig emotionslos, dass es fast wie ein Befehl klang. Sie wusste, dass er es nicht so meinte. Sie wäre nie auf den Gedanken gekommen, ihm zu widersprechen. Er machte nie Fehler bei der Jagd.

»Du willst dich selbst als Köder anbieten?«

»Nein! Das brauche ich nicht. Er hat mich schon vor Jahren auserkoren. Aber heute Nacht werden wir dem Spiel ein Ende bereiten. So oder so!«

Es war heiß und windstill und auf beklemmende Art lautlos. Die anderen Tiere im Krater schienen Angst vor den Dingen zu haben, von denen sie zu spüren schienen, dass sie geschehen sollten. Dass er da war, witterten auch die Hunde, die bei Anthimos am Feuer blieben, während sie, das Gewehr über den Rücken geschnallt, mühsam den steilen Hang hochkrabbelte, um von oben auf den umgestürzten Baumstamm zu klettern.

Er kam sehr lautlos und viel zu früh und aus einer Richtung, aus der er eigentlich nicht kommen konnte: von dem Felsen über dem Lager.

Es war kein Knurren, auch kein wirkliches Geräusch. Aber irgendetwas ließ Margarete mitten im Hang erstarren. Panisch schaute sie über die Schulter nach unten, hielt sich mit einer Hand an einer Wurzel fest und versuchte mit der anderen, das Gewehr vom Rücken zu zerren. Aber es war schon zu spät.

Sie sah es nicht. Sie hörte nur, wie ihr Hund Tell starb. Es war ein kurzes, eigentümliches Röcheln, von Blut ertränkt, blubbernd, lei-

se – aber tödlich. Durch das Buschwerk zwischen ihr und dem Lager hindurch sah sie Bruchteile von Sekunden später den Foxterrier, wie von einer mächtigen Pranke durch die Luft geschleudert, ins nahe Gebüsch fliegen. Er quiekte erbärmlich beim Aufschlag.
Dann war da unten am Lager im Zwielicht des frühen Abends ein großer, schwarzer, hässlicher Schatten. Und ein kleiner. Der eines Menschen. Der von Anthimos.
Die Schatten schienen eins zu sein. Durch die Büsche hindurch konnte sie nur schemenhaft Umrisse und schnelle Bewegungen ausmachen. Dann war der große Schatten über dem kleinen, und sie wusste, dass sie schießen musste. Sie hatte keine Zeit, Angst zu haben, Anthimos zu treffen. Sie ließ die Wurzel los, rutschte auf dem Po den Hang hinunter, zerrte im Rutschen das Gewehr über den Kopf, repetierte, schoss fast aus der Hüfte, sah im Mündungsfeuer den großen Schatten im getroffenen Aufbäumen noch größer werden. Und sie schrie und schrie und schrie, weil es ein schrecklich großes Wesen war und weil sie Angst vor dem Untier hatte und noch mehr Angst hatte, mit dem nächsten Schuss Anthimos zu treffen.
Wieder hallte das Brechen der schweren Büchse durch die Abendstille. Und wieder sah sie, wie er sich herumwarf, sich wütend und schmerzerfüllt um seine eigene Achse drehte und dabei seinen hässlichen Kopf und sehr lange, gelbe Fangzähne zeigte.
Der nächste Schuss ging daneben. Und noch einer.
Dann ließ er ab, torkelte, brach in den Vorderläufen ein, brüllte bei der nächsten Kugel, die ihn hinten in der Flanke traf. Dann humpelte er ins Gebüsch und sie wusste nicht mehr, auf was genau sie mit den nächsten drei Kugeln schoss. Am Aufklatschen der Projektile hörte sie, dass sie zweimal getroffen hatte.
Der Urwald schien plötzlich zu beben. Affen schrien in den Baumkronen, Hunderte von Vögeln flatterten hoch. Irgendetwas Großes brach ganz in der Nähe durchs Unterholz. Sie sprang hoch, hetzte los, sah aus dem Augenwinkel Anthimos aufspringen, sah das Gewehr in seiner Hand, setzte über den vor ihr am Boden liegenden Foxterrier hinweg. Äste peitschten ihr ins Gesicht. Sie stolperte, riss

sich an einem Ast die Bluse auf, schrie vor Schmerzen und Angst, sah wieder Anthimos, sah ihn nahe, wunderbar nahe. Hechelnd, außer Atem, preschten sie nun beide nebeneinander durch das Dickicht, ihm hinterher.

»Ich hab ihn getroffen! Er ist schon ein bisschen tot«, brüllte sie im Laufen.

»Ja, du hast ihn erwischt!«

Abrupt blieben sie an der Waldlichtung nahe dem Sumpf stehen. Der Mond erhellt die Lichtung. Vor ihnen war ein Geräusch, sehr nahe, sehr laut – grausig, zornig und schmerzerfüllt. Plötzlich schien die Erde unter ihren Füßen zu schwanken.

»Er steckt im Sumpf!«

»Ich kann ihn sehen, direkt vor uns. Ich seh sein Fell, zwanzig Schritte! Schieß! Schieß! Schieß!«

Sie schossen, ohne zielen zu können, schossen beide gleichzeitig, hielten auf das Grauschwarze da vorne, luden nach, schossen wieder und wieder. Wasserfontänen peitschten hoch, Morast und Fellfetzen flogen umher.

Nach wenigen Augenblicken war es totenstill im Krater. Der Schatten vor ihnen wurde immer kleiner und kleiner, versank im Kratersee. Nur das Blubbern des Sumpfes war zu hören. Dann war er weg.

»Kufa ...« Mehr sagte Anthimos nicht.

»Ja, er ist tot!«, sagte sie im Ausatmen.

Sie schauten sich an, sprachlos, aber alles sagend. Seine Blicke tasteten sich von ihren Augen über den Hals zu ihrem Oberkörper. Erst jetzt wurde ihr bewusst, dass Hose und Bluse zerrissen, ihre Brüste zu sehen waren. Es machte ihr nichts aus.

»Bist du jetzt, da er tot ist, frei, Anthimos?«

»Ndio!«

»Kannst du mich jetzt lieben?«

»Ndio.«

Kibo, der Foxterrier, lebte noch. Seine Wunden waren nicht sehr schlimm. Sie legten ihn in Anthimos' Hemd neben das Feuer und kraulten ihn lange, ohne ein Wort zu sagen. Ihre Bluse hing noch im-

mer in Fetzen an ihr herab. Er saß mit freiem Oberkörper neben dem Feuer und streichelte Kibo sehr lange und sanft. Dann begruben sie Tell unter einem Baum nahe dem Sumpf und mit einem schönen Blick über den Kratersee und legten schwere Steine auf sein Grab, damit Hyänen ihn nicht ausscharren konnten.
Margarete war sehr traurig. Als sie aber das kleine Moskitonetz unter dem Baum nahe dem Feuer aufhängten und sie merkte, dass er heimlich schluchzte, fühlte sie sich geborgen und glücklich und für immer vereint in ihrer gemeinsamen Trauer um den Hund.

Am nächsten Morgen waren ihre Erinnerungen an den Abend zuvor sehr verworren. Lange hatten sie dicht nebeneinander unter dem Moskitonetz auf dem Boden gelegen, beleuchtet und erwärmt vom Feuer, vom Mond behütet, und hatten durch die Gaze hindurch in den Himmel gestarrt und so getan, als lauschten sie den Geräuschen der Wildnis. Aber sie hatte nur seinem Atem gelauscht, nur darauf gewartet, dass Anthimos etwas sagte, oder auch nichts sagte und sie einfach nur berührte.
Lange tat er es nicht. Erst als sie glaubte, dass er *es* noch nicht konnte, noch Abstand brauchte, vielleicht in Erinnerungen an seine tote Frau doch noch nicht körperlich zeigen konnte, was er fühlte, und sich zwang, Verständnis dafür zu haben, erst in diesem Augenblick gegen Mitternacht zog er sie sanft an sich, presste ihren Kopf an seinen nackten Oberkörper, so fest, als hätte er Angst, sie könne sich wehren oder wolle weglaufen.
Aber sie wollte sich nicht wehren, wollte hierbleiben. Bei ihm. Für immer.
So hatte sie sich fallen und treiben lassen, in sanften Gedanken, von einem weichen Mantel aus Glückseligkeit umhüllt, seinen zaghaften Berührungen mit geschlossenen Augen entgegensehnend. Sie hatten sich mit den Lippen überall berührt, sich geküsst, ihre von der Zeitlosigkeit und unendlichem Verlangen geführten Fingerkuppen so sanft und zärtlich und so unbeschreiblich vertraut über ihre Körper wandern lassen, als hätten sie es schon tausendmal in ihrem Leben getan. Irgendwann mit dem ersten Rufen eines Vogels im Morgen-

grauen hatten sie sich zum ersten Mal geliebt. Da war nur Liebe. Ihre nackten Körper waren zu dem verschmolzen, was ihnen ihre Seelen schon lange vorgegeben hatten und was sie nun wollten und nicht mehr hätten aufhalten können. Ihre Hände und Lippen folgten willenlos der Lust und der Gier und dem Verlangen, aus zwei Körpern und zwei Seelen eins werden zu lassen. Sie sanken und trieben und wirbelten gemeinsam wie Flaumfedern in der Morgenbrise langsam zu- und ineinander. Und alles an und in ihren Körpern war sanft und zart und vollkommen.

Sie öffnete die Augen, als der erste Sonnenstrahl unter das Moskitonetz huschte. Blitzschnell schloss sie sie wieder, presste ihre Hände davor, so, wie sie es als Kind getan hatte, wenn sie sich dagegen gewehrt hatte, etwas zu sehen, oder sich im Glauben wiegen wollte, dass sie nicht gesehen werden konnte.
Ihre Hand tastete nach ihm. Nichts an ihm war ihr fremd an diesem Morgen: seine Haut, sein Geruch, sein Ein- und Ausatmen. Sie wollte nicht wach werden! Nein! Sie wollte ihn weiter im Traum einatmen, sich seinen Körper vorstellen, alles Erlebte noch einmal in Gedanken erleben. Sie wollte mehr, alles – ihn!
Kibo weckte sie mit einem leisen Fiepen. Durch das Moskitonetz hindurch sah sie den Tag und lauschte den Vögeln um sie herum. Anthimos lag nackt neben ihr. Sein Körper zeichnete sich gegen das Zwielicht des frühen Tages ab. In Gedanken küsste sie ihn auf den Mund, und er öffnete die Augen. Sie sah darin dieselben Gefühle und Wünsche wie in der Nacht zuvor.
Später saßen sie am Feuer und er zeigte ihr ein Loch vom Durchmesser seines Mittelfingers in seinem Hemd, knapp unterhalb der Achsel des rechten Arms.
»Du hast mich gestern beinahe erschossen, Toute Sweet, obwohl ich dir noch gar nichts getan hatte!«
Sie lachten darüber kindisch lange, wälzten sich eng umschlungen und kichernd über den Waldboden, dann brachen sie das Lager ab, gingen den Pfad hinauf zum Kraterrand und von dort weiter über die Hochebene nach Ngongongare.

11. Kapitel

Sie hörte das Geräusch vor dem Haus gegen Mitternacht. Draußen war es stockfinster. Ulrich schlief im Nebenzimmer. Langsam richtete sie sich im Bett auf und griff nach der Pistole auf dem Nachttisch. Wieder hörte sie ein Geräusch, dann eine leise Stimme. *»Hodi?«,* rief jemand auf Kisuaheli, der in Ostafrika geltenden Regel folgend, nie ein Grundstück zu betreten, ohne zuvor nicht höflich anzufragen, ob man willkommen sei.
Margarete Trappe zog den Morgenmantel über und ging zur Haustür. Die Pistole durchgeladen und entsichert in der Rechten, öffnete sie die Tür einen Spalt und schaute hinaus in die Dunkelheit.
»Karibu ...«, rief sie. Ein Schatten löste sich aus dem Dunkel der Nacht. Es war ein großer, schlanker Mann. An dem Umhang und dem Speer konnte sie erkennen, dass es ein Massai war. Er kam näher. Die Paraffinlampe vor dem Haus beleuchtete sein Gesicht. Es war Kinai ole Chieni. Er sah sehr verzweifelt aus.
»Was willst du so spät in der Nacht?«, fragte sie leicht erbost, ahnte jedoch, dass es einen guten Grund geben musste, dass der Massai so spät zur Farm kam.
»*Jeyo*, meine älteste Frau singt schmerzerfüllte Lieder des Todes. Sie sagt, dass das neue Leben in ihr sie töten wird. Kannst du ihr helfen?«
»Deine Frau erwartet ein Baby?«
»Ndio, Jeyo!«
»Und das Baby will nicht kommen?«
»*Ndio*! Meine älteste Frau hat schon viermal versucht, mir einen Sohn zu schenken. Aber sie alle sind noch in ihr gestorben! Hilfst du ihr?«
»Hat sie schon Wehen?«
»Ja, aber das Baby kann nicht kommen, weil es die Welt im Leibe seiner Mutter andersherum sieht und nicht weiß, wo das Licht des Lebens ist ...«

Margarete Trappe überlegte kurz. Wenn sie die Worte des Massai richtig deutete, befand sich das Kind im Bauch der Mutter in einer Steißlage. Solche komplizierten Geburten konnten das Leben von Mutter und Kind gefährden, das wusste sie von den vielen Geburten bei Pferden, Kühen und Schweinen, die sie schon als Kind auf Gut Petersdorf miterlebt hatte. Hier in Afrika hatte sie lernen müssen, diese Geburten manchmal selbst zu bewerkstelligen. Aus diesem Grund hatte sie viele Bücher gelesen und sich den Ratschlag der deutschen Schutztruppenveterinäre in Arusha geholt. Von den Einheimischen hatte sie viel über afrikanische Naturheilkräuter gelernt. So half ein Tee aus der Rinde der Flötenakazie hervorragend, wenn eine Kuh mit der Nachgeburt stehen blieb. Eine andere Baumrinde war ein exzellentes Abführmittel. Sie hatte ihr breiter werdendes Spektrum an Naturheilmitteln auch schon bei den Pferden der Schutztruppe anwenden können. Oft hatte sie so Kühen und Kälbern, Stuten und Fohlen das Leben gerettet. Aber die Geburt eines Kindes? Das hatte sie noch nie gemacht. Ihre eigenen drei Kinder waren ausnahmslos in der Missionsstation geboren worden. Nun aber selbst Hebamme zu sein, das traute sie sich nicht zu. Andererseits war es unmöglich, jetzt, mitten in der Nacht, den Arzt der Missionsstation Nkoaranga zu holen. Und bis zum Morgengrauen zu warten, schien ein Spiel mit dem Tod zu sein.
»Wo ist sie?«
»Die Männer meiner *Manyatta* bringen sie auf einer Trage. Sie werden jeden Augenblick hier sein, *Jeyo*. Hilfst du ihr? Hilfst du mir? Ich habe noch keinen Sohn …«
Verdammte Massai, schoss es ihr kurz durch den Kopf. Die Einstellung der Massai-Männer zu Frauen war erschreckend. Nicht nur, dass sie ohnehin mehrere Frauen hatten, oftmals sehr junge. Nein, die Männer behandelten sie zudem sehr roh und, auch das hatte sie schon in Erfahrung gebracht, bei den Massai war es nicht unüblich, dass Männer aus der gleichen Familie Geschlechtsverkehr mit den Ehefrauen anderer Männer haben durften. An seine Frau dachte dieser Massai jetzt sicherlich nicht. Er wollte einen Sohn! Nur daran dachte er. Denn ohne Sohn lastete ein schwerer Makel auf seiner Eh-

re. Nur deswegen war er den langen Weg zu ihr durch die Finsternis gegangen. Sie atmete erbost durch. Mitleid, aber auch Verachtung lag in ihren Worten.
»Ich mache das, weil du für mich arbeitest. Aber eigentlich mache ich es nur für die Frau und das Kind. Wenn die Männer kommen, sollen sie deine Frau ins Haus bringen. Ich werde heißes Wasser vorbereiten lassen.«

Vier Stunden später, im ersten Morgengrauen, gebar die Frau von Kinai ole Chieni im Haus von Margarete Trappe auf Ngongongare ein kräftiges, gesundes und temperamentvoll strampelndes Kind – einen Jungen! Zur Rettung des Lebens der jungen Massaifrau und des Kindes hatte sie im Schweiße ihres Angesichts den ersten Kaiserschnitt ihres Lebens bei einer Frau hinter sich gebracht. Dem Kind ging es gut, der Mutter jedoch nicht. Sie hatte viel Blut verloren. Die nur notdürftig vernähte Wunde musste dringend nachbehandelt werden. Man würde sie bei Tagesanbruch im Karren zur Missionsstation zu den dortigen Ärzten fahren müssen.
Margarete war todmüde. Ihr Wagemut und die mehrstündige Notoperation hatten ihr grauenhafte Kopfschmerzen eingebracht. Erschöpft, aber überglücklich und stolz auf sich selbst ging sie auf die Terrasse, um eine Tasse Kaffee zu trinken.
Draußen auf dem Innenhof, nur wenige Meter von der Terrasse entfernt, hatten sich zu ihrer Überraschung mehrere Dutzend Massai versammelt. In der ersten Reihe stand Kinai ole Chieni. Alle schwiegen, starrten sie an. Kinai trat auf sie zu.
»*Jeyo*! Ja, du bist es. Du bist *Jeyo*! Die Weissagung des *Laibon* Masiani ole Chieni, Vater meines Vaters und Fleisch meines Fleisches, Herr über die Gedanken *Engais* und von den Ahnen aller Massai auserkoren, die Dinge des Lebens zu sehen, bevor sie geschehen, diese Weissagung hat sich mit dem heutigen Tage erfüllt! Denn Masiani ole Chieni hatte dereinst vorausgesagt, dass ein furchterregender weißer Schatten über das Volk der Massai kommen wird, mit Augen aus Glas und mit seidigem, dunklem Haar. Und dieser Schatten, so ward einst gesprochen, wird unserem neu geborenen *Laibon*

wie der Tag der Nacht für immer folgen, ihn auf immer und ewig begleiten und in einer Sprache zu ihm sprechen, deren Worte uns fremd klingen.«

Margarete Trappe war verwirrt. Sie verstand die Worte des Massai, erahnte aber nur im Ansatz die Bedeutung dessen, was Kinai ole Chieni da gesagt hatte. Siedend heiß fiel ihr ein, wie die Massai sie und ihre Sonnenbrille und ihre Haare bei der Anreise damals, vor vielen Jahren, so fasziniert begutachtet hatten. Schon damals hatten sie *Jeyo*, Mutter, zu ihr gesagt. Aber sie hatte nie ergründen können, warum. Wie hatte der Massai eben gesagt? Mit Augen aus Glas? Ja, damit war fraglos die Sonnenbrille gemeint. Aber was hatte das mit diesem neu geborenen Kind zu tun?

Der Massai unterbrach sie in ihren Gedanken.

»So, *Jeyo*, war die Weissagung unseres *Laibon.* Und genau so ist es heute Nacht geschehen. Und so soll und wird es von heute an sein. Du, *Jeyo*, warst und bist der weiße Schatten. Du hast heute Nacht meinen ungeborenen Sohn, der schon auf dem Wege zu seinen Ahnen war, zur Rückkehr ins Land der Massai verholfen. Und so wird er, unseren Gesetzen gemäß, irgendwann der neue *Laibon* unseres Volkes sein. Und weil *Engai*, unser Gott, dir heute Nacht die Weisheit gegeben und die Pflicht auferlegt hat, dieses Kind zur Welt zu bringen, so wird fortan deine Seele nahe der seinen und seine für immer nahe der deinen sein. Du, *Jeyo*, bist ein Teil von ihm. Und er wird immer bei dir sein. Deswegen, *Jeyo*, haben wir beschlossen, diesen meinen Sohn, den zukünftigen *Laibon* unseres Stammes, zu deinen Ehren *El Ngongongare*, das Auge des Wassers zu nennen. Lebe fortan für immer und ewig auf diesem Land der Massai – auf Ngongongare. Wir und der heute geborene *Laibon* werden dich und deine Kinder immer beschützen. Denn du bist heute Nacht die Mutter unserer Zukunft geworden.«

*

So kontinuierlich sich Ngongongare, Momella und Legurucki zu blühenden Farmen am Meru entwickelten, so schnell avancierte das

Haus der Trappes auf Ngongongare zu einer wahren Menagerie: Maxel, das Zebra, ein Dutzend Mangusten, der Gepard, das Elefantenbaby, der süße Springhase und ein kleiner Affe – sie alle gehörten zur Familie, waren Spielkameraden der drei Kinder und sorgten für ein recht turbulentes, paradiesisches Ambiente. Riedböcke, Dikdiks, Antilopen, afrikanische Greifvögel, Strauße, junge Warzenschweine und manchmal auch Löwenbabys liefen, zumindest tagsüber, mehr oder minder frei auf der Farm umher.
Die fünfjährige Ursula umhegte mit Vorliebe den frechen Maxel; der dreijährige Ulrich liebte die putzigen Mangusten, die ihnen alle Schlangen von der Farm fernhielten; und der eineinhalbjährige Rolf zeigte, kaum, dass er laufen konnte, schon seine Vorliebe für die Gefahr und für Herausforderungen: Er spielte ständig mit jungen Löwen und Geparden.
Und da war noch Jockel, der Affe.
Vor einigen Monaten hatten die Hunde wieder einmal eine Horde Affen gehetzt, die plündernd durch Ulrichs Gemüsegärten gezogen waren. Bei der Verfolgungsjagd hatte eine Affenmutter den Winzling verloren. Seither war der kleine, süße, braunschwarze Jockel auserkorener Liebling der Kinder. Jockel war zwar noch ein kleiner Affe, dafür war er aber umso frecher. Und sehr neugierig. Eine seiner Lieblingsbeschäftigungen bestand darin, Pakete zu öffnen und den Inhalt, entsprach er nicht seinen Vorstellungen, also nicht aus Schokolade oder anderen Süßigkeiten, wutentbrannt zu zerfetzen.
Das hatte er schon am frühen Morgen dieses sonnigen Junitages mit Margaretes Geburtstagsgeschenk der Missionare von Nkoaranga gemacht. Und so, wie er seit einer Stunde vor dem Haus herumlungerte und mit großen Augen die vielen Kisten auf der Terrasse anstarrte, stand zu befürchten, dass Jockel einen unbemerkten Augenblick nutzen würde, sich auf diesen Berg wundervollster Pakete zu stürzen.
Margarete Trappe überlegte. Ulrich würde gleich mit den Kindern aus Arusha zurückkehren. Dann sollten ihr Geburtstagskuchen und alle Geschenke auf dem Terrassentisch stehen. So jedenfalls war es geplant, um ihren anstehenden dreißigsten Geburtstag zumindest ein

wenig zu feiern, bevor sie mit ihren neuen Jagdgästen auf die lange Safari ging.

Für Momente verharrte sie in ihren Gedanken. Dass sie ihren dreißigsten Geburtstag nicht zu Hause auf Ngongongare, sondern irgendwo in der afrikanischen Wildnis feiern würde, machte sie eigentlich nur der Kinder wegen ein bisschen traurig. Was Ulrich dachte, war ihr im Grunde gleichgültig. Sie selbst freute sich auf die anstehende Reise. Die beiden jüngsten Kinder würden ihre Abwesenheit ohnehin noch nicht so richtig realisieren. Und die fünfjährige Ursula fühlte sich bei Karimbe, dem Kinderboy, so geborgen, dass auch sie nicht unter der langen Abwesenheit leiden würde. Nein, dachte sie, den Kindern wird es nicht viel ausmachen. Ulrich konnte ohnehin nichts einwenden, denn die neuen Jagdgäste waren wieder einmal sehr honorige Adlige aus Deutschland. Das war gut für das Geschäft, für »den Ruhm«, wie Ulrich neuerdings sagte. Und das war das Einzige, was Ulrich eigentlich noch interessierte: Ruhm!

Prinz Leopold von Bayern war nach seinem Jagdaufenthalt auf Ngongongare mit unvorstellbaren Mengen exzellenter Jagdtrophäen nach Deutschland zurückgekehrt. Die Berge von Stoßzähnen, Nashörnern, Fellen, Gehörnen und ausgestopften Tieren ließ er im Wilhelminium in München ausstellen. Und Margarete Trappe ließ er als »mutige, ruhmreiche deutsche Jägerin in der Wildnis Afrikas« in den etablierten Kreisen Deutschlands einen geradezu legendären Ruf angedeihen. Seither rissen die Anfragen adliger Jagdinteressenten aus Deutschland nicht mehr ab. Und alle, die da kamen, wollten mit ihr, nicht mit Ulrich auf Jagd gehen. Das war ihr nur recht, denn zwischen Ulrich und ihr hatte sich längst eine tiefe Kluft aufgetan. Was sie noch verband, waren die Kinder, die Farm – und der gute Ruf als Jagdfarm in Afrika, auf den Ulrich so viel Wert legte, der ihr aber egal war. Sie ging auf Safari, weil sie Afrika, das Leben in der Wildnis liebte. Und weil Anthimos sie, wann immer er konnte, auf den Safaris begleitete. Es waren wunderschöne Reisen, die sie gemeinsam machten, wann immer er da war. Anthimos kam und ging nach Ngongongare, so wie es ihm möglich war – und wie er es wollte. Er kam oft. Ulrich verhinderte es nicht. Seit sie erfahren hatte, dass er ein Verhältnis mit Fatuma, einem Somalimädchen, hatte, und es ihm gesagt hatte, gingen sie getrennte Wege. Ulrich ging den Weg der Einsamkeit. Ihr Weg war der von Anthimos. Mal ritten sie nur für einige Stunden, mal für viele Wochen hinaus in die Wildnis. Es war eine Zeit der Glückseligkeit, mit Nächten im Taumel der Liebe, losgelöst von allem Irdischen. Und mit Tagen, an denen ihr Lachen über die Weiten Afrikas hallte und an denen selbst die Tiere in der Wildnis sehen und spüren konnten, wie glücklich Anthimos und sie waren. Sie jagten kaum, taten es nur für den eigenen Fleischbedarf. »Den schönsten Büffel, den ich jemals jagte«, erinnerte sie sich an die Worte von Anthimos, als sie am Manyara-See ihr Lager aufschlugen, »hatte so unbeschreiblich weite Hörner, dass ich eine Hängematte dazwischen hätte aufspannen können. Ich sah ihn, groß, mächtig und gewaltig, über Kimme und Korn, eine prächtige Trophäe, visierte sein Blatt an, hatte meinen Zeigefinger am Abzug – und ließ ihn dann laufen, weil er so unglaublich perfekt war.«

Ja, so war Anthimos. Sie liebte es, wie er die afrikanische Natur voller Respekt sah, wie er sich in ihr bewegte, mit ihr eins wurde – und sie dabei mitnahm. Verrückt waren sie beide, ja, wunderbar verrückt! Am Fluss Ruaha wollte sie in ihrer Überschwänglichkeit versuchen, einem Elefanten, einem sehr jungen Bullen, ein Haar aus seinem Schwanz zu ziehen – was Anthimos lediglich zu der lapidaren Aussage veranlasst hatte: »Bring mir auch ein Haar mit, die sollen angeblich Glück bringen.« Mehr hatte er nicht gesagt, als sie losgeschlichen war. Später hatte er sich stundenlang vor Lachen gekrümmt, weil sie – nach ihrem kläglich misslungenen Versuch – fast den ganzen Tag auf einer sehr dornigen Akazie sitzen musste, wohin der wütende Elefantenbulle sie gescheucht hatte und wo er stundenlang dösend im Schatten stand, während sie oben fast verdurstete.
Ja, verrückt vor Liebe und in einem unbeschreiblichen Gleichklang ihrer Seelen waren sie auf diesen Safaris. Wo immer ein Fluss oder ein Wasserfall auftauchte, zerrten sie sich mit lusterfüllten Blicken gegenseitig die Kleider vom Leibe und sprangen nackt ins Wasser, wo sie wie Kinder herumplanschten. Einzig Anthimos' Sorglosig-

keit beim Baden in stillen Gewässern hatte einmal für Verstimmung gesorgt. Margarete wusste, dass in trüben afrikanischen Gewässern allerlei Krankheiten lauerten, und hatte ihn gebeten, ihr zuliebe nicht in diesen Tümpeln zu baden. »Ich liebe dich«, hatte er sehr ernst reagiert, »das ist für meine Seele und meinen Körper gefährlicher als so ein paar mickrige Bazillen im Wasser. Wenn du gehst, sterbe ich. Nicht körperlich. Aber ich würde dahinsiechen, nur noch als Hülle, eine skurrile Gestalt aus Haut und Knochen, dahinvegetieren. Was also regst du dich wegen der winzigen Tierchen im Wasser auf? Die fressen mich schon nicht auf.«

Ihr Blick ging über die Terrasse, wo bereits Dutzende Kisten für die Safari gepackt standen. Platz für die Geschenke der Freunde und Nachbarn war nur noch auf dem Tisch. Aber Jockel war so auf den Gabentisch fixiert, dass sie diesen nicht eine Minute hätte aus den Augen lassen können. Dann kam ihr die zündende Idee.
»Karimbe …«, rief sie nach dem Kinderboy. Der kleine Mann eilte herbei.
»*Ndio*, Mama …«
»Ihr habt doch heute Vormittag hinter dem Haus eine Kobra totgeschlagen, nicht wahr?«
»Ndio! Nyoka, kubwa sana, Memsahib«, bestätigte er und deutete mit den Händen an, dass es tatsächlich eine sehr große Kobra gewesen sein musste, knapp eineinhalb Meter lang. Er erzählte, dass man die tote Schlange zum Trocknen in den Schuppen gehängt habe, um dann später die Haut abziehen und nutzen zu können.
»Lete Nyoka«, wies sie ihn an und kicherte insgeheim über ihren Plan. Sie wusste, dass Jockel panische Angst vor Schlangen hatte.
Wenig später waren alle Geschenkkartons von der Terrasse weggeräumt. Nur ein schönes, rotes, großes Paket stand noch auf dem Tisch. Jockel war irritiert, denn weit und breit war plötzlich kein Mensch mehr zu sehen. Auch die Hunde waren weg. Er richtete sich auf seine Hinterbeine auf, äugte ungläubig in alle Richtungen, ließ ein aufgeregtes Schnalzen hören und rannte zielstrebig die Steintreppe hinauf, um mit einem riesigen Satz auf den Tisch zu hüpfen. Mar-

garete Trappe presste sich die Hand vor den Mund. Nur mühsam konnte sie verhindern, lauthals loszulachen. Sie stand in der Küche und spähte zusammen mit Karimbe hinter dem Fenstervorhang nach draußen auf die Terrasse, wo Jockel bereits emsig damit beschäftigt war, das Packpapier herunter- und den Karton aufzureißen.
Ein gellender Schrei, ein riesiger Satz aus dem Stand heraus: Die Kiste fiel polternd um. Die tote Schlange schlidderte über die Tischplatte, direkt vor Jockels Füße.
Der Affe riss die Augen weit auf, starrte panisch auf die Kobra, ließ beide Arme wie in einem Anfall von Schockstarre seitlich herunterhängen und wankte. Er riss das Maul weit auf, schrie noch einmal, gellend und scheinbar dem Tode nah, und fiel dann, steif wie ein ausgestopftes Tier, nach hinten vom Tisch auf den Boden. Dort blieb er wie ohnmächtig so lange liegen, bis Margarete Trappe und Karimbe aus der Tür hervortraten und, sich vor Lachen krümmend, die tote Schlange wieder einpackten.
Wutentbrannt sprang Jockel hoch, riss seinen Fang bedrohlich weit auf und hetzte von der Terrasse über die Wiese ins nahe Gebüsch.
»Der wird nie wieder ein Paket aufmachen«, presste Margarete Trappe lachend hervor. Karimbe klatschte sich vor Schadenfreude auf die Oberschenkel und zeigte seine weißen Zähne. Schließlich ging Margarete zurück ins Haus, setzte sich gut gelaunt an den Schreibtisch und beendete den Brief an die Prinzessin, ihre gute Freundin in Berlin.

Verehrteste! Teuerste Freundin!

Ich kann Ihnen mit Worten kaum vermitteln, wie sehr mich diese Nachricht über Ihr baldiges Kommen in Freude versetzt hat. Wenn ich von meiner nächsten, doch sehr langen Safari zurück sein werde, also irgendwann Ende August, werde ich mir Gedanken machen, was Sie mir, wenn Sie im Oktober zu uns nach Afrika kommen, an Kleinigkeiten aus unserer deutschen Heimat mitbringen könnten. Es wird sicherlich nicht sehr viel sein. Denn wie ich ja schon schrieb, geht es uns hier am Meru sehr gut. Von unseren Freunden und den

Daheimgebliebenen hören wir ja immer wieder die wundersamsten Dinge. Sie glauben, wir darben hier in Afrika, leben in Entbehrungen und sind Tag für Tag mit Siechtum und Tod konfrontiert.

Ach, wie belächelnswert! Es mangelt uns an kaum etwas. In unserem kleinen Paradies in Afrika lebt es sich eher wie im Schlaraffenland, wie im biblischen Garten Eden (wie ich Ihnen ja schon im letzten Brief schrieb, ist ein »Adam« namens Anthimos auch schon da ...). Was, so frage ich mich oftmals, was mehr als ein solch erfülltes, zufriedenes, glückliches Leben in diesem afrikanischen Paradies ist in kühnsten Träumen denn noch vorstellbar? Ich habe alles: drei gesunde, glückliche Kinder; ein kleines, aber sehr romantisches Haus mit Blick auf den Kilimandscharo; wunderschönes, fruchtbares Land, das von meinem Farmhaus auf den Bergen bis hin zum Horizont reicht; einen Mann, der den Kindern ein guter Vater ist – und einen Mann, der mich liebt und den ich liebe!

Wie ich bereits erwähnte, sind meine neuen Jagdgäste aus adligem Hause. Sie sind noch sehr jung, aber sie sind perfekte Gentlemen, sehr charmant und lebensfroh. Wir werden sicherlich aufregende und sehr amüsante Wochen miteinander verbringen, zumal wir in eine Region reisen werden, in der auch ich noch nie gewesen bin und von der die Massai sagen, dass Engai (das ist ihr Gott!) diese Landschaft geschaffen hat, um den Menschen zu zeigen, zu welch wunderbaren Schöpfungen er in der Lage ist, wenn die Menschen bereit sind, in Frieden und Eintracht mit allen von Gott geschaffenen Wesen zu leben. Ich freue mich unglaublich auf diese Reise, weil es wohl eine wunderschöne, fruchtbare Landschaft mit riesigen Tierherden sein muss.

Nun aber, liebe Emily und verehrte Prinzessin, muss ich meinen Brief beenden. Es gilt, noch viel für die Safari zu arrangieren. Und heute Abend werden wir meinen dreißigsten Geburtstag vorab feiern. Denn am Tag des Geburtstages werde ich im Ngorongoro-Krater sein – und an Sie denken!

In ungeduldiger Erwartung Ihres Besuches bei uns in Afrika sende ich Ihnen innigste Umarmungen und tausend Gedanken von Ngongongare nach Berlin.

Ihre stets in Gedanken bei Ihnen weilende
Margarete Trappe
Ngongongare, am 26. Juni des Jahres 1914

*

Am Sonntag, dem 28. Juni gegen neun Uhr morgens verließ Margarete Trappe zusammen mit ihren neuen Gästen aus Deutschland in einer aus mehr als dreißig Trägern, Spurenlesern und Dienern, zwei Ochsenkarren und acht Pferden bestehenden Jagdgesellschaft Ngongongare. Die Sonne lugte hinter dem Kibo-Gipfel des Kilimandscharo hervor. Tau lag über den Bergwiesen unterhalb des Meru. Das Land roch frisch und fruchtbar, die Luft war von wunderbaren exotischen Gerüchen erfüllt. Die afrikanischen Träger sangen ein fröhliches Lied, Margarete pfiff eine Melodie vor sich hin, und ihr Hengst Comet tippelte munter über die steinigen Pfade hinunter in die Ebene, nordostwärts am Meru vorbei. Am frühen Nachmittag, kaum, dass sie den Engare Nanyuki hinter sich gelassen hatten, öffnete sich das hügelige Gelände. Vor ihnen lag eine weite Ebene, aus denen die mehr als zweitausend Meter hohen, schwarz und bedrohlich in den Himmel ragenden, aber längst erloschenen Vulkane des Ketumbene und des Longido als Wegweiser gen Norden, hin zum Manyara-See, herausragten. Margarete Trappe war sehr entspannt. Die drei Männer neben ihr plauderten ausgelassen miteinander. Der eine, ein sehr sympathisch wirkender junger Mann mit markantem Kinn und sehr scharf gezeichneten Nasenflügeln, strahlte mit seinem offenen Lachen eine erfrischende Unbeschwertheit aus.
Lothar Siegfried Freiherr von Richthofen, das wusste sie, war tatsächlich gerade erst zwanzig Jahre alt. Am Ende der geplanten Safari, im September, würde er volljährig. Doch so jung er war, so imposant männlich wirkte er bereits. Schon auf der Farm waren ihr seine

exzellenten Umgangsformen aufgefallen. Dass er gebürtig aus Breslau und damit wie sie auch aus Schlesien stammte und er in Breslau zum Gymnasium gegangen war, hatte sie von Anfang an miteinander verbunden, ihre Konversation mit einer gewissen Leichtigkeit erfüllt. Zudem war er ein exzellenter Reiter, was ihr gefiel. Seine Garnison, das Dragoner-Regiment Nr. 4 von Bredow, war nicht weit von Sagan, in Lüben bei Liegnitz, stationiert. Soviel sie wusste, besuchte er zurzeit eine Kriegsschule bei Danzig.
Aus dem Augenwinkel heraus betrachtete sie den schräg vor ihr reitenden Spross, einer von vieren des Alfred Baron von Richthofen. Ein gut aussehender, attraktiver junger Mann, dachte sie und schämte sich im gleichen Moment, als sie feststellte, dass ihr Interesse an dem hochgewachsenen, adretten, schlanken Burschen recht eigentümlicher, für sie unerklärlicher Art war. Margarete Trappe, dachte sie insgeheim, du spinnst. Dann zwang sie sich, an Anthimos zu denken, der, so hatten sie es vor einigen Wochen besprochen, in etwa zehn Tagen am Ngorongoro-Krater zu ihnen stoßen würde. Aber irgendwie gelang es ihr nicht, ihre Gedanken von dem mittlerweile fast neben ihr reitenden Freiherrn von Richthofen zu lösen. Im Unterbewusstsein hörte sie dem Gespräch der Männer zu. Sie sprachen über Politik, aber sie verstand nicht so recht, um was es ging. Der junge Freiherr von Richthofen schien bestens informiert zu sein:
»Der Balkanbund zwischen Serbien, Bulgarien, Griechenland und Montenegro wird uns noch viel Ärger bereiten, glaubt es mir!«
»Da stimme ich dir zu, Siegfried«, sagte einer der anderen. »Das ist nichts anderes als eine Front gegen unser Drei-Kaiser-Abkommen mit Österreich-Ungarn und Russland. Wenn die Österreicher sich weiter so im Balkan ausdehnen und ihren südlichen Nachbarländern den Prägstempel ihrer K.-u.-k.-Monarchie noch brutaler aufs Antlitz drücken, wird es irgendwann Unruhen geben. Die Slawen sind ein renitentes Volk. Die träumen von Unabhängigkeit, da bin ich mir sicher!«
»Ich glaube, dass es die Serben sein werden, die aufmucken«, schaltete sich der vor dem jungen Freiherrn von Richthofen reitende Mann ein. »Die Serben träumen seit ewigen Zeiten von einem Groß-

serbischen Reich. Was dieser österreichische Thronfolger, dieser Franz Ferdinand, mit den Südslawen vorhat, werden die Serben nicht mögen. Det kann icke riechen, Leute!«
Der junge Mann, der mit betontem Berliner Dialekt gesprochen hatte, parierte sein Pferd, bis Margarete Trappe zu ihm aufgeschlossen hatte, und lächelte sie an. »Entschuldigen Sie bitte, verehrte Frau Trappe. Das ist so mit solch jungen Offizieren aus den Kriegsschulen Seiner Majestät: Immer müssen sie über Politik und Krieg reden. Das ist nun mal das Einzige, was wir dort lernen!«
»So ganz fremd ist mir das nicht, junger Mann«, erwiderte Margarete Trappe zurücklächelnd. »Mein Mann ist ja auch ein altgedienter Offizier, wenngleich jetzt nur noch Leutnant der Reserve. Viele unserer Freunde und Nachbarn, besonders in Leganga und bei der Schutztruppe in Arusha, haben ein sehr ausgeprägtes Interesse an den politischen Geschehnissen in Deutschland und Europa. Da gibt es oft hitzige Gespräche über Politik. Ich bin diese Philosophiererei wahrlich gewohnt! Aber ich bin auch, um ehrlich zu sein, sehr froh, dass wir hier in Ostafrika so weit weg sind von diesen Dingen. Außerdem, meine Herren, die nächsten sechs Wochen sind wir fernab jeglicher Zivilisation. Wo wir hinreiten, ist weit und breit keine Telegrafenstation. Was kümmern uns da die kleinkrämerischen Querelen in Europa und auf dem Balkan? So, meine Herren, und nun genug der ernsten Themen! Vor uns liegen wunderschöne Wochen im friedfertigen Deutsch-Ostafrika.«

*

Etwa zur gleichen Zeit, gegen neun Uhr morgens, als Margarete Trappe, Lothar Siegfried Freiherr von Richthofen und die anderen aristokratischen Jagdgäste aus Deutschland an diesem 28. Juni zu Pferd Ngongongare verlassen hatten, waren auch sechs Männer getrennt voneinander aufgebrochen, bereit, für die Freiheit ihres Volkes zu töten. Es war ein wolkenloser Tag. Ein wunderschöner, sonniger Sonntagmorgen – der Festtag des heiligen Vidov. Ihre Waffen trugen die Männer unter der Kleidung versteckt bei sich: vier Pistolen und sechs Minibomben. Nicht viel, aber genug, um zwei Menschen zu töten, die sie als verhasste Repräsentanten eines repressiven Staates auserkoren hatten, um ihren Befreiungskampf mit einem aufsehenerregenden Attentat zu neuem Leben zu erwecken. Alle sechs Männer trugen ein Zyankalipulver bei sich. Lebend wollten sie den Bewachern ihrer auserkorenen Opfer nicht in die Hände fallen.

Einer der sechs Attentäter, ein kleiner, krausköpfiger Mann mit spärlichem Schnauzer und seltsam tiefgründigen Augen, war sehr nervös, als er gegen elf Uhr vormittags an der »Schillerecke« ankam. Die anderen fünf waren über eine größere Distanz entlang der Straße positioniert. Überall standen Menschen und riefen »Hoch, Hoch«.

Dann ging alles sehr schnell, schneller als erwartet. Er hatte kaum Zeit nachzudenken. Plötzlich sah er die weiß gekleidete, verschleierte Dame mit dem breitkrempigen Hut. Direkt neben ihr saß er, der Mann mit dem grünen, federgeschmückten Hut eines Generals. Die Frau lächelte sehr nett und er zupfte an seinem Oberlippenbart. Beide waren kaum mehr als fünf Meter entfernt. Er hatte nicht geglaubt, so nahe an sie heranzukommen. Die Nähe zu den Opfern irritierte ihn. Er konnte in die Augen der beiden sehen, und das mochte er nicht. Erst wollte er die Bombe werfen, aber die vielen Menschen um ihn herum drängten und schubsten und engten ihn zu sehr ein. Er wurde extrem nervös, wusste nicht mehr genau, was er tat, handelte nur noch reflexartig und nicht mehr so ganz davon überzeugt, dass das, was er da tat, richtig war.

Hektisch fingerte er die Pistole hervor. Die Menschen vor, neben und hinter ihm standen zu dicht um ihn herum, als dass er noch eine ideale Schussposition hätte einnehmen können. Er schoss nahezu blindlings auf die beiden. Schüsse bellten auf. Der Rückstoß der 9-mm-Browning-Automatikpistole riss seinen Arm hoch. Die Frau mit dem schönen Hut hatte plötzlich oberhalb des breiten Gürtels in Höhe des Bauchnabels einen großen roten Fleck auf dem Kleid. Sie sank mit dem Gesicht zwischen die Knie des Mannes neben ihr, und es sah so aus, als sei sie tot. Aus dem Mund des Mannes spritzte ein dünner Blutstrahl. Dort, wo das 9-mm-Projektil in seinen Hals eingedrungen war, war nur ein kleines Loch zu sehen. Menschen schrien, Panik brach aus.

*

Die ersten zehn Tage waren mühsam, aber wunderschön. Margarete Trappe konnte sich nicht erinnern, jemals solch charmante, höfliche und völlig unkomplizierte Jagdgäste gehabt zu haben. Und weil die täglichen Ritte durch die Steppen, vorbei an erloschenen Vulkanen, Seen und durch breite Trockenflüsse in Richtung des Ngorongoro-Kraters so kurzweilig und von netten Plaudereien geprägt waren, hatten ihre Jagdgäste zunächst wenig Sinn für die Jagd, aber viel Begeisterung für das romantische Leben im Zeltcamp gezeigt. Das Lager wurde stets schon am frühen Nachmittag aufgebaut. Die jungen Männer schossen dann nahe dem Lager Wildbret für das Abendessen, zeigten danach bereits mit Sonnenuntergang ihre Vorliebe für trockenen Rotwein, lachten, scherzten, vergnügten sich und plauschten bis spät in die Nacht oder lauschten den Erzählungen ihrer von allen verehrten »Weißen Jägerin«.
Es war eine sehr gemütliche und fröhliche Safari. Und je näher sie den dichten Wäldern an den südlichen Hängen des Ngorongoro-Kraters kamen, desto mehr freute sich Margarete Trappe auf die Ankunft von Anthimos, der den Krater kannte und ihr schon enthusiastisch vorgeschwärmt hatte von dem, was er »die Arche Noah Afrikas« nannte.
Wie zutreffend diese Bezeichnung war, erahnte sie an dem Tag, als sie auf der Hochebene zwischen dem Manyara-See und dem Eyasi-See hindurch an den Hängen des Oldeani-Berges vorbei in einen märchenhaft schönen Bergwald hineinritten. Baumriesen, verzaubert durch meterdicke Wurzelstränge, beindicke Lianengewächse und Orchideen verliehen dem Hochwald eine gespenstisch-märchenhafte Atmosphäre. Haushohe Euphorbiengewächse und von Moosflechten überrankte Pillarbäume standen in den Steilhängen. Je weiter sie bergan ritten, desto dichter wurde der Nebel. Hoch oben in den Bergen, wo sich Nebel und Wolken zu einer schier undurchdringlichen

imaginären Wand einten, mussten sie absitzen und die Pferde am Zügel die steilen Hänge hinaufführen. Der Boden war nass und rutschig, die Kleidung triefte, das Atmen fiel Menschen und Tieren schwer.

»Wir sind wohl bald im Himmel«, scherzte Lothar Siegfried von Richthofen kurzatmig und fragte verunsichert: »Sind Sie sicher, Margarete, dass wir auf dem richtigen Weg sind? Man sieht die Hand nicht vor den Augen. Ich denke, dass wir gut zweitausend Meter hoch sind. Die Luft wird immer dünner!«

»Irgendwo hier oben muss der Kraterrand sein. Und von dort kann man, so wurde mir gesagt, in den Krater hinabreiten. Jedenfalls in der Trockenzeit.«

»Trockenzeit ist wohl arg übertrieben«, stöhnte einer der Männer. »Mit jedem Atemzug schlucke ich einen Liter Wasser, so hoch ist hier die Luftfeuchtigkeit!«

Den Kraterrand glaubten sie, nach stundenlangem beschwerlichem Anstieg erreicht zu haben. Aber sie sahen nichts. Nebel und Wolken umhüllten sie. Noch mächtigere Baumriesen mit weit ausladenden Kronen verwehrten den Blick zum Himmel. Über ihnen war nur Grün, ein Firmament aus Blättern und Ästen. Es war erst gegen Mittag und doch schien es langsam dunkel zu werden. Der Urwald wirkte leblos. Dann lag plötzlich der Garten Eden vor ihnen. Margarete Trappe hielt inne, blickte ungläubig auf das Wunder, starrte gebannt auf das gleißende Licht, das sie plötzlich umhüllte. Windböen fegten durch den Wald. Die Baumriesen achzten. Nebelfetzen huschten an ihnen vorbei und schienen, wie von Geisterhand herabgezogen, hinter der im diffusen Licht liegenden Waldlichtung zu verschwinden. Es wurde nebeldurchwirkt hell. Auf einmal war die Sonne da, mit ihren wärmenden Strahlen, die den Nebel in sich aufsogen und den Blick freigaben auf etwas, von dem sie alle nicht glauben wollten, dass es so etwas Schönes auf der Welt gab.

»Unglaublich …, wir sind im Himmel, wir sind im Paradies … die Arche Noah Afrikas«, pressten sie unisono hervor und starrten hinab, mehr als eintausend Meter tief, auf einen weiten, vom Horizont eingefassten Krater mit winzigen, großen und kleinen Seen, mit

Flüssen und Rinnsalen und durchwirkt von Erhabenheit, Schönheit und Einmaligkeit.

Sie schlugen ihr Lager unten im Krater an einem See auf, von dem niemand wusste, wie er hieß, und eigentlich auch niemand wissen wollte, welchen Namen er hatte. Er war einfach nur wunderschön, eingebettet in Galeriewälder aus Palmen und immergrünen Baumriesen. Flusspferde tummelten sich in dem Süßwasser.

Überall waren Löwen, große, prächtige und schwarzmähnige mit Pranken größer als eine Männerhand. Geparden dösten unter den Schirmakazien und Wildhunde tobten in Rudeln umher. Eine Elefantenherde mit mehr als fünfhundert Tieren trottete vorbei; Nashörner grasten nicht weit von ihrem Lager entfernt. Viele Antilopen und noch mehr Gazellen standen auf den Grasebenen; Zebraherden ließen in ihren wilden Galoppaden die Erde erbeben; die Gnus konnten sie nicht zählen. Die Worte, um das, was sie da sahen, zu beschreiben, gingen ihnen schon am ersten Abend vor dem Lagerfeuer und unter dem Sternenhimmel des Paradieses aus.

An diesem Abend tranken sie sehr viel und schwiegen.

Die Freude war bei Margarete Trappe groß, als eine Staubwolke, von thermischen Winden zu einem Sandsturm im Mittagslicht emporgewirbelt, die Ankunft von Anthimos signalisierte. Ihr Herz schlug schneller. Endlich! Da kam er. Endlich jemand, dem sie sagen und den sie fühlen lassen konnte, wie sehr sie dieses Land, diesen Krater, dieses Leben liebte. Sie starrte hinaus auf die flimmernde Grasfläche, aus deren Fata-Morgana-Seen sich ein Schatten herauslöste und sich auf sie zubewegte.

Sie erstarrte innerlich. Der da kam, auf einem Pferd, wirkte gehetzt, hatte es sehr eilig – und das in einem Paradies, in dem Zeit bedeutungslos war. Plötzlich hatte sie Angst. Intuitiv spürte sie, dass mit der Staubfahne des heranpreschenden Anthimos etwas Bedrohliches nahte.

Kaum dass er sein verschwitztes Pferd pariert und sie in den Arm genommen hatte, stieß Anthimos hervor: »Am Tag eurer Abreise haben Anarchisten in Sarajevo den österreichischen Thronfolger Franz

Ferdinand und seine Frau, die Herzogin Sophie von Hohenlohe, erschossen. Überall in Europa spricht man von Krieg!«

Am nächsten Tag hatten sie das Lager abgebrochen. Sie ritten nun schon den zehnten Tag hintereinander im Trab und Galopp. In den Nächten hatten sie, ohne Zelte aufzuschlagen, einfach nur auf dem Boden am Feuer geschlafen. Nicht um sich, sondern um den völlig erschöpften Pferden Rast zu gönnen. Den Fahrern der beiden Ochsenkarren hatten sie Anweisung gegeben, samt der Ausrüstung und den Angestellten möglichst schnell nachzukommen.
Alle schwiegen, waren erschöpft, ausgelaugt, verstaubt und hungrig, gaben sich ihren dumpfen Gedanken hin, jeder für sich, und hofften, noch an diesem Abend Arusha oder auch die Farm zu erreichen. Zwei Pferde lahmten. Eins hatten sie mit einem stark geschwollenen Bein vor zwei Tagen erschießen müssen. Seither ritt Anthimos mit Margarete Trappe auf Comet. Der Hengst stolperte ständig unter der Last. Beide schwiegen ihre Ängste in sich hinein. Erst als der Meru am Horizont deutliche Konturen annahm, räusperte sich Margarete Trappe und sagte zu ihm: »Du hast gewusst, dass diese *Ujamaa Kali*-Männer Prinz Leopold töten wollten?«
»Ja, das habe ich.«
»Und du hast sie davon abgehalten, es zu tun …«
»Nein, ich habe sie nicht davon abgehalten. Ich habe ihnen versucht zu erklären, dass es ihr Untergang wäre. Sie selbst haben entschieden, es nicht zu tun. Woher weißt du davon?«
»Kinai, der Massai, hat es mir anvertraut. Warum hast du es mir damals nicht sofort erzählt?«
»Weil es etwas zwischen mir und den Afrikanern, den Männern von *Ujamaa Kali* war.«
»Du willst dich immer aus allen Dingen, die dich nicht persönlich tangieren, raushalten, oder?«
»Ja.«
»Du bist ein Egoist, Anthimos! Andere Menschen sind dir egal, völlig egal.«
»Nicht, wenn sie mir etwas bedeuten.«

»Aber es gibt nicht viele, die dir etwas bedeutet haben oder bedeuten.«

»Das stimmt.«

»Und wenn es jetzt Krieg in Europa geben sollte? Auf welcher Seite stehst du dann, Anthimos? Du kannst doch nicht immer nur an dein eigens Leben denken.«

»Kannst du dich noch erinnern, Toute, als ich einmal sagte, wenn Elefanten kämpfen, leidet das Gras unter ihnen?«

»Ja …«

»Ich habe nicht gedacht, dass es so schnell gehen würde.«

»Was?«

»Toute, wenn es in Europa Krieg gibt, wird es auch hier Krieg geben. Weit weg von hier, in Wien, Berlin, Moskau, London und Paris, kämpfen die Elefanten – und hier unten werden wir das Gras sein, das darunter leidet. Aber ich habe mit diesen gottverdammten Kriegen in Europa nichts zu tun, Toute! Ich will nur in Frieden mein Leben leben!«

»Das will ich auch, Anthimos. Jeder will das. Aber dafür muss man manchmal auch Position beziehen, für etwas bereit sein zu kämpfen, bereit sein, es zu verteidigen!«

»Du meinst, für die Heimat kämpfen, für Ideale oder so …?«

»Ja!«

»Mein Vater ist für die Heimat, für Griechenland gestorben – im Krieg. Mein Bruder auch. Dein Bruder und mein bester Freund, Alfred, ebenfalls. Ich, Toute Sweet, habe damit den Idealen dieser Welt schon genug blutigen Tribut gezollt!«

»Ich kann deine Einstellung nicht verstehen, Anthimos. Wenn es Krieg gibt, stehe ich zu meiner Heimat. Und das ist Deutschland. Dort wurde ich geboren. Meine Mutter und meine Schwestern Tine und Frieda leben dort. Und Deutsch-Ostafrika ist ein Teil dieser Heimat!«

»Das sehe ich leider anders, Toute! Ich kämpfe für nichts, außer für meine Freiheit – und für die Freiheit jener Menschen, die mir am Herzen liegen. Aber mit dem Krieg der Völker habe ich nichts zu tun. Du wirst sehen: Die verworrene Bündnispolitik der Herrschenden in Europa zwingt plötzlich Freunde gegen Freunde und Völker gegen Nachbarvölker zu kämpfen. Und da mache ich nicht mit!«

Am 28. Juli 1914, vier Wochen nach den Schüssen des Nationalisten Gavrilo Princip auf den österreichischen Thronfolger und dessen Frau in Sarajevo, erreichten Margarete Trappe, Anthimos Koundouriotis und die Jagdgesellschaft von Lothar Siegfried Freiherr von Richthofen Ngongongare.
An diesem Tag erklärte Österreich-Ungarn Serbien den Krieg und löste damit eine aus der Bündnispolitik europäischer Großmächte resultierende Kettenreaktion aus.
Am 3. August des Jahres 1914, dem dreißigsten Geburtstag von Margarete Trappe, sieben Jahre nach ihrer Ankunft auf dem afrikanischen Kontinent, erklärte Deutschland seinem Nachbarn Frankreich den Krieg, gefolgt von der Kriegserklärung Englands an Deutschland. Weitere drei Tage später erfolgte die offizielle Kriegserklärung Österreich-Ungarns an Russland.
In nur wenigen Tagen stürzte der Ausbruch des Ersten Weltkriegs Europa in ein Desaster. Über dem Paradies der Margarete Trappe im fernen Deutsch-Ostafrika zogen dunkle Wolken auf.

12. Kapitel

Millionen zartgelber Schmetterlinge flatterten an diesem wunderbaren Augusttag nahe der Momella-Seen zu ihrem ersten Flug in die Weite Ostafrikas auf. Der Tululusiek-Felsen, der »Pförtner zum Meru«, wurde von der Nachmittagssonne verzaubert. Das Land war sanft und zart und irgendwie sehr lautlos. Die Natur schien den Atem anzuhalten.

Eigentlich wäre es ein schöner Tag gewesen, um den dreißigsten Geburtstag zu feiern, dachte Margarete Trappe. Sie bedauerte es sehr, dass sie nicht, wie eigentlich geplant, ihren Geburtstag im Ngorongoro-Krater zusammen mit der Jagdgesellschaft und Anthimos hatte verbringen können. Aber auch hier, auf Ngongongare, wäre es schön gewesen, zusammen mit den Kindern, wenn nicht diese dramatischen Ereignisse dazwischengekommen wären.

Nein, an diesem Tag gab es nichts zu feiern. Sie war traurig. Und einsam.

Gedankenversunken stand sie auf der Terrasse ihres kleinen Farmhauses und schaute hinüber zum Kilimandscharo. Seine beiden wie mit Puderzucker eingestäubten Gipfel, der Kibo und der Mawenzi, leuchteten so klar und erhaben wie selten. Aber in diesem Moment sah sie nicht die Schönheit des schneebedeckten höchsten Berges Afrikas. Zum ersten Mal, seit sie den Kilimandscharo vor sieben Jahren gesehen hatte, dachte sie darüber nach, warum die Massai ihn den »Berg des bösen Geistes« nannten. In all den Jahren in Ostafrika hatte sie gelernt, solche Dinge und auch den Glauben der Afrikaner an ihre Götter nicht als mystischen Firlefanz anzusehen, so, wie es die meisten deutschen Siedler taten. Wenn sie hier in Afrika in Frieden leben wollte, das war ihre feste Überzeugung, musste sie auch die Götter Afrikas respektieren.

Unheilvolle Ahnungen überkamen sie. Ihre Gedanken gingen nicht wirklich hin zu den beiden Berggipfeln, sondern wanderten weiter, hin zu dem, was auf der anderen Seite des »Kili« lag. Dort drüben

am Horizont, kaum mehr als dreißig Kilometer Luftlinie und nur zwei bis drei Tagesritte entfernt von Ngongongare, lag die englische Kolonie British East Africa – Feindesland!
Denn an diesem 3. August des Jahres 1914 war England nach der Kriegserklärung Deutschlands gegen Belgien offiziell in den Krieg eingetreten. Damit war das Kriegsgeschehen vom weit entfernten Europa binnen Stunden ganz nahe an Ngongongare herangerückt. Seit der Depeschenreiter der Schutztruppe aus Arusha vor einer halben Stunde die Mitteilung über den Kriegseintritt Englands gebracht hatte, trennte nur noch eine Steppe Feinde, die noch bis vor wenigen Tagen Nachbarn und Freunde gewesen waren.
Ulrich trat auf die Terrasse. Ohne sie zu fragen, hatte er beschlossen, sich freiwillig zur Schutztruppe zu melden. Sie sah in seinen Augen, dass er sich darauf freute, wieder Soldat sein zu dürfen.
»Du wirst sehen, Margarete, der Krieg wird nicht lange dauern! Die werden das schon noch diplomatisch lösen. Das sind die üblichen Drohgebärden. Und selbst wenn die Franzmänner und die Engländer meinen, sie müssten sich mit Deutschland auf einen Krieg einlassen, dann werden sie schnell zu spüren bekommen, mit wem sie es zu tun haben.«
»Wann brichst du auf?«, unterbrach sie ihn. Sie wollte seine Meinungen nicht mehr hören.
»Ich reite morgen früh nach Arusha, wo sich alle Freiwilligen bis Mittag einfinden sollen.«
»Du weißt, dass du nicht musst, Ulrich?«
»Es ist meine Pflicht, Margarete. Es gilt, unser Vaterland, unsere Kolonie zu verteidigen. Da werde ich nicht warten, bis man mich ruft. Ich bin Offizier der Deutschen Armee.«
»Du bist Reserveoffizier.«
»Aber ich werde reiten. Morgen.«
»Du lässt mich und die Kinder hier auf der Farm alleine?«
»Margarete, ich bitte dich! Das musst du verstehen. Es geht um die Ehre und die Vaterlandspflichten eines Offiziers. Außerdem: Du bist hier bestens behütet von unseren Askaris und von den Massai. Ich kann hier auf unserer Farm nichts für unser Land tun.«

»Dann reite, Ulrich! Reite, wenn dir die Ehre eines Offiziers mehr bedeutet als die Sicherheit deiner eigenen Familie! Aber versuch, wieder lebend und nicht als Krüppel zurückzukommen. Versuch es für deine Kinder.«
Margarete Trappe sah ihren Mann verächtlich an. In Bruchteilen von Sekunden erkannte sie, dass sie ihn verachtete, wenn nicht gar hasste. Vielleicht hatte sie ihn schon immer gehasst? Nein, nicht wirklich gehasst. Aber viele seiner Wesenzüge hatte sie verachtet, dies aber stets verdrängt. Sie hatte ihn gebraucht, um ihrem eigenen Leben einen neuen Sinn geben und ihren Traum verwirklichen zu können. Nur mit Ulrich war sie in der Lage gewesen, der Tristesse ihres ärmlichen Daseins in Sagan zu entfliehen. Mit ihm war es ihr gelungen, und dafür war sie ihm sehr dankbar. Sie war immer bereit gewesen, diese Dankbarkeit in Liebe umzuwandeln, aber er liebte nur sich selbst. Er konnte andere nicht lieben. Während sie hier in Afrika gelernt hatte, ihre Gefühle zu zeigen und zu leben, hatte Ulrich sich zu einem machthungrigen, gefühllosen und oftmals widerwärtigen Menschen entwickelt.
So, wie er jetzt vor ihr stand, untersetzt, klein, mit fast kahl geschorenem Kopf, sehr großen Ohren und einem dünnen Oberlippenbart, hatte sie zum ersten Mal das Gefühl, dass er fast hässlich und ein unsympathischer Mensch war. Wortlos drehte sie sich um und ging den Hang hinunter zu einem Felsen nahe dem Bach.
Nur wenige Augenblicke später kam Anthimos hinterher. Er setzte sich hinter sie auf den Boden.
»Bleibst du da? Bleibst wenigstens du bei mir?«
Sie schaute ihn nicht an, weil sie die Antwort bereits kannte.
»Nein, Toute, ich werde morgen aufbrechen. Ich reite nach Dar es Salam und werde versuchen, so schnell wie möglich nach Sansibar zu kommen.«
»Bitte bleib, Anthimos! Bitte! Ich liebe dich. Und du liebst mich. Lass uns hier gemeinsam warten, bis der Krieg zu Ende ist. Er wird nicht lange dauern. Ich werde mich von Ulrich trennen. Dann können wir für immer zusammen sein. Es werden gute, wunderschöne Zeiten für uns kommen.«

»Die guten Zeiten werden nicht kommen, Toute Sweet. Sie waren schon da! Ich habe Angst vor dem, was jetzt geschieht. Deutschland befindet sich im Krieg mit der halben Welt. Die sind wahnsinnig! Niemand weiß, wie sich das weiterentwickeln wird. Ich bin Grieche. Und schon in den Balkankriegen wurden wir Griechen in Dinge verwickelt, mit denen wir eigentlich nichts zu tun haben wollten. Wenn jetzt auch hier in Ostafrika Krieg ausbricht, werden die Deutschen mir nicht trauen. Und die Engländer auch nicht. Im Krieg werden aus Unparteiischen, aus Menschen, die den Frieden lieben, schnell Kollaborateure gemacht. Da gilt nur eine Regel: Freund oder Feind.«
»Du übertreibst, Anthimos! Warum bist du nur so fatalistisch?«
»Nenne es, wie du magst, Toute: Intuition, Vorahnung – weiß der Teufel wie auch immer. Aber mir geht es oft so wie den Webervögeln hier in Afrika. Sie bauen ihre Nester sehr gerne im Schilfrohr entlang der Flüsse, immer ein bis zwei Meter über dem Wasserspiegel. Sie wissen, dass Hyänen und andere Räuber so nicht an die Nester rankommen. Sie lassen sich quasi von den Krokodilen beschützen. Aber wenn du genau aufpasst, dann kannst du sehen, dass sie ihre Nester manchmal neu bauen, manchmal hoch, manchmal niedrig über dem Wasserspiegel. Sie machen das mit Absicht, Toute! Sie wissen schon beim Nestbau, ein halbes Jahr vor der Regenzeit, wie hoch der Pegel des Flusses nach den großen Regenfällen ansteigen wird! Also bauen sie ihre Nester so hoch, dass ihre Jungen nicht von der Flut weggespült werden. Sie wissen es, Toute Sweet, einfach so. Das ist eines der ganz großen Geheimnisse in Afrika. Woher wissen sie das? Die Natur lehrt dich hier, deinen Intuitionen, deinen Instinkten zu folgen. Und mein Instinkt sagt mir, dass es hier bald Krieg gibt.«
Er rutschte näher an sie heran und umschlang sie mit beiden Armen. Sie legte ihren Kopf auf seine Schultern.
»Komm mit mir, Toute Sweet! Lass deinen Mann in diesen sinnlosen Krieg ziehen. Er liebt das Kriegspielen. Nimm deine Kinder, pack die notwendigsten Sachen und komm mit mir nach Sansibar. Von dort sind wir in wenigen Tagen mit einem Schiff in irgendei-

nem Teil der Welt, wo es keinen Krieg geben wird. Das ist unsere letzte Chance. Glaub es mir …«

»Ich kann nicht, Anthimos. Ich kann die Farm nicht einfach verlassen. Ich will auch nicht. Dies hier ist meine Welt, meine Heimat. Hier sind meine Kinder geboren. Und hier habe ich die schönsten und glücklichsten Momente meines Lebens erlebt – mit dir. Ich kann nicht!«

»Du wirst es nicht verstehen, Toute Sweet. Aber ich werde gehen. Ich verlasse dieses Land, weil ich glaube, dass dieses Paradies bald zu einem Schlachtfeld wird. Ich gehe, obwohl ich dich liebe. Aber ich werde dich immer wissen lassen, wo ich bin. Komm zu mir, wann immer du willst.«

Kurz nach Sonnenaufgang war Anthimos davongeritten. Sie wusste nicht, ob sie ihn jemals wiedersehen würde. Nur mit Blicken hatte er ihr noch sagen können, wie sehr er sie liebte. Ihr Ehemann Ulrich war ebenfalls früh aufgestanden, war misstrauisch und mit unübersehbarem Hass auf Anthimos in den Augen auf der Terrasse umhergeschlichen. Auch er würde gehen. Von ihm aber wusste sie, dass sie ihn eigentlich nicht mehr wiedersehen wollte.

Spöttisch hatte Ulrich zugesehen, wie Anthimos ihr seine schwere Elefantenbüchse und das Hemd mit dem Einschussloch gegeben hatte. »Nimm die Büchse, Toute Sweet«, hatte er leise gesagt und ihr sein Lieblingsgewehr, ein Geschenk seines Vaters, gegeben. »Ich werde nie wieder jagen. Weil es hier nie wieder so sein wird wie früher. Du wirst dieses Gewehr bestimmt bald brauchen. Das Hemd wird dich erinnern – an jene Nacht mit Gurumico!«

Erst später, als Ulrich und Anthimos weg waren und sie sich entschieden hatte, nicht mehr zu weinen, hatte sie den im Hemd versteckten Brief von Anthimos entdeckt:

Geliebte Toute Sweet,

ich habe einen Namen für dich gefunden. Worte für das, was zwischen uns passiert ist und immer sein wird, fehlen mir. Es braucht auch keine Worte. Ich gehe, du wirst bleiben. Werden wir uns jemals

wiedersehen? Ist so etwas »Großes«, wie wir es immer genannt haben, zum Scheitern verurteilt, weil wir den Dingen ihren Lauf gelassen haben, weil wir dachten, es bliebe immer so, wie es ist: behütet, wie in einem Kokon; unantastbar, unschuldig und ehrlich?
So ist es nun geschehen. Nicht wir haben uns getrennt, das Leben reißt uns auseinander. All das, was ich in mir trage, wird mir niemand mehr nehmen. Diese Zeit mit dir, die mir all diese Erlebnisse und Gedanken mit dir geschenkt hat, ist nicht mehr hinwegzudenken. Ich trage sie in meinem Herzen. Du lebst in mir. Leise, wortlos – aber unbändig stark. Ich werde immer wieder an dich denken und versuchen, dabei zu lächeln.
Bevor ich losreite, möchte ich dir noch einen Gedanken verraten, den ich hatte, als ich dich zum ersten Mal sah, damals in Dar es Salam, vor sieben Jahren. Ich sah dich den Landungssteg herunterkommen und wusste sofort: Diese Frau wurde zwanzig Jahre zu spät geboren …

Anthimos
Ngongongare, Afrika am 4. August 1914

Zwei Männer verließen am frühen Morgen des 4. August zu Pferd Ngongongare. Beide verließen auch Margarete Trappe. Anthimos Koundouriotis preschte Richtung Mombo, um von dort mit dem Zug weiter nach Dar es Salam zu fahren. Er ritt davon, weil er den Frieden suchte und vor dem Krieg floh. Mit jedem Schritt seines Pferdes überlegte er, ob er zurückkehren sollte, weil er diese Frau liebte.
Der andere trabte lächelnd gen Arusha, weil er den Krieg suchte. Versunken in seine selbstherrlich-patriotischen Gedanken an das, was auf ihn als Reserveoffizier der Schutztruppe in Deutsch-Ostafrika jetzt zukommen würde, vergaß er, an seine Frau und an seine Kinder zu denken.
Für Margarete Trappe war es der traurigste Tag ihres Lebens. Von beiden Männern wusste sie nicht, ob sie sie jemals wiedersehen würde. Der eine war der Vater ihrer drei Kinder, den anderen liebte sie. Was ihr blieb, waren die Kinder – und Angst. Panische Angst. Wie

dramatisch sich die Dinge in nur wenigen Wochen entwickelt hatten! Noch bis vor Kurzem hatte sie sich in einem Paradies auf Erden gewähnt, hatte ihr Leben selbst bestimmt, war die Herrin über ein wunderbares Land gewesen. Ihr Denken und Handeln waren eng verknüpft mit den Kindern, ein wenig mit Ulrich und ganz viel mit Anthimos. Hatte sie an ihre Zukunft gedacht, bestand sie aus ihren Kindern und aus Anthimos – hier in Afrika.
Plötzlich wurde ihr bewusst, dass nicht mehr sie selbst über ihr Leben, über ihre Zukunft bestimmen würde. In Anbetracht der kritischen Situation hatten das Bezirksamt und die Militärkommandantur in Arusha Anweisung gegeben, sich auf den unmittelbaren Kriegsausbruch in der Kolonie einzustellen. Englische Truppen, so hieß es, würden im benachbarten British East Africa bereits Vorbereitungen zu einem Vormarsch auf Deutsch-Ostafrika treffen. Da davon auszugehen war, dass die Einheimischen eventuelle Kriegswirren dazu nutzen würden, sich gegen die deutsche Kolonialmacht aufzulehnen, wurde empfohlen, die Sicherheitsmaßnahmen auf den Farmen zu verstärken und nur noch als loyal einzuschätzende Arbeiter für den Farmbetrieb zu verwenden. Zudem würden Soldaten, zumeist Angehörige der Freiwilligen Bürgerwehr, für den Schutz entlegener Farmen abgestellt.
Was fortan geschehen würde, erkannte Margarete Trappe an diesem Abend mit Entsetzen, hing letztendlich von zwei ganz anderen Männern ab: Der eine, Kaiser Wilhelm II., saß im fernen Berlin und entwickelte mit seinen Generälen Planspiele, um die Macht über Europa und den Rest der Welt zu erlangen. Den anderen hatte sie im Januar persönlich kennengelernt.

*

Oberstleutnant Paul von Lettow-Vorbeck, Kommandant der Schutztruppen in Deutsch-Ostafrika, saß an diesem Vormittag des 5. August im Bezirksamt in Dar es Salam und strich sich nervös über sein militärisch kurz geschnittenes Haar. Die Situation beunruhigte ihn. Die Nachrichtenlage war in den letzten Tagen sehr verwirrend gewesen. Noch am 2. August hatte es aus Berlin geheißen, eine Kriegsgefahr in der Kolonie bestünde nicht. Ein weiteres, angekündigtes Kabel mit zusätzlichen Informationen war aber nicht mehr in Dar es Salam eingetroffen. Heute Morgen, um 04.45 Uhr, war schließlich der Funkspruch über die offizielle Kriegserklärung eingegangen. Eine Stunde später hatte es im Bezirksamt eine Krisensitzung mit dem Stab der Schutztruppe und dem Gouverneur gegeben. Seitdem überschlugen sich die Ereignisse.

Den Mehrfrontenkrieg in der Heimat sah er selbst nicht wirklich als besorgniserregend an. Die Stärke der deutschen Armee und ihrer Verbündeten würde die Engländer, Russen und Franzosen schnell an die Verhandlungstische zwingen. Aber hier in Ostafrika eskalierten die Dinge. Die Lagebesprechung am Nachmittag hatte bestätigt, dass die Engländer im benachbarten British East Africa schon seit Tagen Vorbereitungen zum Angriff auf Deutsch-Ostafrika trafen. Alle im Indischen Ozean kreuzenden englischen Kriegsschiffe lagen in Mombasa vor Anker. Im Grenzgebiet, insbesondere in der Kilimandscharo-Region, marschierten starke englische Verbände auf. Jetzt, mit der offiziellen Kriegserklärung, war es nur eine Frage der Zeit, bis es zu ersten Kampfhandlungen kommen konnte.

Aber zwischen dem Generalstab der Schutztruppe mit ihm als Kommandanten und Gouverneur Dr. Heinrich Schnee hatten sich Meinungsverschiedenheiten über die richtige Taktik aufgetan. Der Gouverneur wollte einen Kampf um die Küstenstädte, vornehmlich um Dar es Salam, Bagamoyo und Tanga, vermeiden und riet, die Masse der Streitkräfte westlich von Dar es Salam zu versammeln. Dr. Schnee wollte nicht, dass die einheimische Bevölkerung sowie als Hilfssoldaten und Träger eingesetzte Afrikaner in den direkten Kampf zwischen den Europäern verwickelt werden würden. »Damit würde nur die Kolonialherrschaft im Inneren der Kolonie erschüttert, und die Afrikaner sähen eine Chance, sich gegen die Deutschen aufzulehnen«, so hatte der Gouverneur, dieser kleine, mickrige Mann mit dem Schnauzer und den großen Ohren, gefaselt. Er mochte diesen Dr. Schnee nicht. Er war ihm zu eingeborenenfreundlich, aber er musste mit ihm zurechtkommen, weil ihm als Gouverneur vom Reichskolonialamt solche Direktiven zustanden. »Das auch noch, Zivilisten im Krieg«, ereiferte sich Lettow-Vorbeck und schritt wütend durch sein Büro in der zweiten Etage des Bezirksamtes.

Er selbst hielt es für taktisch weitaus klüger, nicht auf einen Angriff zu warten, sondern schon vorher die Engländer anzugreifen und dabei möglichst bis nach Uganda vorzudringen. Die von Mombasa nach Nairobi und weiter bis zum Viktoriasee quer durch British East Africa führende Uganda-Bahn war die Aorta der englischen Kolonie. Und sie war die wichtigste Nachschubachse der Truppen. Würden deutschen Truppen dort angreifen, wäre der Feind gezwungen, einen Großteil seiner Truppen für die Sicherung der siebenhundert Kilometer langen Bahn einzusetzen. Natürlich barg dieser Plan Risiken in sich. Deutsch-Ostafrikas Schutztruppe bestand derzeit aus gerade mal zweihundertsechzehn Weißen und etwas mehr als zweitausendfünfhundert einheimischen Askaris, dazu die Polizei mit fünfundvierzig Weißen und etwas mehr als zweitausend Askaris. Die Bewaffnung war nicht gerade umwerfend. Artillerie existierte so gut wie gar nicht. Aber das Letzte, was die Engländer erwarten würden, wäre ein solcher Angriff durch die Deutschen. Doch davon war Dr. Schnee nicht zu überzeugen. Also hieß es mehr oder minder warten und Vorbereitungen für die Verteidigung treffen. Und das hasste er.

Er überlegte angestrengt. Seit er im Dezember des letzten Jahres seinen Vorgänger, Oberst Freiherr von Schleinitz, abgelöst hatte, war ihm nicht viel Zeit geblieben, die Schutztruppen zu verstärken und besser auszurüsten. Aber für seinen Werdegang konnte es nur von Vorteil sein. Wo Krieg war, wurden Lorbeerkränze verteilt. Seine Erfahrungen im Busch- und Guerillakrieg aus Deutsch-Südwest, wo er im Stab des Generals von Trotha seinen Dienst versehen hatte, so ahnte er, würde er hier sicherlich bald umsetzen können. Der Dienst in Deutsch-Südwest war fraglos ein Plus bei den zu erwartenden Kämpfen. Und auch aus der Dienstzeit als Kommandeur des 2. Seebataillons in Wilhelmshaven würde er Kenntnisse einbringen können. Denn mit Sicherheit würden die Engländer ihre Marine im Kampf um Ostafrika einsetzen.

Eine Frage stellte sich allerdings: Konnte die Schutztruppe in Deutsch-Ostafrika mit ihren geringen Kräften den Feind erheblich schädigen, ihm wirklich nennenswerte Verluste an Personal oder Kriegsgerät zufügen und somit größere Truppenkontingente aus Europa vom Eingreifen abhalten?
Dr. Schnee, der Gouverneur, mochte über solche taktischen Aspekte nicht einmal nachdenken, aber er selbst war fest davon überzeugt, dass der Kampf in den Kolonien nur so einen Sinn haben würde.
Nachdenklich schaute er auf die Karte Ostafrikas, die auf seinem Schreibtisch lag. Diese riesig große deutsche Kolonie war faktisch kaum zu verteidigen. Flächenmäßig fast zweimal so groß wie Deutschland mit insgesamt über viertausend Kilometer Grenzen, lebten jetzt gerade mal sechstausend Weiße, Frauen und Kinder inbegriffen, in diesem Land. Die Schwarzen wurden auf acht Millionen geschätzt. Wie sollte dieses Land verteidigt werden? Die lange Küste war völlig ungeschützt. Im Norden lag British East Afrika, im Westen Belgisch-Kongo, im Südwesten Englisch-Rhodesien und im Süden Portugiesisch-Ostafrika. Man war von Feinden umzingelt. Die englischen Truppen waren ihnen haushoch überlegen. Ihre Übermacht ließ Widerstand auf den ersten Blick als sinnlos erscheinen.
Wo aber war der Schwachpunkt der Engländer? Und wo konnten die wenigen deutschen Kräfte am effizientesten eingesetzt werden? Zielstrebig ging sein Blick auf einen Punkt östlich des Kilimandscharo. Die einstigen Grenzverhandlungen zwischen Deutschland und England im Rahmen des sogenannten Helgolandvertrages hatten dort die Grenze durch einen scharfen Knick um den Kilimandscharo herum verlaufen lassen, womit der höchste Berg schließlich zu Deutsch-Ostafrika gehört hatte. Das hatte dem Berg letztendlich den Namen Kaiser-Wilhelm-Spitze eingebracht.
Er beugte sich über die Karte, starrte gebannt auf einen kleinen Ort namens Taveta, südöstlich des Kilimandscharo, auf englischem Gebiet. Schnell erkannte er, dass dort eine der wenigen Straßen von Deutsch-Ostafrika auf englisches Gebiet führte. Die Uganda-Eisenbahn, die Achillesferse der Engländer, war kaum mehr als achtzig

Kilometer entfernt. Dort oben, in dieser Region, lebten sehr zuverlässige, hoch motivierte deutsche Schutztruppenoffiziere. Diese Männer wussten, worum sie kämpften: um ihre Farmen! Gut ausgebildete Askari-Kompanien waren im nahen Moshi und in Arusha verfügbar. Zufrieden grinste er und tippte mehrmals auf die Karte. »Ja, genau da wird es sein!«

Plötzlich erinnerte er sich an einen Abend im Januar, als er bei einem deutschen Farmerehepaar dort oben am Meru zu Gast gewesen war. Die reizende und charmante junge Frau genoss in Deutsch-Ostafrika einen geradezu legendären Ruf als Jägerin. Eine beeindruckende Frau. Ihr sehr patriotischer Mann, Leutnant a. D. Ulrich Trappe, hatte an diesem Abend ziemlich weinselig ein Gedicht Goethes zitiert:

Feiger Gedanken bängliches Schwanken,
weibisches Klagen, ängstliches Zagen,
wendet kein Elend, macht dich nicht frei.
Allen Gewalten zum Trutz sich erhalten,
nimmer sich beugen, kräftig sich zeigen,
rufet die Arme der Götter herbei.

»Tja«, sagte Oberstleutnant Paul von Lettow-Vorbeck, lächelte süffisant vor sich hin und tippte wieder und wieder auf die Karte, auf den kleinen Ort Taveta. »Dann rufen wir mal die Götter herbei. Davon gibt es in diesem verdammten Afrika ja genug.«

*

Die afrikanischen Götter waren sich einig: Den *Wazungu*, den weißen Männern in Ostafrika, waren sie vom ersten Kriegstag an nicht wohlgesinnt. Der Krieg der Weißen war nicht ihr Krieg, nicht der Krieg der Menschen Afrikas, über die sie wachten. Und so unterschieden die Götter nicht zwischen Engländern und Deutschen, sondern ließen sie alle einen grauenhaften Blutzoll zahlen für ihren Traum, Afrika besitzen zu wollen.

Am 8. August 1914, nur eine Woche nach dem Eintritt Englands in das Kriegsgeschehen in Europa, beschossen englische Kriegsschiffe den Funkturm von Dar es Salam. Am 15. August nahmen deutsche Truppen in einer blutigen Schlacht das von Oberstleutnant Paul von Lettow-Vorbeck auserkorene Taveta ein und machten die Region um den Kilimandscharo zum Zentrum ihres Kampfes gegen die englischen Truppen. Von dort aus drangen deutsche Kommandoeinheiten weit auf englisches Gebiet vor, griffen in Guerillamanier englische Vorposten an und zerstörten Nachschublager. Der Kampf des David gegen Goliath versetzte die gesamte deutsche Kolonie in Euphorie. Der Kreuzer »S.M.S. Königsberg« vernichtete am 20. September den englischen Kreuzer »Pegasus« vor Sansibar, und vier Tage später schlug Hauptmann Wintgens die Belgier am Kiwu-See vernichtend. Die gesamte deutsche Kolonie jubelte.
Der erste große Vorstoß der Engländer gegen die zahlenmäßig weit unterlegenen deutschen Truppen erfolgte drei Monate nach Kriegsbeginn. Am 2. November landeten zwei englische Kreuzer vor Tanga, ein englisches und acht indische Regimente sowie mehrere Spezialeinheiten unter dem Kommando von Generalmajor Aitken. Eintausend mit nur einundzwanzig Maschinengewehren und leichten Gewehren bewaffnete Deutsche standen dem übermächtigen Landungscorps gegenüber. Dennoch wurde es eine Demütigung für die Engländer. Nur zwei Tage später, am 4. November, zogen sich die Briten vernichtend geschlagen zurück.
Oberstleutnant Paul von Lettow-Vorbeck avancierte bei den deutschen Siedlern zum Helden, zum »Löwen von Afrika«. Aber die Götter Afrikas hatten sich die Zeit und das Leid zu ihren Erfüllungsgehilfen gemacht und waren übereingekommen, weitaus perfidere Mittel und Wege anzuwenden, den *Wazungu* deutlich zu machen, dass dies nicht das Land des weißen Mannes sei.

*

Mit allem hatte Margarete Trappe gerechnet, aber damit nicht. Seit Ausbruch des Krieges lebte sie in ständiger Angst, hatte nachts Albträume, aß kaum und fühlte sich erdrückt von Sorgen und Nöten, die nun seit mehr als einem Jahr ihr Leben prägten. Der Erste Weltkrieg hatte ganz Europa in ein Schlachtfeld verwandelt. Der Krieg dominierte auch ihr Leben auf Ngongongare. Es war ein katastrophales Jahr gewesen.

Ulrich war gleich bei einem der ersten Kriegseinsätze im Kilimandscharo-Gebiet in englische Gefangenschaft geraten. Er war unverletzt geblieben. In welchem englischen Kriegsgefangenenlager er war, wusste sie jedoch nicht. Ohne ihn lastete nun der harte Kampf um die Existenz der Farm einzig und alleine auf ihren Schultern.

Anthimos war, zehn Tage nachdem er Ngongongare verlassen hatte, an der Küste von deutschen Soldaten wegen Spionageverdachts festgenommen und wenige Wochen später nach Griechenland deportiert worden. Was wirklich geschehen war und wo er sich jetzt aufhielt, wusste sie ebenfalls nicht. Ein befreundeter Offizier im Generalstab in Dar es Salam hatte ihr lediglich vertraulich mitgeteilt, dass Anthimos versucht hatte, bei Nacht heimlich mit einem Boot nach Sansibar zu gelangen. Weil er sich zuvor im Aufmarschgebiet der deutschen Truppen nördlich von Dar es Salam aufgehalten hatte und sich in Sansibar der größte Teil der englischen Marine sammelte, war die deutsche Militärführung davon ausgegangen, dass er als Grieche den Engländern Informationen über die deutschen Truppen verraten könnte. Margarete hatte das sehr nachdenklich gemacht. Was da geschehen war, empfand sie als hochgradig zynisch und absurd: Sie liebte Anthimos, er liebte sie. Sie war eine Deutsche – und nun saß er, der sich aus allen Kriegen raushalten wollte, wegen Spionageverdachts in deutscher Kriegsgefangenschaft.

Zu allem Unglück hatte die deutsche Militärverwaltung schon bald nach Ausbruch des Krieges alle kriegstauglichen Farmarbeiter abgezogen und zwangsrekrutiert. Die meisten dienten als Träger, einige wenige als Hilfssoldaten. Margarete waren nur Kinai und drei andere Massai geblieben. Und einige wenige Hilfsarbeiter, sehr junge Waarusha, unnütze Gestalten, die nicht fähig waren, die Rinderherden zu beaufsichtigen. Ständig wurden Tiere gestohlen oder auch auf den Weiden abgeschlachtet. Die Wilderei auf ihrem Land hatte dramatische Dimensionen angenommen. Die Felder konnten nicht mehr bestellt werden und verwilderten bereits. Grundnahrungsmittel wurden knapp, nicht nur bei ihr auf der Farm, sondern im ganzen Land.

Als sei all dies nicht Unglück genug, hatte es eine Reihe entsetzlicher Geschehnisse auf der Farm gegeben. Einer ihrer Rinderhirten war am Tululusia-See beim Tränken der Rinder von einem gut und gerne acht Meter langen Wasserpython ergriffen und in den See hinabgezogen worden. Seine Leiche tauchte erst zwei Wochen später auf. Der Tod des Mannes war eine, die Deutung der Afrikaner eine ganz andere Sache. Margarete hatte mit Sorge registriert, dass danach alle Farmarbeiter von einem bösen Omen, einem Fluch sprachen, der über der Farm liege. Knapp drei Wochen später hatten Siafu-Ameisen drei Kälber getötet. Milliarden dieser kleinen, unscheinbaren, rot-schwarzen Ameisen waren in der Nacht in den Stall eingedrungen und hatten die angeleinten Tiere bei lebendigem Leib bis auf die Knochen aufgefressen. Auch das deuteten ihre schwarzen Farmarbeiter als einen Fluch. Schließlich waren vor drei Monaten Heuschreckenschwärme über die Farm hergefallen. Innerhalb von zwei Stunden hatten die gefräßigen Tiere ihre Gemüse- und Obstplantagen und damit die Vorräte für ein Jahr vernichtet.

Zunehmend begann auch sie zu glauben, ein Fluch liege auf der Farm – auf ihrem Leben in Afrika. Dass sie völlig auf sich alleine gestellt war, nicht einmal zum Weinen eine starke Schulter da war, überforderte sie. Sie fühlte sich ausgemergelt, erschöpft – und einsam.

Ihre Schwester Tine aus Deutschland hatte sie wenige Tage vor Ausbruch des Krieges besucht und zwei Monate bleiben wollen. Seit Kriegsausbruch lebte sie nun notgedrungen bei ihr, denn eine Rückkehr in die Heimat, nach Sagan, zu Mutter und Frieda, war nicht möglich. Die englische Seeblockade vor der ostafrikanischen Küste hatte das Paradies in ein Gefängnis verwandelt. Tine litt sehr. Das Leben in Afrika, zudem im Krieg, fraß sie körperlich und seelisch auf. Heimweh und die Angst um Mutter und Schwester begannen zunehmend, ihren Lebenswillen zu brechen. Tine half, so gut sie

konnte, kümmerte sich sehr um die drei Kinder, doch sie waren beide völlig überfordert. Nur das Notwendigste konnten sie erledigen, das Überleben sichern.
Die körperlichen Strapazen und die permanenten Ängste hinterließen bei Margarete unübersehbare Spuren. Tiefe Ränder unter den Augen dokumentierten den Schlafmangel. Ihr einst so wunderschönes, glänzendes Haar war matt und ungepflegt. Am schlimmsten aber waren diese immer wiederkehrenden Lähmungserscheinungen.
Vor vier Monaten war sie nachts im Bett von einer Baumschlange ins Gesicht gebissen worden. Sie hatte den Biss des halbgiftigen Reptils zwar nach drei Tagen mit hohem Fieber überlebt, weil die Schlange ihre Haut mit den Giftzähnen unterhalb des rechten Auges nur leicht geritzt hatte. Seither hatte sie jedoch Lähmungserscheinungen im Gesicht. Die rechte Wange hing manchmal gefühllos und scheinbar ohne jegliche Durchblutung schlaff herab. Die Schädigung der Nerven hatte zudem dazu geführt, dass ihre rechte Schulter leicht nach vorne hing. Schmerzen hatte sie nicht, aber sie fühlte sich, so wie sie jetzt aussah, erbärmlich. Ihr Lebensmut sank mit jedem Tag. Und jetzt auch noch das!
Kaum, dass der junge Wameru, der bei ihr als Herdenboy arbeitete, atemlos zur Rinder-*Boma* gerannt kam und »*Jeyo, Jeyo* – komm schnell, deine *Watoto* sterben«, gebrüllt hatte, saß sie schon auf dem Pferd und preschte im gestreckten Galopp zur Farm. »Die Kinder! Lieber Gott, bitte, bitte, verschone meine Kinder«, schrie sie mit Tränen in den Augen gegen den Wind. Jessy streckte sich unter ihrem Sattel wie nie zuvor. Die Stute schien über die steinigen Wiesen hinauf zum Haus zu fliegen. Und doch glaubte Margarete Trappe, der Weg nach Ngongongare nehme kein Ende. Hilflos und voller Todesangst stand Tine bei ihrer Ankunft auf der Terrasse. Alle drei Kinder waren dem Tode sehr nahe. Die Symptome waren bei allen gleich: Die Augen grässlich verdreht, mit weiten, starren Pupillen wanden sie sich in heftigen Krämpfen. Sie wimmerten, fieberten. Der Puls war flatterig und kaum mehr zu ertasten. Der erschreckend fahle Rolf sah erbärmlich aus. Ursula weinte, schien aber noch am meisten Leben in sich zu tragen. Ulrich atmete beängstigend schnell.

»Sie sind vergiftet worden«, schrie sie ihre Schwester Tine an, »lass den Stabsarzt aus Arusha holen!«
Ihre Gedanken überschlugen sich. Es würde Stunden dauern, bis ein Arzt käme – wenn überhaupt. Das würden die Kinder nicht schaffen. Alle Symptome sprachen dafür, dass sie mit einem Nachtschattenpräparat vergiftet worden waren. Sie hatte ähnliche Vergiftungsanzeichen bei einigen ihrer Fohlen gesehen, bis sie dahintergekommen war, dass auf einer der Weiden für Absatzfohlen ein solches extrem giftiges Nachtschattengewächs rankte. Keines der Fohlen hatte die Vergiftung überlebt.
Ihr Blick hetzte durch das Zimmer. Sie fand nicht, was sie suchte. Sie raste in die Küche. Auf dem Tisch standen drei Gläser. Zwei davon waren noch ein wenig mit Milch gefüllt. Ihr Kopf flog herum. Karimbe, der Kinderboy, stand hinter ihr, Tine direkt daneben. Der Afrikaner zeigte ehrliche Angst um die Kinder.
»Wer hat den Kindern die Milch gegeben?«
»Der neue Rinderhirte, dieser junge Waarusha, *Memsahib*.«
»Wo ist er?«
»Ich weiß es nicht. Er wird in seine Hütte gegangen sein. Es ist schon spät am Tag.«
»*Lete Dawa*, hol mir die grüne Flasche aus dem Stall, die mit dem Brechmittel für die Rinder«, schrie sie. Dann rannte sie zurück zu den Kindern. Sie atmeten immer flacher. Rolf, der Jüngste, übergab sich als Erster. Die Überdosis des fürchterlich riechenden Brechmittels wirkte binnen Minuten. Er spie den grüngelbbraunen Mageninhalt hustend aus, würgte und würgte. Ursula übergab sich wenige Minuten später. Ulrich kurz danach. Im Raum roch es fürchterlich. Tine stand zitternd neben dem Bett, in das sie alle drei Kinder nebeneinandergelegt hatten. Die Paraffinlampen erhellten den Raum nur spärlich. Margarete Trappe war froh darüber. Sie wollte nicht, dass ihre Angestellten sahen, wie sie weinte.
Plötzlich stürzte Karimbe herein.
»*Memsahib*, der Askari stirbt!«
Sie blickte auf die Kinder. Ihr Atem war ruhiger geworden. Die Krämpfe schienen nachzulassen. Margarete war beruhigt. Sie hetzte

los, hinter das Haus, wo einer der Massai-Nachtwächter sich vor Schmerzen krümmend auf dem Boden wälzte.
»Was hat er getrunken?«, fragte sie die beiden anderen Massai-Askaris. Sie wirkten erschreckend desinteressiert.
»*Chai* – Tee ...«
»Sonst nichts?«
»Er hat Milch in den Tee getan, so wie du es machst, *Jeyo* ...«
Margarete erschauerte bei dem sich aufdrängenden Verdacht: Der Waarusha-Angestellte hatte die Milch aus dem Stall gebracht, hatte sie den Kindern gegeben. Er hatte versucht, ihre Kinder zu vergiften, und der Massai hatte nur zufällig von der gleichen Milch getrunken. Auch dem Askari flößte sie eine Überdosis des Brechmittels ein. Er spie bereits beim Trinken. Sie ließ ihn nochmals einen kräftigen Schluck nehmen. Dann ging sie zurück ins Haus. Die Kinder schliefen. Sie lebten, atmeten tiefer. Der Puls war stabiler, aber sie wusste nicht, ob dies nur eine kurzfristige Reaktion auf das Brechmittel war. Erst morgen würde sie Gewissheit haben.
Margarete rief nach Karimbe. Der Kinderboy eilte herbei.
»Hol diesen jungen Waarusha her und sage ihm, weil er der Jüngste und Schnellste ist, soll er diesen Brief sofort nach Arusha zum dortigen Polizeiposten bringen. Er soll um das Leben meiner Kinder laufen, sag ihm das!«
Dann eilte sie zu ihrem Schreibsekretär und kritzelte hastig einige Zeilen auf ein Blatt Papier:

An den wachhabenden Offizier der Polizeistation Arusha:

Der Überbringer dieses Schreibens, ein junger Waarusha, der bei mir auf Ngongongare seit wenigen Tagen als Rinderhüter arbeitet, hat versucht, meine Kinder und einen meiner Askaris zu vergiften. Bitte inhaftieren Sie ihn! Meine Kinder sind todkrank. Sobald es ihnen, Gott stehe ihnen bei, besser geht, komme ich nach Arusha und erstatte Anzeige gegen den Mann.

Margarete Trappe – Ngongongare

Ursula, Ulrich, Rolf und der Massai überlebten. Zwei Tage später schickte sie ihre drei Kinder zusammen mit Tine in die Missionsstation Nkoaranga.

Kaum, dass sie zurückgekehrt war, hatte Kinai um ein Gespräch gebeten. Der Massai, dessen Loyalität für sie derzeit lebenswichtig war, wirkte sehr beunruhigt: »*Jeyo*, die Götter zürnen! Sie mögen die *Wazungu* nicht!«

»Was willst du damit andeuten, Kinai?«

»Ich sehe dunkle Wolken, die den Kilimandscharo lange verhüllen werden! Mein Volk und ich können dich nicht mehr beschützen, *Jeyo*! Unser Gott versteht nicht, was wir tun, wenn wir tief in unseren Herzen alle anderen *Wazungu* hassen, dich aber beschützen. Du musst wissen, *Jeyo*, dass überall im Land der Hass tief in den Seelen der Menschen brodelt. Auch hier auf deiner Farm sind jetzt Männer, schwarze Männer, die dir und deinen Kindern nach dem Leben trachten. Sie sind sehr dumm, diese Männer. Sie glauben, dass die anderen Wazungu, diese Engländer, sie besser behandeln werden. Ich aber weiß von meinen Stammesgenossen auf der anderen Seite des Kilimandscharo, dort, wo die Engländer herrschen, dass sie nicht anders sind. Auch sie wollen unser Land stehlen, wollen uns in Reservate einpferchen. Die Dinge sind so durcheinander wie ein Ameisenhaufen, wenn ein Elefant darübergetrampelt ist, *Jeyo*. Ich weiß nicht mehr, wer Freund oder wer Feind ist. Ich kann dich nicht mehr schützen …«

Danach waren Kinai und seine drei Männer wortlos gegangen. Und Margarete erkannte, dass die Götter Afrikas ihr nicht mehr hold waren.

Was hatte sie nur falsch gemacht? Oder war es gar nicht sie, deretwegen die Götter zürnten? Waren sie in Rage geraten, weil die *Wazungu* dabei waren, dieses schöne Land, die Heimat der afrikanischen Völker, in Schutt und Asche zu legen? War es der Krieg der Europäer, ein Krieg, mit dem die Menschen Afrikas nichts zu tun hatten, der nun die Rache der Götter herbeiführte? Waren es Männer wie Oberstleutnant Paul von Lettow-Vorbeck, waren es die deutschen und englischen Generäle, die Regenten Europas, die *Engai*,

den Gott der Massai, veranlassten, einen solch treuen und loyalen Mann wie Kinai ole Chieni ihr, *Jeyo*, der Mutter ihrer Zukunft, wie er sie einst genannt hatte, den Rücken zu kehren?
Zum ersten Mal in ihrem Leben ahnte Margarete Trappe, dass sie zwischen zwei Fronten geraten war, mit denen sie eigentlich nichts zu tun haben wollte. Sie war jetzt dort, wo Anthimos nicht hatte hinkommen wollen. Deswegen hatte er das Land verlassen. Sein Versuch, seine Freiheit zu wahren, war gescheitert. Würde es ihr gelingen? Würde sie genug Kraft haben, für ihr Paradies in Afrika weiterzukämpfen – ohne Anthimos?

13. Kapitel

Bis zu diesem 9. Januar des Jahres 1916 hatte Margarete Trappe von der »Wunderwaffe« der Engländer nur gehört. An diesem Morgen sah sie die ersten beiden englischen Flugzeuge unterhalb des Gipfels des Kilimandscharo vorbeifliegen – wahrscheinlich, um in das Kampfgeschehen südlich des Kilimandscharo, wo die meisten deutschen Truppen zusammengezogen worden waren, einzugreifen.
»Nur ein Ignorant und Zyniker, jemand, dem das Leid seiner Soldaten und das der zivilen Bevölkerung egal sind, kann glauben, dass wir diesen Krieg gewinnen können«, hatte Oberleutnant von Lyncker noch vor wenigen Tagen zu ihr gesagt, als sie über die zunehmende Bedeutung von Flugzeugen in diesem Krieg gesprochen hatten. Der Kommandant der seit einiger Zeit auf Momella stationierten 9. Kompanie machte keinen Hehl aus seiner persönlichen Meinung über den Krieg um Deutsch-Ostafrika: »Die englischen Generäle haben Flugzeuge, Dutzende von Kriegsschiffen, und schicken gepanzerte Autos in die Schlacht um Afrika. Und was machen unser Herr Kommandant, der ruhmreiche von Lettow-Vorbeck, und sein Pensionisten-Offiziersklub? Sie reiten auf Mulis oder fahren mit Fahrrädern von Schlacht zu Schlacht. Es ist der reine Wahnsinn! Wir haben absolut keine Chance! Unsere Generäle tragen diesen absurden Krieg im wahrsten Sinne des Wortes auf der schwarzen Haut der Afrikaner aus! Von uns Siedlern mal ganz abgesehen …«
Margarete Trappe wusste, dass Oberleutnant von Lyncker recht hatte, aber sie wollte es nicht hören. Und schon gar nicht glauben. Lyncker und seine Kompanie waren zurzeit ihre einzige Hoffnung, diesen Krieg halbwegs unbeschadet zu überstehen. Momentan fühlte sie sich relativ sicher. Seit Lyncker auf Momella stationiert war, gab es keine Viehdiebstähle mehr. Außerdem stand die Kompanie in Funkkontakt mit den deutschen Truppen. Damit erfuhr sie stets, was im Land geschah. Doch sie wusste auch, dass sie und viele andere deutsche Siedler sich einer Illusion hingaben. Dieser Krieg gegen

die übermächtigen alliierten Truppen war nicht zu gewinnen. Angeblich war Deutsch-Ostafrika bereits von hunderttausend alliierten Soldaten umzingelt. Die Engländer hatten zur Verstärkung mehrere Divisionen aus ihren Kolonien, aus Nigeria, Indien und nun auch aus Südafrika aufmarschieren lassen.

Diesem hervorragend ausgerüsteten Heer standen nur knapp zwanzig deutsche Kompanien gegenüber. Von Lyncker hatte ihr erzählt, dass jede Kompanie aus nur etwa sechzehn weißen Offizieren, hundertsechzig schwarzen Askari-Soldaten – und aus jeweils vierhundert afrikanischen Trägern bestand. Andere Transportmittel als die Köpfe und Rücken der zwangsrekrutierten schwarzen Träger gab es nicht. Auch ihre eigenen Farmarbeiter waren zur Truppe verpflichtet worden. Die Bewaffnung der Schutztruppe war geradezu lächerlich. Zwei Maschinengewehre pro Kompanie und einige wenige vom Feind erbeutete Artilleriegeschütze, mehr hatte die Schutztruppe nicht aufzubieten.

Die Kolonie war seit Kriegsbeginn faktisch vom Rest der Welt abgeschnitten. Funk- und Telegrafenverbindungen nach Übersee und besonders nach Deutschland gab es kaum mehr. Was draußen in der Welt, auf den Schlachtfeldern Europas geschah, wusste der Kommandant der Schutztruppe nicht. Und am Himmel über Deutsch-Ostafrika kreisten jetzt englische Flugzeuge.

Wenige Tage später, Oberleutnant von Lyncker traf mit der 9. Kompanie bereits Vorbereitungen zum Abmarsch in Richtung Moshi, kam Major Fischer, Kommandant der für den Meru-Abschnitt verantwortlichen Truppen, zur Farm geritten. Er gab seinen Befehl, ohne vom Pferd abzusitzen: »Gnädige Frau, die englischen Truppen versuchen, südlich des Kilimandscharo vorzurücken. Da wir nicht ausschließen können, dass die Engländer auch nördlich des Kilimandscharo angreifen, also hier nahe des Meru, müssen wir Sorge dafür tragen, dass dem Feind weder Waffen noch Versorgungsgüter in die Hände fallen können. Mein Befehl lautet daher, alle Rinder und Pferde und sonstiges Nutzvieh in ein von der Schutztruppe bewachtes Sammellager weit weg von hier zu bringen!«

Margarete Trappe starrte den Offizier fassungslos an.
»Sind Sie wahnsinnig? Sie meinen, ich soll Ihnen meine eintausend Rinder und die etwa fünfzig Pferde einfach so übergeben?«
»Es ist ein Befehl, gnädige Frau!«
»Von wem kommt dieser Befehl?«
Major Fischer sah verwundert auf. Kein einziger deutscher Siedler hatte sich bislang diesem Befehl widersetzt. Von dieser Margarete Trappe wusste er allerdings, dass sie keineswegs ihre eigenen Interessen vor die der Schutztruppe stellte. Erst unlängst hatte er erfahren, dass Frau Trappe ihren in der ganzen Region bekannten Hengst Comet dem Oberst von Lettow-Vorbeck persönlich für den Kriegsdienst angeboten hatte. Dieser hatte dankend abgelehnt und ihr mitteilen lassen, sie solle den Hengst behalten, aber dafür Sorge tragen, dass Comet nicht in die Hände der Engländer fiele. Umso mehr überraschte Fischer ihr Widerstand. Freundlich, aber bestimmt antwortete Major Fischer: »Entschuldigen Sie bitte, Frau Trappe, gnädige Frau, mit allem Respekt, aber wir sind im Krieg! Das ist ein Befehl. Wenn Sie sich widersetzen, könnte ich Ihr Vieh konfiszieren.«
Margarete Trappe unterbrach ihn zornig.
»Ich habe Sie schon einmal gefragt: Von wem kommt dieser Befehl? Hier geht es nicht darum, dass ich mich widersetze. Mir scheint das bloß ein ziemlich dämlicher Befehl zu sein, Herr Major! Ich habe eintausend kerngesunde Rinder. Unsere Farm beliefert seit Jahren die kaiserlich-deutsche Serumstation in Ngare Nanyuki. Und zwar deshalb, weil wir ausschließlich gesunde Rinder haben. Die meisten meiner erstklassigen Zuchtstuten sind tragend. Wenn Sie diese Rinder und Pferde jetzt mit anderen, kranken Tieren zusammenpferchen, erweisen Sie sich einen Bärendienst. Lassen Sie die Tiere hier. Ich verspreche Ihnen, dass ich auf sie aufpassen werde.«
Einerseits war Major Fischer verärgert, verhehlte aber auch nicht seinen Respekt vor dieser Zivilcourage.
»Der Befehl ist von Oberst Lettow-Vorbeck, gnädige Frau. Sie werden verstehen, dass ich diesen Befehl nicht auf eigene Faust aufheben kann. Aber ich erkläre mich gerne bereit, den Herrn Oberst per Funk auf Ihren Vorschlag aufmerksam zu machen.«

Nach einer halben Stunde kehrte Major Fischer zurück. Er grinste. Die resolute Farmerin stand bereits auf dem Hof und wartete auf ihn.

»Und, was sagt das Kommando?«

»Oberst von Lettow-Vorbeck lässt Sie grüßen, gnädige Frau. Er bedankt sich für Ihre weitsichtige Einschätzung und lässt mitteilen, dass er sehr wohl wisse, dass Sie zu halten pflegen, was Sie versprechen. Sie dürfen Ihre Rinder und Pferde bis auf Weiteres behalten. Allerdings …«

»Allerdings was?«

»Der Herr Oberst möchte, dass Sie ihm persönlich versprechen, dass die Tiere nicht den Engländern in die Hände fallen!«

*

Thomas Nyamweya lag auf einem Feldbett und fantasierte im Fieberwahn. Sein Brustverband war blutdurchtränkt. Schweißperlen standen auf seiner Stirn. Seine Augen glänzten. Er zitterte. Immer wieder bäumte er sich auf, deutete mit dem Arm aus dem Zelt hinaus auf die weite Ebene unterhalb des Hügels bei dem kleinen Ort Kahe, auf dem sich die Schutztruppe verschanzt hatte und wo die Sanitätszelte für die Verwundeten aufgeschlagen worden waren.

»Ich will ihn sehen, bevor ich sterbe«, stöhnte er und blickte Margarete Trappe an wie jemand, der nicht mehr lange leben würde.

Sie verstand nicht, was er wollte.

»Wen oder was willst du sehen?«, fragte sie und tupfte dem Schwerverletzten den Schweiß von seiner schwarzen Stirn. Mitleidig schaute sie ihn an. Er war ein sympathischer Mann, groß und kräftig, mit Gesichtszügen, die sie von den Einheimischen in Deutsch-Ostafrika nicht kannte.

»Ich weiß, dass er da draußen irgendwo ist, ich weiß es«, röchelte der Afrikaner. Blut quoll aus seinem Mund. Es war dunkles, venöses Blut, Blut aus der Lunge.

»Werde wieder gesund, Soldat, dann wirst du ihn besuchen«, plapperte sie, um ihn zu beruhigen. Ihr Blick ging nun ebenfalls hinaus auf die Ebene. Es würde bald Nacht werden – die einundzwanzigste Nacht, seit sie geflohen war, Ngongongare und auch die Kinder verlassen hatte. Wie dramatisch hatten sich die Dinge in dieser kurzen Zeit für sie entwickelt! Und das eigentlich nur, weil sie Oberst von Lettow-Vorbeck dieses Versprechen gegeben hatte. Ein Versprechen mit fatalen Folgen, wie sie schnell hatte feststellen müssen, denn schon nach wenigen Tagen waren starke englische Truppenverbände unter dem südafrikanischen General Smuts und seinem englischen Stabschef in der gesamten Kilimandscharo-Region auf Deutsch-Ostafrika vorgerückt. Zeitgleich durchbrach eine feindliche Division die deutschen Linien nahe des Meru und marschierte Richtung Arusha – und damit auf ihre Farm in Ngongongare zu.

Von dem Moment an, da ein Depeschenreiter der Schutztruppe die Meldung »der Feind ist durchgebrochen« überbracht hatte, bis zu dem Moment, da sie floh, war nur ein einziger Tag vergangen. Auf Comet war sie am frühen Morgen zur Missionsstation Nkoaranga geprescht, hatte sich dort unter Tränen von ihren Kindern und von ihrer Schwester Tine verabschiedet. Gegen Mittag schon hatte sie fünfzig Pferde und den Großteil der eintausend Rinder zusammen- und in die Massai-Steppe unterhalb von Ngongongare getrieben. Sie hatte nur vier afrikanische Farmarbeiter und einen von der Schutztruppe abgestellten Unteroffizier zur Verfügung gehabt. Der alte Deutsche mit dem verkrüppelten linken Arm war ein Reserveoffizier, der vor dem Krieg als Handwerker auf einer Mission gearbeitet hatte. Er war nicht sonderlich hilfreich. Die Strapazen dieser übereilten Flucht hatten ihn überfordert.

Beinahe eine Woche hatte es dann gedauert, die riesige Herde zunächst am Kiwoi-Fluss entlang und dann weiter zwischen dem Pangani-Fluss und den Pare-Bergen südostwärts zu treiben. Den Kilimandscharo immer zur Linken, hatten sie sich am Rande der Massai-Steppe Kilometer für Kilometer vorwärtsbewegt. Die Hitze war unerträglich gewesen. Der von den Tieren aufgewirbelte Staub hatte ihre Augen entzündet. Einige Dutzend Rinder waren bei Flussdurchquerungen gestorben, einige durch Löwen, die nachts in die Herde eingefallen waren.

Das Schlimmste an diesem strapaziösen Herdentrieb aber war gewesen, dass sie nicht gewusst hatte, wohin sie eigentlich reiten sollte. Deutsch-Ostafrika war in Aufruhr. Die Schutztruppenverbände waren allesamt in Richtung der Front abgeordnet worden. Doch Margarete hatte nicht gewusst, wo die Front war und wo sich die englischen Truppen befanden. Es musste irgendwo zwischen dem Kilimandscharo und dem Pare-Gebirge sein. Das Einzige, woran sie gedacht hatte, war: Sie wollte zu Oberst von Lettow-Vorbeck, wollte ihre Herden vor dem Feind in Sicherheit und sie dem Kommandanten der Schutztruppen bringen. Sie hatte es versprochen. Der Grund hierfür war jedoch nicht purer Patriotismus. Nach dem Krieg, so hatte sie sich vielmehr überlegt, würde ihr von der deutschen Regierung eine Entschädigung für diese Rinder und Pferde gezahlt werden. Wenn sie die Herde zur Schutztruppe brächte, wäre also ein Teil ihres Eigentums gesichert. Würden die Tiere jedoch in die Hände der Engländer fallen, wäre sie von heute auf morgen arm wie eine schlesische Kirchenmaus.
Es war purer Zufall gewesen, dass sie schließlich einen Aufklärungstrupp der Schutztruppe, angeführt von Hauptmann Walter von Ruckteschell, getroffen hatten. Der Hauptmann, ein begnadeter Maler, dessen Porträts und Landschaftsgemälde aus Deutsch-Ostafrika längst so manches deutsches Siedlerheim schmückten, war im gestreckten Galopp auf sie zugekommen. Die von der Herde aufgewirbelte Staubfahne hatte man weithin sehen können und ihn zu ihr geführt. Das Erste, was er gesagt hatte, war: »Sie wirbeln ja einen ganz schönen Staub auf, Frau Trappe. Wir haben die Staubwolke gesehen – die Engländer aber leider auch! Lettow-Vorbeck hat sich übrigens schon Sorgen um Sie gemacht.«

Seit Wochen war sie nun bereits bei der Truppe, fern ihrer Farm, abgeschnitten von ihren Kindern. Ihre Nerven waren aufs Äußerste angespannt. Ein Zurück gab es nicht. Die deutschen Einheiten hatten sich nahe dem Berg Reata gesammelt. Der Großangriff der Engländer stand kurz bevor. Dass sie den jungen Freiherrn von Richthofen hier wiedergetroffen hatte, freute sie sehr. Wie gerne hätte sie damals die Safari mit ihm im Ngorongoro-Krater zu Ende geführt. Das war jetzt fast eineinhalb Jahre her. Seine nette, charmante Art half ihr im Lager ein wenig, für Momente trübsinnige Gedanken zu vertreiben. Seit sie sich bereit erklärt hatte, sich um schwer verletzte Soldaten zu kümmern, quälten sie tausend Gedanken. Zum ersten Mal in ihrem Leben war sie direkt in einen Krieg hineingezogen worden. Sie war an der Front! Ihr kleines Paradies Ngongongare war unerreichbar weit weg. Ihre Kinder ebenso.

Hier im Feldlazarett drehte sich alles um Tod oder Leben. Das hier war die Zwischenstation zwischen Leben und Tod. Tag für Tag und Nacht für Nacht sah sie in den Zelten die grausig entstellten, verkrüppelten, verstümmelten, von Schusswunden und Granatsplittern zerfetzten Männer, Schwarze wie auch Weiße. Das Stöhnen und Röcheln der Verwundeten ließ sie nicht mehr schlafen. Der penetrante Geruch von faulem, menschlichem Fleisch, von Blut, Exkrementen und Äther haftete an ihrer Kleidung und setzte sich in ihren Gedanken fest. Es war der Geruch des Krieges! Schloss sie die Augen, konnte sie den Tod riechen. Öffnete sie die Augen, sah sie ihn in die Körper der verwundeten Soldaten huschen. Der unerträgliche Geruch der Vergänglichkeit war allgegenwärtig. So wie die Geier und Hyänen; und wie die Marabus, diese hässlichen, riesigen Stelzvögel mit ihrem niederträchtigen Blick und den grellroten Hälsen. Sie, die gefiederten Totengräber Afrikas, waren plötzlich fester Bestandteil ihres Lebens. Hier konnte sie nichts tun, nichts, was ihr und ihren Kindern und auch Tine weiterhalf. Sie konnte nur warten – und die Verwundeten pflegen. Und sie hatte Zeit genug darüber nachzudenken, wie sehr Anthimos recht gehabt hatte, als er dieses Land verlassen wollte.

Der Mann vor ihr auf dem blutverschmierten Feldbett stöhnte wieder. Der Lungendurchschuss verursachte eigentümliche Laute, wenn er röchelnd atmete. Sie mochte diesen schwarzen Soldaten. Mittlerweile wusste sie, dass er nicht von hier, nicht aus Deutsch-Ostafrika, stammte. Vorgestern, als wieder einmal eine kleine Ladung mit Betäubungsmitteln angekommen und der Askari für einige Stunden schmerzfrei gewesen war, hatte er ihr ein wenig von sich erzählt.

Und er hatte begonnen, ihr einen Brief an seine Familie zu diktieren. Da sie ihm vor einer viertel Stunde wieder eine schmerzlindernde Spritze gegeben hatte, schien er sich jetzt besser zu fühlen. Er schlug die Augen auf.

»*Jambo, Memsahib. Habari ...?*«

»*Asante, Mzuri sana, Mzee.* Dir scheint es besser zu gehen. Hast du noch Schmerzen?«

»Wenn ich atme, hört sich das so an wie ein altes Flusspferd, wenn es aus dem Wasser kommt und seine riesigen Nasenlöcher leer prustet. Aber ich bin nicht so hässlich wie ein Flusspferd.«

Sie lächelte halbherzig. Am liebsten hätte sie geheult.

»Sollen wir den Brief an deine Familie zu Ende schreiben?«

»Ich weiß es nicht. Mit mir geht es zu Ende, das spüre ich. Das heißt: Eigentlich spüre ich nichts. Irgendetwas in mir ist anders als früher. Ich denke, ich erzähle dir heute meine Geschichte, *Memsahib*! Ganz so viel Zeit haben wir nicht mehr. Du kannst sie dann später aufschreiben oder anderen Menschen erzählen. Vielleicht interessiert es ja jemanden, wie Said Nyamweya aus einem winzigen Dorf nahe dem Fluss Tana hierher an den Kilimandscharo gekommen ist. Danach schreiben wir dann den Brief zu Ende. Wer weiß, was morgen ist.«

»Wo ist dieser Fluss, dieser Tana?«, fragte sie.

»Wenn du die Küste am Indischen Ozean entlang mit dem Südost-Passat nördlich segeln würdest, *Memsahib*, kämst du nach zwei bis drei Tagen nach Mombasa. Und nach vier weiteren Tagen nach Malindi. Und dann sind es noch einmal zwei Tage bis Lamu. Dort mündet der Tana ins Meer. Es ist ein sehr schöner Fluss. Er führt auch in der Trockenzeit immer Wasser. Im Landesinneren, etwa drei Stunden vom Meer entfernt, liegt mein Dorf. Und dort lebt meine Familie und hütet das Grab meiner Mutter. Als sie starb, *Memsahib*, fing für mich alles an, was nun hier endet.«

»Willst du es mir erzählen?«

»Ja, ich versuche es.«

Der Afrikaner mit dem blutverkrusteten Verband schloss die Augen, als er begann, sich zu erinnern: »Mein Vater – Gott und Allah mögen seiner Seele gnädig sein – war ein sehr weiser und sehr ungewöhnlicher Mann! Glaub es mir, *Memsahib*, er war einer von jenen, die heute nicht mehr geboren werden! Eines Tages lag seine Frau in den Wehen und im Sterben. Und weil ihr Weg zu den Ahnen mit sehr großen Schmerzen verbunden war, ging mein Vater los, um im Nachbardorf bei einem Kräuterweib gegen leere Versprechungen lindernde Pülverchen zu holen. Du musst wissen, *Memsahib*, dass meine Eltern sehr arm waren. Nun ja, an diesem Tag ist es dann passiert: Nicht weit vom Dorf entfernt sah mein Vater einen im Schlamm festsitzenden Ochsenkarren. Einer der weißen Männer auf dem Karren hatte mehr Haare im Gesicht als auf dem Kopf. Das hatte mein Vater noch nie gesehen. Ein anderer war so dick, dass an seinem Reichtum keine Zweifel bestehen konnten. Der dritte Mann war sehr klein, hatte ein sehr komisches Gestell mit runden Gläsern auf der Nase, trug ein riesiges Gewehr und war sehr dünn, also sehr arm.«

Der schwer verwundete Askari hielt inne. Das Sprechen strengte ihn an, aber es schien, als mache es ihn glücklich. Er spürte offensichtlich nicht, dass wieder Blut aus seinem Mund rann.

»Weiße Männer, *Memsahib*, hatten die meisten Afrikaner in dieser Zeit noch nie gesehen! Von der Existenz weißgesichtiger Menschen hatte mein Vater natürlich schon einmal gehört, aber eigentlich interessierte ihn das nicht. Es waren zwar eigentümliche Nachrichten von Dorf zu Dorf geeilt, dass weiße Männer in der Region erschienen wären und mit einem Häuptling namens Witu einen Vertrag abgeschlossen hätten. Und es hieß, die Weißen hätten danach ihre Flagge gehisst und erklärt, das Land würde nun Witu-Land heißen und fortan unter dem Schutz eines mächtigen Kaisers stehen, der weit weg von Afrika herrsche. Aber all das hörte sich so unglaubwürdig an, dass es keiner im Dorf so recht glauben wollte. Mein Vater auch nicht. Bis er diesen Ochsenkarren sah.«

Die nächsten Worte erstickten gurgelnd im Blut. Er schluckte es herunter.

»Weil es weiterregnete und keine Möglichkeit bestand, das festgefahrene Gespann vor Einbruch der Dunkelheit aus dem Morast herauszuziehen, fragten die Weißen meinen Vater, ob es eine Hütte gebe, in der sie nächtigen könnten. Mit dieser Bitte, *Memsahib*, traten die *Wazungu* in das Leben meines Vaters ein.«

Erneut hielt der Askari in seinen Erzählungen inne. Verwundert registrierte Margarete, wie er sich ganz langsam aufrichtete und versuchte, an ihr vorbei aus dem Zelt hinauszuschauen, so, als suche er da draußen etwas. Matt fiel er zurück, atmete sehr schwer und sprach weiter, diesmal noch leiser: »Also, wo war ich stehen geblieben, *Memsahib*? Ach so, richtig: Mein Vater quartierte seine dem Tode sehr nahe Frau aus der einzig verfügbaren Hütte aus, um den weißen Gästen eine trockene Bleibe geben zu können. Das war der Wendepunkt in meinem Leben, *Memsahib*. Ja, in meinem Leben! Denn schon bald fiel den Gästen auf, dass ich clever und geschickt war! Und weil der starke Monsunregen die Fremden drei Tage lang festhielt, hatten sie Zeit genug, mich auch noch sehr nett zu finden. Sie boten meinem Vater am Tage ihres Aufbruchs an, mich mit nach Dar es Salam zu nehmen, um mich dann später in ihre Dienste zu stellen. Wo diese Stadt, dieses Dar es Salam, lag, wusste natürlich niemand in unserem Dorf, aber es waren schlechte Zeiten, und mein Vater hat es sicherlich nur gut gemeint, als er einwilligte. Und so kam ich in die ferne Stadt am Meer zu den heiligen Männern, zu den Missionaren, bei denen ich zunächst als Gärtner arbeitete. Mir ging es dort wirklich sehr gut! Ich bekam zweimal am Tag zu essen und darüber hinaus einen anderen Namen. Nachdem sie mir mehrere Wochen lang von ihrem christlichen Gott erzählt hatten, schütteten sie mir Wasser über den Kopf und nannten mich danach nicht mehr Said Nyamweya, sondern Thomas. Das sei ein Name, so erklärten sie mir, der von einem noch heiligeren Mann stamme, als sie selbst es seien, einer, der stets sehr misstrauisch gewesen sei – so wie ich.«

Margarete Trappe fühlte, wie die Müdigkeit sie übermannte. Seit drei Tagen hatte sie nicht mehr geschlafen. Aber irgendwie fühlte sie sich plötzlich sehr ruhig. Der Soldat strahlte etwas aus, das sie sich nicht erklären konnte. Kaum mehr hörbar erzählte er weiter. Um ihn verstehen zu können, musste sie an ihn heranrücken, ihr Ohr nahe an seinen Mund halten. Verwundert registrierte sie, dass sie der

Geruch von Blut und Schweiß und Tod plötzlich nicht mehr anwiderte.

»Ich glaube, *Memsahib*, ich blieb ungefähr fünf Jahre lang bei den Missionaren. Eigentlich waren sie sehr nett, obwohl ich nie das Gefühl hatte, dass sie uns Schwarze wirklich als ihre christlichen Brüder ansahen. Auf jeden Fall mochten sie mich irgendwie so sehr, dass sie mich einem Offizier der deutschen Schutztruppe empfahlen. Der suchte einen Boy, der ihm seine Sachen aufräumen und putzen sollte. Anscheinend habe ich das mit dem Aufräumen und vor allem mit dem Stiefelputzen sehr gut gemacht. Er behandelte mich nämlich ziemlich gut – besser als die anderen Offiziere ihre schwarzen Boys. Zumindest hat er mich in der ganzen Zeit nur dreimal mit der Peitsche geschlagen. Einmal, weil ich keine Bügelfalten in seine Uniform gebügelt hatte. Und zweimal, weil …, weil – ach, ich weiß nicht mehr! Jedenfalls wurde ich schon bald befördert, was mir den Neid aller anderen schwarzen Askaris einbrachte. Du musst wissen, die anderen Askaris mochten mich nicht sonderlich, weil ich nicht aus ihrem Land kam.«

Als sei er mit seinen Erzählungen in eine andere, eine glücklichere Welt entrückt, lächelte der Verwundete. »Der Rest der Geschichte, *Memsahib*, ist eigentlich sehr schnell erzählt. Ich war zwar nur ein Hausboy, aber plötzlich war ich auch ein Soldat. Ein deutscher Soldat. Mit einer sehr schönen Uniform! Das kam mir irgendwie sehr komisch vor, weil ich ja noch nie ein Gewehr in der Hand gehabt hatte. Aber so war es nun mal. Es machte mir auch nicht viel aus, denn ich hatte kein schlechtes Leben, jedenfalls solange Friede herrschte. Jeden Monat konnte ich Geld in mein Dorf schicken. Und zweimal habe ich meine Familie dort auch besucht und konnte sehen, wie mein Sohn gesund und wohlbehütet aufwuchs.

Das wäre alles sehr schön so weitergegangen, wenn nicht plötzlich dieser Krieg ausgebrochen wäre. Vor zwei Wochen bin ich mit meinem *Bwana*-Leutnant hierher an den Kilimandscharo gekommen. Schon am dritten Tag musste mein *Bwana* auf Patrouille. Ich musste natürlich mit. Gleich in der ersten Nacht ist es dann geschehen. Das Einzige, woran ich mich noch erinnern kann, ist, dass es mitten in

der Nacht ganz fürchterlich geknallt hat und überall um unser Lager herum geschossen wurde. Die Engländer hatten uns entdeckt. Und dann traf mich auch schon eine Kugel. Genau in dem Augenblick, wo ich in panischer Angst davonlaufen wollte! Ich weiß nur noch, dass ich dachte, wieso die Engländer eigentlich auf mich, einen friedlichen afrikanischen Stiefelputzer und Uniformbügler, schießen! Außerdem stamme ich ja aus dem Land, das jetzt den Engländern gehört. Und meine Feinde waren sie eigentlich auch nie, die Engländer. Eine Kugel hat mich in der Brust getroffen und meine Lunge durchschlagen. Und seitdem, *Memsahib*, liege ich hier und warte darauf, dass ich diesen Berg sehe …«
Margarete Trappe hoffte, dass Said Nyamweya, der Askari, der da vor ihr im Schein einer Kerze auf dem Feldbett lag, nicht sah, wie sie weinte. Noch nie war ihr der Widersinn dieses Krieges so klar geworden. Der Verwundete atmete jetzt sehr schwer und schloss seine Augen. Kaum hörbar hauchte er: »*Memsahib*, das wird heute nichts mehr werden, mit dem Brief! Ich bin sehr müde. Schreib du ihn für mich, ja? Schreib, dass ich in einem Zelt am Fuße eines Berges liege, den man Kilimandscharo nennt. Schreib, *Memsahib*, dass man hier erzählt, dass auf diesem Berg Schnee liegt, dass er ganz oben auf der Spitze weiß ist, so weiß wie das Salz auf den kleinen Sandinseln am Ufer des Tana, dort, wo er in den großen Ozean fließt. Und schreib bitte auch, dass man sagt, dort oben auf diesem Berg würden die Götter der Afrikaner wohnen. Schreib das, ja?«
Der Askari stockte. Seine Hand tastete nach ihrer. Sie fühlte, wie kalt sie war. Es dauerte lange, bevor er wieder flüstern konnte.
»Wie heißt du, *Memsahib*?«
»Margarete …«
»Das kann ich nicht aussprechen!«
»Die Massai nennen mich *Jeyo*.«
»Jeyo?«
»Das bedeutet Mutter.«
»Das ist ein guter Name für dich. Ein schöner Name. *Jeyo*! Die Massai werden wissen, warum sie dir einen solch schönen Namen gegeben haben.«

Wieder schwieg er für kurze Zeit und atmete röchelnd. Seine Hand lag noch immer auf ihrer.
»Weißt du, *Jeyo*: das einzig Traurige ist, dass ich jetzt hier liege und diesen blöden Berg, von dem alle sprechen und um den jetzt sogar gekämpft wird und der so schön sein soll, nicht zu sehen bekomme! Seit ich hier bin, ist der Berg weg. Er versteckt sich. Eigentlich müsste man ihn doch sehen, wenn er so groß und so weiß und so wunderschön ist. Ja, das ist sehr traurig. Ich habe ihn noch nie gesehen, diesen Kilimandscharo. Noch nie! Er hüllt sich in Wolken, in dunkle Wolken. Vielleicht sind die Götter da oben ja auch erzürnt? Ich glaube, sie verstehen nicht, warum in diesem schönen Land, über das sie wachen, Krieg herrscht ...«

Am nächsten Morgen lebte Said Nyamweya noch immer und es ging ihm ein wenig besser. Der Kilimandscharo war wieder nicht zu sehen. Aber am Fuße des Berges, in der Steppe unterhalb, baute sich im Morgenlicht plötzlich eine riesige rote Staubwolke auf.
»Der Feind kommt!«, hörte Margarete Trappe im Unterbewusstsein jemanden sagen. Zum ersten Mal seit Tagen war sie tief und fest eingeschlafen. Sie schrak hoch. Oberst Paul von Lettow-Vorbeck stand vor dem Sanitätszelt. Sie hatte ihn noch nie so aufgeregt gesehen.
»Die Engländer kommen! Sehen Sie da drüben am Horizont die Staubwolke? Da marschieren mehrere Divisionen heran! Sie müssen fliehen, Frau Trappe. Spätestens morgen wird es zu schweren Kämpfen kommen ...«
»Ich bleibe bei der Truppe, Herr Oberst, bei den Verwundeten. Die Verletzten brauchen mich.«
»Tut mir leid, gnädige Frau, aber das geht nicht. Die englische Propaganda behauptet schon seit geraumer Zeit, dass auch Frauen in der deutschen Schutztruppe kämpfen. Es geht nicht. Sie müssen hier weg.«
»Was geschieht mit den Verwundeten?«
Der Oberst starrte sie verlegen an.
»Sechs von ihnen sind nicht transportfähig. Es sind Askaris. Wir müssen die Schwerverwundeten hier lassen. Die Truppe muss hier

weg. Auf dem Hügel sind wir eine ideale Zielscheibe für feindliche Flugzeuge. Die Engländer werden sich schon um die Verletzten kümmern. Es ist Krieg. Es geht nicht anders.«
»Wo soll ich denn hin, Herr Oberst? Meine Farm ist vielleicht schon von den Engländern besetzt worden. Meine Kinder sind in Nkoaranga bei den Missionaren.«
»Gehen Sie zu Ihren Kindern. In der Mission sind Sie sicher.«
»Dann nehme ich die Schwerverwundeten mit! Geben Sie mir einen Ochsenkarren. Dann bringe ich sie in die Missionsstation. Wenn Sie die Verwundeten hierlassen, kommen sie in Kriegsgefangenschaft!«
Oberst Paul von Lettow-Vorbeck schaute Margarete Trappe an. Er bewunderte ihre Furchtlosigkeit.
»Gut, dann nehmen Sie den schwarzen Askari mit dem Lungenschuss mit. Er hat noch eine kleine Chance zu überleben. Den anderen sollten wir die lange Fahrt im Ochsenkarren ersparen. Sie würden sterben. Ich wünsche Ihnen viel Glück, Frau Trappe.«

*

Dem verwundeten Said zog sie zivile Kleidung an und ließ ihn auf den Ochsenkarren legen. Comet band sie hinten am Wagen fest. Dann fuhr sie los, heimwärts.

Die Aprilsonne stand im Zenit, als sie nach sechs Stunden Fahrt von einer englischen Militärpatrouille festgenommen und nach Moshi gebracht wurde. Die kleine Stadt an den westlichen Ausläufern des Kilimandscharo, noch bis vor drei Wochen eine deutsche Bezirkshauptstadt, war von den Engländern nahezu kampflos eingenommen worden.
Den Major, dem sie im englischen Hauptquartier vorgeführt wurde, kannte sie. Es war jener Mann, dessen Hengst sich vor Jahren in Arusha mit ihrem Hengst einen Kampf auf offener Straße geliefert und mit dem sie sich anschließend heftig gestritten hatte. Dreimal hatte sie ihn in den darauf folgenden Jahren noch in Arusha gesehen und sich mit ihm über Pferde unterhalten. Jedes Mal waren sie zu

dem Schluss gekommen, dass sie sich nicht mochten. Er war ein frühzeitig aus dem Militärdienst ausgeschiedener Offizier; einer, der in Nairobi Pferde züchtete – und die Deutschen nicht mochte.
»What a surprise«, sagte Major Brown und grinste sie herablassend an. *»The smart little Lady with the black stallion from Arusha!«*
Sie entschied sich, den triumphierenden Unterton zu ignorieren.
»Ich bin ein wenig überrascht, Herr Major! Ich wusste nicht, dass England den Krieg gewinnen will, indem es Frauen auf dem Weg zu ihren Kindern zu Kriegsgefangenen macht und sie davon abhält, schwer verwundete Zivilisten ins Missionskrankenhaus zu bringen.«
»Es ist sinnlos, Frau Trappe«, reagierte der Offizier ungehalten, »hier die unschuldige Lady zu spielen. Wir wissen, dass Sie eine große Rinderherde und mindestens fünfzig Pferde zu Lettow-Vorbeck getrieben haben. Sie haben sich schuldig gemacht!«
»Was meinen Sie damit – schuldig gemacht?«, ereiferte sie sich. »Gibt es irgendein Gesetz in England oder irgendein Kriegsgesetz, das von mir, als deutscher Farmerin, verlangt, dass ich meine Rinder und Pferde dem Feind überlasse?«
»Sind wir Ihre Feinde?«
»Nicht meine persönlichen. Ich habe mit diesem verfluchten Krieg absolut nichts zu tun. Aber wenn ich gewartet hätte, bis Sie zu meiner Farm vorgedrungen wären, hätten Sie ja wohl alle Rinder und Pferde konfisziert, oder?«
»Das ist nun mal so im Krieg!«
»Das sind aber bislang meine Tiere gewesen, mein Privateigentum. Und ich habe ganz einfach entschieden, sie Oberst Lettow-Vorbeck zu schenken. Das kann wohl kaum strafbar sein …«
Sie wollte weitersprechen, als ein älterer Mann den Raum betrat. An seinen Rangzeichen konnte sie erkennen, dass er General war. Der Major sprang von seinem Stuhl hoch, salutierte und begrüßte ihn mit einem vertrauten »General Lane, das ist Frau Trappe – Margarete Trappe«. General Lane lächelte sie an und nahm Platz. Sie spürte, dass dies ihre Chance war.
»Ich will nur eins, Herr Major: Ich will zu meinen Kindern, zu meiner Farm. Und ich will diesen armen Kerl ins Missionskrankenhaus

bringen. Er stirbt sonst. Es sei denn, Ihre Ärzte kümmern sich um ihn. Er ist Zivilist.«
Major Brown schielte verlegen zu dem General, der so tat, als höre er nicht zu.
»Tja, also, ich kann Ihrem Wunsch aber nur entsprechen, wenn Sie Ihre Waffen abgeben – und das Pferd. Betrachten Sie es als konfisziert! Es ist Kriegsbeute!«
»Was wollen Sie? Meine Jagdwaffen? Das Pferd?«
Margarete Trappe war außer sich vor Wut. Sie spürte die Willkür des Majors.
»Mit allem Respekt, Herr Major, aber ich habe das Gefühl, dass Sie wohl nicht so ganz mit den Lebensbedingungen einer Farmerin in Afrika vertraut sind. Soll ich etwa einen Holzknüppel nehmen, um Löwen von meiner Farm und von meinen Kindern fernzuhalten? Glauben Sie etwa, ich schieße mit dem Mausergewehr oder der Parabellum auf englische Soldaten?«
Aus dem Augenwinkel sah sie, wie der General heimlich vor sich hin grinste.
»Und was mein Pferd betrifft: Bislang ist es niemandem außer mir in ganz Deutsch-Ostafrika gelungen, diesen Hengst zu reiten. Er hasst Männer! Keiner Ihrer Soldaten bleibt länger als dreißig Sekunden im Sattel, da können Sie sicher sein! Der ist für die Truppe völlig ungeeignet. Wahrscheinlich landet er dann beim Schlachter. Nein, Herr Major: Meinen Hengst kriegen Sie nicht. Vorher erschieße ich ihn!«
Der Major wurde sichtlich böse. Nervös rückte er seine auf dem Schreibtisch liegende Schirmmütze hin und her.
»Es reicht jetzt …«, wollte er seiner Autorität gerade Nachdruck verleihen, als der General aufstand. Neben dem Schreibtisch des Majors blieb er stehen und öffnete die auf dem Tisch stehende Munitionskiste von Margarete Trappe. Erstaunt holte er eine Münze heraus. Die Rupie hatte genau in der Mitte ein Loch. Der General nickte beeindruckt. »Wer war denn dieser Kunstschütze?«
»Ich, Herr General.«
»Aus welcher Entfernung?«

»Vielleicht fünfzig Schritt.«
»Mit Ihrem Mauserkarabiner?«
»Ja.«
General Lane griff nochmals in die Kiste, holte noch ein halbes Dutzend Rupien heraus. Alle waren durchlöchert.
»You did it?«
»Ja!«
»Nice shots! Very impressive, indeed!«
Nachdenklich kratzte er sich im Nacken und hielt Major Brown eine der durchlöcherten Münzen entgegen.
»Die sollten Sie mal unseren Soldaten zeigen, Major. So schießen deutsche Siedlerinnen in Afrika! Steht nur zu hoffen, dass die deutschen Soldaten nicht auch so gut schießen können.«
Dann drehte er sich zu Margarete Trappe um: *»Keep your weapons, Mrs. Trappe. And keep your beautiful horse!«* In tadellosem Deutsch ergänzte er: »Den Verwundeten können Sie auch mitnehmen. Aber versprechen Sie mir als Offizier Seiner Majestät, des britischen Königs, aber auch als Vater dreier Kinder und als Liebhaber edler Pferde, nie wieder etwas zu tun, was diesen unseligen Krieg auch nur um eine Minute verlängern könnte. Damit meine ich, Frau Trappe: Fahren Sie nach Hause zu Ihren Kindern! Halten Sie sich raus aus diesem idiotischen Krieg, von dem alle behaupten, dass sie ihn nicht wollen, und auch alle wissen, dass er absurd ist. Es reicht schon, wenn ein größenwahnsinniger deutscher Oberst namens Lettow-Vorbeck glaubt, er müsse von Afrika aus Weltpolitik für das Deutsche Reich betreiben. Wie auch immer, Mrs. Trappe: Halten Sie sich aus diesem Krieg raus, ja? Geben Sie mir darauf Ihr Wort, als Lady?«
Sie gab General Lane ihr Wort und fuhr schon wenig später mit dem Ochsenkarren in Richtung Meru. Said, der Askari, lag auf dem Karren. Er schlief. Die englischen Militärärzte hatten seinen Verband gewechselt und ihm schmerzstillende Medikamente verabreicht. Aber sie hatten ihr auch gesagt, dass er nur wenig Chancen habe zu überleben.
Ihre Fahrt mit dem Ochsenkarren durch die Steppe zwischen dem Kilimandscharo und den Meru-Bergen war für sie eine Qual, ge-

prägt von wehmütigen Erinnerungen. Vor zehn Jahren war sie fast den gleichen Weg entlanggeritten, um am Meru eine neue Heimat zu suchen. Wie glücklich war sie damals gewesen! Und wie unglaublich glücklich war sie in diesen Jahren hier in Ostafrika gewesen. All ihre Kindheitsträume hatten sich erfüllt. Mehr noch: Sie hatte eine wunderschöne Farm aufgebaut, hatte drei gesunde Kinder – und einen Mann, den sie liebte: Anthimos.
Jetzt fuhr sie, abgemagert von den Strapazen der letzten Monate, erneut diesen Weg in einem klapprigen Ochsenkarren. Für die Schönheiten der afrikanischen Natur um sie herum hatte sie keinen Blick. Angst dominierte ihre Gedanken. In Europa herrschte Krieg und hier in Ostafrika ebenfalls. Was aus ihrer Farm geworden war, wusste sie nicht. Was würde die Zukunft für sie bringen? Hinten im Karren lag ein halb toter Afrikaner. In der Tasche hatte sie ein Schreiben des Generals, das ihr den Besitz von zwei Waffen – einen Mauserkarabiner und eine Parabellum-Pistole – sowie den Besitz ihres Hengstes Comet gestattete. Sie unterlag jetzt englischen Kriegsgesetzen. Zweimal in der Woche musste sie sich bei der englischen Militärverwaltung in Arusha melden und die Waffen und das Pferd vorführen.

Am Nachmittag des nächsten Tages näherte sie sich dem Meru. Ihr Herz schlug schneller. Hier waren ihre Kinder! Bald würde sie Ursula, Ulrich und Rolf wieder in ihren Armen halten können. Die lächelnden Gesichter der drei erwachten mit jedem Meter, den sie dem Meru näher kam, vor ihren Augen zu neuem Leben. Aber auch das Gesicht von Major Brown tauchte vor ihr auf. So sehr sie sich auch bemühte, seinen hasserfüllten Blick bei ihrer Abfahrt zu verdrängen, es gelang ihr nicht. Sie hoffte inständig, dass sie ihm nie wieder begegnen würde.
Ursula, Ulrich und Rolf weinten mehr als eine Stunde ununterbrochen vor Glück, nachdem sie ihre Mutter am frühen Abend vor der Missionsstation begrüßt hatten. Die Kinder schluchzten herzergreifend und klammerten sich so fest an sie, als fürchteten sie, ihre Mutter würde sie wieder alleine lassen. Zum ersten Mal seit Jahren durchzuckte Margarete der Gedanke, dass sie den Kindern zu viel

zugemutet hatte. Sicher, da waren immer Karimbe, der Kinderboy, Gillala – und auch Tine. Aber so, wie die drei sie jetzt festhielten, fühlte sie, dass es nicht richtig gewesen war, die Kinder so lange allein gelassen zu haben. »Nein«, schluchzte sie am späten Abend, als sie mit allen dreien in einem Zimmer auf einem notdürftig zusammengezimmerten Bett lag und die Kinder mit glücklichen Gesichtern fast gleichzeitig in ihren Armem einschliefen, »nein, ich werde euch nicht mehr alleine lassen.«

Said Nyamweya, der afrikanische Schuhputzer des deutschen Offiziers, starb einen Tag nach ihrer Ankunft in der Missionsstation Nkoaranga. Als Christ und als deutscher Soldat wurde er auf dem Friedhof der Mission, unterhalb der Kirche, nahe dem Waldrand begraben. Auf das schlichte Holzkreuz schrieb Margarete Trappe: »Said, ein friedliebender Mann vom Tana River.« Gemeinsam mit ihren Kindern legte sie zwei blaurote Bananenblüten neben das Kreuz. Sie wusste aus seinen Erzählungen, wie sehr der Askari diese prächtigen Blüten geliebt hatte. Dann wandte sie sich um und schaute lange hinab ins Tal. Ihre Kinder blickten sie verwundert an, als sie murmelte: »Schade! Es ist nur die Massai-Steppe, die man von hier oben sieht. Ich hätte es ihm gegönnt, wenn er den Kilimandscharo von hier aus hätte sehen können.«

Kurz darauf fuhr sie mit ihren Kindern im Ochsenkarren den Weg talwärts und weiter entlang des Berges hinauf nach Ngongongare, nach Hause.

*

Die Farm war in einem schrecklichen Zustand. Die Zäune der Vieh-*Boma* von Legurucki waren niedergerissen, Ziegen, Schafe und Hühner gestohlen worden. Die Vieh-*Boma* von Ngongongare war ebenfalls leer. Weit und breit war keiner ihrer ehemaligen Farmarbeiter mehr zu sehen. Schon bei der Anfahrt sah sie stattdessen notdürftig errichtete Hütten von Waarusha – fremde Männer mit ihren Frauen und Kindern. Ganz offensichtlich hatten sie geglaubt, dass sie nie wieder zurückkehren würde. Margarete ignorierte die illegalen Siedler und fuhr schweigend weiter bergauf. Karimbe, der Kinderboy, begrüßte sie schon von Weitem. Er stand auf der Terrasse und fuchtelte wild mit den Armen in der Luft herum. Sein auffallend herzhaftes Lachen hallte bis zu ihr und den Kindern herüber und übertönte sogar das Knarren des Ochsenkarrens. *»Jambo, Mama! Jambo, Watoto«,* schrie er ihnen herzergreifend ehrlich und glücklich entgegen.

»Karimbe, Karimbe – Habariako«, kreischte Ursula und sprang von dem fahrenden Karren. In Windeseile rannte sie auf Karimbe zu. Der Kinderboy bückte sich und fing die Kleine mit offenen Armen auf. Seine Freudentränen waren von Weitem zu sehen. Mit Ursula auf dem Arm kam er auf den Karren zu. Ulrich und Rolf rannten nun ebenfalls auf ihn zu, umschlangen seinen Hals und drückten ihn innig. Ursula drückte ihm viele Küsschen auf die Wange.

»*Memsahib*, es ist schön, dich und die Kinder wieder hier zu sehen auf Ngongongare. Was ist dieses Haus ohne die Kinder? Es ist ein totes Haus.«

Wenig später kam Gillala, der früher für die Pferde zuständig gewesen war. Auch ihn begrüßten und drückten die Kinder. Margarete war froh, die beiden zu sehen. Aber sie war zu müde und zu traurig, länger mit ihnen zu sprechen. Erschöpft brachte sie die Kinder noch zu Bett. Dann setzte sie sich in die Küche und starrte fassungslos vor sich hin. Erst sehr spät sah sie die beiden Briefumschläge auf dem Küchenbüfett liegen. Der erste Brief war vom Bezirksamt in Arusha. Sie blickte auf das Datum. Das Schreiben war nur wenige Tage, nachdem sie die Herde weggetrieben hatte, ausgestellt worden. Hastig überflog sie es:

... wie uns die englische Militärverwaltung mitteilte, wurde Ihr Ehemann, Leutnant d. R. Ulrich Trappe, von Italien aus in ein englisches Kriegsgefangenenlager nach Indien verlegt. Sein Gesundheitszustand wurde als zufriedenstellend bezeichnet ...

Ihr Blick fiel auf den zweiten Briefumschlag. Dunkle Ahnungen überkamen sie. Das Siegel des Britischen Königreichs zierte ihn.

Hastig riss sie den Umschlag auf. Das Schreiben war erst wenige Tage alt. Der in Englisch verfasste Inhalt war für sie nur schwer verständlich. Wort für Wort versuchte sie, den Text zu übersetzen. Aber es gelang ihr nicht so recht. Krampfhaft suchte sie nach einem Resümee des Inhalts. Margaretes Blick blieb an dem letzten Absatz hängen:

... daher müssen wir Ihnen mitteilen ..., dass Ihre gesamten bei Ihrer Bank in Arusha deponierten Vermögenswerte, als da sind: Sparbücher, Bargeld, Schmuck und Wertpapiere ..., mit sofortiger Wirkung beschlagnahmt und unter die Zwangsverwaltung der Militärverwaltung Seiner Majestät, des Königs von England, gestellt werden ...

Ihre Gedanken überschlugen sich. Dieser Brief war nichts anderes als eine offizielle Enteignung. Alles, absolut alles würde sie verlieren: die Farm, die Rinder, ihr Geld, das Ersparte – alles! Sie war arm, die Kinder und sie heimatlos. Sie war so arm wie noch nie zuvor – und das weit weg von Deutschland, weit weg von Freunden, die helfen würden. Als weiße Frau mit drei Kindern und ohne Mann in Afrika arm zu sein, schoss es ihr durch den Kopf, ist grausam! Völlig erschöpft sank sie gegen Mitternacht ins Bett. Der letzte Gedanke, den sie hatte, bevor sie einschlief, war, dass sie sich am liebsten das Leben nehmen würde. Es war das erste Mal seit vielen Jahren, dass sie wieder mit diesem Gedanken spielte. Damals, als sie ihr geliebtes väterliches Gut Petersdorf verlassen musste, um in die kleine Wohnung in der Bahnhofstraße zu ziehen, war ihr auch alles so aussichtslos erschienen wie jetzt. Sie hatte am Ufer der Bober gestanden, hatte schon den Entschluss gefasst, sich hineinzustürzen, jedoch nicht den Mut dazu aufgebracht. Jetzt hatte sie den Gedanken wieder, diesmal aber auch den Mut dazu. Die Ausweglosigkeit ihrer Situation erstickte jeglichen Lebenswunsch in ihr. Alles, was ihrem Leben einen Inhalt gegeben hatte, war verloren oder bedroht. In Europa tobte der 1. Weltkrieg. Von der Mutter und den Schwestern hatte sie schon sehr lange nichts mehr gehört; Deutsch-Ostafrika verwandelte sich in ein Schlachtfeld; Anthimos war in einem Internierungslager, Ulrich in Kriegsgefangenschaft; ihr Vermögen war konfisziert und die großen Rinderherden und die prachtvollen Zuchtstuten, Lohn ihrer mühevollen Arbeit der letzten Jahre und gleichsam die Basis ihrer Zukunft, waren ebenfalls weg. Es war nur noch eine Frage der Zeit, bis sie die Farm, ihr Zuhause, verlieren würde. Der Krieg, mit dem sie so gar nichts hatte zu tun haben wollen, hatte ihr alles genommen. Warum und wofür sollte sie noch leben wollen? Margarete hörte im Zimmer nebenan den dreijährigen Rolf im Schlaf jammern, hörte, wie Ursula, die Älteste, mit dem Kleinen sprach und ihn zurück in den Schlaf sang. In diesem Augenblick wusste sie, dass sie weiterleben musste.

Drei Tage saß sie apathisch auf der Terrasse oder in der Küche, starrte vor sich hin, aß und trank kaum und war nicht fähig, einen klaren Gedanken zu fassen. Karimbe kümmerte sich liebevoll um die Kinder, ging mit ihnen zum nahen Bach, ließ sie dort im Wasser planschen, beschäftigte sie mit dem Füttern der noch verbliebenen Haustiere und animierte sie Tag für Tag zu neuen, abwechslungsreichen Ausflügen in die nähere Umgebung – nur, um sie die Verzweiflung ihrer Mutter nicht sehen zu lassen. Abends schliefen die drei völlig erschöpft schnell ein. Nur am zweiten Abend war der Jüngste zu seiner Mutter gekommen, hatte sich mit fragenden Augen an sie gekuschelt und mit piepsiger Stimme gefragt: »Mami, bist du so traurig, weil Onkel Anthimos so lange nicht mehr da war?« Für Momente hatte sie gelächelt, hatte den Kleinen an der Hand genommen und sich zu ihren Kindern ins Zimmer gesetzt, bis sie eingeschlafen waren. Dennoch: Ihr Lebenswille wollte und wollte nicht mehr zurückkehren.
Plötzlich stand Kinai auf dem Hof. Der Massai tat etwas, was sie noch nie bei den Massai gesehen hatte. Etwas, was sie ihm nie erlaubt hätte, es als Respektlosigkeit sogar bestraft hätte – früher: Er kam auf sie zu, umarmte sie und sagte lange Zeit gar nichts, hielt sie nur einfach so umarmt. Und sie fühlte, dass mit dieser Umarmung etwas geschehen war. Kinai war gekommen, um ihr zu helfen.

»*Jeyo*«, begann er schließlich zu sprechen, »ich mag die Engländer nicht! Sie wollen die Massai in den Steppen am Fuße des Meru und des Ol Doinyo Le Engai in Reservate sperren, so, wie sie es mit unseren Brüdern auf der anderen Seite des Kilimandscharo schon getan haben. Sie stehlen unsere Rinder, den Stolz eines jeden Massai, damit ihre Soldaten Fleisch zu essen haben – während wir hungern. Die Gesetze der Engländer machen aus jedem anständigen Afrikaner, der mit Pfeil und Bogen durch die Wildnis zieht, um eine Gazelle zu schießen, einen Wilderer. Die Engländer mögen keine Massai mit Speeren in der Hand! Ein Mann mit einem Speer ist für sie ein Feind. Sie werden auch hier den jungen Männern bald verbieten, Löwen mit dem Speer zu töten. Aber unsere jungen Männer müssen das tun, *Jeyo*! Nur so können sie ihren Mut beweisen, auf dass sie *Moran*, wirkliche Krieger werden. *Jeyo*, ich mag sie nicht, diese Engländer! Wollen sie dir auch alles wegnehmen?«
»Ja, sie haben bereits damit angefangen!«
»Sollen wir gegen sie kämpfen, *Jeyo*? Gemeinsam …?«
»Wie meinst du das? Willst du mit deinem Speer gegen Flugzeuge kämpfen?«
»Nein, *Jeyo*. Der *Bwana Ndofu kufa*, Herr über die toten Elefanten, der, den du immer so anschaust, als hättest du zu viel Mira gekaut, er hat uns damals erklärt, dass die Weisheit eine bessere Waffe ist als der Speer in der Hand des Wütenden.«
Plötzlich musste sie lachen. Sie lachte so laut, dass Karimbe angerannt kam und sie verwundert anstarrte. Die Kinder standen neben ihm und zeigten mit leuchtenden Augen, dass sie glücklich waren, ihre Mutter seit langer Zeit wieder einmal lachen zu sehen. Die ganze Anspannung der letzten Monate brach aus Margarete heraus. Tränen rannen ihr über das Gesicht. Dass sie Anthimos offensichtlich immer so angeschaut hatte wie nach dem Verzehr dieses aufputschenden Mira-Rauschgiftkrautes, fand sie unglaublich lustig. Margarete hatte immer geglaubt, dass niemand etwas von ihrer Liebe zu Anthimos bemerkt hatte. Plötzlich empfand sie eine sehr tiefe, innige Zuneigung für ihre afrikanischen Diener, allen voran Kinai. Sie wussten alles, aber sie hatten geschwiegen. Vielleicht, weil sie Ul-

rich überhaupt nicht mochten. Anthimos aber schätzten sie, ja verehrten ihn geradezu. Eigentlich, dachte sie und blickte erst Kinai und dann Karimbe an, sind diese von so vielen Weißen als »Wilde« abgestempelten Afrikaner viel warmherziger und ehrlicher in ihren Gefühlen, als ich es von den meisten meiner deutschen Nachbarn und Freunde kenne. Ja, sie sind ehrlicher in Gefühlen: Sie zeigen und sagen es, wenn sie einen Menschen mögen. Und sie zeigen es, wenn sie ihn hassen.
Kinai, darüber bestand kein Zweifel, hasste die Engländer. Und es schien, als suchte er in ihr eine Verbündete.
»Du sagst das doch nicht einfach so, Kinai? Du hast eine Idee, oder?«
»Ja, *Jeyo*, die habe ich! Aber dafür müssen wir uns zusammentun. Du – und die besten und tapfersten *Morani* meiner *Manyatta*. Du besitzt Weisheit und ein Gewehr. Und wir Massai sind furchtlos! Wir haben Augen und Ohren, um Dinge zu sehen und zu hören, von deren Existenz du nicht einmal etwas ahnst. Wenn wir uns zusammentun, *Jeyo*, werden wir diese schlechten Zeiten gut überstehen. Und die Engländer werden uns nicht zu fassen bekommen …«
Was Kinai ole Chieni an diesem Abend vorschlug, hätte sich Margarete Trappe nicht einmal in ihren kühnsten Träumen vorstellen können. Sie, die schon als Kind von ihrem Vater in den Wäldern Schlesiens mit den strengen Regeln und dem Ehrenkodex eines preußischen Waidmannes vertraut gemacht worden war und sich widerspruchslos den Reglements deutscher Jagdgesetze unterworfen hatte, wurde zum Wilderer.
Die Not ließ sie alle Jagdgesetze ignorieren. Es fiel ihr nicht sonderlich schwer, denn es galten nun die englischen Gesetze. Und die war sie nicht bereit zu akzeptieren. Mittellos, durch den Krieg jeglicher Existenzgrundlage beraubt, als Frau mit drei Kindern auf sich alleine gestellt, verdrängte sie alle moralischen Ressentiments und ging den Weg der pragmatischen Illegalität, um ihr Überleben zu sichern.
Während sich in Deutsch-Ostafrika ein bizarres militärisches Katz-und-Maus-Spiel zwischen den deutschen Truppen unter Oberst von Lettow-Vorbeck und der englischen Armee unter dem Befehl von

General Smuts entwickelte, begann Margarete Trappe zusammen mit Kinai ole Chieni und drei anderen Massai zu wildern. Das von den Engländern erlassene Jagdverbot katapultierte sie in die Gesetzlosigkeit. Aus der einst so honorigen, über die Grenzen Deutsch-Ostafrikas hinweg bekannten »Weißen Jägerin« wurde eine Wilddiebin. Die Massai spürten das Wild auf, und sie schoss. Margarete tat es skrupellos, sie wollte überleben. Sie schoss Elefanten des Elfenbeins wegen und erlegte Nashörner, streckte Löwen und Leoparden nieder und konnte bereits nach wenigen Monaten nicht mehr zählen, wie vielen Krokodilen sie des Leders wegen den Garaus gemacht hatte. Unter größter Geheimhaltung brachen sie zu fünft in Jagdgebiete weit weg von Momella und Ngongongare auf, wilderten am Manyara-See, am Tarangire-Fluss und in den südlichen Ausläufern des Ngorongoro-Kraters. Menschliche Ansiedlungen, auch jene afrikanischer Stämme, mieden sie. Die Trophäen versteckten sie bis zum Verkauf an ihre arabischen und indischen Zwischenhändler im Ngurdoto-Krater, wo Margarete einst mit Anthimos Gurumico getötet hatte. Es war ein lukratives Geschäft. Die rigorosen Jagdverbote der englischen Besatzer hatten die Schwarzmarktpreise für Elfenbein, Nashörner und andere Trophäen in die Höhe schnellen lassen. Zu einer munter sprudelnden Geldquelle entwickelte sich besonders die Jagd auf Büffel. *Mbogu* oder auch *Nyati*, wie der Büffel in Kisuaheli genannt wird, war insbesondere bei den Massai im benachbarten British East Africa ein begehrtes Tauschobjekt. Die Jagd auf Büffel war gefährlich und ohne Gewehr ein extrem risikoreiches Unterfangen. Feuerwaffen aller Art hatten die Engländer konfisziert. Margarete aber besaß nicht nur jenen Karabiner, den ihr General Lane, amtlich bestätigt, gelassen hatte. Sie hatte auch noch die schwere Elefantenbüchse von Anthimos. Jeder erlegte Büffel war ein großer Schritt hin zum Überleben: Für eine einzige Büffelhaut, aus der Massai-Krieger Schilde fertigten, aus der aber auch Behältnisse und allerlei Gebrauchsgegenstände hergestellt wurden, waren die Massai bereit, bis zu vierzig Ziegen zu zahlen. Die Ziegen verkaufte sie anschließend ganz offiziell auf dem Markt in Arusha – und ließ die englischen Behörden damit im Bewusstsein leben, sie bestreite ihren Unterhalt ganz legal mit Ziegenhandel. Doch so ganz ohne Spuren zu hinterlassen blieb das Wildern in der afrikanischen Wildnis nicht.

*

Major Brown war außer sich vor Wut. Zwei Sergeanten seiner Truppe standen, wie zu Salzsäulen in Habtachtstellung erstarrt, in seinem Büro in der einstigen deutschen *Boma* von Arusha. Der Offizier schritt auf und ab, ohne die beiden Soldaten eines Blickes zu würdigen. Plötzlich brüllte er los: »*Bloody hell!* Es kann doch nicht sein, dass eine einzige deutsche Frau die halbe englische Armee narrt! Das kann doch nicht sein! Es muss doch möglich sein, diese smarte Lady von Ngongongare auf frischer Tat zu ertappen, oder, Sergeant Taylor?«

Der Major starrte dem angesprochenen Unteroffizier in die Augen.

»Sie ist clever, Herr Major, sehr clever«, setzte Sergeant Taylor gerade zu einer Erklärung an, warum es ihm und der seit mehr als einem Jahr eingesetzten Spezialabteilung der englischen Armee bislang nicht gelungen war, den Beweis zu erbringen, dass es Margarete Trappe war, die hinter den mehr als achtzig gewilderten Elefanten, fünfzig Nashörnern und den unzähligen Büffeln und Löwen, die zumindest offiziell gemeldet worden waren, steckte. Doch der Major unterbrach seine Ausführungen rüde.

»Sie ist clever – und wir haben offensichtlich nur Idioten im Einsatz! Oder warum gelingt es einer Sondereinheit von dreißig englischen Soldaten und einem halben Dutzend afrikanischer Spurenleser nicht, dieses verdammte Weib zu überführen? Sagen Sie es mir, Sergeant, bitte, erklären Sie es mir! Und zwar möglichst plausibel. Denn ich habe keine Lust, General Lane erklären zu müssen, dass eine deutsche Siedlerin uns verarscht, Sergeant! Denn das kostet mich dann meinen Arsch, Sergeant! Also, sprechen Sie!«

Der Sergeant trat nervös auf der Stelle.

»Sie kennt den afrikanischen Busch wie kaum ein anderer Weißer, Herr Major. Sie reitet wie ein Mann, schießt wie ein Mann und denkt wie ein eingeborener Wilderer! Und offensichtlich hat sie mehrere Massai, die ihr bei der Wilderei helfen – ganz zu schweigen von den Schwarzhändlern, die auf uns bis heute nicht bekannten Kanälen die erbeuteten Trophäen verscherbeln. Wenn sie von der Farm losreitet, hinterlässt sie ab einem bestimmten Punkt keine Spuren mehr. Sie nimmt immer irgendwelche Wege durch Sümpfe oder sie reitet in Flüssen. Plötzlich ist sie dann verschwunden. Sie ist ganz einfach nicht zu observieren, da draußen in der Wildnis …«

»Wenn Sie auf Jagd gehen, Herr Major«, stand ihm der zweite Sergeant zur Seite, »packen Sie, wie jeder andere Weiße hier in Afrika auch, kistenweise irgendwelche Utensilien ein: Kleidung, Proviant – eben all das, was man so braucht da draußen im Busch. Mrs. Trappe macht das nicht! Sie reitet los, als wolle sie zum Einkaufen nach Arusha. Und dann ist sie plötzlich weg, spurlos verschwunden.«

»Erzählen Sie mir doch nicht solche afrikanischen Märchen, Sergeant«, unterbrach ihn der Major. »Das ist eine europäische Frau: schlank, zerbrechlich – und kein afrikanischer Geist! Die muss doch, wenn sie wochenlang in der Wildnis ist, irgendetwas essen, trinken, ihre Kleider wechseln – oder?«

»Nein, Herr Major. Muss sie eben nicht.«

Sergeant Taylor sah endlich seine Chance gekommen, die Misserfolge bei der Hatz auf Margarete Trappe rechtfertigen zu können.

»Diese vermeintlich zerbrechliche, zarte, hübsche Frau, Herr Major, buddelt sich nachts am Lagerfeuer eine Mulde im Boden für ihre Hüften, eine Mulde für die Schulter – und legt sich hin. Einfach so, auf die Erde. Ohne Moskitonetz! Und, was die ganze Sache noch verrückter macht: Ihr Pferd, dieser Comet, streckt sich neben ihr aus und legt seinen Kopf auf ihren Bauch, während sie schläft …«

Kaum hatte Sergeant Taylor gesagt, was ihm seine afrikanischen Spione berichtet hatten, da wusste er schon, dass er einen Fehler gemacht hatte.

»Sie leiden wohl an einer besonders schweren Form von Gehirnhautentzündung, Sergeant Taylor«, brüllte Major Brown. Sein Kopf lief rot an. Seine Augen funkelten zornig. »So, so …! Das Pferd legt also sein Köpfchen des Nachts am Lagerfeuer inmitten der afrikanischen Wildnis in den Schoß seiner zierlichen Herrin. Und dann schlafen beide friedlich ein und die Löwen und Leoparden und all die anderen Menschen fressenden Tierchen Afrikas legen sich dann auch friedlich ins Bettchen und lassen die einzige wildernde weiße Frau Afrikas schön ausschlafen, auf dass sie am nächsten Tag wieder ein paar Elefanten abknallen kann! Ja, sind Sie denn total bescheuert, Sergeant Taylor, mir solche Hirngespinste überhaupt zu erzählen? Bin ich denn hier in einem Narrenhaus?«

»Es … es ist die Wahrheit, Herr Ma… Major! Diese Frau ist furchtlos – so wie die Massai«, stotterte der Sergeant und schielte seinen Kameraden Hilfe suchend an. Ihm war schon vor diesem Gespräch klar gewesen, dass der Major so reagieren würde. Aber alles, was er soeben berichtet hatte, entsprach dem, was sich über diese Margarete Trappe wie ein Lauffeuer in den Hütten der Afrikaner verbreitete und was ihm seine Spione erzählt hatten. Mal hieß es, sie reite auf Flusspferden durch reißende Gewässer, mal wurde berichtet, diese *Jeyo* brauche Nashörnern nur in die Augen zu schauen, dann würden die Monster zurückweichen. Überall in Ostafrika wurden mittlerweile solche Geschichten erzählt. Längst war er davon überzeugt, dass die meisten davon stimmten.

»Sie selbst, Herr Major«, nutzte er eine Denkpause seines Vorgesetzten, »haben mir vor etwa einem Jahr gesagt, dass es eigentlich nicht einmal für einen erfahrenen Schützen möglich ist, aus fünfzig Schritt Entfernung eine Münze genau im Zentrum zu durchlöchern – und das gleich ein Dutzend Mal! Aber Sie haben auch gesagt, dass Mrs. Trappe genau das behauptet hat, zu können.«

»Was hat das denn jetzt damit zu tun?«, fauchte der Major.

»Nun ja, Fakt ist, dass wir in den letzten zwölf Monaten insgesamt fünfzig Nashörner gefunden haben, die ausnahmslos alle durch einen ganz bestimmten Schuss niedergestreckt wurden, Herr Major. Da ist eine Meisterschützin am Werk …«

»Was ist das für ein Schuss?«, unterbrach ihn der Major. Der Sergeant war froh, nicht angeschrien zu werden.

»Keines der gefundenen Kadaver weist einen Blattschuss oder einen Schuss aus großer Entfernung auf. Wie Sie sicherlich wissen, greift ein Nashorn zunächst mit hoch erhobenem Kopf und im gestreckten Galopp an. Diese Urviecher sind so gut wie blind. Die rasen erst mal los und greifen alles an, was sich bewegt. Da ist ein Schuss von vorne in den Kopf sehr schwer, fast schon unmöglich! Erst, wenn das angreifende Nashorn sehr nahe ist, senkt es das Haupt, um den Feind mit seinem Horn aufspießen zu können. All die von uns gefundenen toten Nashörner hatten einen Einschuss oberhalb des Kopfes im Nacken! Der Schütze muss also immer gewartet haben, bis das Tier etwa zehn Meter entfernt war. Und dann musste der Schuss sitzen. Und zwar absolut punktgenau – tödlich – und das fünfzig Mal in einem Jahr ...«

Major Brown schwieg verlegen. Er ahnte plötzlich, dass er seinen Sergeanten unrecht getan hatte.

»Was ist eigentlich aus diesem Spion geworden, diesem Meru-Mann, den Sie auf die Trappe-Farm eingeschleust haben?«

»Er hat sich nach vier Wochen geweigert, weiterhin für uns zu arbeiten.«

»Warum das?«

»Er sagt, ein Zauber beschütze *Jeyo.* Und dieser Zauber hat bewirkt, dass er in einer Woche drei Skorpione in seinem Bett auf der Trappe-Farm entdeckt hat.«

»Sie meinen, er wurde enttarnt?«

»Ja! Die wenigen Schwarzen, die noch bei Mrs. Trappe arbeiten, halten wie Pech und Schwefel zusammen – und sie halten zu ihr. Die waren bislang weder mit Geld noch durch Drohungen dazu zu kriegen, auch nur ein Wort über sie zu erzählen. Die schweigen!«

Major Brown schritt wieder im Raum auf und ab. Konzentriert dachte er laut nach: »Wenn die Trappe aufbricht, also auf Jagd geht, reitet sie doch immer auf ihrem Hengst, richtig?«

»Ja, sie hat ja nur noch das eine Pferd. Und sie hat ein Permit dafür – von General Lane persönlich unterzeichnet. Wenn sie ausreitet, sind immer vier Massai bei ihr. Die laufen so schnell und sind so ausdauernd wie das Pferd! Wir kommen da nie hinterher, ohne entdeckt zu werden. Irgendwann sind die Fünf dann weg, wie vom Erdboden verschluckt. Was sie dann tun, wissen wir nicht. Die kennen

jeden Quadratzentimeter des Landes im Umkreis von zwanzig Meilen.«
Major Brown blickte auf. So bedacht er sprach, so sehr war seinen Worten zu entnehmen, dass er sehr aufgebracht war.
»Es ist nicht zu glauben! Die halbe Welt ist im Kriegszustand. In Ostafrika versuchen mehr als einhunderttausend alliierte Soldaten eine deutsche Miniarmee zu stellen – und am Meru haben zwei Abteilungen englischer Soldaten seit einem Jahr nichts anderes zu tun, als eine einzige weiße Wilderin, die einzige Wilderin Afrikas dingfest zu machen. Das kann doch wohl nicht wahr sein!«
Der Major holte tief Luft.
»Sergeant Taylor, reiten Sie zur Trappe-Farm und sagen Sie dieser Deutschen, dass sie morgen ihr Pferd und ihren Mauser-Karabiner hier abzuliefern hat. Und sagen Sie ihr, dass sie inhaftiert wird, falls sie sich nicht daran hält. Ach ja, noch etwas: Richten Sie ihr aus, Sergeant Taylor, dies sei ein Befehl von Major Brown höchstpersönlich.«

*

Sie ritt durch Arusha wie eine Lady. Aber sie war gekleidet wie eine Bettlerin. Selbstbewusst, den Kopf stolz in den Nacken geworfen, die Zügel leger in der rechten Hand, saß Margarete kerzengerade im Sattel. Den Mauser-Karabiner in der Linken und eine Zigarette im Mundwinkel, den braunen Hut tief ins Gesicht bis über die Sonnenbrille gezogen, trabte sie durch die Stadt.
Die vor den Dukas herumlungernden Eingeborenen tuschelten *»Jeyo.«* Britische Soldaten starrten ihr hinterher. Sie wunderten sich, dass die weiße Lady mit dem prächtigen Hengst schmuddelige Shorts, ein zerrissenes Hemd – und zwei verschiedene Schuhe trug.
Der Rapphengst schien über die Straße hinauf zur einstigen deutschen *Boma* zu schweben. Ein starker Nordostwind wehte durch die Eukalyptusbäume beidseitig des Weges unterhalb der *Boma* und wirbelte die prächtige Mähne des Pferdes durcheinander. Es blähte seine Nüstern und rollte die Augen, weil er den Mann, der da vor dem

weißen, festungsähnlichen Gebäude stand, in schlechter Erinnerung hatte. Major Brown stand vor dem Tor der ehemaligen deutschen *Boma* und tat so, als sei er entspannt. Aber er war es nicht. Missmutig starrte er auf die weiße Frau, die auf ihn zuritt. Ihr Stolz, ihre Körpersprache provozierten ihn, aber er registrierte auch, dass sie sehr schlecht aussah. Ihre Haare waren kurz geschnitten und strähnig. Tiefe Falten und Schatten unter ihren Augen ließen erahnen, dass sie wenig schlief und krank war. Obwohl sie tiefbraun war, sah sie fahl aus. Von Missionsärzten hatte er schon vor Wochen erfahren, dass Margarete Trappe unter sehr schweren Malariaanfällen litt. Sie war sehr dünn, fast mager – ausgemergelt. Eine bemitleidenswerte Person, dachte er, verdrängte aber diesen Anflug von Mitleid schnell wieder. Er mochte diese Frau nicht, hätte sie am liebsten hinter Gitter gebracht. Aber General Lane, den er am frühen Morgen über seine Pläne mit der vermeintlichen deutschen Wilddiebin informiert hatte, war zu einer anderen Entscheidung gelangt. Das ärgerte ihn maßlos. Kaum, dass sie in seinem Büro Platz genommen hatte, ließ er Margarete Trappe spüren, wie er über sie dachte.

»Schöne Schuhe haben Sie da an, gnädige Frau. Eine wirklich sehr eigenwillige Kombination: Braun und Schwarz. Das Schwarz passt gut zu dem Rappen …«

»Armut lässt wenig Spielraum für Stil und Etikette, lieber Major. Aber besser, eigene Schuhe in zwei Farben zu tragen, als eine Uniform tragen zu müssen, die für ein System steht, das eine deutsche Mutter und friedfertige Farmerin an den Bettelstab bringt!«

Dem Major misslang es, zu lächeln.

»Sie haben sicherlich auch schon davon gehört, dass die Wilderei in letzter Zeit drastisch zugenommen hat, oder?«

Schnippisch und in Anspielung auf die vergeblichen Versuche der englischen Armee, Oberst Lettow-Vorbeck und die deutschen Truppen zu stellen, antwortete sie: »Ja, das ist mir nicht entgangen, Herr Major. Offensichtlich gelingt es der englischen Armee nicht so recht, Ruhe und Ordnung in diesem einst so schönen und friedfertigen Land herzustellen. Wenn man natürlich einhunderttausend Soldaten braucht, um ein paar deutsche Offiziere und ihre afrikanischen

Träger zu fangen, dann verwundert es nicht, dass Sie auch die Wilderer nicht kriegen.«
Major Brown kochte innerlich vor Wut. Aber die Direktiven des Generals zwangen ihn, Contenance zu wahren. Es fiel ihm sehr schwer.
»Machen wir uns nichts vor, Frau Trappe. Wir haben erdrückende Beweise dafür, dass vier Ihrer Farmangestellten seit vielen Monaten geradezu bandenmäßig organisiert wildern. Anführer dieser verbrecherischen Bande ist ein Massai namens Kinai ole Chieni …«
Margarete glaubte bei den ersten Sätzen des Majors, ihr Herz würde stehen bleiben. Panische Angst überkam sie. Sie fühlte sich ohnehin sehr schwach. Die schweren Malariaattacken, die sie seit fast einem Jahr regelmäßig hatte, hinterließen ihre Spuren. Das ständige Leben in der Wildnis während ihrer illegalen Jagdausflüge hatte sie gezeichnet. Sie wusste, dass sie sehr mager war. Die ungesunden und strapaziösen Monate draußen im Busch hatten ihren Tribut gefordert und ihr die letzten Reserven aus dem Körper gezogen. Die beiden Verletzungen am Bein und an der Hüfte, die sie sich bei einem Elefanten- und einem Büffelangriff zugezogen hatte, schmerzten und heilten nur schlecht. Sie war ein körperliches Wrack, aber sie hatte keine andere Wahl. Sie musste wildern, musste wochenlang in der Wildnis leben, um ihre Familie ernähren zu können.
Die Worte des englischen Majors trafen sie wie ein Faustschlag in den Magen. Alles hatte sie erwartet. Sie hatte befürchtet, dass man sie der Wilderei bezichtige, dass sie ihre Waffen abgeben müsse. Aber dass all die gewilderten Elefanten, Büffel und Nashörner jetzt ihren Freunden, den Massai, angelastet wurden, damit hatte sie nicht gerechnet. Margarete rang nach Luft und versuchte, entspannt zu wirken.
»Die Massai haben keine Gewehre«, versuchte sie, logisch zu argumentieren.
Der Major unterbrach sie rüde: »Wir sind sehr versucht, die vier Massai festzunehmen. Mit den Beweisen, die wir haben, würden sie entweder lebenslang in ein Arbeitslager gesperrt – oder gleich aufgehängt. Wir sind im Krieg, Mrs. Trappe. In Ostafrika gilt Kriegsrecht.«

»Wenn Sie die Massai einsperren, sterben sie«, presste sie hilflos hervor. »Freiheit bedeutet ihnen alles. Im Gefängnis verkümmern und sterben sie.«
»Das ist uns klar. Aber wir müssen auch Sorge dafür tragen, dass die Wilderei sofort aufhört. Sonst glauben die anderen Schwarzen, sie könnten auch ungestraft wildern.«
»Und was gedenken Sie, nun zu tun? Wenn Sie, wie Sie behaupten, Beweise haben, dann verstehe ich nicht, wieso Sie mich hierher zitieren.«
Der Major sah plötzlich sehr verärgert aus. Sie spürte, dass sie etwas Falsches gesagt hatte. Und sie fragte sich, wieso der Major nicht einfach zur Farm gekommen war, um die angeblichen Wilderer festzunehmen.
»Mrs. Trappe, lassen Sie uns nicht aneinander vorbeireden«, begann er auffallend akzentuiert zu sprechen. Es schien, als müsse er sich selbst sehr zurückhalten. »Ich sage Ihnen ganz ehrlich, Mrs. Trappe, dass ich der festen Überzeugung bin, dass Sie, Sie persönlich, maßgeblich an dieser Wilderei beteiligt sind. Aus mir nicht ganz nachvollziehbaren Gründen mag sich General Lane, den Sie ja vor einem Jahr bereits kennengelernt haben, aber nicht den von mir vorgeschlagenen Konsequenzen anschließen. Er hat mir Befehle erteilt, die ich notgedrungen zu befolgen habe.«
Major Brown ging zu seinem Schreibtisch, holte ein Schriftstück und überflog es kurz. Margarete konnte sehen, dass das Dokument den Briefkopf der englischen Militärverwaltung trug.
»Sie können Englisch, Mrs. Trappe?«
»Nicht perfekt. Aber meistens genug, um zu verstehen, was in einem Dokument steht!«, antwortete sie und merkte, wie ihre Stimme zu versagen drohte. Mit zittriger Hand nahm sie das Schriftstück entgegen. Hastig überflog sie das Dokument. Sie verstand nicht genau, was da in kompliziertem Amtsenglisch geschrieben stand. Irgendetwas mit lebenslang. Panisch schaute sie den Major an.
»Um was geht es genau? Ich glaube, ich verstehe das nicht …«
Der Major nahm ihr das Schreiben aus der Hand. Er ließ sich unerträglich lange Zeit, bis er antwortete: »Um es mit wenigen Worten

zu sagen, Mrs. Trappe, hier steht geschrieben, dass Sie aufgrund Ihrer exzellenten Landes- und Naturkenntnisse und der Verdienste, die Sie sich in Friedenszeiten um den Erhalt des Tierbestandes in Ostafrika erworben haben, fortan die Ehre haben, Honorary Game Warden im Auftrage des Britischen Reiches zu sein! Sollten Sie dieses Schreiben unterzeichnen, sind Sie bei Ihrer Ehre verpflichtet, in Zukunft alles in Ihrer Macht Stehende zu tun, den Tierbestand Ostafrikas zu schützen und mitzuhelfen, sein Fortbestehen zu sichern. Bezahlt werden Sie und Ihre Assistenten, also diese Massai, für diese Tätigkeit natürlich auch.«

Der Ritt am frühen Nachmittag von Arusha zurück nach Ngongongare stürzte Margarete Trappe in zwiespältige Gedanken. Viele Fragen marterten sie. Dass die Engländer sie mit dem Angebot, sie zu einer amtlichen Ehrenwildhüterin des British Empire zu machen, nicht nur vom Wildern abhielten, sondern sie gleichzeitig zur Verbündeten machten, fand sie taktisch brillant. Es war das zweite Mal, dass General Lane nicht nur Weisheit, sondern auch viel Menschlichkeit gezeigt hatte. Und das, obwohl Krieg zwischen Deutschland und England herrschte. Gut, die Bezahlungsmodalitäten, die ihr Major Brown vorgeschlagen hatte, würden ihr kaum mehr als ein Überleben garantieren. Faktisch wurde ihre Tätigkeit auf Erfolgsbasis honoriert. Von allen sichergestellten Trophäen würde sie von der Militärverwaltung fünfzig Prozent des auf dem Schwarzmarkt gängigen Verkaufspreises erhalten. Das war ein faires Angebot. Und es würde ihr endlich wieder Zeit geben, sich um ihre Kinder zu kümmern, die in all diesen Monaten fast ausschließlich von ihrer Schwester Tine und von Karimbe umsorgt worden waren.
Was sie auf dem Ritt zurück nach Ngongongare viel mehr beschäftigte, war die Zukunft Deutsch-Ostafrikas – das es eigentlich schon längst nicht mehr gab.
Vom Kriegsgeschehen in Ostafrika spürte sie selbst im Grunde nichts mehr. Die Kämpfe fanden weit im Süden des Landes, mehr als eintausend Kilometer von Arusha entfernt, statt. Die Nachrichtenlage war sehr kompliziert. Aus britischen Quellen war lediglich zu erfah-

ren, dass Generalmajor Lettow-Vorbeck mit einer kleinen Truppe aus deutschen Soldaten und afrikanischen Askaris angeblich kurz davor war zu kapitulieren. Aber das hatte sie in den letzten Jahren immer wieder gehört. Die einzig wirklich verlässlichen Informationen bekam sie von Afrikanern. Demnach hatte Lettow-Vorbeck den Engländern im Hinterland von Kilwa und Lindi noch im Frühjahr 1917 schwere Verluste zugefügt. Es hieß jedoch auch, dass die deutsche Truppe jetzt auf der Flucht ins südliche Feindesland, bis nach Britisch-Rhodesien und Portugiesisch-Mocambique, sei und nur noch aus dreihundert Deutschen und knapp tausendachthundert afrikanischen Askaris bestehe. Die alliierten Streitkräfte, so munkelten die Afrikaner, würden mehr als hunderttausend Soldaten zählen.
Die sehr spärlichen Nachrichten vom Kriegsgeschehen in Europa, die nach Ostafrika durchsickerten, ließen nur erahnen, welches Grauen sich dort abspielte. Als sie erfuhr, dass Griechenland am 29. Juni dieses Jahres Deutschland den Krieg erklärt hatte, waren ihre Gedanken bei Anthimos gewesen. War er als Soldat an der Front? Kämpfte er gegen Deutsche? Lebte er überhaupt noch? Wann hörte dieser Irrsinn endlich auf?
Fragen über Fragen schossen ihr durch den Kopf, bis sie nach einer Stunde Ritt endlich den Tululusiek-Felsen nahe ihrer Farm sah. Endlich würde sie mehr Zeit haben für Ursula, Ulrich und Rolf. Endlich hatte sie einen Hauch von Hoffnung, dass der Krieg bald zu Ende gehen, dass sich auch für sie wieder alles zum Guten wenden würde. Wenn der Krieg zu Ende wäre, würde sie auch herausfinden können, wo Anthimos war. Seit fast vier Jahren hatte sie kein Lebenszeichen mehr von ihm erhalten. Ob er nach dem Krieg wieder zurück nach Ostafrika, nach Hause, zu ihr kommen würde?
Schon von Weitem hörte sie ihre Hunde bellen und die Kinder lachen. Eine Giraffe mit ihrem Baby zog vor ihr über den Weg. Es war ein schöner Novembertag. Die Regenzeit war vorbei und die Nächte wurden langsam wieder wärmer. Hoffnung keimte in ihr auf. Sie tastete nach dem englischsprachigen Dokument in ihrem Hemd. Es war ein eigentümliches Gefühl, plötzlich für die Engländer zu arbeiten. Wie hatte Major Brown zum Abschied gesagt? »Vielleicht

sollten Sie Ihre Englischkenntnisse aufbessern, Mrs. Trappe. Es könnte ja sein, dass Sie in Zukunft in Ostafrika nicht mehr Deutsch, sondern Englisch sprechen müssen. Wenn Sie wirklich hier am Kilimandscharo bleiben wollen, sollten Sie das tun, Mrs. Trappe: Lernen Sie Englisch.«

14. Kapitel

Der »Löwe von Afrika« hatte den Krieg um Deutsch-Ostafrika verloren, aber er wurde wie ein Sieger empfangen. Zehntausende Berliner säumten an diesem Sonntag, dem 2. März des Jahres 1919, die Straßen vom Lerther Bahnhof zum Brandenburger Tor in Berlin. Selbst auf dem Flachdach neben dem Brandenburger Tor drängten sich Schaulustige. Der Einzug der Ostafrikakämpfer versetzte die Menschen der Reichshauptstadt in Siegestaumel. »Hoch, hoch, hoch«, jubelten die Massen den Helden der Nation zu.

Schnauzbärtig und eher grimmig dreinschauend, imposant in ein schwarzes Cape gehüllt, ritt an der Spitze der Delegation auf einem Schimmel Dr. Heinrich Schnee, der letzte Gouverneur Deutsch-Ostafrikas. Nur wenige Schritte hinter ihm folgte der proklamierte Held der Nation: Generalmajor Paul von Lettow-Vorbeck. Mit Sonnenbrille, seitlich hochgeklapptem Tropenhut und martialischer Mimik saß der »Löwe von Afrika« kerzengerade im Sattel und schaute gelegentlich nach hinten, wo Generalmajor Wahle und Kapitän zur See Looff, der einstige Kommandant des vor der ostafrikanischen Küste versenkten Kreuzers »Königsberg«, folgten.

»Hoch, hoch, hoch«, jubelte die Menge. Niemand dachte in diesem Moment daran, dass das Deutsche Reich die Welt in eine Katastrophe mit Millionen Toten gestürzt hatte. Zu feiern gab es nichts in diesem ersten Nachkriegsjahr, aber die Menge jubelte und warf den hinter den berittenen Offizieren kommenden Soldaten Blumen zu. Zu Fuß und weit weniger beeindruckend marschierte dort der klägliche Rest jener Schutztruppe, die in Ostafrika über mehr als vier Jahre Schlachten geschlagen hatten, deren Sinn an diesem Jubeltag niemand zu bezweifeln wagte. Dreißig Offiziere, hundertfünfundzwanzig Unteroffiziere und Mannschaften – mehr waren nicht aus Afrika in die deutsche Heimat zurückgekehrt. Von den Askaris und Trägern, der namenlosen Schar jener Afrikaner, die diesen Feldzug auf ihren schwarzen Rücken mitgetragen und von denen Tausende ihr

Leben eingebüßt hatten, sprach an diesem Tag niemand. Die mit Narzissen geschmückte Tribüne auf dem Pariser Platz quoll über vor honorigen Ehrengästen. Vertreter der Reichs- und Stadtregierung, der Armee und Repräsentanten der Kolonialkriegsvereine drängten sich, die legendären Haudegen aus Afrika zu sehen. Junge Männer des »Deutschnationalen Jugendbundes« schwangen die deutsche Fahne. Pickelhaubenhelme, schwarze Zylinder und Tropenhüte dominierten die Szenerie. Kriegsminister Reinhard, Admiral Rogge und Berlins Bürgermeister, Dr. Reicke, hielten flammende Ansprachen. Generalmajor Paul von Lettow-Vorbeck genoss es sichtlich, nach einer schier endlos langen Odyssee quer durch Afrika in der Heimat als »moralischer Sieger« des Krieges in Ostafrika gefeiert zu werden. Er hatte diesen Krieg um die Kolonie nicht gewonnen, aber er hatte einen Mythos kreiert – seinen eigenen.

Sein Blick ging über die Menschenmenge am Pariser Platz. Für Momente erinnerte sich Paul von Lettow-Vorbeck an die finale Phase des Krieges, an die strapaziösen Märsche seiner von Malaria, Durchfall und Verletzungen zermürbten und an Mangelerscheinungen leidenden Soldaten quer durch Ostafrika. Jahrelang hatten sie in Guerilla-Manier gekämpft. Meistens waren sie auf der Flucht vor den alliierten Truppen und der ernüchternden Wahrheit gewesen. Die Wahrheit war, dass dieser Krieg um die Kolonie nicht zu gewinnen gewesen war. Seine Taktik, mit der kleinen Schutztruppen-Heerschar starke englische Verbände zu binden und sie damit vom Kriegsschauplatz Europa fernhalten zu können, hatte sich schnell als Illusion entpuppt. Die Eigenmechanismen des afrikanischen Buschkrieges und das blutige Fangt-mich-Spiel mit General Smuts hatten nur noch wenig Spielraum für seine geostrategischen Ambitionen gelassen. Nach vorne hatte er nur noch geschaut, um zu wissen, wohin er mit seinen Getreuen fliehen konnte und wo es Lebensmittel zu erbeuten gab.

Doch ja, da war plötzlich noch einmal Hoffnung aufgekeimt, als er erfahren hatte, dass im November 1917 der mit Waffen, Munition und dringend benötigten Versorgungsgütern beladene Zeppelin L 59 von Bulgarien aus gen Ostafrika gestartet war, um seine vom Rest der Welt abgeschnittene Truppe mit Nachschub zu versorgen. Aber von wem auch immer dieser Befehl in Berlin erteilt worden war: Der Zeppelin war über Karthum umgekehrt.

Und so war er weiter vor dem Feinde geflohen. Er, seine hundertfünfundzwanzig Unteroffiziere, die tausendeinhundertachtundsechzig Askaris und einige Hundert afrikanische Frauen. Bis nach Britisch-Rhodesien waren sie marschiert, wo ihn die Nachricht von den Geschehnissen in der Heimat ereilte und wo er auf Befehl von Berlin seine Truppe im rhodesischen Abercorn an den britischen General Edwards übergeben hatte.

Nein, nicht er hatte kapituliert! Deutschland hatte es getan! In Berlin war diese Entscheidung getroffen worden! Er hatte sich nicht der alliierten Übermacht ergeben, sondern die deutsche Fahne hochgehalten bis zuletzt, hatte ein Stück deutschen Soldatentums unbeschmutzt zurückgebracht. Dass die Kolonie Deutsch-Ostafrika gefallen war, war bedauerlich, aber das kurze Bestehen hatte doch die Gabe des deutschen Volkes zu kolonisieren bewiesen. Jene Landsleute, die am Kilimandscharo zurückgeblieben waren, deutsche Farmer und Siedler, dessen war er sich sicher, würden seine heroischen Versuche, Deutsch-Ostafrika zu retten, zu würdigen wissen.

*

Sie schrie und schluchzte, und ihre Kinder wussten nicht, warum. Karimbe zitterte. Er hatte Angst, weil er sie noch nie so verzweifelt gesehen hatte. Kinai ole Chieni fürchtete sich vor dem, was nun auf *Jeyo* zukommen würde.

Nicht einmal zwei Jahre hatte Margarete Trappe Zeit gehabt zu glauben, das Ende des Weltkrieges könne auch das Ende ihrer Leidensphase sein. Nur knapp ein Jahr lang hatte sie im Auftrage des British Empire in den Weiten Ostafrikas Wilderer hetzen können. Und wenig Zeit war ihr geblieben, mit dem Lohn ihrer Tätigkeit als Ehrenwildhüterin eine neue Rinderherde aufzubauen, Ziegen und Schafe zu züchten und an gute Zuchtstuten zu denken. Den Zusammenbruch Deutschlands, den einer Kapitulation gleichkommenden Waffenstillstand, die Abdankung des Kaisers und die Ausrufung der Republik am 9. November 1918 hatten sie und alle noch im einstigen Deutsch-Ostafrika verbliebenen Siedler mit einem tagelangen Freudenfest gefeiert. Endlich Frieden! Es schien, als würde es den deutschen Siedlern erlaubt, weiterhin in Ostafrika zu bleiben. Von der Rückkehr ihrer Männer aus den Kriegsgefangenenlagern hatten die Siedlerfrauen geträumt. Margarete hatte gar Hoffnungen, zusammen mit Anthimos hier in Ostafrika ein neues, ein glückliches Leben zu beginnen, vielleicht unter englischer Regierung.

Nachdenklichkeit war dann Ende Januar 1919 aufgekommen, als in Paris die Vertreter von zweiunddreißig Staaten unter dem Vorsitz des französischen Ministerpräsidenten Clemenceau zu einer Friedenskonferenz zusammengekommen waren. Was, so hatte sie im fernen Afrika gedacht, würden die Siegermächte dem Deutschen Reich an Strafen aufbürden? Als dann Mitte Mai 1919 die ersten Details über den Versailler Vertrag nach Ostafrika durchsickerten und bei den Siedlern am Kilimandscharo plötzlich Furcht aufkam, Deutschland würde all seine Kolonien in Übersee verlieren, hatte sie zum ersten Mal Angst bekommen, Ngongongare, Legurucki und Momella aufgeben zu müssen.
Kaum hatten die deutschen Reichsminister Müller und Bell das in Deutschland als »Friedensdiktat« zunächst brüsk abgewiesene Vertragswerk von Versailles am 16. Juni unterzeichnet, da war aus Deutsch-Ostafrika ein Mandatsgebiet des im Juni 1919 gegründeten Völkerbundes geworden. Tanganjika, wie das ehemalige Deutsch-Ostafrika jetzt hieß, fiel unter englische Verwaltung. Diese Nachricht hatte sie noch jubelnd begrüßt, denn ihr Verhältnis zu den Engländern war mittlerweile hervorragend.
Der Gedanke aller in Versailles zusammengetroffenen Staatsmänner, durch die Gründung einer Völkergemeinschaft einen dauernden Frieden für die gesamte Menschheit zu gewährleisten, dieser Gedanke und die Entscheidung der Siegermächte, Deutschland die alleinige Schuld für den Weltkrieg zu geben, waren letztendlich aber das Ende ihres Traumes von einem glücklichen Leben am Kilimand-

scharo. Mit dem Vertrag von Versailles verlor Deutschland all seine Kolonien – und Margarete wurde heimatlos. Vor ihr auf dem Tisch lag der Ausweisungsbefehl! Sie musste Afrika verlassen! Major Brown, eskortiert von einigen englischen Soldaten, hatte ihn persönlich überbracht. Das Schreiben war in Englisch verfasst. Englisch verstand sie inzwischen sehr gut, aber der Major fasste mit wenigen Worten das zusammen, was sie nicht glauben wollte: »Ich bedaure diese Entwicklung zutiefst, Mrs. Trappe, glauben Sie es mir. Aber es ist ein Befehl. Ich bitte Sie, sich strikt daran zu halten.«

»Woran soll ich mich halten?«, schluchzte sie.

»Sie werden aufgefordert, Ihre Farm bis Mitte September dieses Jahres zu verlassen. Sie dürfen nur Ihre persönliche Kleidung und die Ihrer Kinder und Angehörigen mitnehmen. Des Weiteren ist es Ihnen gestattet, pro Erwachsenen fünfhundert Rupien und für jedes Kind zweihundertfünfzig Rupien oder Gegenstände im gleichen Wert mitzunehmen.«

Margarete Trappe starrte den Offizier an. Sie wollte sprechen, fragen, schreien, aber sie brachte keinen Laut heraus. Der Major wusste, was diese Frau sagen und fragen wollte. Die anderen deutschen Siedler, denen er diesen Ausweisungsbefehl überbracht hatte, hatten alle das Gleiche gefragt.

»Nein, Sie dürfen nichts, was auf der Farm ist, veräußern …«

»Aber ich habe fast sechshundert Rinder!«

»Nein, nichts!«

»… dreihundert Schafe und Ziegen …«

»Sorry, absolutely nothing!«

»Fünfzig Pferde? *My horse* – Comet?«

»*No, Madam!* Alles ist konfisziert. Es tut mir aufrichtig leid. Wie ich schon sagte: Sie müssen am 15. September ihre Farm für immer verlassen …«

*

Auf einem Ochsenkarren war sie in dieses Land gekommen, vor mehr als zehn Jahren. In einem Ochsenkarren hatte sie ihre drei vergifteten Kinder in die Mission nach Nkoaranga gebracht. Und in einem Ochsenkarren hatte sie den schwer verletzten schwarzen Askari Said Nyamweya ins Missionsspital gefahren. Es waren immer dramatische Dinge gewesen, die sie gezwungen hatten, auf ein solches Gefährt zu klettern.

Auch heute stand ein solcher Karren neben ihrem kleinen Haus im Schatten der zwölf Zypressen. Für jedes Jahr in ihrem Paradies hatten sie einen dieser Bäume gepflanzt. Ein kleiner Trupp berittener englischer Soldaten stand daneben. Major Brown war nicht dabei. Die Soldaten sahen sehr verlegen aus.

Karimbe war am frühen Morgen weggelaufen. Nein, er war nicht gegangen. Er war gelaufen, gerannt, das Tal hinunter an dem kleinen Schwimmteich der Kinder vorbei, ohne sich ein einziges Mal umzudrehen, dann war er in den nahen Wäldern verschwunden. Er hatte nicht gewollt, dass die Kinder sehen, wie er weinte. Margarete aber hatte es gesehen.

Die vier anderen schwarzen Farmangestellten standen neben dem Karren mit den zwei vorgespannten Ochsen. Sie weinten ohne Tränen.

Die wenigen Schritte hin zu dem klapprigen Ochsenkarren mit den wenigen Koffern auf der Ladefläche waren die schwersten ihres Lebens. Die Kinder saßen zwischen den Koffern. Tine hielt ihre Köpfe an sich gepresst. Einer der englischen Soldaten schien ihre Gedanken zu erahnen: »Sie können mein Pferd haben, Mrs. Trappe …«

Sie lächelte ihn an.

»Danke, Soldat! Ich habe zwölf Jahre lang Comet geritten. Das beste Pferd in ganz Ostafrika! Jetzt bin ich Freiwild eines Krieges, den ich nicht wollte. Ich habe alles verloren, was mir am Herzen liegt und was meinem Leben einen Sinn gegeben hat. Danke! Sie sind sehr nett. Aber an einem solchen Tag wie heute werde ich sicherlich kein anderes Pferd reiten.«

Kurz hinter einer Lichtung mit einem idyllischen See, an dessen Ufern Giraffen, Zebras, Antilopen und Gazellen friedlich grasten und den die Massai Serengeti Ndogo nennen, stand Kinai ole Chieni. Wie eine bronzene Statue stand er auf seinen Speer gestützt auf einem Bein, das andere angewinkelt und gegen das Knie gepresst, neben einem Hügel, von dem man einen herrlichen Blick auf die Massai-Steppe hat. Er war nicht alleine. Der Junge neben ihm schaute sehr schüchtern zu ihr herüber. Er war kaum älter als fünf Jahre und in ein über die Schultern geworfenes rotes Tuch gehüllt. Sie hatte ihn noch nie gesehen. Aber ihr war bewusst, dass es El Ngongongare, der Sohn von Kinai ole Chieni war.

Margarete wollte sich nicht daran erinnern, wie sie diesen Jungen in einer Notoperation aus dem Bauch seiner Mutter geholt hatte. Es fiel ihr schwer, ihn jetzt anzusehen. Mehr als einen flüchtigen Blick aus dem Augenwinkel heraus brachte sie nicht übers Herz. »Kinai … Kinai! *Jambo*, Kinai …«, kreischten plötzlich ihre Kinder hinten auf dem Ochsenwagen und winkten ihm zu. Sie wollte ihm ebenfalls zulächeln, aber sie konnte es nicht.

Der Ochsenkarren ratterte an den beiden vorbei. Plötzlich spürte sie hinter sich die Blicke des Massai und seines Sohnes. Sie spürte es, wie deren Blicke ihr und den Kindern folgten. Es tat ihr weh, zerriss ihre Seele. Mehr noch. Diese Blicke töteten etwas in ihr.

»Mami, wohin fahren wir?«, riss sie die Frage von Ursula aus der Verzweiflung. Die Zehnjährige plapperte munter daher, was Margarete klarmachte, dass sie noch immer nicht verstanden hatte, dass diese Reise eine Reise ohne Rückkehr sein würde. Sie hatte versucht, der Ältesten zu erklären, warum sie Ngongongare verlassen mussten. Vergeblich. Wie sollte ein Kind auch verstehen, was selbst sie als Mutter noch nicht bis in letzter Konsequenz verstand.

»Fahren wir zu Oma, nach Deutschland?«

»Ja, wir besuchen Oma.«

»Wann kommen wir wieder nach Hause?«

»Nach Hause?«, murmelte Margarete Trappe kaum hörbar vor sich hin. Es fiel ihr sehr schwer, nicht zu weinen. »Nach Hause? Ich weiß nicht …«

Apathisch starrte sie hinaus auf die weite Massai-Steppe, durch die sie vor zwölf Jahren hierhergekommen war – auf dem gleichen Weg. In einem Ochsenkarren. Aber glücklich. Hier oben waren damals im dichten Nebel die Colobusaffen über sie hinweg geflohen.

Heute war bessere Sicht. Die Sonne schien zwar nicht, aber sie konnte den Hügel unten im Tal erkennen, wo sie damals gelagert hatten und wo plötzlich die Massai vor ihnen gestanden und sie *»Jeyo«* genannt hatten.
Links des Weges lichtete sich nun das dichte Buschwerk. Zwischen zwei mächtigen Baobab-Bäumen hindurch schielte sie in Richtung des Kilimandscharo. Sie traute sich nicht, richtig hinzusehen, denn sie hatte Angst, dass es das letzte Mal in ihrem Leben sein würde, dass sie ihn sah. Aber dann konnte sie doch nicht widerstehen.
»Schaut mal«, versuchte sie ihre Kinder abzulenken und deutete in Richtung des höchsten Berges Afrikas. Aber der Gipfel des Kilimandscharo hüllte sich an diesem Herbsttag des Jahres 1919 in dunkle Wolken.

*

Korfu, am 15. November 1920

Meine liebe Toute Sweet,

Du weißt ja, dass ich ein sehr miserabler Briefeschreiber bin. Ich mag es noch immer nicht, Gefühle und Gedanken zu Papier zu bringen, von denen ich nicht weiß, ob ich in einigen Jahren nicht anders denken werde, und mir dann Menschen meine geschriebenen Gedanken von einst vorhalten.
Ich habe in den letzten Jahren viele Briefe von Griechenland aus an Dich aufgegeben und habe dann immer monatelang in der Hoffnung auf Deine Antwort gelebt. Aber nachdem nie eine Antwort kam, habe ich das Schreiben aufgegeben, weil ich spürte, dass Dich diese Briefe wegen der Kriegswirren wohl nie erreicht haben. Und ich wollte mich nicht weiter mit vagen Hoffnungen quälen!
Gestern habe ich von einem griechischen Freund, der in Sansibar lebt und gute Kontakte zu den dortigen englischen Behörden hat, erfahren, dass Du mit den Kindern in Deutschland bist. Ich hoffe jetzt inständig, dass mein Brief mit den wenigen Details, die ich als

Adresse angegeben habe, auch wirklich bei Dir ankommt. Ich will jetzt nicht lange erklären, was alles in den letzten Jahren geschehen oder auch nicht geschehen ist.
Nein, ich will das nicht, weil ich mich seit einigen Wochen zwinge, alle trüben Gedanken aus meinem Leben zu verbannen. Das gelingt mir recht gut, weil ich Hoffnung habe, und zwar sehr konkrete, wieder nach Afrika zurückkehren zu können. Ja! Da ich als Grieche keine Probleme mit den neuen Herren in Ostafrika, also mit den Engländern, habe, bin ich sehr sicher, dass ich schon bald wieder »nach Hause« kann.
Ich habe mich entschieden, wieder zurückzugehen nach Afrika. Nein, ich werde nicht mehr jagen! Ich will nie wieder ein Gewehr in die Hand nehmen müssen. Jedenfalls nicht, um auf Tiere zu schießen.
Ich weiß nur nicht, ob ich auch die Zeit haben werde, noch einmal all diese wunderbaren, weiten und so großartigen Landschaften Afrikas zu sehen. Denn mit meinen Augen geschehen seltsame Dinge. Es ist nicht das Alter, das meine Augen müde macht. Es waren auch nicht die vielen schrecklichen Dinge, die ich in den Jahren des Kriegs gesehen habe. Drei meiner Freunde sind im Krieg gefallen. Der Sohn eines Freundes hat beide Arme verloren. Ich glaube, es wäre besser für ihn gewesen, auch zu sterben. Er hat noch eine sehr junge Frau und ich frage mich, wie er sie in den Armen halten und streicheln will, mit diesen Stümpfen ...
Nein, das alles ist wohl nicht der Grund, warum meine Augen mir zunehmend den Gehorsam verweigern. Manchmal wache ich morgens auf und meine Augen sind sehr rot, so, als hätte ich zu viel Gin getrunken (Du weißt ja, wie ich dann am nächsten Tag aussehe!). Grund zum vielen Trinken hätte ich ja auch gehabt, habe es aber nicht im Übermaß getan.
Aber ein wenig mache ich mir doch Gedanken darüber, ob ich wirklich noch einmal eine lange Reise zu all jenen Orten in Ostafrika machen kann, die mir ein so erfülltes und so schönes Leben beschert haben. Dazu gehören die vielen Flüsse und Berge und Hügel und Tiere, die ich zusammen mit Dir gesehen habe. Und diesen Elefan-

tenfriedhof, Du weißt schon, will ich auch noch einmal besuchen. Es ist ein wirklich wunderschöner Ort für alte Elefanten, um dort zu sterben, nicht wahr?

Liebe Toute Sweet, ich hoffe sehr, dass Du diesen Brief bekommst und mir ganz schnell zurückschreibst, wie es Dir und den Kindern geht. Dass Du Deine Farm aufgeben musstest, weiß ich. Da die Deutschen all ihre Kolonien verloren haben, wirst Du selbst Deine Farm wohl nie mehr zurückbekommen können. Aber ich habe mir überlegt, ob ich nicht versuchen könnte, Deine Farm zu erwerben. Als Grieche sollte mir das möglich sein. Wäre doch schön, oder?

Geliebte Toute: Schreib mir ganz schnell zurück, ja? Ich übermittle Dir die Anschrift meines Freundes in Sansibar. Nach dort kannst Du schreiben.

Ich umarme und streichle Dich in Gedanken in aller Sanftheit, zu der ich mit meinen zittrigen Fingern, einem Hinkebein und mit den heute gar nicht so schlechten Augen in der Lage bin.

Anthimos

*

Die Zugfahrt dauerte jetzt schon fast einen halben Tag. Draußen vor dem Fenster huschten verschneite Winterlandschaften vorbei. Das Land wirkte an diesem nebligen Tag bedrückend. Trotzdem fühlte sie sich unsagbar glücklich. Wieder und wieder griff Margarete Trappe nach dem Brief von Anthimos, las, legte ihn zur Seite, streichelte über das Kuvert, schloss die Augen, träumte, entrückte in die Vergangenheit – und begann mit jeder Minute, die sie Jena näher brachte, an ihre Zukunft zu denken. An die Zukunft zu denken, hatte sie sich schon lange nicht mehr getraut. An die Vergangenheit zu denken, hatte sie vermieden. Zu sehr war ihr Leben von der tristen Gegenwart geprägt.

Gedankenversunken lehnte sie sich zurück und schaute aus dem Fenster des fahrenden Zuges. Die verschneiten Birken und zugefrorenen kleinen Seen einten sich in ihren Erinnerungen mit den Weiten Afrikas, mit dem schneebedeckten Kilimandscharo und mit dem Gesicht von Anthimos zu einem Traumbild. Sie konnte sogar die Narbe im Gesicht von Anthimos erkennen.

Lächelnd schloss sie die Augen. Sie genoss diesen Moment. Lange, sehr lange war es her, dass sie sich so wohlgefühlt hatte.

Seit sie ihre Farm vor mehr als einem Jahr verlassen hatte, waren grausame Dinge geschehen. In Dar es Salam, wo alle deutschen Siedler aus Ostafrika in ein Internierungslager gesperrt worden waren, hatte sie mit den Kindern und mit Tine mehr als zwei Monate hinter Stacheldrahtzäunen auf ihr Schiff nach Europa warten müssen. Es war das erste Mal in ihrem Leben gewesen, dass sie glaubte, sterben zu müssen. Vieles in ihr starb wirklich. Zuerst die Hoffnung. Mehr als ein Dutzend schwere Malariaanfälle hatte sie im Lager gehabt. Das Fieber, die hohe Luftfeuchtigkeit an der Küste und die nicht endenden dumpfen Gedanken hatten sie abmergeln lassen, sodass sie kaum mehr als fünfundvierzig Kilogramm gewogen hatte, als endlich ein Schiff kam und sie alle die ungesunde ostafrikanische Küste und das grauenhafte Internierungslager verlassen konnten.

Auch wenn sie Angst vor dem gehabt hatte, was in Deutschland auf sie und die Kinder zukommen würde, so war sie doch froh gewesen, als der Dampfer abgelegt und die ostafrikanische Küste Richtung Suezkanal und von dort weiter nach Hamburg verlassen hatte.

Der Zug hielt mitten auf der Strecke vor einem Signal. Sie stand auf und öffnete das Fenster. Eiskalte Luft strömte ihr entgegen. Einzelne Schneeflocken verfingen sich in ihrem Haar. Sie schätzte, dass sie kurz hinter Chemnitz sein mussten. Mehr als eine Stunde würde die Fahrt nicht mehr dauern.

Die Vorfreude auf das Zusammentreffen mit der Prinzessin und der kurz zuvor eingetroffene Brief von Anthimos ließen sie euphorisch werden. Plötzlich wichen alle schwermütigen Gedanken einer wunderbaren Leichtigkeit. Konnte es sein, dass sie glücklich war? War das wirklich möglich? Sie erschrak vor sich selbst.

Vorgestern hatte sie wieder einmal mit dem Gedanken gespielt, ihrem Leben ein Ende zu bereiten. Sie hatte solche Gedanken in den zurückliegenden Monaten öfter gehabt. Nicht einmal die Gedanken an ihre drei Kinder hatten diese depressiven Phasen eindämmen können. Ja, sie hatte aus dem Leben scheiden wollen. Zu sehr quälte sie das Leben in der grausamen Enge der mütterlichen Etagenwohnung in der Bahnhofstraße von Sagan. Zu sehr litt sie unter der bedrückenden Stimmung in diesem Land, das einst ihre Heimat gewesen war. Viele Menschen in Sagan hatten keine Arbeit. Fast jede Familie, die sie kannte, hatte den Vater oder einen Sohn im Krieg verloren. Oder ihre Liebsten waren als Krüppel von der Front zurückgekehrt. Auch Georg, der gutherzige Georg, der sie damals hatte heiraten wollen, war an der Ostfront gefallen.
Es waren schlimme Zeiten. Überall. In Russland, so hatte sie gehört, raffte eine verheerende Hungersnot Hunderttausende Menschen dahin. Angeblich waren schon Zehntausende Wolgadeutsche verhungert. Viele von ihnen kamen als Flüchtlinge nach Schlesien, aber auch dort litten die Menschen. Für Barmherzigkeit war es eine schlechte Zeit. Deutschland ächzte unter den Folgen des Krieges – und unter den unglaublich hohen Reparationszahlungen, die dem deutschen Volk in Versailles aufgebürdet worden waren. In der Zeitung hatte sie gelesen, dass Deutschland die unvorstellbare Summe von zweihundertsechsundzwanzig Milliarden Goldmark an die Siegermächte zahlen musste! Dort stand aber auch, dass Deutschland diese Zahlungen durch die Geldentwertung nicht mehr leisten konnte. Die deutsche Währung war fast nichts mehr wert. Viele ihrer Nachbarn waren längst schon zum Tauschhandel übergegangen. Die Rupien, die sie aus Deutsch-Ostafrika hatte mitnehmen dürfen, waren schon am Tage ihrer Ankunft ebenfalls nichts mehr wert gewesen. Arm waren sie und ihre Kinder in Sagan angekommen.
Der Zug fuhr langsam wieder an. Margarete schüttelte sich die Schneeflocken aus dem Haar und schloss das Fenster. Ihr Spiegelbild im Fenster ließ sie zusammenzucken. Sie sah blass und krank aus. Die Haare hingen strähnig auf ihre Schultern herab. Tines Sonntagsbluse war ihr zu weit, sie wurde am Hals durch eine Brosche zu-

sammengehalten. Mutter hatte ihr die Brosche für die Reise geliehen. Es war ein Erbstück. Eine goldgefasste Elfenbeinminiatur. »Pass gut auf die Brosche auf«, hatte Mutter gesagt, »sie ist wertvoll und meine goldene Reserve für schlechte Zeiten.« Als Mutter es gesagt hatte, wäre sie beinahe in Tränen ausgebrochen. Schlechte Zeiten! Sie konnten nicht kommen. Sie waren schon da.

Draußen fielen jetzt dicke, fette Flocken. Die Wälder zwischen Chemnitz und Jena waren tief verschneit. Sie kramte aus ihrer Handtasche einen Apfel hervor und biss hinein. Er schmeckte nach Kohlen. Der Geschmack des runzligen Apfels erinnerte sie daran, dass ihre Mutter Äpfel immer im Kohlenkeller lagerte. Und er erinnerte sie daran, wie sie sich vor vielen Jahren, als sie ungefähr zwanzig Jahre alt gewesen war, am Tage des Geburtstags von Kaiser Wilhelm lange in diesem Kohlenkeller versteckt hatte, weil sie traurig gewesen war, kein hübsches Kleid zu haben, um zum Ball im »Weißen Schwan« am Ludwigsplatz gehen zu können.

Mit dreiundzwanzig Jahren hatte sie dann ein Ballkleid gehabt. Zwar nur ein geliehenes, aber so hatte sie wenigstens zusammen mit Ulrich auf den Offiziersball im Kasino des 5. Regiments von Podbielski zu Sagan gehen können. Damals hatte sie die Entscheidung getroffen, Ulrich zu heiraten, um nach Afrika gehen zu können. Und damals war es wirklich ein wunderschöner Geburtstag des Kaisers gewesen, mit dem Fackelzug durch die Stadt, mit der prachtvollen Militärparade, mit den Bällen im »Goldenen Engel« und im »Weißen Schwan«. Ja, das war ein wunderbarer Kaisergeburtstag gewesen. Das Ballkleid, ach, wie schön war es gewesen!

Ein Ballkleid hatte sie jetzt nicht mehr. Nicht einmal einen Mantel besaß sie. Noch vor wenigen Jahren hatte sie auf Ngongongare in schönen Kleidern mit Grafen und Prinzen diniert. Jetzt besaß sie nichts mehr davon. Sie hätte es auch kaum noch einmal gebraucht. Denn der zweiundsechzigste Geburtstag von Kaiser Wilhelm II. fand lediglich noch in den wehmütigen Erinnerungen einiger Deutscher statt. Er hätte zwar vor zwei Tagen Geburtstag gehabt, aber es gab keinen Kaiser mehr in Deutschland. Er, der immer so gerne gesagt hatte, »Ein Reich, ein Volk, ein Gott«, und lange in dem Dün-

kel gelebt hatte, »Einer nur ist Herr im Reich, keinen anderen dulde ich«, er hatte abgedankt, war ins Exil in die Niederlande geflohen. Deutschland war jetzt eine Republik. Nicht Monarchisten, sondern Sozialisten prägten das politische Geschehen.
Einer jener in Sagan, die das nicht wahrhaben wollten, war Wilhelm Jahn. Er wohnte in der Bahnhofstraße im Hause nebenan. Der frühere Färbereibesitzer und Marineoffizier war in den Wirren des Krieges arm geworden. Aber er war ein Monarchist. Vorgestern Abend hatte er des Kaisers Geburtstag gefeiert: alleine, betrunken. Lautstark hatte er den ganzen Abend nach der Melodie von »Heil dir im Siegerkranz« gesungen und gegrölt:

»Herrscher im Preußenland,
Vater im Vaterland,
Voll Herrlichkeit!
Zu Gott in Himmelshöh'n
Gläubig wir aufwärts seh'n,
Herr, für Dein Wohlergeh'n
Beten wir heut.

Heil, Kaiser Wilhelm Dir!
Landes- und Meereszier
All sind wir Dein!
Dein, Herr, zu jeder Stund,
Und der Geschütze Mund
Tu es dem Weltmeer kund;
Donn're darein!«

Am nächsten Morgen fand die Polizei Wilhelm Jahn. Er hatte sich in seiner Hoffnungslosigkeit eine Kugel in den Kopf geschossen. Seltsamerweise hatte sein Tod bei ihr eine Trotzreaktion ausgelöst. Dann war der kurze Brief der Prinzessin und wenige Tage später der Brief von Anthimos gekommen. Plötzlich erwachte der Lebenswille wieder in ihr. Ja, sie wollte leben! Sie wollte zu Anthimos, weg aus dem bedrückenden Deutschland – zurück nach Afrika. Zurück nach Hause. So schnell wie nur möglich. Mit allen Mitteln. Aber zunächst galt es, die Prinzessin zu besuchen. Sie hoffte, nicht zu spät nach Jena zu kommen.

*

Die siebenundsiebzigjährige Prinzessin hatte keine Angst vor dem Tod. Voller Güte lächelte sie Margarete Trappe an. »Nein, meine Teuerste«, flüsterte sie, »nicht, dass ich sterben werde, beunruhigt mich. Mein Tod war schon bei meiner Geburt vorbestimmt. In diesem Bewusstsein wurde ich als Kind am Hofe meines Vaters, des ehrwürdigen Sayyid Said bin Sultan von Oman und Sansibar, erzogen. Nein, davor fürchte ich mich nicht. Ich bin jetzt siebenundsiebzig Jahre alt. Welch göttliche Vorsehung auch immer mein Dasein auf Erden vorbestimmt hat: Mir wurde viel Zeit geschenkt.«

Die alte Dame blickte aus dem Fenster. Die Sonne schien und kolorierte die klirrende Kälte dieses ersten Februartages. Es dauerte lange, bis sie weitersprach: »Was mir Sorge bereitet, meine Liebe, ist die Frage, ob es Gott sein wird, der mich in Güte zu sich ruft, oder ob es Allahs zornige Worte sein werden, die ich beim letzten Atemzug hören werde.«

»Du bist Christin! Deine Kinder sind es auch«, versuchte Margarete Trappe ihre Freundin zu beschwichtigen. Es gelang ihr nicht.

»Als gute Muslimin verließ ich im Jahre 1866 Sansibar. Aus Liebe zu einem ehrfürchtigen Christen wandte ich mich von Allah ab. Als schlechte Christin sterbe ich nun bald. Es ist ein verwirrendes Gefühl, nicht zu wissen, vor wessen letztem Gericht du stehen wirst.«

Emily Ruete, geborene Prinzessin Sayyida Salme von Oman und Sansibar, wohnte in einem netten Haus außerhalb von Jena. Die kleine Wohnung, die sie im Haus ihrer Tochter Rosalie ihr Eigen nennen konnte, war wohlig warm geheizt, und aus dem Schlafzimmerfenster hatten sie beide einen wunderbaren Blick auf die Stadt, wenn sie sich unterhielten. Seit zwei Tagen saßen sie nun vor dem flackernden Kamin und sprachen über Dinge, über die sie schon immer hatten sprechen wollen. Seit vierzehn Jahren hatten sie sich nicht mehr gesehen, hatten sich nur über einige wenige Briefe ausgetauscht. Doch schon mit der ersten Umarmung am Tage ihrer Ankunft hatte Margarete Trappe wieder dieses Gefühl der Seelenverwandtschaft empfunden, das sie mit der Prinzessin schon immer verbunden hatte. Sie bedauerte es, nur noch bis zum nächsten Tag bleiben zu können, aber sie merkte auch, dass die Unterhaltungen Emily sehr anstrengten.

Das Leben fern ihrer Heimat Sansibar, mehr noch der immerwährende Traum, in die Heimat zurückkehren zu können, hatten Emily gezeichnet. Ihr Geist war jung geblieben, nicht aber ihr Körper. Die noch immer kunstvoll-streng gescheitelten und mit einer silbernen Spange hinten zusammengesteckten Haare wiesen nur noch einen Hauch von Schwarz auf. Ihre Augen waren klein, aber voller Güte. Sie war nicht krank, nicht körperlich gebrechlich. Sie war nur alt und des Lebens müde.

»Hier, meine Liebe«, sprach sie angestrengt, »ich habe dir eine handschriftliche Kopie von einem Brief gemacht, den ich vor vielen Jahren an den Deutschen Kaiser geschrieben habe. Lies ihn irgendwann einmal in Ruhe. Ich denke, er wird dir helfen, deinen eigenen Weg zu gehen und zu finden. Und das hier, dieses kleine Buch, habe ich auch für dich zur Seite gelegt. Ich möchte es dir schenken. Es ist ein wunderbares Buch, mit vielen schönen Gedichten, die mich durch mein Leben hier in Deutschland begleitet und mir viel Trost gespendet haben. Es ist von einer Frau namens Annette von Droste-Hülshoff, eine deutsche Dichterin, von der ich glaube, dass sie unser beider Schmerz, aber auch unser beider Glückseligkeit in so wunderbaren Worten auszudrücken vermocht hat, wie uns beiden das wohl nie gelingen wird.«

Emily Ruete griff nach einem Buch auf dem Tisch neben sich, blätterte darin und reichte es ihrer Freundin.

»Dies hier sind meine Lieblingsverse. Es war das Gedicht, das mir mein Mann, Gott sei seiner Seele gnädig, am Tage, bevor er in Hamburg starb, vorlas.«

Margarete Trappe nahm das in Leder gebundene Büchlein und las leise vor sich hin:

Letzte Worte

Geliebte, wenn mein Geist geschieden,
So weint mir keine Träne nach;
Denn, wo ich weile, dort ist Frieden,
Dort leuchtet mir ein ew'ger Tag!

Wo aller Erdengram verschwunden,
Soll euer Bild mir nicht vergeh'n,
Und Linderung für eure Wunden,
Für euern Schmerz will ich erfleh'n.

Weht nächtlich seine Seraphsflügel
Der Friede übers Weltenreich,
So denkt nicht mehr an meinen Hügel,
Denn von den Sternen grüß' ich euch.

»Es ist wunderschön! Anthimos würde es mögen …« Ihre Stimme zitterte. Sie musste tief durchatmen. Da war es wieder, dieses Gefühl, das sie mit Emily verband. Und da waren plötzlich auch all jene Gefühle, die sie für Anthimos empfand.

»Kannst du verstehen, dass ich mit allen nur denkbaren Mitteln versuchen werde, wieder nach Afrika zurückzukehren?«

Die alte Dame lächelte.

»Wer sonst außer mir kann es besser verstehen, meine Liebe! Du liebst Afrika. Und du liebst diesen Mann. Deswegen wirst du gehen müssen. Mich hat das Schicksal von Sansibar nach Deutschland verschlagen. Ich bin der Liebe gefolgt. Allahs Strafe dafür war grausam. Dich hat die Liebe zu Afrika an den Kilimandscharo geführt, wo du deine wahre Herzensliebe gefunden hast. Du wirst und du musst zurückkehren nach Afrika. Ich werde, wo immer ich hier auf Erden oder in den Gefilden der Allmächtigen weile, bei dir sein. In Gedanken und im Herzen. Denn auch ich habe einst aus Liebe gehandelt. Und ich habe es nie bereut.«

»Aber ich habe Angst, Emily! Angst davor, dass ich zu spät komme.

Anthimos hat einige Dinge in seinem Brief geschrieben, die mich sehr beunruhigen. Ich kenne ihn so gut, wie man ihn nur kennen kann. Er wird sich nie ganz offenbaren. Niemandem! Viele seiner Gedanken werden immer unausgesprochen bleiben. Er ist so.«

»Wovor ängstigst du dich?«

Margarete Trappe zog den Brief aus ihrer Handtasche.

»Er schreibt so eigenartige Dinge über die Bedeutung der Zeit! Und vor allem über seine Augen. Ich glaube, dass er sehr krank ist. Und er weiß es. Und hier …«

Sie blätterte in dem Brief, überflog die Seiten auf der Suche nach der entsprechenden Passage. Aufgeregt las sie vor:

»... Ich weiß nur nicht, ob ich auch die Zeit haben werde, noch einmal all diese wunderbaren, weiten und so großartigen Landschaften Afrikas zu sehen. Denn mit meinen Augen geschehen seltsame Dinge ...«

»Er wird alt, liebe Margarete. Da werden die Augen müde.«

»Ach, wäre es das nur! Ich glaube, dass er diese seltsame Krankheit hat. Man nennt sie Bilharzia oder so ähnlich. Ich glaube, die Krankheit wird von kleinen Würmern oder Schnecken übertragen, die in Afrika im Wasser leben, besonders in stillen Gewässern. Man wird davon blind. Langsam, aber unaufhaltsam. Anthimos hat jede sich bietende Gelegenheit genutzt zu schwimmen. Er hat meine Warnungen immer ignoriert und gesagt, dass Würmer sehr lange bräuchten, einen so stattlichen und zähen Griechen wie ihn aufzufressen. Er war so, Emily. Er hat das Leben oft herausgefordert. Immer ist er volles Risiko eingegangen. Anthimos hat nie etwas halbherzig gemacht.«

»Du liebst ihn! Deswegen ist deine Furcht größer als die Gefahr.«

»Ach, ich weiß nicht, Teuerste! Wie soll ich es nur erklären? Seine Zeilen sind nur dann zu deuten, wenn du ihn kennst, wenn du weißt, wie er denkt. Hier, da ist noch so eine Passage, die mich beunruhigt.« Wieder blätterte sie in dem Brief. Draußen war die Sonne untergegangen. Die Winternacht legte sich über das Land. Im Zimmer war es beinahe dunkel. Nur mit Mühe konnte sie die Handschrift von Anthimos noch entziffern. Sie las vor:

»Aber ein wenig mache ich mir doch Gedanken darüber, ob ich wirklich noch einmal eine lange Reise zu all jenen Orten in Ostafrika machen kann, die mir ein so erfülltes und so schönes Leben beschert haben. Dazu gehören die vielen Flüsse und Berge und Hügel und Tiere, die ich zusammen mit Dir gesehen habe. Und diesen Elefantenfriedhof, Du weißt schon, will ich auch noch einmal besuchen. Es ist ein wirklich wunderschöner Ort für alte Elefanten, um dort zu sterben, nicht wahr?«

Margarete Trappe holte tief Luft und schaute ihre Freundin fragend an.
»Er meint sich mit diesem alten Elefanten, Emily! Glaube es mir, er spricht von sich.«
Emily Ruete nahm ein Streichholz aus dem silbernen Töpfchen neben dem Kerzenhalter. Das Kerzenlicht hüllte das Zimmer in ein diffuses Licht. Margarete konnte nur noch die Umrisse ihrer Freundin erkennen. Ihre Konturen hoben sich gegen das letzte Licht draußen ab. Zum ersten Mal sah sie, wie alt Emily geworden war. Ihre Gesichtsfalten waren so tief wie die Kerben in der Rinde alter Eichen. Emily hatte ihren Kopf abgewandt und blickte aus dem Fenster. Der Tag versank am Horizont hinter der Stadt in der verschneiten Landschaft. Der Himmel färbte sich stahlblau ein.

Emilys Atem ging schwer, als sie mit geschlossenen Augen sprach:
»Ich bin jetzt sehr müde, meine Liebe! Morgen wirst du leider wieder zurück nach Sagan fahren. Und du wirst nach Afrika zurückkehren. Du weißt das. Ich auch. Ich habe Zweifel, ob wir uns jemals wiedersehen werden. Es ist unabdingbar in unser beider Leben, dass sich unser Schicksal irgendwo zwischen Afrika und Deutschland erfüllt. Das stört mich nicht. Denn in Gedanken bin ich sehr oft bei dir und bei deinen Träumen von der Liebe. Einst sind es auch meine Träume gewesen.«

Emily schlief noch, als Margarete am nächsten Morgen das Haus verließ und mit einer Droschke zum Bahnhof von Jena fuhr. Die zwei Tage bei der Prinzessin hatten sie einerseits sehr traurig gemacht, sie aber auch in ihren Plänen bestärkt. Ja, sie würde alles nur Erdenkliche versuchen, wieder nach Ostafrika zurückzukehren. Die Frage war nur, wie sie das realisieren könnte. Als deutsche Staatsbürgerin hatte sie keine Chance, nach Tanganjika, dem einstigen Deutsch-Ostafrika, zurückzukehren. Geld hatte sie keins, aber die Erzählungen der Prinzessin hatten sie auf eine Idee gebracht. Eine wagemutige Idee, ja, ohne Frage. Aber eine kleine Chance bestand doch.

Gedankenversunken holte sie den Gedichtband von Annette von Droste-Hülshoff hervor und blätterte darin. Doch sie konnte sich nicht konzentrieren. Den Brief an den Deutschen Kaiser, Wilhelm I., den ihr Emily gegeben hatte, lag zusammengefaltet in dem Buch. Sie schlug ihn auf und überflog die in wunderschöner Handschrift verfassten Zeilen, datiert vom 14. Juni 1884. Ein Lächeln huschte über ihr Gesicht. 1884! Zwei Monate, nachdem Emily den Brief geschrieben hatte, war sie geboren worden. Mit jeder Zeile, die sie darin las, entrückte sie der Gegenwart. Es war ein wunderschöner Brief, so schön, dass sie einzelne Passagen leise vor sich herlas:

»... Eure Exzellenz mögen mir in der Ihnen zu eigenen Güte zunächst gestatten, den eher juristischen, erbrechtlichen Aspekten meiner nachfolgenden Ausführungen einige wenige sehr persönliche Zeilen voranzuschicken. Denn so wie der Tag nicht ohne die Nacht, das Gute nicht ohne das Böse und die Leidenschaft nicht ohne den Schmerz existieren können und zu erklären sind, so ist mein Leidensweg nicht ohne das Wissen um die Macht der Liebe zu verstehen.
Liebe, so hat mich die wunderbare und doch leidvolle Erfahrung gelehrt, ist kein Ideal, sie ist eine Sehnsucht. Und ebenjene Sehnsucht war es, die mich an der Hand meines Geliebten aus meiner fernen Heimat hier nach Deutschland führte und zu einer untertänigen Bürgerin des Deutschen Reiches und zu einer bekennenden Christin werden ließ ...«

Margarete Trappe schluckte ergriffen. Wie feinfühlig und gefühlvoll Emily schrieb! Sie sah auf und starrte aus dem Fenster des fahrenden Zuges hinaus auf die schlesischen Wälder kurz vor Sagan. Dort hinten, nur wenige Kilometer entfernt, lag Gut Petersdorf, wo sie geboren worden war. Aber Petersdorf war sehr weit weg von ihr. Sie hatte es aus ihrer Erinnerung verdrängt. Seit ihrer Ankunft in Sagan war sie nicht ein einziges Mal dort gewesen. Sie wollte nicht in Vergangenheitsträumen versinken. Sie wollte an die Zukunft denken. An Afrika.

Wieder blickte sie auf den Brief der Prinzessin, fixierte ein Wort: »… Besessen …« Bist du besessen, Margarete Trappe? Von was bist du besessen? Von Anthimos – oder von Afrika? Oder von beidem? Was ist es, was dich so unbändig von Sagan weg – nach Afrika zieht? Ist es klug, nach all dem Erlebten jetzt wieder von Afrika zu träumen? Emily war mit ihren Träumen von der Rückkehr in ihre Heimat Sansibar in die Mühlen weltpolitischer Turbulenzen geraten – und zermalmt worden. Auch sie hatte Ähnliches erlebt. Wie hatte Anthimos immer gesagt? »Wenn Elefanten kämpfen, leidet das Gras unter ihnen.«

Aber der Krieg war jetzt vorbei. Anthimos würde wieder nach Afrika gehen. Und die Prinzessin hatte sie auch ermutigt, es zu tun: »Teuerste Freundin, geh – kehre zurück zum Kilimandscharo!«, hatte sie am Abend vor ihrer Rückreise noch gesagt. Aber sie hatte auch hinzugefügt: »… wenn Afrikas Götter dir ein Lächeln schenken, dann vergiss nie, dass diese Götter es lieben, mit weißen Seelen zu spielen.«

Nachwort

Originär wollte ich die auf wahren Begebenheiten beruhende melodramtische Lebensgeschichte der Margarete Trappe als Dokumentation, also als Sachbuch aufbereiten. Aus Rücksichtnahme auf noch lebende Nachfahren schrieb ich schließlich eine Romanbiografie, die als Hardcover und Taschenbuch mehrfach aufgelegt zum Bestseller avancierte und auch über Buch-Clubs mit teils unterschiedlichen Titelbildern sehr erfolgreich verkauft wurde.

Das Zweite Deutsche Fernsehen (ZDF) hat die Lebensgeschichte von Margarete Trappe als zweiteiliges Historien-Drama »Momella – eine Farm in Afrika« verfilmt, mit Christine Neubauer, Horst Janson und Frank Behnke in den Hauptrollen. Für die mehrmonatigen Dreharbeiten im heutigen Tansania wurde ich als Berater verpflichtet. Der Film ist als DVD im Handel erhältlich.

Aus verlagstechnischen Gründen war es mir nicht möglich, die gesamte Lebensgeschichte von Margarete Trappe niederzuschreiben. Auf vielfachen Wunsch hin werde ich jedoch nachfolgend den weiteren Verlauf des Lebens von »Jeyo« skizzieren. Denn »Die weiße Jägerin« kehrte nach Afrika zurück. Aber ihr Traum vom Leben auf ihrer Farm am Kilimandscharo endete dramatisch.

Martha Margarete Trappe verlässt 1922 zusammen mit ihrem zwischenzeitlich aus der Internierung entlassenen Ehemann Ulrich Deutschland und nimmt auf Einladung des späteren Senators Malcomess in Südafrika eine Stelle als Farmverwalterin auf Woolsey Estate an. Ihre Kinder bleiben aus Sicherheitsgründen beziehungsweise zur Vermeidung weiterer Strapazen bei Verwandten in Sagan (Schlesien). Um nach Ostafrika zurückkehren zu können, stellt sie in Südafrika einen Antrag auf die englische Staatsbürgerschaft, die ihr im Jahre 1924, nach dreijährigem Exil, erteilt wird. 1927 kehrt sie mit ihrem Ehemann Ulrich, der sich weigert, die englische Staatsbürgerschaft anzunehmen, nach Ostafrika zurück.

Emily Ruete, geborene Prinzessin Sayyida Salme von Oman und Sansibar, stirbt am 29. Februar 1924 in Jena. Ein Jahr zuvor hatte ihr die Regierung von Sansibar für den Rest ihres Lebens eine jährliche Rente von einhundert englischen Pfund bewilligt – ohne Anerkennung ihrer Erbansprüche an den Sultan von Sansibar. Sie wird in der Familiengruft auf dem Ohlsdorfer Friedhof in Hamburg bestattet. In ihre Urne gibt man eine Handvoll Sand aus Sansibar, den sie bei ihrer Flucht von Sansibar mitgenommen hatte. Auf ihrem Grabstein steht geschrieben: »Der ist im tiefen Sinne treu, wer die Heimat liebt wie du.« Der Sultanspalast auf Sansibar, in dem die Prinzessin aufgewachsen war, das »House of Wonders«, ist, obgleich zum UNESCO-Weltkulturerbe deklariert, vom Verfall bedroht. Im Palastmuseum erinnert ein rekonstruiertes Zimmer an die Prinzessin. Über diese beeindruckende Frau finden sich im Internet sehr interessante Informationen und Bilder. Sehenswert ist die DVD-Dokumentation von Tinka Diaz: »Die Prinzessin von Sansibar«.

Ngongongare, die Farm der Trappes, wird zwischenzeitlich von dem englischen General Boyd Moss gekauft. Momella, die zweite Farm der Familie Trappe, wird von dem Griechen Michael M. erworben. Mit ihren allerletzten Reserven kaufen Margarete und Ulrich Trappe Momella zurück, können jedoch nur eine Anzahlung leisten.

Die in der Region des Ruaha-Flusses lebenden Eingeborenen erzählen, dass im Spätsommer 1924 ein weißer Mann gesehen wurde, wie er die Sümpfe betrat, jedoch nie zurückkehrte. Seither, so heißt es, wacht der »Herr der toten Elefanten«, wie Anthimos genannt wurde, über das in den dortigen Sümpfen liegende Elfenbein. Niemand konnte das »weiße Gold Afrikas« bisher bergen. Der Enkel des griechischen Geliebten von Margarete Trappe lebt noch immer in Dar es Salam und besitzt eines der renommiertesten Großwildjagdunternehmen Tansanias.

1927 bringt Margarete Trappe in Ostafrika ihr viertes Kind, Rosi, zur Welt. Bei der Geburt der Tochter stehen tagelang mehrere Elefanten um das neu erbaute Farmhaus herum. Mit dem ersten Schrei des Kindes trompeten die Elefanten lautstark. An diesem Tag entscheidet Margarete Trappe, nie wieder auf ihrer Farm Elefanten zu jagen. Mehrere schwere Malariaanfälle lassen Margarete Trappe in den darauf folgenden Jahren schwer erkranken und beinahe erblinden. 1928 reist sie mit ihrem Ehemann Ulrich nach Deutschland, wo sie sich in Sagan scheiden lassen.
Mit einer Entschädigungszahlung von hundertfünfzehntausend Reichsmark des Deutschen Reiches für ihre nach dem Ersten Weltkrieg verlorenen Besitztümer in Afrika kehrt Margarete Trappe erneut nach Ostafrika zurück. Ihre exzellente Reputation als einzige weiße Berufsjägerin Afrikas führt in den nächsten Jahren erneut renommierte und adlige Jagdgäste zu ihr nach Momella. Dazu gehört auch Prinz Hubertus von Preußen, Enkel des im Exil lebenden deutschen Kaisers Wilhelm II. Bereits 1934 ist Margarete Trappe erneut zahlungsunfähig. Sie gründet – erfolglos – ein Fuhrunternehmen und gräbt nach Gold. Mit dem Aufkeimen des Nationalsozialismus in Deutschland wird Margarete Trappe, da sie gebürtige Deutsche ist, von ihren englischen Nachbarn und Freunden in Tanganjika viel Misstrauen entgegengebracht. Die deutschen Farmer wiederum meiden sie, weil sie einen englischen Pass hat. Sie ist den Schikanen der englischen Behörden ausgesetzt und vereinsamt.
Mit Ausbruch des Zweiten Weltkriegs muss Margarete Trappe erkennen, dass die Annahme der englischen Staatsbürgerschaft – der einzige Weg für sie, auf ihre Farm in Ostafrika zurückzukehren – einer der tragischsten Fehler ihres Lebens war. Abermals ruiniert und fast auf sich alleine gestellt, beginnt sie mit dem Wiederaufbau der Farm. Unterstützt von ihren durch alle Zeiten hindurch stets loyalen afrikanischen Freunden und Farmarbeitern kämpft sie in Momella ums nackte Überleben. Stark angeschlagen von den dramatischen Geschehnissen, wird aus der einst lebensfrohen, rigorosen und selbstbewussten Jägerin eine stille, friedfertige Natur- und Tierschützerin, die sich weigert, jemals wieder auf Tiere zu schießen.

Am 29. Oktober 1940 wird Margarete Trappe erneut enteignet und vorübergehend in ein englisches Internierungslager gebracht. Die Wirren des Zweiten Weltkriegs reißen ihre Familie auseinander. Ende des Krieges wird sie am 29. November 1946 aus dem englischen Mandatsgebiet Tanganjika ausgewiesen. Es gelingt ihr, die Ausweisung rückgängig zu machen. Als sie auf ihre Farm zurückkehrt, sind sämtliche Rinder und Ziegen an einer Tierseuche gestorben. Sie ist erneut ruiniert und schlägt sich mit der Organisation von Fotosafaris durch.
Im Herbst 1956 besucht die britische Prinzessin Margret, Schwester der englischen Königin, Tanganjika. Es entsteht die absurde Situation, dass die englische Prinzessin all jene afrikanischen Farmarbeiter, die länger als dreißig Jahre für einen englischen Farmbesitzer gearbeitet haben, mit einem britischen Orden auszeichnen soll. Margarete Trappe, gebürtige Deutsche mit englischem Pass, erscheint zu diesem Festakt in Moschi mit fünf Afrikanern, die ihr seit mehr als dreißig Jahren als treue und loyale Arbeiter und Freunde zur Seite gestanden haben.
Am 5. Juni 1957 stirbt Margarete Trappe, die »Jägerin, die nur die Menschen zu fürchten gelernt hat«, verarmt und vereinsamt auf ihrer Farm Momella. Bereits drei Tage vor ihrem Tod zieht eine Herde Elefanten auf die Farm und bleibt dort – wenige Schritte von ihrem Sterbezimmer entfernt. Als Margarete Trappe stirbt, zieht die Herde in den Wald. Die am Meru lebenden Stämme sagen seither, dass der Grieche Anthimos, der verstorbene »Herr der toten Elefanten«, diese Elefanten zur Farm von Margarete Trappe gesandt hatte, um die Seele seiner Geliebten ins Reich des ewigen Friedens – zu ihm – zu geleiten. Margarete Trappe wird auf Ngongongare, in der Nähe ihres ersten kleinen Hauses in Afrika, begraben. Gut Petersdorf bei Sagan in Schlesien, wo sie geboren wurde, ist heute dem Verfall preisgegeben. Der Friedhof nahe dem Gut wurde von russischen Soldaten im Zweiten Weltkrieg mit Panzern platt gewalzt, um »alles Deutsche zu vernichten«.

Die Erben von Momella

Rolf Trappe übernimmt nach dem Tod seiner Mutter die Momella-Farm. Doch auch für ihn wandelt sich der Traum vom afrikanischen Paradies zum Albtraum. Permanent zahlungsunfähig, ist er gezwungen, die Farm zu verpfänden. Sein Versuch, den legendären Ruf seiner Mutter zu nutzen, erweist sich zunächst als kluger Schachzug. Im Jahre 1960 wählt die amerikanische Filmgesellschaft Paramount die Momella-Farm der Trappes als Basislager und Drehort des Films »Hatari« aus. Durch John Wayne, Elsa Martinelli und Hardy Krüger wird die Trappe-Farm binnen kurzer Zeit weltbekannt.
Während der Dreharbeiten kommt der Premierminister und spätere Präsident, Julius Nyerere, auf die Farm. In einem Gespräch mit dem deutschen Schauspieler Hardy Krüger animiert er diesen, mit seinem Weltruhm als Schauspieler zum »Aufbau eines unabhängigen Tanganjika beizutragen«.
Am 4. März 1961 schließen Rolf Trappe, Hardy Krüger und Jim Mallory einen Vertrag, der die zukünftige Nutzung der »Momella Game Lodge« als Touristen-Domizil am Kilimandscharo vorsieht.

Am 9. Dezember 1961 wird Tanganjika unabhängig. Die Bevölkerung wählt im darauf folgenden Jahr Julius Nyerere zu ihrem ersten Präsidenten. Damit haben Rolf Trappe und Hardy Krüger einen einflussreichen Verbündeten für ihre hochgesteckten Ziele von einem Touristenparadies in Ostafrika. Am 19. November 1961 wird Momella in Gegenwart honoriger Gäste aus aller Welt feierlich eröffnet.

Nach Zeiten der Euphorie und einer Phase, in der Momella zu einem weltbekannten afrikanischen Treffpunkt des internationalen Jetsets avanciert (die deutsche Filmgesellschaft Rialto drehte hier den Film »Unser Haus in Kamerun«), wird das »afrikanische Paradies« der Margarete Trappe von seiner dunklen Vergangenheit eingeholt. Rolf

Trappe scheidet wegen Geldnöten im Streit mit Hardy Krüger aus der Gesellschaft aus. Finanzielle Turbulenzen und juristische Streitigkeiten folgen. Deutsche Finanziers sorgen kurzfristig für ein Wiederaufblühen der Lodge. Hardy Krüger plant inzwischen, durch den Bau riesiger Tiefkühlhäuser und großer Schlachtbetriebe in Zukunft alle Hotels Ostafrikas mit Fleisch, Milch und Käse zu versorgen. Der Plan scheitert mit großen finanziellen Verlusten.

In den sechziger Jahren stehen die Zeichen auf Sturm und Veränderung. Der tansanische Ort Ngare Nanyuki, an dem einst die Männer von *Ujamaa Kali* den Widerstand gegen die deutsche Fremdherrschaft planten und der später als »Widerstandsnest« gegen die neuen weißen (britischen) Kolonialherren von englischen Truppen dem Erdboden gleichgemacht worden war, entwickelt sich zu einem ideologischen Zentrum der tansanischen Unabhängigkeitsbewegung. Eine neue schwarzafrikanische Elite, darunter der erste tansanische Staatspräsident, Julius Nyerere, und viele einstige Missionsschüler englischer und deutscher Kolonialherren, führt die afrikanischen Staaten in die Unabhängigkeit. In Kenia kämpfen die Mau-Mau gegen weiße Siedler. In Tansania werden die ersten Tendenzen hin zu einem »afrikanischen Sozialismus« erkennbar.
Rolf Trappe und seine Familie, von Hardy Krüger als die »Buddenbrooks Afrikas« bezeichnet, werden von der sozialistischen Regierung Tansanias mehr oder weniger enteignet. Ihr Land am Meru wird zum Nationalpark deklariert und gehört, so Hardy Krüger, »... dreiundsechzig Jahre nach der Ankunft von Margarete Trappe in Ostafrika wieder ein für alle Mal den Elefanten«.

Das kleine Farmhaus der Margarete Trappe auf Ngongongare ist noch immer erhalten und dient den tansanischen Nationalparkbehörden als Gästehaus. Die nahe gelegenen drei Gräber von Margarete Trappe, ihrem Sohn Rolf (1984 verstorben) und ihrer Tochter Ursula (1999 verstorben) sind noch immer dort. Auf der Momella-Farm der Familie Trappe steht heute eine Lodge zur touristischen Nutzung.

Die im Zweiten Weltkrieg unter dramatischen Verhältnissen aus Polen vertriebene Halinka Trappe, Witwe von Rolf und somit Schwiegertochter von Margarete Trappe, sagte in Arusha einmal zu mir: *»Einst war ich eine Lady, jetzt bin ich eine Bettlerin. Meine Träume von einem Leben im Garten Eden Afrika sind zu Albträumen geworden. So wie bei meiner Schwiegermutter Margarete auch ...«* Halinka starb Weihnachten 2004.

Über den Autor

Rolf Ackermann wurde am 24.01.1952 in Duisburg geboren.
Als ehemaliger (beamteter) Undercover-Agent eines deutschen Nachrichtendienstes, spezialisiert auf internationalen Terrorismus, erlangte er tiefe Einblicke in eine Welt, die den meisten Menschen verschlossen bleibt.
Er hat bei nahezu allen namhaften deutschen Zeitungen Features und Reportagen, für den WDR (Schulfunk-)Hörspiele und bei sehr renommierten Verlagen Bücher, insbesondere Historien-Romane, veröffentlicht, sowohl unter seinem Namen als auch unter dem Pseudonym Manfred Morstein.
Rolf Ackermann gilt als Afrika-Kenner, der insbesondere aus Kriegs- und Krisenregionen berichtete. Er lebte zehn Jahre in Kenia und acht Jahre in Namibia. Sein langjähriger Aufenthalt in Ostafrika hat ihn zu seiner Romanbiografie „Die weiße Jägerin“ (neuer Titel

„Die weiße Jägerin von Afrika“) inspiriert. Erzählt wird die Geschichte der jungen Deutschen Margarete Trappe, die im letzten Jahrhundert ihren Traum von einer Farm in Afrika lebte. Das ZDF hat die außergewöhnliche Lebensgeschichte dieser beeindruckenden Frau als 2-teiliges Doku-Drama „Momella – eine Farm in Afrika“ aufbereitet. Für die Produktion war Rolf Ackermann als Berater verpflichtet.
2007 gründete er im südlichen Afrika eine private Hilfsorganisation für KhoiSan („Buschmänner“): San Foundation.
Seit einigen Jahren ist er ausschließlich als Schriftsteller tätig.
Sein demnächst erscheinendes Buch „Das Grab an der Biegung des Flusses“ wurde von dem Regisseur Tim Huebschle als Vorlage für den Film „Dead River“ verwendet.
2016 wurde er aufgrund seines literarischen Wirkens als „Stadtschreiber“ im norddeutschen Otterndorf auserwählt.
Rolf Ackermann lebt abwechselnd in Portugal, Deutschland und Afrika.

Weitere Bücher im Belletris-Verlag:

Engelsfeuer
Heinz Körner
ISBN: 978-3-940808-02-8

Kontakt-Auf-Name
Kristina Löffler
ISBN: 978-3-940808-04-2

Seraphine – Traum vom Licht
Marie Graßhoff
ISBN: 978-3-940808-07-3

Seraphine – Kristalle der Sonne
Marie Graßhoff
ISBN: 978-3-940808-10-3

Seraphine – Schatten des Glücks
Marie Graßhoff
ISBN: 978-3-940808-14-1

Ohne Umweg
Ursula Dossier
ISBN: 978-3-940808-03-5

Weiß steht mir gut
Ursula Dossier
ISBN: 978-3-940808-09-7

Unter dem Mantel des Schweigens
Luise Winrich
ISBN: 978-3-940808-13-4

Illegale Drogen
Mike Gawen
ISBN: 978-3-940808-08-0

Illegale Drogen bald legal?
Mike Gawen
ISBN: 978-3-940808-15-8

Niemandsland – Bis zur Selbstaufgabe
Tamara Pirschalawa
ISBN: 978-3-940808-05-9

No-man's-land – Right up to the surrender of identity
Tamara Pirschalawa
ISBN: 978-3-940808-17-2

Dark Side Of The Moon – Eine Jugend in Frankfurt
Tamara Pirschalawa
ISBN: 978-3-940808-11-0

Traumfänger – Die Vision des Julius Balthasar
Tamara Pirschalawa
ISBN: 978-3-940808-06-6

Eltern & Kind GmbH
Tamara Pirschalawa
ISBN: 978-3-940808-16-5

Gesichter der Gewalt
Diverse Autoren
ISBN: 978-3-940808-12-7